지리의 힘 2

| 일러두기 |

이 책 본문에 나오는 〈터키〉는 2022년 6월 국호가 〈튀르키예〉로 변경되었음을 알려드립니다.

The Power of Geography

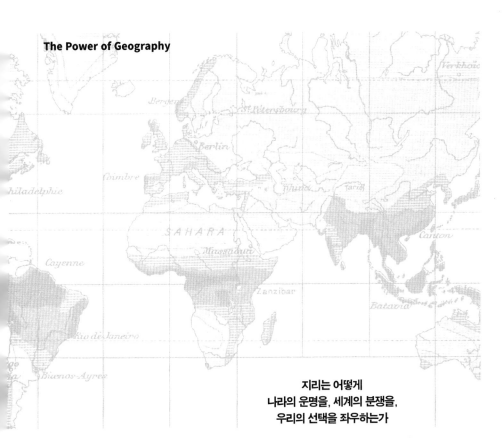

지리는 어떻게
나라의 운명을, 세계의 분쟁을,
우리의 선택을 좌우하는가

지리의 힘 2

팀 마샬 | 김미선 옮김

사이

서문

이념은 스쳐 지나가도
지리는 여전히 그 자리에 있다

> "매는 매부리(사냥에 쓰는 매를 기르고 부리는 사람)의 소리를 들을 수 없다.
> 사물이 무너지고 중심이 지탱할 수 없다."
> — W. B. 예이츠, 「재림」 중에서

중동 지역에서는 광활한 요새인 이란과 그 숙적인 사우디아라비아가 페르시아만을 마주한 채 맞서고 있다. 태평양 남쪽에서는 오스트레일리아가 우리 시대 최강국인 미국과 중국 사이에서 자리매김하려고 애쓰고 있다. 지중해에서는 고대까지 거슬러 올라가는 그리스와 터키 간의 뿌리 깊은 갈등이 당장 내일이라도 폭발할 것처럼 보인다.

서기 2020년대에 오신 걸 환영한다. 미국과 소련이 전 세계를 지배했던 냉전시대는 이제 아득한 기억 속으로 사라졌다. 지금 우리는 새롭게 등장하는 열강들이 서로 대립하는 시대로 들어서고 있다. 수많은 주연 배우들은 물론 단역 배우들까지도 서로 밀치며 중앙 무대로 들어서기 위해 혈투를 벌인다. 뿐만 아니라 이제는 대기권 위의 달과 그 너머까지에 대해서도 권리를 주장하는 나라들이 등장하면서 지정학적 드라마는 지구 영역 바깥으로까지 튀어 나가고 있다.

몇 세대에 걸쳐 고착된 질서가 일시적인 것으로 변하면 불안을 유발하기 쉽다. 하지만 이러한 현상은 이전에도 있었고, 지금도 진행되고 있으며, 앞으로도 일어날 것이다. 한동안 우리는 다극화된 세계를 향해 달려 왔다. 하지만 제2차 세계대전 이후 세계 질서는 미국과 소련을 중심으로 한 양극 체제로 재편됐다. 미국이 주도하는 자본주의 체제가 한편에 있었다면, 반대편에는 소련과 중국이 실질적으로 이끌었던 공산주의 체제가 있었다. 이 시대는 당신이 어디에 선을 긋느냐에 따라 50년에서 80여 년간 지속되었다. 그러다 1990년대에 들어와서는 미국의 힘이 거의 요지부동이던, 분석가들이 이른바 단극의 10년이라 이름 붙인 시기를 보내게 된다. 하지만 이제 우리는 양극시대에서 벗어나 인류 역사 대부분에서 규범과도 같았던, 여러 열강들이 경쟁하는 〈다극화 시대〉로 회귀하고 있음이 분명하다.

이러한 상황이 언제 발생하기 시작했는지 정확히 파악하기는 어렵다. 단 하나의 사건만으로 변화가 촉발되지는 않는다. 그래도 우리가 뭔가를 눈치채는 순간들이 있고 이를 계기로 국제 정치라는 이해하기 힘든 세계가 점점 뚜렷이 드러나기도 한다. 1999년 어느 후텁지근한 여름밤, 나는 금방이라도 무너질 것 같은 코소보의 수도 프리슈티나에서 그런 경험을 했다. 1991년에 유고슬라비아 연방이 붕괴된 뒤 수년 동안 유혈참극이 이어졌다. 그날도 나토(NATO, 북대서양조약기구) 소속 공군기들이 코소보의 세르비아 군기지에 폭격을 퍼부었고 지상군은 남쪽에서 진입하기 위해 대기하고 있었다. 바로 그날 세르비아 사태에서 자국의 전통적인 영향력을 지키기 위해 러시아 군단이 보스니아를 출발해 코소보로 진군했다는 이야기가 우리 귀에 들어왔다.

10년간 러시아는 게임의 바깥에 있었다. 쇠약해진 데다 확신도 없는, 그저 희끄무레한 과거의 잔영 속에 갇힌 채 말이다. 러시아는 나토가 자기네 서쪽 국경지대 쪽으로 전진하는 것을 속수무책으로 지켜보았다. 또 한때 자신들이 지배했던 국가의 국민들이 몇 번이고 나토 또는 EU에 가입하는 문제를 두고 실시한 찬반투표에서 찬성 쪽에 표를 던지는 것도 보아왔다. 게다가 라틴 아메리카와 중동에서도 그들의 영향력은 표류하고 있었다. 그러다 1999년에 모스크바는 서방 세력과 맞설 결심을 하기에 이른다. 물론 이것도 여기까지였지만. 그 기준선이 바로 코소보였다. 옐친 대통령은 러시아 군단에 개입을 명령했다. 비록 차후에 떠오르게 되는 강경 민족주의자인 블라디미르 푸틴이 그 같은 결정을 내리는 데 한 역할을 했다고는 하지만 말이다.

이른 아침에 러시아의 기갑 부대가 도심으로 밀고 들어와서 시내 외곽에 있는 코소보 공항으로 진격해 갈 때 나는 프리슈티나에 있었다. 당시 클린턴 미 대통령은 내가 작성한 기사를 통해 나토군에 앞서 러시아군이 코소보로 밀고 들어왔다는 사실을 알게 되었다고 한다. 그때 나는 "러시아인들이 도심으로 밀고 들어옴으로써 세계 무대에 복귀했다."라고 썼다. 물론 그 기사가 퓰리처상을 받을 정도까지는 아니었지만 어쨌거나 역사의 한 장면을 증언하는 초안으로서는 제 몫을 했다고 본다. 러시아는 그해에 가장 중요한 사건에서 자신들의 역할을 하겠다면서 그들을 향해 다가오는 역사의 파고가 이제는 바뀔 것이라고 천명했다. 1990년대 후반까지만 해도 미국을 능가할 패권은 없어 보였다. 서구는 국제 정세에서 승리한 것처럼 보였다. 하지만 반발의 기운이 야금야금 고개를 들기 시작했다. 러시아는 더 이상 예전처럼 무시무시한 강대국은 아니며 그저 다수 세력 가운데 하나였지만 힘이 닿는 한 그들이 할 수 있는 곳에서 자신들의 주장을 펼치기 위해 싸울 터였다. 그들은 조지아, 우크라이나, 시리아를 비롯한 여러 곳에서 이를 증명했다.

그로부터 4년 뒤, 나는 이슬람 시아파의 성지 중 한 곳인 이라크의 카르발라라는 도시에 있었다. 사담 후세인은 미국과 영국 주도의 연합군에 의해 축출되었지만 이라크 내에서의 반정부 투쟁은 여전히 진행 중이었다. 수니파 무슬림인 사담 후세인 치하에서는 자학의식을 포함한 상당수의 시아파 의식과 예배가 금지되었다. 하지만 모든 걸 태워버릴 듯 맹렬하게 땡볕이 내리쬐던 그날, 나는 전국 각지에서 백만 명이 넘는 시아파 주민들이 카르발라로 밀려들어 오는 장면을 목격했다. 많은 남자들이 시아파 의식의 하나로 온몸이 피투성이가 될 때까지 채찍으로 자신의 등을 때리고 이마를 칼로 베었다. 뚝뚝 흘러내리는 그들의 피가 모랫바닥을 핏빛으로 물들였다. 이에 동쪽 국경에 면한 시아파의 맹주인 이란은 모든 방법을 동원해서 이라크에 시아파가 지배하는 정부가 들어서도록 힘을 보태고, 또한 시리아와 레바논에 있는 동맹 세력과 연계해서 중동의 서쪽까지 자신들의 세력을 확장하기 위해 그들이 갖고 있는 힘을 최대한 이용할 거라는 것을 나는 알고 있었다. 지리와 정치의 측면에서 보면 그것은 불가피한 일이기도 했다. 그날 내가 깨달은 것은, "이것은 얼핏 종교 의식처럼 보이지만 정치적이기도 하다. 열정에서 비롯된 이 파도는 지중해 지역에까지 그 파문을 일으킬 것"이라는 거였다. 정치적 균형추는 움직였고 커져가는 이란의 힘은 그 지역에서 미국의 영향력도 위협할 수 있을 터였다. 카르발라는 그 그림을 그릴 수 있는 배경을 제공했다.

슬프게도 단 하나의 색이 그 배경을 장식할 것이다. 바로 피의 붉은색 말이다.

위의 두 경험은 우리가 현재 살고 있는 복잡다단한 세계의 지형도를 그리도록 도와주는 두 개의 중요한 순간에 불과하다. 무수히 많은 힘들이 밀고 당기기를 반복하면서 때로는 지난날 그레이트 게임이라 불렀던 충돌과도 같은 양상을 빚기도 한다. 두 상황 모두에서 나는 우리가 가는 방향을 얼핏 엿볼 수 있었다. 그리고 이 현상은 2010년대에 이르자 이집트, 리비아, 시리아에서 보듯 한층 뚜렷해지기 시작했다. 이집트 대통령 무바라크는 정치적 마수를 숨기고 거리에서 폭력적인 장면을 연출한 군부의 쿠데타에 의해 축출됐다. 리비아에서는 카다피 대령이 권좌에서 내려온 뒤 살해당했다. 또 시리아에서는 아사드 대통령이 러시아와 이란이 손을 내밀어줄 때까지 겨우 명줄을 유지하고 있었다. 이 세 경우 모두에서 미국은 수십 년간 거래해 왔던 독재자들을 구해 주지 않을 거라는 신호를 보냈다. 미국은 오바마 정부 8년 동안 국제 무대에서 조금씩 퇴장하기 시작하는데 이 기조는 트럼프 정부 4년 동안에도 이어졌다. 반면 인도, 중국, 브라질 같은 나라들은 빠른 경제 성장을 등에 업고 신흥 강국으로 부상하면서 세계 속에서 자국의 영향력을 확대해 가기 시작했다.

미국이 제2차 세계대전 이후에 줄곧 맡아왔던 〈세계 경찰〉이라는 역할을 달가워하지 않는 이들이 많다. 물론 이 역할에는 긍정적이거나 부정적인 측면이 분명히 있다. 그러나 경찰력이 부재하면 어느 쪽이든 주변에서 또 다른 경찰을 찾아내려고 할 것이다. 결국 여러 세력들이 경쟁하다 보면 불안정성이라는 위험도도 그만큼 높아지기 마련이다.

제국들은 부상했다가 쓰러진다. 동맹들은 손을 잡았다가 놓기도 한다. 나폴레옹 전쟁(1797-1815년) 이후에 맺어졌던 유럽의 합의는 60여 년간 이어졌다. 히틀러가 꿈꾸던 천년 제국은 고작 10년을 웃돌았다. 따라서 다가오는 시대에 어떤 식으로 〈힘의 균형〉이 바뀔지 정확히 예측하기는 어렵다. 하지만 경제적, 지정학적 공룡들이 여전히 국제 정세를 부여잡고 뒤흔들 것은 의심의 여지가 없다. 미국과 중국, 러시아, EU의 각 나라들, 또 인도처럼 급속히 성장하는 경제 강국 등이 그들이다. 그러나 보다 작은 나라들이라고 간과할 수는 없다. 지정학은 동맹을 끌어들이며, 끊임없이 요동치는 현 세계 질서에서 강대국들은 반대편 못지않게 그들 편에 설 약소국들이 필요하다. 이런 상황은 터키나 사우디아라비아, 영국 같은 나라에게 미래 권력을 향해 전략적으로 입지를 다질 수 있는 기회를 준다. 물론 현재는 그 만화경의 조각들이 여전히 흔들리고 있어서 완전히 제자리를 찾지는 못하고 있지만 말이다.

2015년에 나는 국제 정세는 물론 국가와 그들의 지도자들이 결정을 내리는 데에 지리가 어떠한 영향을 미치는지 보여주려는 의도로 『지리의 힘Prisoners of Geography』을 썼다. 러시아, 중국, 미국, 유럽, 중동, 아프리카, 인도와 파키스탄, 일본과 한국, 라틴 아메리카, 북극 등을 다룬 그 책에서 나는 가장 중요한 선수들, 즉 지정학적 거대 블록과 지역들에 초점을 맞추면서 전 지구적인 차원에서 개괄해 보고자 했다. 그런데 여기엔 덧붙일 이야기가 더 있다. 아직은 미국이 두 개의 대양에 동시에 만만치 않은 해군력을 파견할 수 있는 유일한 나라이고, 히말라야 산맥은 여전히 인도와 중국을 가르고 있고, 러시아 또한 서쪽으로 가는 평지에서 큰 힘을 못 쓰고 있지만, 새로운 지정학적 현실이 끊임없이 고개를 들고 있다는 사실이다. 따라서 우리는 미래를 구성할 힘을 가진 또 다른 선수들에게 관심을 가질 필요가 있다.

전편인 『지리의 힘』과 마찬가지로 이번 책 또한 산, 강, 바다 등을 조망하고 지정학적 현실에 대한 이해를 구체화하는 데 목적을 두려 한다. 지리는 인간이 할 수 있거나 할 수 없는 것을 제한하는 주요한 요소다. 물론 정치인들의 역할도 중요하지만 지리는 그보다 더 많은 것을 한다. 현재와 미래에 사람들이 내리는 결정은 그들의 물리적 배경과 결코 분리될 수 없다. 어느 나라든 그들의 이야기는 이웃 나라들, 바닷길, 천연자원 등과 관련된 그 〈위치〉에서 시작된다. 당신은 바람이 쌩쌩 휘몰아치는 대서양 변방의 섬에 살고 있는가? 그렇다면 풍력이나 조력 발전을 하는 데 그만한 조건이 없다. 혹은 일년 365일 내내 햇볕이 쨍쨍 내리쬐는 나라에 살고 있는가? 그렇다면 태양광 패널을 설치하기에 최적의 장소다. 아니면 코발트를 채굴할 수 있는 곳에 살고 있는가? 이 경우는 축복이자 저주가 될 수 있을 것이다.

이 출발점을 숙명처럼 여기며 대수롭지 않게 생각하는 경우가 아직도 눈에 띈다. 혹자는 사이버 공간에서 금융 거래와 의사소통이 행해지는 이른바 평평한 세계flat world라는 말을 거론하기도 한다. 물론 그것들로 인해 거리라는 개념이 무너지고 지형이라는 것의 의미도 소멸돼 가고 있기는 하다. 하지만 그 세계에서 화상 회의를 하거나 얼굴을 맞대고 이야기하기 위해 산과 바다를 훌쩍 넘어 날아갈 수 있는 사람들이 살고 있는 공간은 일부에 불과하다. 요컨대 지구상의 80억 명 모두가 경험할 수 있는 것은 아니라는 것이다. 이집트 농부들은 아직도 에티오피아에 물을 의존하고 있다. 아테네 북부에 있는 산은 여전히 유럽과의 교역에 발목을 잡고 있다. 사람들이 현안에 대해 투표를 할 수 있다는 점에서 지리가 숙명이라고까지는 할 수 없겠으나 중요한 것은 분명하다.

우리가 새로운 시대로 나아갈수록 불확실하며 동시에 시대를 10년 주기로 나누는 데 기여할 만한 요소들은 많이 있다. 세계화, 반세계화, 코로나19, 테크놀로지와 기후변화 등은 하나같이 큰 영향을 미치지 않은 적이 없었고 이 책에서도 주요 주제로 다루고 있다. 이렇듯 이 책은 다극화된 세계에서 광범위한 파급력을 몰고 올 수 있을 21세기에 발생한 사건과 분쟁들을 다루려고 한다.

그 한 예가 중동의 미래에 대해 큰 틀을 짜고 있는 이란이다. 핵 의제를 짊어진 채 따돌림받고 있는 이 나라가 영향력을 유지하려면 바그다드, 다마스쿠스, 베이루트를 거쳐 지중해로 가는 시아파 길목을 사수해야 한다. 그 지역에서 이란과 패권을 다투는, 석유와 모래 위에 세워진 경쟁국인 사우디아라비아는 늘 미국을 동맹으로 여겨왔다. 그러나 최근 들어 석유 수요의 감소와 미국의 에너지 자급도가 올라가면서 중동 지역에 대한 미국의 관심도 차츰 줄어들고 있는 상황이다.

석유가 아니라 물이 혼란을 빚는 경우도 있다. 이른바 아프리카의 급수탑인 에티오피아는 물에 관해서라면 이웃 나라들에 비해 결정적인 이점을 안고 있다. 특히 이집트에 비해 그렇다. 이 때문에 이번 세기에 벌어질지도 모를 물 전쟁에서 핵심 지역 가운데 하나가 되고 있다. 게다가 에티오피아는 향후 국운을 바꿀 수 있는 수력 발전 기술의 위력도 보여주고 있다.

그러나 아프리카의 많은 지역에는 이런 선택지조차 없다. 이를테면 사하라 남쪽 끝단의 광활한 잡목지대인 사헬 지역을 보자. 전쟁으로 갈기갈기 찢긴 이 지역은 오래된 지리적 및 문화적 분리 사이에서 양다리를 걸치고 있고, 현재 일부 지역에서는 알카에다와 ISIS(극단주의 무장세력 이슬람 국가)까지 준동하고 있다. 때문에 많은 주민들이 피난길에 올랐고 일부는 북쪽의 유럽으로 향하고 있다. 이미 오래전부터 시작된 이 지역의 인도주의적 위기는 점점 심각한 양상으로 흐르고 있다.

유럽으로 들어가는 관문이라 할 수 있는 그리스는 새롭게 밀려오는 이주민과 난민 물결의 영향을 가장 먼저 체감하는 나라 중 하나다. 지리 또한 이곳이 향후에 지정학적 화약고가 될 나라 가운데 하나로 자리 잡게 했다. 지중해 동쪽에서 새로 발견된 가스전들은 그렇지 않아도 압박의 수위를 높여가는 터키와 이 EU 회원국 사이를 충돌 직전까지 몰아가고 있다. 사실 터키가 자신들의 힘을 지중해 동쪽으로 더욱 길게 확장하려는 배경에는 보다 큰 야심이 깔려 있다. 즉 〈신 오스만neo-Ottoman〉 건국이라는 터키의 의제는 그 제국의 역사는 물론 동서양의 교차로라는 위치에서 유래한다. 따라서 이 의제가 추구하는 것은 주요 패권국가로 발돋움하겠다는 터키의 목표를 달성하는 것이다.

자신들의 제국을 잃어버린 또 다른 나라가 있으니 바로 영국이다. 북유럽평원 서쪽 끝단 추운 섬들의 집합체인 이 나라는 아직도 자신의 역할을 모색하는 중이다. 브렉시트(Brexit, 영국의 EU 탈퇴) 이후 영국은 중위권의 유럽 국가로서 전 세계와 정치적 및 경제적 끈을 더욱 단단히 맺으려 할 것이다. 그러나 영국은 안팎에서 다양한 시련에 직면하고 있다. 스코틀랜드 독립 문제 같은 힘겨운 난제와 씨름하는 현상황이 그 한 예다.

유럽에서 가장 오래된 나라 가운데 하나인 남쪽의 스페인조차 민족주의가 낳은 분리 위협에 직면하고 있다. EU는 카탈루냐의 독립 투쟁을 대놓고 지지할 수는 없지만 튀어 나가겠다는 곳을 거부할 경우 러시아와 중국에게 유럽의 문을 열어줘야 할 수도 있다. 스페인의 갈등은 21세기에 초국가적인 연합체와 일부 민족국가들의 구조적인 취약성을 보여주는 전형적인 사례라 할 수 있다.

　우리 시대에 가장 경이로운 발전을 꼽는다면 그것은 바로 지정학상의 권력 투쟁이 지구라는 한계를 넘어 우주로 투사되고 있다는 점이다. 과연 누가 우주를 소유할 것인가? 그 결정은 어떻게 내리는가? 사실상 진정한 최후의 개척지는 있을 수 없겠지만 그곳으로 다가가면 갈수록 개척지들은 거친 무법천지가 되려는 경향이 있다. 일정 고도를 넘어가면 고유 영토라는 개념도 사라진다. 그렇다면 내가 당신네 나라 바로 위로 레이저로 무장한 위성을 쏘아 보내고 싶을 때 그래서는 안 된다는 근거가 무엇인가? 여러 나라가 우주에서 우위를 점하려고 각축을 벌이고 심지어 민간 기업들까지 그 경쟁에 뛰어든 마당에 우주라는 무대는 위험천만한 최첨단 무기들의 격전장으로 변해갈 것이다. 과거 우리가 범한 실수에서 배우고 국제 협력을 통해 얻을 수 있는 이점을 받아들이지 않는다면 말이다.

　하지만 우선은 지구의 아래쪽부터 시작해 보겠다. 오래도록 고립된 미지의 세계로 알려진 그곳이 이제는 중국과 미국 사이에서 상황을 이끌어가는 힘을 갖고 인도-태평양 지역에서 자신을 찾아가고 있다. 우리 이야기의 핵심 주역이 되는 그곳은 섬이자 대륙인 나라, 바로 오스트레일리아다.

1

오스트레일리아,
지리적 위치와 면적이
강점이자 약점이 된다

PACIFIC OCEAN (태평양)

Equator (적도)

I A

New Guinea (뉴기니)

PAPUA
NEW GUINEA (파푸아 뉴기니)

rafura
Sea
(아라푸라해)

SOLOMON
ISLANDS (솔로몬 제도)

Coral (코랄해)

Sea

rthern
rritory
(던 준주)

Queensland (퀸즐랜드)

RALIA

South
Australia
(우스오스트레일리아)

Brisbane (브리즈번)

New South
Wales (뉴사우스웨일스)

Adelaide (애들레이드)

Sydney (시드니)

Australian Capital Territory (오스트레일리아 수도 준주)
CANBERRA (캔버라)

(빅토리아)

Victoria

Melbourne (멜버른)

Tasman (태즈먼해)

Sea

Tasmania (태즈메이니아)

"혼신의 힘을 다해 거칠게 경기하라. 아예 상대를 갈아서 먼지로 만들어 버려라."

– 돈 브래드먼(오스트레일리아 크리켓 선수)

오스트레일리아는 아무데도 아닌 곳의 한복판에 있다가, 매우 중요한 어딘가가 되더니, 이제는 중심 무대가 되기에 이르렀다. 그렇다면 그동안 무슨 일이 있었던 것일까?

이른바 〈다운 언더down under〉(유럽에서 보면 아래쪽에 있다는 의미로 여기서는 오스트레일리아를 뜻함)라는 땅은 섬이다. 하지만 보통 섬이 아니다. 이 섬은 무엇보다 엄청나게 크다. 얼마나 큰지 무성한 아열대 우림지대와 타는 듯이 뜨거운 사막지대, 완만한 사바나 지대와 눈 덮인 산맥까지 품고 있을 정도다. 동쪽의 브리즈번에서 시작해 서쪽의 퍼스까지 운전해 간다면 이 나라를 횡단하는 셈인데 그 거리가 무려 런던에서 베이루트까지, 즉 프랑스와 벨기에, 독일, 오스트리아, 헝가리, 세르비아, 불가리아, 터키, 시리아 모두를 경유해 가는 거리에 버금간다.

아무데도 아닌 곳의 중심에 있다 보니 브리즈번에서 태평양 너머

북동쪽을 바라보면 미국은 1만 1천5백 킬로미터, 남아메리카는 동쪽으로 1만 3천 킬로미터 떨어져 있고, 아프리카는 퍼스에서 서쪽으로 인도양을 8천 킬로미터나 건너야 도달한다. 오스트레일리아와 이웃이라는 뉴질랜드조차 남동쪽으로 2천 킬로미터 떨어져 있는데, 여기서 남극 대륙에 도달하려면 5천 킬로미터의 물길을 더 가야 한다. 하지만 지정학적인 측면에서 오스트레일리아의 진면목을 보려면 북쪽을 바라봐야 한다. 엄청나게 넓은 영토를 가진 이 나라는 서구 지향적이며 발전된 민주주의를 이뤄왔다. 그리고 그 위에는 바로 지구상에서 군사적, 경제적으로 가장 강력한 독재 국가라 할 중국이 있다. 이 모두를 종합해 볼 때 하나의 국가이면서 대륙이기도 한 오스트레일리아를 인도-태평양 지역의 중심에 위치한 21세기 경제 강국이라고 이해할 수 있다.

오스트레일리아의 이야기는 영국이 죄수들을 되도록 멀리 떨어진 곳으로 추방해서 이들과 모든 관계를 끊어 버리겠다는 결정을 내린 것에서 시작한다. 그들이 절대로 돌아올 수 없는 곳, 세상의 맨 아래쪽만큼 이 목적에 어울리는 곳이 어디 있겠는가. 이 섬에 도착한 범죄자들은 곧바로 수감됐고 열쇠는 버려졌다. 그러나 결국 멀리 떨어진 이 세계도 차츰 변해 갔다. 지리라는 감옥의 창살은 휘어지고 오스트레일리아는 국제 정치 무대에 등장하기에 이른다. 지옥 같은 여정 가운데서도 유달리 지옥 같았던 그 기나긴 여정을 겪으면서 말이다.

이 장을 시작할 때 인용한 오스트레일리아 크리켓 영웅 돈 브래드먼의 말은 아마 크리켓 경기에서 잉글랜드와 대결하는 오스트레일리아 팀이 취해야 할 자세를 언급한 것 같다. 그러나 그의 말은 〈지리로 다져진〉 이 나라 국민 기저에 뿌리내리고 있는 심리의 표현이기도 하다. 흔히 평등주의, 직설적 화법, 단순명료함, 불굴의 투지 등이 오스트레일리아인들의 특성이라는 개념은 상투적으로 들리기는 하지만 이것은 엄연한 사실이다. 그것은 광활하지만 타는 듯이 뜨거운 땅, 많은 곳이 사람이 살 수 없는 악조건에서 비롯된 것이다. 이런 조건에서 사실상 단일 문화라 할 수 있었던 이곳이 지구상에서 최고로 다양한 문화를 가진 현대 사회로 번성하기에 이른 것이다.

이제 오스트레일리아는 주변을 둘러보고 있다. 그러면서 자신의 역할이 무엇인지, 그리고 누구와 함께해야 할지를 고민하고 있다.

그런데 이 고민이 외교 정책과 국방 문제에 이르렀을 때 이 나라의 출발점은 무엇을 〈하고 싶은가〉가 아니라 무엇을 〈할 수 있는가〉가 된다. 그리고 이것은 자주 그러했듯 지리적 조건의 제약을 받는다. 오스트레일리아에게 그 나라의 면적과 위치는 강점이자 약점이 된다. 덕분에 외부의 침략에는 안전했지만 정치적 발전은 더딜 수밖에 없었다. 그들은 또한 광범위한 장거리 교역망을 확보해야 하는데 그러기 위해서는 해상 항로를 확실하게 지킬 수 있는 강력한 해군이 필요하다. 게다가 주요 우방들은 너무 멀리 떨어져 있다.

세계에서 6번째로 큰 나라,

그러나 사람이 살 수 있는 곳은 3분의 1도 안 되는

—

남극 대륙에서 떨어져 나와 북쪽으로 표류하던 오스트레일리아가 섬이 된 것은 약 3천5백만 년 전의 일이다. 그 경로로 계속 이동하다 보면 언젠가는 인도네시아와 오스트레일리아가 충돌할 가능성이 있다고 하는데 이에 대해 두 나라 주민들은 크게 불안해하지는 않는다. 일 년에 7센티미터 정도씩 움직이고 있어서 충격에 대비하기까지 수억 년이라는 시간이 남아 있기 때문이다.

면적이 족히 7억 7,412만 2천 헥타르에 달하는 오스트레일리아는 세계에서 6번째로 국토가 넓은 나라다. 현대 오스트레일리아는 6개의 주로 구성돼 있는데 가장 큰 웨스턴오스트레일리아 주는 이 대륙의 3분의 1을 차지하면서 서유럽의 모든 나라를 합친 것보다 넓다. 그 다음 크기로는 퀸즐랜드, 사우스오스트레일리아, 뉴사우스웨일스, 빅토리아, 태즈메이니아섬 순이다. 그리고 노던 준주(Northern Territory, 오스트레일리아 중북부의 연방 직할지)와 오스트레일리아 수도 준주Australian Capital Territory라는 주요 권역 외에 코코스 제도(Cocos Islands, 인도양 동부에 있는 오스트레일리아령 제도)와 크리스마스섬(Christmas Island, 인도양에 있는 오스트레일리아령의 섬)을 포함한 소규모 권역이 있다.

오스트레일리아에 사는 것은 많은 도전을 의미한다. 먼저 섬이 되고 인간이 도착하기 전까지는(대략 6만 년 전) 이곳만의 독특한 생태계가 번성하기에 충분한 시간이었다. 이것을 고려하면 그토록 물리고, 찔리고, 쏘이고, 독 공격을 받았을 텐데도 인간들이 출현해서 3만 년 내에 대륙 전체로 퍼져나갔다는 점은 놀라울 따름이다.

그보다 더 어려웠던 도전은 땅과 기후일 것이다. 이곳 지형의 대부분은 넓고, 평평하고, 몹시 건조한 평야지대인데 그 중 해발 6백 미터 이상은 6퍼센트에 불과하다. 대륙으로서 오스트레일리아는 사막부터 열대우림, 눈 덮인 산에 이르기까지 극도로 다양한 기후와 지형을 보여준다. 하지만 국토의 70퍼센트를 차지하는 대부분은 이른바 아웃백Outback이라 알려진, 사람이 살 수 없는 지역이다. 게다가 내륙의 대평원과 사막의 여름 기온은 대체로 38도에 육박하는 데다 물조차 귀하고 피난처도 없어서 그 광활하고 먼 곳에서 조난을 당한다면 도움의 손길을 기대하기는 어렵다.

1848년에는 대륙의 동쪽 끝에서 서쪽 끝까지 횡단해 보려는 시도가 있었다. 경로는 브리즈번에서 시작해서 퍼스까지 가는 내륙 탐험이었다. 탐험대 대장인 루드비히 라이히하르트는 2명의 원주민 가이드를 포함한 7명의 대원들, 소 50마리, 노새 20마리, 말 7마리와 산더미 같은 장비로 팀을 꾸려 나섰다가 실종되면서 탐험은 실패로 막을 내렸다. 이 나라의 거대한 아웃백이 품고 있는 숱한 비밀 가운데는 라이히하르트의 운명도 숨겨져 있다. 오늘날에도 그의 자취를 찾는 시도가 이어지고 있다.

천 년 이상의 세월 동안 인간이 행동에 옮길 때마다 이곳의 지리는 무소불위의 힘을 휘둘렀다. 원주민들이 아웃백에서 워크어바웃(walkabout, 아웃백에서 혼자 지내도록 하는 일종의 통과의례) 의식을 치르던 시절에 유럽에서 온 정착민들은 주로 해안 쪽으로 모였다. 그 현상은 오늘날에도 지속되고 있어서 이 나라의 인구 분포는 동부 해안의 중간 지점에 있는 브리즈번에서 시작해서 초승달 형태를 띠고 있다. 즉 시드니, 캔버라, 멜버른을 거쳐 남쪽 해안의 애들레이드로 내려가면서 해안을 빙 두르고 있는 모습이다. 서쪽으로 향하는 초승달 모양을 따라 교외와 위성도시들이 형성되는데, 산맥을 넘고 내륙으로 320킬로미터까지 확장되는 등 머나먼 지역으로 깊게 들어갈수록 인구 분포도도 점차 옅어진다. 서부 해안에는 퍼스가 자리 잡고 있고 북쪽으로 올라가면 다윈(노던 준주의 주도)이 있다. 그러나 이곳에서도 사람들은 해안 지역에 몰려 산다. 아무래도 그렇게 할 수밖에 없는 것이다.

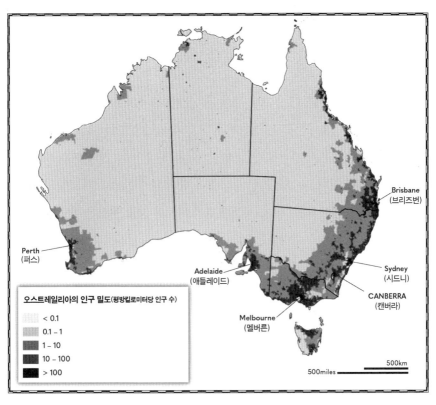

오스트레일리아의 인구 밀도(평방킬로미터당 인구 수)

  | < 0.1
  | 0.1 – 1
  | 1 – 10
  | 10 – 100
  | > 100

오스트레일리아 아웃백 대부분은 사람이 살 수 없는 곳이다. 주민들 다수는 해안선을 따라 국토의 남동쪽에 몰려 살고 있다.

    백여 년 전 시드니 대학교에 지리학과를 창설한 그리피스 테일러는 이곳의 지형 때문에 서기 2000년경에도 오스트레일리아의 인구는 2천만 명을 넘을 수 없을 것이라는 주장을 해서 공분을 불러일으킨 적이 있다. 그는 한술 더 떠 오스트레일리아의 사막은 영구적으로 정착하기엔 "거의 쓸모없는 곳"이라고 했다. 그의 발언은 어지간히 반애국적으로 비춰졌는지 당시 언론은 그를 향해 "비관론자!"라며 흥분했고, 〈바다에서 빛나는 바다로sea to shining sea〉라는 구호로 대표되는 미국의 확장 정책을 선망하던 정치가들은 환경적 결정론이라며 그에게 불만을 터뜨렸다. 하지만 결과적으로 그가 옳았고 그들이 틀렸다. 백여 년이 지난 현재에도 오스트레일리아의 인구는 여전히 2천 6백만 명대에 머물러 있으니 말이다. 오늘날조차 시드니에서 다윈까지 3천2백 킬로미터를 비행하거나 퍼스 쪽으로 횡단할 때 마을이라 부를 만한 곳은 코빼기도 안 보인다. 이 나라 인구의 거의 50퍼센트가 시드니, 멜버른, 브리즈번 등 3대 도시에 몰려 살고 있다. 이들 도시가 머리-달링Murray-Darling 강 유역에 위치한 것도 우연은 아니다.

이 나라 하천의 대다수는 계절에 따라 유량이 달라지다 보니 물길은 그 발전 과정에서 주요 역할을 하지 못했다. 대륙 모든 강의 연간 유량은 중국 양쯔강의 절반에도 못 미친다. 태즈메이니아 지역을 제외하면 그나마 유량이 일정한 강들은 거의 동부와 남서부 지역에 분포한다. 그 가운데 가장 긴 것은 머리강과 그 지류인 달링강이다. 오스트레일리아 알프스(Australian Alps, 오스트레일리아 그레이트디바이딩 산맥의 남단을 이루는 산맥)의 눈이 녹아 형성된 머리강은 끊어지지 않고 남부 해안까지 내리 2천5백 킬로미터를 달릴 만큼 충분한 수량을 보유하고 있다. 그 중 일부 구간은 선박도 다닐 수 있어서 머리-달링 강은 이 나라에게는 왕관에 박힌 보석과도 같은 존재이기도 하다. 하지만 바다로부터 선박이 들어오지는 못해서 화물 운송 능력은 현저히 제한된다. 19세기에 이 물길은 상류 지역의 교역을 지원하는 용도로만 이용되었는데 강수량이 부족할 때면 소형 선박들조차 건조한 상류에 갇혀 꼼짝 못 하게 된다. 그렇지만 머리-달링 수계는 여러 세대에 걸쳐 이곳 사람들을 먹여 살리고 물을 대어준 비옥한 땅을 품고 있다. 그것이 없었다면 초기 정착민들은 아예 해안지대를 벗어나는 건 꿈

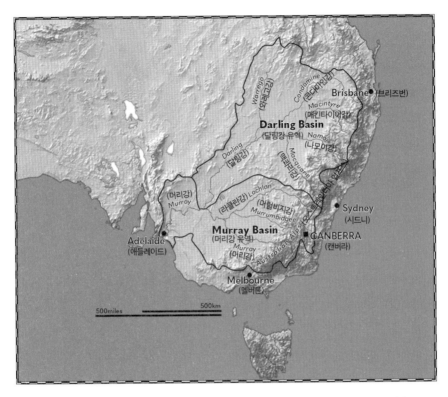

Warrego (워레고강)
Condamine (콘더마인강)
Brisbane● (브리즈번)
Macintyre (매킨타이어강)

Darling Basin
(달링강 유역)

Namoi (나모이강)
Darling (달링강)
Macquarie (매쿼리강)

(머리강) Murray
(라클란강) Lachlan
(머럼비지강) Murrumbidgee

Sydney (시드니)

Murray Basin
(머리강 유역)

Australian Alps (오스트레일리아 알프스산맥)

■CANBERRA (캔버라)

Adelaide (애들레이드)●

Murray (머리강)

Melbourne● (멜버른)

500miles 500km

머리-달링 강 유역은 유럽 출신 초기 정착민들이 오스트레일리아 남동쪽에 터를 잡도록 해주었다.

도 못 꾸었을 것이다.

　오스트레일리아의 역사를 또 다른 식민지였던 미국의 경험과 비교해 보는 것도 의미 있는 일일 것이다. 미국으로 간 이주민들 역시 처음에는 비옥한 동부 해안에 정착한 뒤 점차 내륙으로 밀고 들어갔다. 그런데 애팔래치아 산맥을 넘자 이 신생 국가는 세계에서 가장 거대한 수계인 미시시피강 유역에 위치한 매우 비옥한 지역을 만나게 되면서 더욱더 확장해 들어가게 된다. 하지만 미국에 비하면 오스트레일리아에는 비슷한 크기인데도 운송, 농업, 영구적인 정착을 뒷받침

할 장치가 전무한 것이나 다름없었다. 또한 미국에 비해 국제 무역 시스템에서도 한층 고립된 처지였다. 오스트레일리아는 영국까지도 1만 9천 킬로미터를 가야 하는데, 나중에 미합중국이 되는 13개의 식민지는 유럽에서 5천 킬로미터만 떨어져 있을 뿐이었다.

미지의 남쪽 땅을 노린 낯선 이방인들, 그리고 그들에게 자신들의 땅을 빼앗기는 사람들

—

흔히 잘못 알려진 사실은 1770년에 영국의 쿡 선장이 이 대륙을 〈발견〉했다는 것이다. 발견이라는 문제 많은 단어를 제쳐두면, 기록으로 남겨진 최초의 상륙은 1606년 네덜란드인 빌럼 얀스존과 그의 선원들이 두이프겐호를 타고 이 대륙의 북쪽 해안에 발을 디딘 것이다. 당시 얀스존은 그곳이 뉴기니섬이려니 했다. 이후 그는 토착민들의 적대적인 반응에 곧장 그곳을 떠났는데 그 뒤로 몇몇 유럽 탐험대들이 왔다 갔지만 내륙을 탐험할 생각은 하지 못했다.

쿡 선장의 출현으로 전설로만 여겨지던 이른바 테라 아우스트랄리스 인코그니타terra australis incognita가 제대로 발견된 것은 분명하다. 〈미지의 남쪽 땅〉이라는 뜻을 가진 이 말은 서기 150년경 그리스의 천문학자이자 지리학자인 클라우디우스 프톨레마이오스의 발상에 그 기원을 두고 있다. 그는 지구가 둥그렇다면 그 꼭대기에는 자신이 알고 있는 땅(유럽)이 있고 지구가 넘어지지 않으려면 그 아래를 다른 (무거운) 땅이 받쳐주고 있어야 한다고 추론했다. 일부 일리가 있긴 하다. 유럽에서 보면 오스트레일리아는 여전히 〈아래쪽down under〉에 있으니 말이다.

물론 쿡의 지도는 당연히 프톨레마이오스의 지도보다는 진일보한 것이었을 것이다. 쿡은 이 대륙의 동쪽 해안에 상륙한 최초의 유럽인이 되었다. 그는 현재 시드니의 일부인 보터니만으로 가서 7일 동안 머물렀다. 당시 그의 선원들은 그곳에서 살고 있는 원주민들과 처음 마주친 것을 대수롭지 않게 여겼던 것 같다. 그런데 지나고 보니 그것은 역사적인 일이었고 뒤따라올 사건들의 전조가 되었다. 「조지프 뱅크스 경의 일기. 1768년부터 1771년까지 엔데버호의 첫 번째 여행에 동반하다」라는 글에서 쿡의 수석 과학 장교인 조지프 뱅크스는 문명의 충돌과 그들과의 차이에 대해 다음과 같이 숙고하고 있다.

"그 사람들이 여기 살고 있다. 나는 그들이 거의 행복하다고 말할 수 있겠다. 아주 작은 것에도, 아니 아무것도 없는데도 만족하는 사람들……. 부자가 되고 싶어 안달하지도 않고, 심지어 유럽인들이 필수불가결하다고 말하는 것들이 없어도……. 그들을 보면 인간이라는 존재가 얼마나 적은 것을 바랄 수 있는지 알 수 있다. 우리 유럽인들은 이 사람들로서는 도저히 믿기 어려우리만치 너무도 많은 것을 점점 더 바라고 있는데 말이다."

그렇다고 이 만남이 훗날 뱅크스가 영국이 보터니만을 죄수들의 유형지로 탈바꿈하는 것을 막게 해준 것은 아니었다. 여기에는 당시 영국 감옥의 끔찍한 과밀화를 해소할 수 있는 데다 범법자들이 절대로 돌아오지 못할 곳에 그들을 데려다 놓는다는 일거양득의 생각이 깔려 있었다. 또 제국의 중심부에서 1만 7천 킬로미터나 떨어진 곳에 영국의 깃발을 꽂는다는 전략적 함의 또한 고려됐을 것이다.

선박편이 준비되고 기결수들을 모으고 보급품을 실은 뒤 1787년

5월 13일, 마침내 최초의 수인 선단이 영국의 항구 도시 포츠머스에서 새로운 대륙을 향해 출발했다. 그리고 이듬해인 1788년 1월 24일, 선단은 보터니만에 닻을 내렸다. 11척의 배에는 1천5백 명이 타고 있었는데 570명의 남자와 160명의 여자로 이뤄진 730명의 기결수들을 제외한 나머지는 주로 영국 해군 관계자들이었다.

2주가 지난 뒤 책임자였던 아서 필립스 총독이 지목한 장소는 사실 정착하기엔 마땅치 않은 곳이었다. 그래서 죄수들과 이런저런 물자들이 훗날 시드니항이 되는 몇 킬로미터 위의 북쪽으로 옮겨졌다. 이 새롭게 옮겨간 해안에서, 지금은 브리티시 크라운British Crown이라고 주장되는 땅에서 총독이 했던 연설을 외과의사로 당시 해군 군의관으로 동행했던 조지 오르간은 이렇게 기록했다.

"총독은 엄중하게 명령했다. 원주민들은 이유를 불문하고 공격받거나 폭행을 당해서는 안 된다……. 그들을 친구처럼 대하라."

그러나 실제로는 그렇게 흘러가지 않았다. 필립스 총독은 시드니 주변에 살던 에오라족, 다루그족과 협상을 벌였다. 최초의 접촉 이후 교역에 바탕을 둔 초기 대화가 이뤄졌는데 에오라족이나 다루그족은 낯선 이방인들의 의중이 단지 교역이 아니라 그들의 〈땅〉에 있음을 알아차리지 못했다.

오랜 세월 동안 사람들은 이곳 원주민들이 단일 부족이라 생각하는 경우가 많은데 실상 이 나라 전체에는 여러 다양한 원주민 집단들이 있고 언어 또한 제각각이다. 게다가 퀸즐랜드의 무리족, 사우스오스트레일리아 남쪽의 능가족, 또 태즈메이니아의 팔라와족처럼 더 많은 소집단 부족으로 나눠진다. 일부 더 높게 보는 측도 있으나 1788년경 이 땅의 전체 인구는 대략 25만 명에서 50만 명 사이였을 거라고 하는데, 20세기까지 지속된 영토 전쟁으로 이후 수십 년간 적어도 수만 명은 목숨을 잃었을 것으로 추정된다.

시드니 주변으로 정착촌이 자리 잡자 멜버른, 브리즈번, 태즈메이니아 등지의 정착촌도 성장해 갔다. 이것이 훗날 개척전쟁(Frontier Wars, 1788－1934년)으로 알려진 과정이다. 역사가들 사이에선 그 과정에서 벌어진 폭력의 수위를 놓고 의견이 분분하지만 대략 2천 명의 식민지 주민들과 그보다 몇 배 많은 원주민이 목숨을 잃었을 것으로 추정한다. 특히 원주민들은 대량 학살을 당했다. 한쪽이 다른 한쪽을 아무런 권리도 없는 존재로 보는 것은 안타까운 일이다. 실제로 원주민들을 인간으로 취급하지 않은 식민지 주민들이 많았다.

이러한 문화 파괴 행위는 일찍이 1856년에 발표된 한 글에서도 또렷이 드러난다. 당시 저널리스트인 에드워드 윌슨은 멜버른의 《아르고스Argus》라는 신문에 다음과 같은 섬뜩하기 짝이 없는 글을 실었다.

20년도 채 못 돼 우리는 지구상에서 그들을 거의 쓸어내 버렸다. 우리는 개들에게 하듯 그들에게 총질을 퍼부었으며…… 전체 부족들을 극심한 죽음의 고통으로 몰아넣었다. 우리는 그들을 술독에 빠뜨리고, 질병을 퍼뜨려서 성인들의 뼈를 썩게 하고, 그들의 아이들은 태어난 순간부터 슬픔과 고통을 겪게 했다. 우리는 그들을 그들 땅에서 쫓아냈으며 머지않아 전멸될 상태로 몰아넣고 있다.

이러한 살벌한 장면은 19세기와 20세기 내내 진행되었다. 노골적인 학살이 멈춘 뒤에도 한참이나 이어졌다. 1910년부터 학살에서 살아남은 원주민 가운데 아이들은 가족과 떨어진 채 백인 가정이나 국가 시설에 맡겨졌다. 두 경우 모두 강제적인 흡수와 동화가 그 목적이었다. 이 정책은 1970년대가 되어서야 비로소 중단됐는데 그때까지 소위 〈도둑맞은 세대〉가 10만 명 이상을 헤아렸다. 원주민들이 총선 투표권을 얻은 건 1962년인데 정식으로 오스트레일리아 국민으로 인정받은 것은 그보다 5년 뒤인 1967년에 이르러서였다. 정부는 국민투표를 통해 그들을 인구 조사에 편입시키고 국가 자원에 그들이 더 많이 접근하도록 헌법을 개정했다. 1965년에 민권운동가인 페이스 벤들러는 이렇게 일침을 놓았다.

"오스트레일리아 사람이라면 키우는 개나 고양이를 등록해야 한다. 하지만 우리는 정작 원주민들의 수가 얼마인지는 모르고 있다."

전 국민의 93퍼센트가 참여한 국민투표안은 90퍼센트의 압도적인 찬성으로 통과되었다. 비록 단기적인 실질적 효과는 제한적이었지만 이 투표를 하나의 전환점으로 보는 시각은 많다. 이것을 통해 평등을 확대하고자 하는 국민적 열망이 드러난 것이다. 비록 오늘날에도 계속되고 있는 원주민들의 기나긴 투쟁의 여정이 뒤에 남아 있었다 해도 말이다. 원주민 남성과 여성은 대학을 졸업하고 중산층에 편입되는 등 어느 모로 봐도 현대 오스트레일리아 국민의 삶에 어울리는 생활을 하고 있다. 하지만 그들의 기대수명은 국민 전체 평균에 못 미치고, 만성질환이나 유아 사망률, 수감률은 평균을 웃돈다. 또 일부 원주민 공동체에서는 1970년대부터 시골에서 도시로 이주하면서 가중된 소외감에 따른 심리적 문제와 더불어 실업과 알코올 중독, 질병 등이 만연하고 있다.

이 최초의 국민들(원주민들)에 대한 태도도 일부 의미심장한 움직임들로 인해 차츰 변하는 분위기다. 에어즈 록Ayers Rock이라고 알려진 녹빛 바위산의 명칭이 1990년대에 에어즈 록/울루루Ayers Rock/Uluru로 바뀌었다. 이곳을 성스럽게 여겼던 아난구족이 원래 부르던 이름을 인정한 것이다. 그러다가 2002년에는 이 이름도 아예 울루루/에어즈 록으로 부르기로 했다. 2008년에는 2백 년이 넘는 대대적인 파괴, 탄압과 방치에 대한 책임을 통감한다면서 원주민들을 고통으로 몰아넣었던 잔학 행위에 대해 케빈 러드 총리가 공식적인 사과를 했다.

원주민 인구는 온갖 탄압과 파괴 행위에도 불구하고 20세기를 지나오면서 오히려 증가했다. 1920년대에 6만여 명으로까지 줄었던 그 인구는 퀸즐랜드, 뉴사우스웨일스, 웨스턴오스트레일리아와 노던 준주에 주로 거주하는 원주민들과 민족학적으로 다른 토레스 해협(오스트레일리아 대륙과 뉴기니섬 사이의 해협)의 섬 주민들까지 합쳐 현재는 80여만 명으로까지 늘었다. 그러나 수백 가지나 되었던 원주민 언어 대다수는 사라졌고 그나마 남아 있는 언어 중 적어도 한 가지를 말할 수 있는 사람은 5만 명도 넘지 않는다.

유색 인종은 거부하는 백호주의 정책
—

유럽 이주민들이 이 대륙에서 일으킨 혼란과 파괴는 느리지만 인정사정없이 진행됐다. 대다수가 죄수들로 이뤄진 새로운 이주민들이 영국으로부터 더 들어왔다. 이런 과정이 되풀이되면서 해마다 백인 인구는 수천 명씩 늘었다. 1825년경에 몇몇 탐험가들은 건너기 불가능한 장벽이라 여겨지던 시드니 서쪽의 블루 마운틴 산맥을 돌파하고 그 너머에 광활한 아웃백이 펼쳐져 있는 것을 발견했다. 당시 인구는 5만여 명 정도였는데 1851년에는 45만 명으로까지 늘었다. 그즈음부터 죄수들의 수는 뚝 떨어진 것에 반해 신세계에서 새로운 삶을 찾고 싶었던 이민자들의 수가 늘기 시작했다.

그들은 이 대륙에 초기 골드러시 광풍이 불기 시작하던 때에 들어왔다. 노다지를 찾아 해외에서 수십만 명의 사람이 유입됨에 따라 오스트레일리아 사회 또한 변화하기 시작했다. 대다수는 영국에서 왔지만 중국이나 북아메리카, 이탈리아, 독일, 폴란드를 비롯한 여러 나라에서도 적지 않은 사람들이 들어왔다. 이 황금 세대 덕분에 1870년대 초반에 인구는 170만 명으로 폭발했을 뿐 아니라 점차 민족학적으로나 문화적으로 훨씬 풍부한 다양성을 띠게 됐다.

초기 골드러시 광풍이 불 때 멜버른 해안으로 불어닥친 이민자 파도의 주역은 대개 젊은 남자들이었다. 이들의 삶은 거친 서부의 분위기를 떠올리게 했지만 점점 경기가 좋아지면서 이민자의 구성에도 변화가 생겼다. 숙련된 노동자와 상인들 그리고 회계사나 변호사 같은 전문직 종사자들이 가족을 데리고 이 땅으로 들어왔다.

이들 모두는 새롭게 부상하는 오스트레일리아인의 특성을 형성하는 데 일조했다. 그러나 흔히 재기발랄함, 할 수 있다는 자신감, 친밀감 등으로 알려진 오스트레일리아인의 기질을 만든 이들은 다른 누구보다 젊은 금 채굴자들이라는 이론이 있다. 구세계의 사교적인 격식은 거친 바위나 진흙투성이 땅에서는 별반 의미가 없었다. 독립적인 동시에 협력을 중시하며 평등에 바탕을 둔 채굴자들의 정신은 이전과 비교해 영국의 식민지 권위를 훨씬 덜 존중하는 특유의 정체성을 확립하는 데 기여했다.

20세기가 다가오면서 오스트레일리아는 현대적인 국가가 돼가고 있었지만 그래도 아직은 분리된 나라나 다름없는 식민지들의 구성체라 할 수 있었다. 이들 간에 공식적인 교류는 거의 없었고 대개는 자체적인 경제 체계와 정치 제도를 우선적으로 고려하고 있었다. 게다가 정착지들 간의 거리 또한 풀어야 할 숙제였다. 앞서 보았듯 이 나라의 강들은 교역이나 운송에 적합하지 않다. 그래서 초창기에는 무엇이든 육로로 옮겨야 했는데 짐을 나를 만한 짐승도 마땅히 없어서 사람이 직접 험한 길을 힘겹게 끌고 갔다. 또 초기 운송 시스템은 상품을 내륙으로 보내거나 모국인 영국으로 보내는 개별 항구에 집중되었다. 각 지역은 개별적인 식민지나 다름없었기 때문에 해안선을 따라 이들을 연결하는 것은 우선사항이 아니었다. 그래서인지 초창기 도로는 그 거리 때문에라도 해안선을 따라 만들어지지는 않고 주로 내륙 쪽으로 연결됐다. 이러한 제한적인 조건 때문에 각각의 식민지는 개별적인 단위 형태로 발전해 나갈 수밖에 없었다.

19세기 후반 들어서 초보적인 철도 시스템이 등장하기 시작했다. 그 일부가 해안 도시들을 연결했고 그러면서 경제를 위한 길을 닦았다. 운송과 통신 시스템이 발전하면서 연방 형태로 여러 지역을 함께 묶는다는 생각이 부상했다. 이에 대해 1899년 국민투표가 시행되었고 적지 않은 반대 속에서도 통과되었다. 이듬해인 1900년 7월 5일 영국 의회는 오스트레일리아 연방 헌법을 통과시켰고 나흘 뒤에 빅토리아 여왕이 서명했다. 그리하여 1901년 1월 1일, 6개의 영국령 식민지들이 연합하여 오스트레일리아 연방을 구성했다. 당시 50만 명의 시민들이 시드니 거리로 쏟아져 나와 이것을 환영했다. 물론 그렇다고 해서 오스트레일리아가 곧장 주권 국가가 된 것도 아니었고 단지 자치권이 부여된 식민지 형태였지만 이것만으로도 자기결정권을 향한 대약진을 이룬 셈이었다. 하지만 오스트레일리아 법에 따라 완전한 독립을 성취하기까지는 1986년까지 기다려야 했다.

그즈음 오스트레일리아 인구는 3백만 명을 넘어서면서 이른바 도시 사회로 접어들기 시작했다. 시드니와 멜버른의 인구도 저마다 50만 명을 바라보게 되었다. 여전히 대다수 이민자는 영국에서 왔는데 다른 나라에서 왔다 해도 거의 백인들이라고 보면 됐다. 새 정부가 초기에 통과시켰던 법안 가운데 하나가 바로 소위 〈백호주의 정책White Australia Policy〉(1901년부터 1978년까지 지속되었던, 백인 이외 여러 유색 인종의 이민을 배척하던 백인 우선주의 정책)으로 알려진 이민 제한법이었다. 여기에는 구체적인 문구로 명시되어 있지는 않지만 어느 모로 보나 인종차별적인 의도가 명백한 조항이 있었다. 이를테면 관계자 입회하에 "관리자가 지정한 유럽 언어로 50단어를 넣어 문장을 말하고 그가 말한 내용을 받아쓰지 못한 사람은 이민이 허용되지 않는다."라는 것이다.

일반적이라고 할 수 없는 이런 조건에서 만에 하나 중국인이 포르투갈어 50단어를 받아쓸 수 있으면 그 사람은 다시 시험을 쳐야 한다. 이번에는 플라망어(벨기에 북부 지역에서 사용하는 네덜란드어)로 말이다. 앞서 말했듯이 이 언어는 담당 관리가 선택했고 그 응시도 이민 여부가 이미 결정된 상태에서 공식적으로 법적 도장을 찍는 요식행위였다. 이런 상황에서 입국 거부 대상자들의 대부분은 백인이 아니었다. 이 법은 또한 귀화하지 않은 이민자들이 폭력 범죄로 수감될 경우 그들을 강제 추방하는 데도 사용될 수 있었다. 이 가운데 그 어느 것도 「공정한 오스트레일리아여 전진하라Advance Australia Fair」라는 유명한 노래와는 도무지 어울리지 않았다. 이 노래는 새로운 연방 창립 기념식에서 연주되었고 훗날 오스트레일리아의 국가가 되었다.

　우리는 경계 없는 벌판을 함께 나누고 있습니다.
　용기를 갖고 우리 모두 함께합시다.
　공정한 오스트레일리아가 전진할 수 있도록.

　당시의 정계나 일반 국민들의 지배적인 정서는 경계 없는 벌판은 백인들, 특히 영국 출신의 백인들이랑 나누자는 것이었다. 이 새로운 법은 대개 중국인, 일본인, 인도네시아인들과 저임금 노동자들뿐 아니라 오스트레일리아의 인종적 순수성을 해칠 수 있는 다른 이웃 나라 출신들을 겨냥한 것이었다. 백호주의 정책은 1970년대까지 공공연히 지켜졌다. 주변의 아시아 국가들, 특히 식민지에서 독립한 나라들은 늘 이 법을 못마땅하게 여겼다.

다문화 국가 현대 오스트레일리아의 탄생
—

제2차 세계대전이 끝나자 이른바 10파운드 이민Ten Pound Poms 정책을 통해 많은 영국인들이 이 나라로 몰려왔다. 오스트레일리아는 여전히 노동력이 부족했던 터라 당시 돈으로 10파운드만 내면 영국인들은 새로운 삶을 시작하기 위해 오스트레일리아행 배에 올라탈 수 있었다. 정상 요금은 120파운드, 즉 보통 노동자들의 6개월치 급여와 맞먹었다. 전후 침울한 분위기 속에서 엄격한 계급사회였던 영국으로서는 이 제안을 거절하기 어려웠을 것이다. 이런 배경에서 1947

년부터 1982년 사이에 150만 명이 넘는 영국인들이 기회와 태양빛을 찾아 새로운 대륙 오스트레일리아로 향했다. 물론 처음 맞닥뜨린 것은 주로 난관이었다. 일례로 내 숙모, 숙부, 사촌 세 명도 그 배를 탔다. 앤 숙모는 간호사였고 데니스 숙부는 구둣가게에서 일했다. 1972년에 사우샘프턴 부두를 출발한 그들은 이렇게 하여 영국의 리즈에서 오스트레일리아의 멜버른으로 삶의 터전을 옮겼다. 한 호스텔에서 정착지로 이동한 뒤에 비로소 상대적으로 싼 임금에서 훨씬 높은 삶의 질로 갈아탄 것이다. 이곳에서는 그들과 그 외 이주민들을 폼스poms라고 한다. 이는 오스트레일리아 속어인데, 이민을 뜻하는 immigrant라는 단어와 발음이 비슷해서 가끔 pommygrant라고도 쓰는 pomegranate(석류)의 축약어라고 한다.

이 시기에도 영국인들이 여전히 노동력의 주를 차지하고 있었지만 세계정세가 적지 않은 유럽인들을 오스트레일리아로 향하게 만든 바람에 이 나라의 인구 구성 또한 변해가기 시작했다. 이렇게 열리게 된 수문 덕택에 백호주의 정책도 점점 느슨해져 갔다. 1900년대 후반부터는 이탈리아, 독일, 그리스 등에서 온 이주민들이 공동체의 일원이 되었다. 이후 1956년의 혁명에서 피신해온 헝가리인들이, 이어 1968년의 소련 침공 이후에는 체코인들이 들어왔다. 남아메리카와 중동 지역에서는 주로 정치적 박해를 피해 이곳을 찾는 이들이 많았다. 1970년대에는 수천 명의 베트남 보트피플이 들어올 수 있었고, 마찬가지로 1990년대에는 유고 내전 난민들도 들어왔다.

이는 결과적으로 본래 브리티시 또는 앵글로-켈틱 사회가 다문화 국가로 변모되는 뚜렷한 문화적 변화를 불러왔다. 이것이 현재 우리가 보고 있는 190개 국가의 유산을 지닌 국민들이 만든 현대 오스트레일리아로의 급속한 변화였다. 2016년 인구 조사에서는 해외에서 출생한 후 이 나라로 이민 온 인구 비중이 26퍼센트를 차지했다. 그런데 그들의 출신지 면면을 보면 20세기 이후부터 정책과 태도 그리고 세계 경제가 변모했다는 것을 확실히 알 수 있다. 물론 아직은 해외 출생 인구 중 영국인의 비중이 가장 높지만 상위 10위 가운데는 뉴질랜드(8.4퍼센트), 중국(8.3퍼센트), 인도(7.4퍼센트), 필리핀(3.8퍼센트), 베트남(3.6퍼센트)이 포진해 있다. 상위 10개국 중 5개 국가가 아시아 국가들인 것이다.

사실 이 현상은 거슬러 올라가면 1901년, 아니 훨씬 이전인 1788년부터 시작된 기나긴 여정의 결과다. 그렇지만 이는 비단 시간에 관한 문제가 아니다. 2019년 케빈 러드 전 총리의 연설은 아직도 인종차별과 불평등이 남아 있는 나라 중 하나지만 이곳에서 불고 있는 변화의 바람을 압축해서 보여주었다.

"우리가 오스트레일리아라는 국가 정체성을 규정할 때는 민주주의 사회라는 이상과 제도와 관례에 뿌리를 두어야지 인종적인 구성에 두어서는 안 됩니다."

이주노동자들과 난민을 포함한 외부인들에게 오스트레일리아는 여전히 매력적인 종착지로 남아 있다. 너무 인기가 많다 보니 어떻게 해서라도 이 나라로 가고 싶은 이들에게 때론 좌절을 안겨주기도 한다. 금세기에 들어서 오스트레일리아 정부는 불법 이민자들에게 철퇴를 가하는 가혹한 법들을 잇달아 제정했다.

2001년, 오스트레일리아 해군은 난민이나 불법 이주자들이 타고 온 배들을 단속하기 시작했다. 그 선박들은 되돌려 보내지거나 제3국으로 방향을 틀기도 했다. 또 상륙이 허가되는 경우에도 멀리 떨어진 나우루와 마누스의 섬들로 옮겨졌다. 이 정책은 2008년에 중단되었다가 2012년에 부활했다. 이후 3천 명에 달하는 사람들이 구금되기도 했다. 그 가운데 일부는 모국으로 되돌려 보내졌고 몇 백 명은 미국에서 난민 지위를 획득하기도 했다. 2020년에 오스트레일리아에 남아 있는 290명은 이른바 처리 센터라 부르는 섬들에 남아서 현지인들의 비정한 공격의 대상이 되고 있다.

인권운동가들은 반인권적이고 불법적이라는 이유로 이 정책을 지속적으로 비난하고 있지만 이 정책의 유지 여부가 여전히 선거의 주요 쟁점이 될 정도로 오스트레일리아 국민들의 관심도가 높다. 이제는 배들이 무작정 들이닥치는 경우는 줄고 있지만 대신 항공편으로 와서 망명을 신청하는 사람들의 수가 늘고 있다.

풍부한 천연자원, 하지만 부족한 물과 기후변화

—

그들이 이렇게 오는 이유는 대다수에게 현대 오스트레일리아가 여전히 〈행운의 나라lucky country〉이기 때문일 것이다. 원래 1964년에 도널드 혼이 동명의 책에서 처음 사용한 것으로 알려진 이 말은 애초에는 약간 비꼬는 의도가 담겨 있었는데 지금은 오히려 긍정적이고 일리 있는 표현으로 고착됐다. 오스트레일리아는 지구상에서 가장 부유한 곳 중 하나이며 앞으로도 그 지위를 유지할 가능성이 커 보인다. 이 땅에는 전 세계에 내다팔기 좋은 천연자원이 풍부하게 있다. 양모, 양, 육류, 밀, 그리고 와인 산업은 세계에서 선두를 유지하고 있으며, 우라늄은 전 세계 매장량의 4분의 1을 차지하며, 아연과 납은 세계 최대 매장량을 보유하고 있다. 또 텅스텐과 금의 주요 생산국이며, 은과 석탄도 만만치 않은 매장량을 자랑하고 있다. 하지만 우리는 이 나라가 에어즈 록과 험한 땅 사이에 어떻게 갇혀 있는지도 알고 있다.

현재 오스트레일리아는 화석 연료가 촉발한 기후변화를 여실히 느끼고 있는 중이다. 기록적인 고온과 물 부족으로 2019년과 2020년에 이 나라를 휩쓴 산불의 주요 원인은 지구온난화였다. 직접적인 인명 피해는 수십 명이었지만 이 나라의 주요 상징인 코알라 수천 마리를 포함해 수십만 마리나 되는 동물들이 희생당했다. 화마가 도시 지역까지 미치지는 않았지만 매캐한 연기구름이 캔버라 상공에 오래 머물러서 당시 수도의 공기질이 일시적으로 세계 최악을 기록하기도 했다. 흡사 따뜻한 눈송이 같은 흰색 잿가루들이 뉴질랜드까지 날아갔다. 또한 2020년 1월 4일 시드니는 세계에서 가장 더운 곳 중 하나가 되었다. 당시 시드니 기온은 섭씨 48.9도라는 어마어마한 고온을 기록했다.

이런 환경에서 누가 살 수 있을까? 현재의 대답은 2천6백만 명의 사람들이다. 그러나 오스트레일리아 통계청은 2060년에는 4천만 명에 이를 것이라는 중간 단계의 예측을 내놓고 있다.

만약 현재의 기후변화 모델이 적중한다면 오스트레일리아는 연달아 폭염 기록을 갈아치우고 가뭄, 산불 등으로 황폐해지거나 도저히 사람이 살기 힘든 땅이 되는 고통을 감당해야 한다. 대도시의 교외가 시골 지역으로 뻗어나가면 나갈수록 더 많은 사람들이 위험에 노출된다. 사정이 이러하니 사람들은 계속 해안가를 고수할 가능성이 높고 해수면 상승에도 불구하고 도시로의 집중은 점점 심해질 수밖에 없다. 그러므로 일부 지역은 해안에서 조금씩 뒤로 물러나게 해야 하며 위험도가 낮은 지역에 장기적인 건설 계획을 세우는 등의 대처가 필요하다.

주지하다시피 오스트레일리아에는 잠재적 에너지원인 태양광은 풍부하지만 부족한 것이 있다. 바로 물이다. 강물이 흐르는 곳의 지형이 대개는 평평하고 유량도 일정치 않다 보니 수력 발전에는 적합하지 않다. 그나마 태즈메이니아 지역은 예외인데 이곳은 지형이나 기후 때문에 일찌감치 수력 산업이 번창할 수 있었다. 물 부족은 이미 이 나라에서 이슈로 떠올랐지만 어쩌면 가장 최우선적인 문제가 될 수도 있는 사안이어서 정부는 국가의 지속 가능성을 두고 허심탄회한 논의를 벌여야 한다.

이 논의에는 석탄도 포함될 것이다. 웬만한 주마다 석탄 광산이 있고 수만 명을 고용하고 있는 현실을 감안하건대 오스트레일리아가 이 696억 달러짜리 석탄 산업을 조정하는 일은 녹록치 않을 것이다. 총리 자리에 오르기 전 의회에 출석한 스콧 모리슨은 커다란 석탄 덩어리를 흔들어 보이면서 다음과 같은 주장을 해서 논란을 일으켰다. "겁을 먹지도, 걱정하지도 마십시오. 여러분을 해치지 않을 겁니다. 석탄 덩어리이니까요." 오스트레일리아는 내일이라도 석탄 산업을 접을 수 있지만 이것이 지구 전체의 오염을 획기적으로 줄이지는 못할 것이다. 이는 각 나라가 탄소 배출량을 줄이는 공동 노력에 참여하지 않는 한 풀리지 않을 문제다. 다만 그 결정은 오스트레일리아 경제에 커다란 충격파를 몰고 올 수 있다. 그러다 보니 석탄은 이 나라가 확실한 대체 에너지원을 찾아내기 전까지는 주요 에너지원으로 남아 있을 가능성이 크다.

에너지에 대한 접근은 오스트레일리아에게는 중대한 사안이다. 이 나라의 위치와 지리를 감안할 때 이는 곧 안보 이슈와 직결되기 때문이다.

해상 봉쇄에 속수무책이 되는 나라
—

현대의 오스트레일리아는 경제적으로 그 지리적 위치와 더 밀접하게 연결돼 가고 있다. 이 나라의 정치인들은 자국이 아시아 태평양 공동체의 일부라고 공공연히 주장하고 있지만, 정작 그 공동체가 오스트레일리아를 자신들의 일부로 여길 만한지에 대한 공식 논의를 하려고 하면 슬그머니 피한다. 가까운 이웃 국가한테는 서구의 옛 식민지이자 동맹인 이 강대국이 존경은 받지만 사랑을 받고 있지는 않다. 하지만 범위를 더 넓히면 이 나라는 여러 강대국 가운데 하나로서 잠재적인 동맹 또는 적이 되기도 한다.

전략적으로 오스트레일리아가 집중하고 있는 곳은 주로 북쪽과 동쪽이다. 1차 방어선으로는 남중국해 지역을 바라보고 그 아래로는 필리핀과 인도네시아를 두고 있다. 그리고 파푸아 뉴기니와의 사이에는 바다를 두고 있다. 또 동쪽으로는 피지와 바누아투 같은 남태평양 섬들에 집중하고 있다.

이런 지리적 조건이 몇 가지 이점을 가져다주기도 한다. 무엇보다 오스트레일리아는 침공하기에 어려운 곳이다. 물론 아예 불가능한 것은 아니다. 하지만 침공군의 대부분은 수륙양용 작전을 펼쳐야 하며 동쪽과 북쪽의 섬들 때문에 공격 가능한 범위도 좁다. 일단 상륙한다 해도 대륙 전체를 장악하기는 불가능할뿐더러 요충지들을 확보하려면 맹렬한 저항을 뚫어야 한다. 만약 적군이 노던 준주에 상륙한다면 시드니까지 가려면 3천2백 킬로미터를 더 가야 한다고 보면 된다. 따라서 보급로를 확보하는 것은 악몽과도 같기 때문에 시드니까지 도달하는 것은 쉽지 않을 것이다.

그런데 이 나라가 봉쇄와 차단에 속수무책이 될 경우가 있다. 대부분의 수출입 상품들이 북쪽의 해협들을 통해 드나들고 있는데 혹시 분쟁이라도 벌어진다면 그곳이 봉쇄돼 버릴 수 있기 때문이다. 말라카 해협, 순다 해협, 롬복 해협이 여기에 해당한다. 일례로 말라카 해협은 인도양에서 태평양으로 가는 최단거리 노선이다. 이 하나의 항로로만 해마다 8만 척의 선박이 드나드는데 동북아시아로 가는 원유의 80퍼센트를 포함해서 전 세계 물동량의 3분의 1을 담당하고 있다. 만약 이 해협이 봉쇄된다면 대체 경로를 찾아야 한다. 이를테면 일본에 원유를 공급하는 유조선들은 좀 더 남쪽으로 내려가서 오스트레일리아 북쪽을 가로질러 파푸아 뉴기니를 지나 태평양으로 나갈 수는 있다. 하지만 이 경로를 이용하려면 막대한 운송비를 지불해야 한다.

만약 이들 해협에 대한 봉쇄가 성공적으로 이뤄진다면 오스트레일리아도 순식간에 에너지 위기에 처할 수 있다. 그래도 일단 두 달치 공급이 가능한 전략적 비축유를 해안의 매장지에 비축해 두었고, 언제라도 3주치 정도를 공급할 수 있는 유조선을 준비해 놓고 있기는 하다. 또한 2020년 유가 폭락 사태를 기회로 며칠분의 공급량을 여분으로 채워두기도 했다. 다만 미국의 전략 비축 기지에 저장해 두어서 아예 접근조차 어려워질 수도 있다는 게 문제이긴 하다.

오스트레일리아의 방위 전략은 부분적으로 이 시나리오에 초점을 맞추고 있다. 그래서 원유 수송선을 호위할 용도로도 이용할 수 있을 전함과 잠수함들, 그리고 원거리 해상 초계기들을 확보해 두고 있다. 또 남위 26도선 북쪽에 6개의 공군기지를 두고 있는데 3곳은 상시 가동하고 있고 나머지 3곳은 비상시를 고려해서 예비해 두고 있다. 남위 26도선은 이 대륙의 남과 북을 가르는 선이다. 이 선은 브리즈번 북쪽 100킬로미터 지점에서 출발해 대륙을 가로질러 인도양의 샤크만에 다다른다. 이 선 위에는 이 나라 인구의 10퍼센트만이 살고 있다. 검증되지 않은 이론에 따르면 북쪽에서 침략을 받으면 인구가 밀집된 주요 지역에 병력을 집중해야 해서 26도선 위는 포기할 수밖에 없다고 한다. 그러나 이것은 이론에 불과한 시나리오일 뿐이다. 정부는 공군과 해군기지 형태의 강력한 전방 방어 태세를 구축함으로서 그 시나리오를 피하려 하고 있다.

그러나 이 나라의 크기와 인구, 중위권 정도의 경제 규모를 감안하면 자국의 해안으로 접근하는 모든 세력을 막아내기에는 역부족이다. 사실 그저 가장 가까운 바다를 순찰하는 것만으로도 벅차다. 대륙 해안선 길이만 해도 3만 5천 킬로미터에 달하는 데다 덤으로 2만 4천 킬로미터의 도서 지역 해안선까지 감시를 돌아야 하기 때문이다.

가장 중요한 동맹국은 영국, 미국, 아니면 중국?

—

위의 시나리오들 가운데 어느 하나라도 현실화되는 것을 막기 위해 오스트레일리아는 해군력에 막대한 비용을 쏟아붓는 것 못지않게 동맹을 신중하게 고르는 등 외교력에도 힘을 모으고 있다. 이 나라 정부는 누가 과연 해상의 주도권을 쥐고 있는지에 늘 촉각을 곤두세우고 있다. 그것이 영국일 때는 오래된 제국주의 세력이 그들의 가장 중요한 동맹이었고, 미국으로 그 힘이 넘어가자 새로운 정치적, 군사적, 전략적 최우선 순위로 누구를 선택해야 할지 명확해졌다.

제1차 세계대전이 발발하자 많은 오스트레일리아인들이 대의명분의 기치 아래 모였다. 그러나 제2차 세계대전은 오스트레일리아와 영국 간 군사 관계에 하나의 전환점이 되었다. 영국이 오스트레일리아를 지켜줄 수 없음이 명백해졌다. 그리고 전쟁의 흐름이 바뀌면서 이후 세계에서 지배력을 행사할 쪽이 어디인지가 점점 분명해져 갔다.

1941년 12월, 진주만 공격이 발발한 뒤 당시 존 커틴 총리는 「우리 앞에 놓인 과제」라는 제목의 기사에서 이렇게 말했다. "따라서 오스트레일리아 정부는 태평양 지역에서 벌어지고 있는 분쟁을 미국과 오스트레일리아가 민주주의를 위한 투쟁 계획이라는 방향으로 모든 힘을 모아야 하는 최우선 과제로 보고 있다. 어떠한 방해도 없다면, 나는 우리가 미국을 바라봐야 한다고 분명히 밝힌다. 영국과의 전통적인 관계 또는 연대에 급격한 충격을 주지 않으면서 말이다." 오스트레일리아 사람다운 솔직하고 투박한 어조로 그는 그 메시지가 내포한 현실 정치를 딱 잘라 이렇게 말했다. "오스트레일리아는 나아갈 수 있고, 영국은 머물 것이라는 것 또한 우리는 알고 있다."

이것은 하나의 분수령이 되었다. 양키들이 몰려오고 있다. 이미 선발대가 이 대륙에 발을 내디뎠다. 1943년 중반쯤엔 15만 명이나 되는 미군이 오스트레일리아에 배치됐다. 더글러스 맥아더 장군은 퀸즐랜드에 사령부를 설치했다. 미 해군 소속 군함들이 시드니와 퍼스에 정박했고 〈메이드 인 아메리카〉가 오스트레일리아에 뿌리를 내리기 시작했다. 코카콜라, 햄버거, 피자, 핫도그, 할리우드 영화, 미국산 소비재 등이 앞선 시대를 점령했던 상대적으로 보수적인 영국산 수입품들을 대체해 갔다.

　전쟁은 오스트레일리아도 비껴가지 않았다. 1942년 2월 19일, 10주 전에 진주만을 공격했던 것과 동일한 일본 항공모함 함대 소속 전투기들이 다윈항의 연합군 진지에 무차별 폭격을 가했다. 그보다 한 달 전에 일본군은 현재 파푸아 뉴기니와 인도네시아 일부를 아우르는 뉴기니를 침공한 뒤 그 넓은 섬의 북부를 속전속결로 장악했다. 오스트레일리아 바로 위에 있는 이 광활한 땅덩어리는 세계에서 두 번째로 큰 섬이다. 그래서 이 섬이 넘어갔다는 것은 그곳이 오스트레일리아에 대한 공격 또는 봉쇄를 위한 전초기지로 이용될 수 있다는 뜻이기도 했다. 그런데 파푸아 뉴기니의 수도인 포트모르즈비로 상륙한다는 일본의 수륙양용 계획은 코럴해 전투Battle of Coral Sea[1]에서 입은 피해로 좌절됐다. 이로써 연합군을 겨냥한 일본군의 계획은 수정됐고 맥아더 장군은 뉴기니를 발판으로 삼아 향후 일본을 패배로 몰고 가는 군사 작전의 일부가 된 필리핀 수복 작전을 펼쳤다.

　그때 이후로 미국과 오스트레일리아의 관계는 영국과 맺었던 관계와 비슷한 양상을 띠어갔다. 오스트레일리아는 군사력(특히 잘 훈련된 특수부대) 일부를 제공하고 있고, 미 해군은 국제 해상 항로를 열어두게 하면서 오스트레일리아에 핵우산을 제공하고 있다. 그 대가로 이 나라 정부는 한국전쟁(1950-1953년), 베트남 전쟁(1955-1975년), 제1차 걸프전(1990-1991년), 그리고 2003년 이라크 전쟁에 자국의 부대를 파

1　오스트레일리아 북동부 바다인 코럴해에서 1942년 5월 4일부터 8일까지 치러진 전투로, 일본군 해군과 미국-오스트레일리아 연합 해군 간에 벌어진 전투를 말한다. 산호해 전투라고도 한다.

견했다. 이는 양대 세계대전에 참여한 것과 같은 맥락이다. 한편 미국은 최강의 해군력으로 해상의 주도권을 놓지 않으려는 결의를 굳건히 하고 있었다. 미국은 다윈항에 주요 기지를 설치했다. 여기에는 2천5백 명의 미 해병대가 주둔하고 있는데 중국 군대를 밤새 깨워두기에 충분한 병력은 아니겠지만 미군이 그 도시에 있다는 것만으로도 미국이 오스트레일리아를 수호할 의지가 충분하다는 신호를 주는 것 이상은 된다. 단, 지금으로선 그렇다는 얘기다.

그런데 오스트레일리아에게는 딜레마가 생겼다. 중국이 부상하자 미국은 서태평양 지역에서 선택을 해야 할 입장이 되었다. 미국은 중국 정부가 자국의 뒷마당이라고 여기는 곳에 영향력을 행사하려고 밀어붙이는 것을 견제할 수도 있고, 그 지역에서 납득할 만한 세력 범위를 형성할 수도 있고, 그도 아니면 아예 소극적이 되어서 캘리포니아 쪽으로 길고 느리게 후퇴할 수도 있을 것이다. 어쨌거나 거기부터 중국 해안까지는 1만 1천 킬로미터의 바다가 가로막고 있다. 미국의 국방 및 외교 관리들은 오스트레일리아와의 동맹 관계가 굳건하다는 것을 줄곧 확인해 주고 있다. 하지만 트럼프 대통령은 이따금 오래된 우방 민주국가들보다 북한 같은 권위주의 정권의 독재자를 선호하는 것 같은 태도를 보여서 오스트레일리아를 초조하게 만들기도 했다. 하지만 미국의 정권 교체는 그 기조에도 변화를 가져왔다. 2020년 11월 대선에서 바이든의 승리에 이어 한 달 뒤 미 해군, 해병대, 해안 경비대 지휘관들은 다음과 같은 냉정한 경고를 했다. 세계 강대국 중 중국이야말로 미국과 그 동맹국들에게 가장 포괄적이고 장기적인 위협이 되고 있다는 것이다. 이보다 앞선 2020년 초반에 보다 심각한 경고등이 켜지기 시작했다. 중국은 파푸아 뉴기니의 다루섬에 대규모 어업단지를 건설하기로 합의한 후 그 지역을 살펴보기 시작했다. 이 섬은 오스트레일리아 본토에서 불과 2백 킬로미터 남짓 떨어져 있는데, 그 주변 바다는 수산업의 잠재적 가치로 명성이 높다기보다 오히려 중국의 저인망 어선들이 자주 정찰선으로 이용되는 것으로 알려져 있다. 물론 어업단지 건설이 단순한 비즈니스일 수도 있다. 하지만 반대로 중국 군함들이 머물 만한 항만이 건설될 수도 있다. 이는 오스트레일리아가 이 지역에서 중국의 활동을 지속적으로 경계해야 하는 이유이자 공동 안보에 대한 미국의 약속을 지속적으로 평가해야 하는 이유이기도 하다.

오스트레일리아는 금세기 중반까지 미국이 중국보다 방위비에 더 많은 투자를 하지 않을 거라는 걸 알고 있다. 냉전시대와 현재는 엄격한 차이가 있음을 부인할 수 없다. 요컨대 과거 저물어 가는 소비에트 연방은 경제적 측면에서 미국에 크게 뒤처져 있었고 결국은 군비 경쟁에서도 밀려날 수밖에 없었다. 하지만 현재 중국은 떠오르는 강국으로 늦어도 금세기 중반에는 GDP가 미국을 추월할 것으로 예상된다. 이러한 사안들에 관한 미국의 입장은 오스트레일리아의 중국 선택에도 영향을 미칠 것이다.

우리는 오스트레일리아와 중국이 상대적으로 가까운 사이라고 생각하는 경향이 있다. 여기에는 두 가지 이유가 있다. 오스트레일리아는 지도상으로 보면 동, 서, 남쪽이 큰 대륙과 동떨어져 있다. 그런데 북쪽을 올려다보면 중국이 보이다 보니 심리적으로 이 두 나라를 한꺼번에 묶게 된다. 그런데 우리 대다수가 이용하는 고전적인 지도인 메르카토르식 지도는 평면 위에 곡선으로 휘어진 거리를 표현함으로써 우리의 시각을 왜곡시킨다. 메르카토르 지도가 사물의 위치에 대한 우리의 생각에 얼마나 영향을 미치는지 알고 싶다면 자주 사용되고 있지는 않지만 또 다른 시야를 제공하는 워터맨 지도를 살짝만 봐도 이해될 것이다. 사람들은 중국이 폴란드와 지리적으로 그렇게 가깝다고 생각해본 적이 없을 것이다. 하지만 베이징은 캔버라만큼이나 바르샤바와도 가깝다. 중국이 지도상에서 변함없이 중심부에서 사방으로 통하는 이유도 이것이다. 반면 오스트레일리아의 대부분은 북쪽을 보고 있다. 간단히 말해서, 중국은 오스트레일리아보다 훨씬 많은 선택지를 쥐고 있다는 얘기다.

중국에 대해서라면 오스트레일리아는 경제적 이해, 방위 전략, 그리고 외교 사이에서 힘겨운 줄타기를 해야 한다. 가끔 외교상의 온도차에 따라 그 투자 수위가 들쭉날쭉하긴 해도 중국이 단연코 오스트레일리아의 최대 교역 상대국인 것은 분명하다. 최근 몇 년간 해마다 대략 140만 명의 중국인이 오스트레일리아로 여행을 왔고 해외 유학생의 30퍼센트를 중국인 학생들이 차지하고 있다. 중국은 오스트레일리아 수출 농산품의 3분의 1을 사들이는데 여기에는 소고기 수출량의 18퍼센트, 보리의 절반이 포함된다. 또한 중국은 철광석, 천연가스, 석탄, 금의 주요 고객이기도 하다. 그러나 이 지역에 대한 중국의 보다 큰 관심사는 영유권 주장과 영향력 확장이어서 오스트레일리아의 이해와 늘 일치하는 것은 아니다.

중국과의 관계, 관리 자체가 쉽지만은 않은

—

중국의 바깥 해역은 상당히 복잡한 곳이다. 중국은 남중국해의 80퍼센트가 지리적, 역사적으로 자국에 속해 있다고 주장하고 있다. 베트남, 필리핀, 타이완, 말레이시아, 브루나이까지도 지적하고 있는 것처럼 지도를 힐끗 보기만 해도 그 주장이 얼마나 억지인지 알 수 있다. 이 나라들은 저마다 다른 지리적, 역사적 입장을 내세우고 있기 때문에 이 지역에 대한 영유권 주장은 자주 충돌하고 있다. 하지만 베이징 당국은 중국 본토에서 1천6백여 킬로미터 이상 떨어진 바다에서 튀어나온 작은 바위들에 여전히 시멘트를 쏟아붓고 섬이라 부르며 그 위에 활주로를 건설하고 레이더와 미사일을 배치하고 있다.

중국 인민해방군의 신속한 군사적 행보의 대부분은 이른바 지역 거부권의 범위를 확대하겠다는 중단기적 야심의 산물이다. 여기에는 적군이 지리적으로 정해진 반경 내로 들어오거나 머무는 것은 물론 아예 지나가게도 못하겠다는 의도가 담겨 있다. 이는 최근 몇 년간 눈부시게 증강한 화력을 앞세워 전쟁이 발발할 경우 중국은 미국 또는 다른 나라들을 남중국해와 동중국해에서 밀어내고 일본부터 필리핀까지 내려가는 섬들이 일렬로 늘어선 제1열도선 밖을 타격할 수도 있다는 뜻이기도 하다. 현재 오스트레일리아는 중국이 궁극적으로 지역 거부권을 행사하는 지역을 더욱 확대해서 인도네시아 남부와 필리핀까지 포함시키는 것이 아닌가 하는 우려를 하고 있다. 만약 그렇게 되면 이 범위 안에 반다해와 파푸아 뉴기니 해안까지 포함될 수도 있기 때문이다. 오스트레일리아에게는 일본의 뉴기니 침공에 대한 뼈아픈 기억이 여전히 생생하게 남아 있다. 희박하지만 이슬람주의자들이 인도네시아를 장악할 가능성에 대한 우려는 사소한 축에 든다. 중국이 위에 언급한 지역을 향해 밀고 내려오는 것이야말로 군사 전략가들이 훨씬 크게 우려하는 사안이다.

이것을 단념케 하는 시나리오 가운데 하나가 오스트레일리아군의 신속한 이동이다. 하지만 그 대다수를 어디에 배치한단 말인가? 이들을 북부에 배치하면 더 위로 이동할 경우 적이 진을 치고 기다리고 있는 요충지를 지나야 한다는 것을 의미한다. 또 남쪽에 배치한다면 공해상으로 나갈 수는 있겠지만 이동에 훨씬 많은 시간이 소요될 것이다.

중국의 남진은 갈 수 있는 한계점까지 영토 주권을 확장하려는 야욕으로 비쳐질 수 있다. 이러한 탄력성이 어디서 끊어지게 될지는 국제법 전문가들이 풀어야 할 과제지만 그 한계는 분명 코럴해(산호해라고도 함)의 북쪽이 될 것이다. 여기서는 중국도 함부로 영유권을 주장할 수 없을 뿐 아니라 갈등을 일으키지 않고는 섬 건설과 군사기지 건설에 참여할 수도 없다. 그런데도 중국은 경제적 힘을 이용해서 발판을 마련하려는 시도를 하겠지만 그 경우 이 지역의 유일한 강대국, 즉 오스트레일리아와 맞닥뜨릴 수밖에 없을 것이다. 오스트레일리아는 중국이 남중국해를 지배하는 것을 현실적으로는 막을 수 없겠지만 남태평양에 관해서라면 중국 정부가 제한적인 영향력을 행사하는 데 그치게끔 할 수는 있다.

싸움은 시작되었다. 오스트레일리아는 태평양에 있는 여러 섬들에 가장 많은 원조를 제공하는 나라다. 중국 또한 다른 곳에서 그래왔던 것처럼 재정 지원과 차관을 늘려가던 중 코로나19가 발생하자 재빨리 움직여야 할 필요성을 느꼈다. 2020년 4월 구호 물자를 실은 오스트레일리아 공군기는 바누아투의 포트빌라 공항에 접근하던 순간 코로나19와 관련된 개인 보호 장비와 구호 물품을 실은 중국 비행기 한 대가 활주로에 도착해 있는 것을 발견했다. 분명히 착륙한 것으로 보였는데도 비행기는 동체를 돌려 2천 킬로미터 떨어진 자기네 나라로 날아가 버렸다. 그 비행기가 착륙하는 것이 안전한지 아닌지를 두고 말이 많았지만 핵심은 여전히 남아 있었다. 바로 중국인들이 그곳 활주로에 있었다는 것이다.

그것이 중국에 무슨 이득이 되느냐고? 영향력은 접근권과 같다. 중국이 바라는 것은 어업 수역 접근권, 자국의 함대를 위한 항구들, 그리고 해저 채굴 가능성이다. 그런데 여기서 자주 간과되는 다른 무엇이 있는데 바로 유엔과 다른 국제기구에서 영향력을 발휘하는 이곳 나라들의 투표권이다. 중국은 다수의 아프리카 국가들을 성공적으로 포섭해서 타이완을 국가로 인정하지 못하게 하더니 이제는 태평양에서도 같은 시도를 하고 있다. 이런 배경에서 2019년, 미국과 오스트레일리아의 강력한 로비에도 불구하고 키리바시와 솔로몬 제도가 타이완과의 관계를 단절하고 중국과 수교한 일이 있었다.

상황이 이렇다 보니 태평양 전진 정책을 추진하고 있는 오스트레일리아 정부로서는 신중하게 움직일 수밖에 없다. 태평양의 섬 주민들은 오스트레일리아의 식민 역사를 통렬히 인식하고 있으며 약간의 온정주의적인 기미만 보여도 의혹의 눈길로 바라본다. 따라서 바누아투 같은 섬나라들을 그들이 현재 선호하듯 〈작은 섬나라〉라기보다는 넓고 배타적인 해상 수역을 바탕으로 한 〈대양 국가〉로 인정해 주는 것이 도움이 된다. 해상 수역을 포함하는 것을 어떻게 정의하느냐에 따라 이 지역은 지구 표면의 15퍼센트를 차지할 수 있기 때문이다.

2018년, 오스트레일리아는 피지에 군사기지를 건설하기 위해 자금을 대려는 중국의 시도를 격퇴한 적이 있다. 그리고 바누아투와 상호 안보 조약을 맺고 몇몇 섬들에 21대의 신형 군용 경비정을 제공했다.

또한 원조 예산을 활용해 오스트레일리아와 솔로몬 제도, 파푸아 뉴기니를 잇는 이른바 코럴해 케이블이라고 불리는 해저 고속 통신망을 구축했다. 오스트레일리아의 이런 노력과 여러 조치들에도 불구하고 중국은 특히 피지, 쿡 제도, 통가 등지에서 이런저런 개입을 시도하고 있다. 하지만 자국 내 사정으로 아프리카에서도 그러하듯 이곳에서도 인프라 사업에 주로 중국산 자재들과 자국민 노동자들을 고집하는 바람에 현지인들의 반발을 사고 있다. 어쨌든 이곳에서는 오스트레일리아가 지금까지는 주전 선수였지만 그 지위를 유지하기 위해서는 좀 더 힘을 쏟아야만 할 것이다.

중국의 기술력과 힘은 오스트레일리아를 넘어서고 있다. 중국 탄도미사일의 사정거리 또한 오스트레일리아를 에워싼 바다조차 소용없게 만들어 버렸다. 하지만 사이버 무기를 가지고 있다면 목표물에 타격을 주기 위해 굳이 커다란 쇳덩어리를 날려 보낼 필요가 없다. 전력망, 상수도, 식량 공급망, 운송 시스템 등 주요 기반시설이 사이버 공격을 받으면 전 세계 어느 나라치고 심각한 피해를 입지 않을 나라가 없을 것이다. 오스트레일리아가 물리적인 원조를 받기엔 여전히 먼 거리에 있는 건 사실이지만 기술적으로 세계는 더욱 가까워지고 있다.

코로나19는 오스트레일리아로 하여금 적기 공급 경제 시스템의 한계를 여실히 깨닫게 해주었다. 다른 많은 나라들과 마찬가지로 오스트레일리아도 중국에 의존하면서 민감한 주요 인프라 사업에 중국의 참여를 확대하던 중 5G 통신망 구축에서 화웨이를 퇴출시키는 등 강력한 조치를 취했다. 관계는 깨지기 쉽다. 2020년 여름 오스트레일리아의 모리슨 총리는 코로나19의 발원지를 조사하는 데에 전 세계가 참여해 주기를 요청했는데 베이징 당국은 이를 중국에 대한 공격으로 보았다. 이에 대해 중국 세관은 며칠 안에 오스트레일리아산 소고기의 라벨 표시를 문제 삼으면서 유통과 수입을 금지했다. 그런데도 오스트레일리아가 꿈쩍도 하지 않자 보리와 철광석을 걸고넘어지더니 《환구시보》(중국 공산당 기관지가 발행하는 일간 신문)의 영문판인 《글로벌 타임스Global Times》를 통해 일종의 위장된 협박을 은근히 가했다. 신문은 "비록 이번 조치가 반드시 중국의 경제적 징벌을 의미하는 것은 아니지만, 오스트레일리아가 중국과의 경제적 관계를 깨닫게 할 경종을 울리는 역할을 할 수는 있다."라고 했다. "반드시 의미하는 것은 아니다."라는 외교적인 수사를 일반적인 표현으로 옮기자면 "의미하는 것으로 보인다."일 것이다. 2021년 초에 들어서 중국은 오스트레일리아의 동정광(구리가 들어 있는 것만을 갈라낸 광석) 수입을 재개했다. 2019년 12월에 10만 메트릭톤(1천 킬로그램을 1톤으로 하는 중량 단위)을 수입했던 양이 2020년 12월에는 0으로까지 떨어졌던 상황이었다.

그 6개월 전에 오스트레일리아는 정부 기관 및 교육, 보건을 비롯한 주요 기반시설에 대한 지속적인 사이버 공격으로 고통을 당한 바가 있었다. 모리슨 총리는 공격 주체를 적시하지는 않았지만 "우리나라에서 이런 행위에 가담할 수 있는 인원은 많지 않다."라고 말했다. 그의 말이 누구를 의미하는지는 분명했다.

오스트레일리아가 중국과의 관계를 관리하는 일은 쉽지 않을 것이다. 자칫 잘못 다루었다가는 인도-태평양 지역에 냉전을 불러올 위험이 있고, 너무 약하게 나가면 중국 인민해방군을 뒷마당에 불러들일 위험이 따른다. 코로나19 사태는 이 같은 위기를 더욱 부각시켰으며 기존의 움직임도 더욱 가속화시켰다. 인도, 일본, 타이완, 말레이시아, 오스트레일리아를 비롯한 여러 나라에 깔려 있던 중국에 대한 불안감이 첨예하게 드러난 것이다. 게다가 다른 나라들이 코로나19와 사투를 벌이고 있을 때 중국의 항공모함 함대가 타이완 주변 해역을 순회하는 등의 일련의 도발적인 행동들도 포착되었다. 그런데 그 타이밍이 절묘했다. 평소 이 해역에 머물던 미군 항공모함 한 척은 수리 중이었고 다른 한 척은 수백 명의 승조원들이 코로나에 감염되는 바람에 부두에 정박 중이었다. 또 당시 베트남 선박 한 척이 중국 해안 경비대 순찰선에 들이받힌 뒤 침몰한 사고가 있었고 말레이시아 석유 시추 탐사선이 공격을 당하기도 했다. 더불어 베이징 당국이 홍콩에 점점 더 노골적으로 개입하는 모습 또한 전 세계의 이목을 집중시켰다.

어쨌거나 힘겨운 줄타기를 해야 하는

—

지금까지 오스트레일리아는 최고 우방들과 밀착 관계를 유지해 오고 있다. 이 나라 외교관들은 80여 년 이상 다져온 관계를 지키기 위해 늦은 시간까지도 미 의회, 국방부, CIA와 협업하고 있다. 오스트레일리아는 미국, 영국, 뉴질랜드, 캐나다가 가입한 지구상에서 가장 효율적인 정보 수집망인 파이브 아이즈Five Eyes의 열성적인 회원국이기도 하다. 또 전 세계에 퍼져 있는 미국 정보 수집 시설 가운데 가장 중요한 시설 중 하나인 파인 갭Pine Gap 군사기지를 자국의 앨리스 스프링스 부근에 설치하도록 허락했다. 이곳은 정보 통신을 탐지하는 CIA 위성들의 지상기지 역할을 하고, 아프가니스탄 같은 지역에서 작전을 펼치는 미군에게 전장 정보를 제공하고, 탄도미사일 발사를 탐지하고, 미국과 일본의 미사일 방어 시스템을 지원하고, 새로 창설된 미 우주군 사령부 내에서도 그 역할을 점점 확대해 가고 있다. 이 기지는 미국으로서도 떠나고 싶은 곳이 아닐 것이고, 오스트레일리아에게도 태평양 지역에 대한 미국의 헌신을 가늠하는 협상 카드 가운데 하나가 될 것이다.

하지만 지금 세상은 파이브 아이즈나 다른 방위시설들이 설치되던 시대와는 현저히 달라졌다. 파이브 아이즈가 결성된 1956년 당시에는 미국의 서약은 굳건하다고 여겨졌고, 일본은 패망했으며, 중국은 위협이 되지 않았다. 그때는 냉전의 중심축이 멀리 있었고 오스트레일리아의 방어 태세로는 그 지역에 위협이 임박하려면 향후 10년은 내다봐야 할 것으로 추측했다. 현재는 분쟁 가능성을 알리는 사전 통고는 줄어들었지만 중국이 주요 주자로 올라서고 있다. 따라서 오스트레일리아 정부는 워싱턴과의 관계에 크게 투자하는 한편으로 약간의 부차적인 내기도 걸어보는 중이다. 물론 그 내기가 본질적인 것은 아니고 단지 신중을 기해야 하는 것들이긴 하지만 말이다.

오스트레일리아와 일본은 공군과 해군의 합동 훈련이나 상호 군사 방문 협정 등을 포함한 군사 협력 관계를 발전시켜 가고 있다. 두 나라 모두 에너지 자급자족이 어렵고 만에 하나 공급 루트가 봉쇄될 시에 발생할 위험을 심각하게 인식하고 있다. 일본의 경우 원유의 85퍼센트를 중동에서 들여오고 한국 또한 60퍼센트를 같은 경로로 수입하고 있다. 이들 나라는 선진화된 정유 기술을 보유하고 있는데 정제된 석유의 절반을 오스트레일리아가 사간다. 그래서 앞서 보았듯이 중동에서 남동중국해로 들어가서 일본으로 이어지는 항로가 닫힐 경우 오스트레일리아 또한 에너지가 고갈되고 몇 주 내에 나라가 멈춰

버릴 수도 있다.

보다 넓혀서 인도-태평양 지역의 모든 나라는 국제 해상 교역로는 당연히 열려 있어야 한다는 데 입장을 같이하고 있다. 이는 중국이 남중국해에 대한 영유권을 주장하거나 그 지역에 섬들을 만들어 놓고 자신들의 소유라고 말할 때마다 이에 반박해야 한다는 것을 의미한다. 중국 정부는 돈으로 친구들을 사고 그들에게 영향을 미치느라 분주하다. 그러니 미국을 제외한 다른 강대국들이 중국과 겨루려면 서로가 더욱 밀착할 수밖에 없다.

일본과 오스트레일리아는 그와 같은 상황을 막기 위해 미국도 참여하고 있는 쿼드Quad 안에서 인도 해군과 협력하고 있다. 쿼드는 동맹체라기보다는 미국, 인도, 일본, 오스트레일리아 등 4개 나라의 해군이 태평양에서 협력하는 전략적 협의체라는 측면이 더 강하다. 대놓고 밝히고 있지는 않지만, 이들은 늘 해상 항로를 열어두고 중국의 영향력을 견제하는 데 힘을 합치자는 명분에 뜻을 함께하고 있다. 이 구상은 2020년 팬데믹 상황에서 각 나라가 중국의 호전성에 주목하고 있을 때 중국과 인도 국경에서 양측 군인들의 격렬한 육박전이 벌어지고 난 뒤 더욱 힘을 받았다. 인도는 자국의 해군력이 성장해 감에 따라 인도-태평양 지역을 오스트레일리아와 함께 핵심적인 역할을 하는 하나의 공간으로 볼 필요가 있다는 생각을 받아들이고 있다. 현재는 뉴질랜드, 한국, 베트남까지 포괄해서 더욱 확장시킨 쿼드 플러스Quad Plus라는 구상까지 언급되는 상황이다. 물론 한국과 베트남은 중국과의 지리적 인접성 때문에 조심스럽게 두드려 보고 있는 입장이다.

오스트레일리아는 늘 도움의 손길을 마냥 기다린 적이 없었고, 가능한 한 해안선에서 멀리 떨어져서 적어도 독자적 방어를 할 수 있을 정도의 군사력을 갖추려고 노력해 왔다. 이 노력은 실질적으로 이 나라의 북쪽과 동쪽 섬들이 공격적이지는 않되 더 강한 세력에게 지배당하지 않도록 한다는 의미를 담고 있다.

이 나라는 쉽지 않은 선택의 기로에 서 있다. 자칫 발을 잘못 디뎠다간 오늘날 지구상에서 경제적으로 가장 중요하게 여겨지는 지역에서 지속적으로 심각한 파급력을 불러일으킬 수도 있는 터라 신중하게 갈등 조정을 해야 한다. 일부 분석가들은 인도-태평양 지역을 아프리카 동부 해안부터 미국 서부 해안까지 뻗어 있는 것으로 정의하고 있기도 한다. 구식으로 여겨졌던 이 관점이 세상이 변하면서 다시 뜨고 있다. 현시점에서 일찌감치 이 관점을 주창한 사람은 일본의 전 총리 아베 신조였다. 2007년 그는 인도 의회에서 행한 연설에서 다라 쉬코라는 무굴제국의 왕자가 쓴 『두 바다의 합류 *The Confluence of the Two Seas*』(1655년)라는 책을 언급하면서 이렇게 말했다. "지금 태평양과 인도양은 자유와 번영의 바다로서 역동적인 결합 관계로 전환하고 있습니다." 그러면서 모두에게 투명하게 개방될 것이라고 공언했다.

서쪽으로는 인도양을, 동쪽으로는 태평양이라는 거대한 두 수역 사이에 자리 잡은 오스트레일리아는 북쪽으로는 중국이라는 거대 세력을 두고 있다. 현재로서는 오스트레일리아 정부도 경제적인 측면에서 베이징과 건설적인 대화를 이끌어가고 미국과는 방위를 비롯한 여러 연결고리를 유지하는 데 노력을 게을리하지 않겠지만, 어쨌거나 힘든 경기를 치러야 할 것임은 분명하다.

2

이란,
전 세계와 기싸움을 벌이며
신의 과업을 수행 중이다

TURKMENISTAN
(투르크메니스탄)

Mashhad (마슈하드)

Kavir
(카비르 사막)

(이란)

AFGHANISTAN
(아프가니스탄)

ian
d (야즈드)

teau
(이란 고원)

Dasht-e Lut
(루트 사막)

(케르만) Kerman

(자헤단)
Zahedan

PAKISTAN
(파키스탄)

Bandar Abbas (반다르아바스)

(호르무즈 해협)
Strait of Hormuz

Central Makran
(센트럴 마크란 산맥)

OMAN
(오만)

ARAB
TES
(람에미리트)

OMAN
(오만)

Arabian Sea
(아라비아해)

"이슬람은 정치적이다. 그게 아니면 아무것도 아니다."
- 아야톨라 루홀라 호메이니(1900-1989년, 이란 전 최고지도자)

이란 사람들은 갖가지 훌륭한 빵들을 만들어 왔다. 그 가운데 가장 널리 알려진 것은 밀가루로 만든 바삭바삭한 난 에 바르바리(Nan-e barbari, 바르바르인들의 빵이라는 뜻으로 바르바르라고도 부름)라는 것인데, 바닷소금으로 간을 하고 참깨와 양귀비씨를 뿌려서 주로 아침에 먹는 빵이다. 모양은 대체로 기다란 타원형이고 안쪽에는 위에서 아래로 평행선 몇 개가 그어져 있다. 공교롭게도 이란 사람들은 자신들이 자주 만들어 먹는 이 빵의 외관이 자신들 나라의 모양과 닮았다는 얘길 자주 듣는다.

이란은 두 가지 지리적 특징에 의해 정의된다. 하나는 국경지대 대부분을 이루고 있는, 딱딱한 빵의 가장자리 같은 형태의 산맥이고, 다른 하나는 평행하듯 달리는 저지대 언덕을 따라 이어지는 내륙의 평평한 소금사막이다. 산맥은 이란을 일종의 요새로 만들어 준다. 어느 각도로든 이 나라로 접근하려고 하면 느닷없이 떡하니 가로막는 고지대와 맞닥뜨리게 된다. 이는 곧 이 나라의 많은 곳이 통과하기 어렵다는 뜻이기도 하다. 산악지대가 카비르 사막과 루트 사막(루트Lut는 페르시아어로 물이 없고 식물이 자라지 않는 척박한 땅을 가리킨다)이라는 내륙의 황무지를 에워싸고 있는 형국이다.

카비르 사막은 거대한 소금사막으로도 알려져 있다. 네덜란드와 벨기에를 합친 넓이에 버금가는 이 사막은 길이가 800킬로미터 너비가 320킬로미터에 달한다. 나는 차를 타고 이곳을 지난 적이 있는데 그야말로 칙칙하고 평평한 관목들 말고는 아무것도 없었다. 이곳에서 뭐라도 볼 만한 것을 찾고 싶다면 일찌감치 포기하는 게 낫다. 또 어떤 곳에서는 지표면에 있는 소금층이 물에 잠길 만큼 깊은 진흙층을 숨기고 있는 경우도 있는데 이런 곳을 만나면 발이 푹푹 빠질 정도다. 사막에서 익사하는 것보다 더 어이없게 죽는 방법이 있을까 싶다. 또 다른 주요 사막들의 이름은 훨씬 더 매혹적으로 들린다. 하지만 그것도 루트 사막이 〈적막한 평원〉이라고 알려진 이유를 알기 전까지 만이다.

당신이 제아무리 전쟁을 좋아하더라도 이란을 침공하지 말아야 할 이유도 여기에 있다. 현대의 강력한 국가가 통제하는 대규모의 전문적인 군대라도 어림없다. 그런 이유에서인지 이 나라가 뉴스의 중심에서 벗어난 적이 별로 없다. 중동의 주요 강대국, 이 지역 전역에서 테러와 공포와 피를 뿌리는 억압적인 정권, 이스라엘과는 팽팽한 긴장 관계에 놓여 있고, 걸핏하면 미국과 기싸움을 벌이는 것처럼 보이는 잠재적 핵 보유국, 그렇다 하더라도 미국이든 다른 어느 나라든 선뜻 파병을 결행하고 싶어 하지 않는 나라. 2000년대 초반 미국의 부시 행정부 내 일부 강경파가 이란을 공격하라고 대통령을 부추긴 적이 있었다. 결국 분별 있는 측이 이겼다. 전 합동참모본부 의장이었던 미 국무부 장관 콜린 파월은 이란과의 전쟁은 공군력만 가지고는 승산이 제한적이며 전쟁이 길어지면 결국 지상군 투입이 필요할 것이라고 보았다. 이에 대한 설명으로 그는 "사막은 가능하지만 산은 가능하지 않다."라는 오래된 격언을 들춰냈다. 미국과 이란은 저마다 역사를 지니고 있지만, 무엇보다 이란의 역사는 이 나라 산악지대에서 죽어간 숱한 외국인 병사들의 죽음으로 점철돼 있다.

적이 침공하기도 힘들지만
국민을 통합시키기도 어려운 지형
—

역사의 대부분 동안 이 땅은 페르시아로 알려져 있었다. 이란이라는 이름을 쓰기 시작한 것은 1935년부터인데 인구의 40퍼센트가량을 차지하는 비非페르시아계 소수 민족을 고려해서였다. 이란의 국경은 수 세기에 걸쳐 바뀌어 왔지만 기본적인 지리적 형태는 여전히 난 에 바르바리 빵 모양으로 남아 있다.

이 나라의 국경을 따라가 보려면 먼저 호르무즈 해협을 따라 해안에서 시작되는 장장 1천5백 킬로미터 길이의 자그로스 산맥에서 시계방향으로 출발하는 게 나을 것 같다. 이 산맥은 페르시아만을 가로질러 맞은편의 카타르와 사우디아라비아를 마주보고 있는 이란의 일부 지역을 따라 북쪽으로 길게 뻗어 있다. 더 북쪽으로 가서 샤트알아랍강을 따라 계속해서 올라가다 보면 이라크와 터키 국경과 마주치게 된다. 이어 북동쪽으로 고개를 돌리면 아르메니아와의 경계가 나온다. 자그로스 산맥은 이란의 서쪽에서 오는 어떤 적이라도 국경을 넘자마자 맞닥뜨리게 되는 장벽이다. 다만 예외가 있다면 티그리스 강과 유프라테스강이 만나는 이라크와 접경지대에 있는 샤트알아랍 강일 것이다. 하지만 이조차도 이란에게 꼭 약점인 것만은 아니다. 이 곳을 통해 이란도 어디로든 나갈 수 있기 때문에 이 나라 역대 지도자 들에게는 매우 소중한 관문이기도 했다. 이 문은 어느 방향으로든 열 릴 수 있어서 오래전부터 페르시아 사람들은 늘 이곳을 통해 전진했 고, 때로는 닫아걸기도 했으며, 이곳과 잠재적 적 사이에 완충지대를 만들기도 했다. 이란 측 국경에서 보면 이 지대의 상당 부분이 습지대 다. 지키는 입장에서는 천혜의 요새인 셈이다. 만에 하나 적이 습지와 낮은 지대를 통해 침공해 온다 해도 내륙 지역으로 몇 킬로미터 들어 오자마자 자그로스 산맥과 맞닥뜨리게 되기 때문이다.

하지만 자그로스 산맥이 끝나나 싶을 때쯤 엘부르즈 산맥이 떡하 니 나타난다. 엘부르즈 산맥에서 다시 시계방향으로 나아가면 산맥 은 아르메니아와의 국경을 따라 잠시 내달리다가 남쪽으로 확 급선 회하여 카스피해를 굽어본다. 그 해안선의 길이는 650킬로미터인데, 115킬로미터 이내 또는 대개 그보다 적은 거리에 3천 미터 높이에 달 하는 산들이 포진해 있다. 이 나라의 서쪽과 마찬가지로 이 방향에서 도 호전적인 적이 침공해 오면 멀리 가기도 전에 엘부르즈 산맥이라 는 거대한 장벽과 맞닥뜨리게 된다. 이 산맥은 다시 꺾어져서 투르크 메니스탄과 아프가니스탄 국경을 따라 달린다. 좀 더 낮아진 산봉우 리들은 아라비아해 쪽으로 기울어지는가 싶더니 호르무즈 해협으로 향하는 센트럴 마크란 산악지대와 만난다. 이 모든 것은 결국, 누군가 가 이란을 침공해서 정복하고 싶다면 산을 넘고 사막을 건너 습지대에 가서 싸우든가, 아니면 수륙양용 작전을 펼친 뒤에 다시 똑같이 산을 넘고 사막을 건너 습지대에 가서 싸워야 한다는 뜻이다.

한마디로 이 나라의 지형은 미래의 침략자와 정복자에게는 엄청난 장애물이라는 얘기다. 산맥이라는 장벽을 뚫기 위해 치러야 할 부담을 깨달은 침략자는 차라리 집으로 돌아갈 수밖에 없었을 것이다. 그런데도 페르시아, 곧 이란이 그 기나긴 역사에서 이 지리적 조건으로 모든 적을 포기시켰던 것은 아니다. 이에 굴하지 않고 꿋꿋이 진격한 인물이 있었으니 바로 알렉산드로스 대왕이었다. 그러나 기원전 323년 그가 사망하고 몇 년 지나지 않아 페르시아는 다시 지배권을 가져왔다. 한참 지나 서기 1200년대와 1300년대에는 몽골족이, 이어 티무르(칭기즈칸을 존경하고 평생 그의 길을 따르려 했던 티무르 제국의 건설자)가 광활한 중앙아시아 스텝 지대를 건너와서 이 땅을 파괴하고 수십만 명의 사람들을 학살했지만 페르시아 문화에 의미 있는 발자취를 남길 만큼 이곳에 오래 머무르지는 못했다. 또 1500년대부터 오스만 제국이 수차례에 걸쳐 자그로스 산맥을 넘어오는 모험을 감행했지만 그들도 이 나라의 가장자리만 슬쩍 훑고 간 정도였다. 러시아인들이라고 비슷한 모험을 감행하지 않았던 건 아니다. 또 영국인들도 이 땅으로 들어왔다. 하지만 그들은 소수 민족 집단 중 일부를 끌어들여 돈으로 자신들의 영향력을 행사하는 것이 가장 최선의 방법이라고 여겼다.

이러한 지리는 역으로 이란의 힘을 제약하는 조건이 되기도 한다. 페르시아 제국은 산악지대에서 내려와 주변으로 세력을 넓히기도 했다. 그렇지만 역사의 대부분 동안 산악지대에 머물러 있었다. 드물기는 하나 페르시아가 서쪽의 평원을 지배했던 적도 있긴 하다. 그러나 주로 그리스, 로마, 비잔티움, 영국, 오스만, 그리고 가장 최근에는 미국 등 다른 강대국들이 그곳에 영향력을 행사해 왔으며, 그들 중 일부는 이란 내부에서 벌어지는 사태에 개입하기 위해 그 지역을 이용하곤 했다. 이란 정부가 외세의 개입에 그토록 경계심을 놓지 않는 이유도 여기에 있다.

나라 안을 들여다보면, 대다수 이란 사람들이 어째서 산악지대에 몰려 살고 있는지 그 황량하고 혹독한 풍경을 보면 이해가 된다. 산을 가로질러 오가며 교류하는 것이 쉽지 않은 탓에 인구가 밀집된 산악지대들은 저마다 각기 다른 문화를 발전시켜온 경향이 있다. 그래서 각 소수 민족은 자신들만의 정체성을 고수하면서 흡수 통합에 반발하고 있다. 이 때문에 이란은 현대 국가로서 국민의 단결이나 화합 정신을 발전시키는 데 한층 어려움을 겪을 수밖에 없다. 또 산 때문에 주요 인구 분포지가 넓은 땅덩어리에 드문드문 흩어져 있다 보니 최근까지도 밀접하게 연결되지 못하고 있다. 현재에도 이 나라 도로는 절반 정도만 포장된 상태다. 그래서 뭉뚱그려 이란 국민이라고는 해도 다양한 소수 민족 출신인 경우가 많다.

일명 파르시Farsi라고도 하는 페르시아어는 이란 국민의 60퍼센트가 사용하는 공식 언어다. 그러나 쿠르드족, 발루치족, 투르크멘족, 아제르바이잔인(아제리족), 아르메니아인 모두 각기 고유 언어를 따로 가지고 있으며, 아랍인, 체르케스인, 그리고 반유목 생활을 하는 루르족 같은 여러 소수 집단의 경우도 마찬가지다. 심지어 조지아어를 쓰는 마을도 있는데 대략 8천 명의 유대인이 사는 이 작은 공동체는 기원전 6세기에 벌어진 바빌론 유수(Babylonian Exile, 유다 왕국이 멸망하면서 신바빌로니아에게 정복당한 많은 유대인이 바빌론으로 끌려간 사건)까지 그 기원이 거슬러 올라간다.

특히 쿠르드족이나 아제리족처럼 비교적 큰 집단에 존재하는 이러한 다양성 때문에 이 나라 역대 통치자들은 늘 강력한 중앙 집권과 억압적인 통치를 행사할 수밖에 없었다. 소수 집단을 통제해서 어떤 지역도 떨어져 나가거나 외부 세력을 끌어들이는 일이 없도록 해야 했기 때문이다. 전임자들의 이런 정책 기조를 아야톨라 루홀라 호메이니라고 무시할 수는 없었다.

쿠르드족은 국가의 공격적인 동화 정책에 맞서 자체 문화를 고수하는 산악지대 사람들의 가장 전형적인 표본이라 하겠다. 이란 정부가 소수 민족에 대한 통계를 명확히 밝히기를 꺼리다 보니 이들의 정확한 수를 따지기는 어렵다. 그러나 많은 자료들을 참고해서 추정해 보면 쿠르드족은 이 나라 인구의 10퍼센트를 차지하는 대략 850만 명 정도에 이를 것으로 예상된다. 이들은 16퍼센트 정도 차지하는 아제리족에 이어 두 번째로 큰 소수 민족이다. 이들 대다수는 이라크와 터키의 쿠르드족 정착촌과 인접해 있는 자그로스 산맥 지역에 주로 거주하는데 그들과 마찬가지로 이들 또한 쿠르드 독립국가를 건설하겠다는 희망을 버리지 않고 있다. 이들은 민족성, 언어, 독립적 기풍, 그리고 시아파가 지배하는 나라에서 그들 대다수가 수니파라는 사실 때문에 수세기 동안 중앙의 당국과 갈등을 빚어왔다. 제2차 세계대전 말의 혼란스러운 틈을 타 소규모 쿠르드족 지역들이 독립을 선언한 적도 있으나 중앙 정부가 정국을 장악하자 채 1년을 버티지 못했다. 가장 최근에는 1979년에 이란 혁명[2]이 벌어지자 또다시 봉기를 일으

---

2 1979년에 이란에서 일어난 혁명으로, 이슬람교 시아파 지도자인 호메이니의 지도로 팔레비 왕조를 무너뜨리고 이슬람 원리주의에 입각한 이란이슬람공화국을 세운 혁명을 말한다(84쪽 참조).

켰지만 이란군은 3년에 걸쳐 이들을 진압한 적이 있다.

아제리족은 아제르바이잔과 아르메니아에서 멀지 않은 북쪽 국경 지대에 모여 살고 있다. 투르크멘족은 터키 국경과 가까운 곳에, 그리고 160만 명 정도 되는 아랍인들은 이라크 건너편 샤트알아랍강 근처와 페르시아만의 작은 섬들에 주로 모여 산다.

대다수 이란 사람들은 산비탈을 따라 지어진 도시 지역에 모여 사는데 그나마 이 지역도 국토의 3분의 1 정도에 집중돼 있다. 카스피해에서 시작해서 서쪽으로 테헤란을 지나 샤트알아랍강까지 이어지는 선을 그려보면 대다수 인구가 그 왼쪽에 살고 있다는 사실을 알게 된다. 그 외 지역에는 도시라 부를 만한 규모의 거주지도 거의 없거니와 있다고 해도 굉장히 띄엄띄엄 분포해 있다. 수도인 테헤란은 엘부르즈 산맥 아래에 있다. 물이 부족한 탓에 많은 도시들이 산자락에 자리를 잡고 산비탈에 터널을 파서 작은 수로로 물을 끌어들인다. 이런 모습은 이 나라 도시의 전형적인 풍경이라 할 수 있다. 나는 언젠가 테헤란 경찰에 쫓기다가 그 수로에 빠진 적이 있다. 그 자세한 이야기는 일단 뒤로 남겨둔다.

어쨌거나 이러한 고질적인 물 부족은 이란의 경제 발전을 저해하는 몇 가지 요인 중 하나로 지목된다. 이 나라는 국토의 10분의 1 정도만 경작지로 쓸 수 있는데 그나마 물을 댈 수 있는 곳은 그 중 3분의 1 정도에 불과하다. 또 이란에는 큰 강이 3개 있는데 물자를 실은 선박이 운항할 수 있는 강은 카룬강 하나뿐이다. 이런 까닭에 국내와 해외 무역에서 항공 비중이 높아질 수밖에 없다. 현재 이란에는 테헤란, 반다르아바스, 시라즈, 아바단, 이스파한에 국제 공항이 있다. 영국, 프랑스, 독일을 합친 것보다 넓은 땅덩어리를 가진 나라에서 항공이야말로 여기저기 흩어져 있는 도시들을 가장 빠르게 연결하는 유일한 수단인 것이다.

양날의 검, 호르무즈 해협
—

이란이 세계에서 4번째로 원유 매장량이 많고 천연가스도 2번째로 많은 사실만 두고 보면 이 나라는 굉장히 잘사는 나라가 되어야 한다. 하지만 1980년에서 1988년까지 이어진 이란-이라크 전쟁 동안 아바단의 정유시설이 거의 파괴되었고 최근 들어서야 전쟁 이전의 생산량을 겨우 회복한 상태다. 또 이란의 화석 연료 산업은 비효율적인 걸로 악명 높은데 국제적인 경제 제재로 인해 첨단 기자재를 들여오기가 어려워진 현실이 상황을 더욱 악화시키고 있다. 이란에서 일할 의향이 있는 해외 전문가들의 수 또한 한정돼 있을 뿐 아니라 이란산 연료를 구입하려는 국가들 또한 많지 않다.

이란에게 가장 중요한 수출 상품은 뭐니 뭐니 해도 에너지다. 주요 유전들은 사우디아라비아, 쿠웨이트, 이라크와 맞닿은 지역에 있고, 좀 더 작은 유전들은 내륙의 콤 근처에 있으며, 가스전은 주로 엘부르즈 산맥과 페르시아만 쪽에 집중돼 있다. 따라서 호르무즈 해협을 통해 오만Oman만으로 들어가는 것이 주요 수출로 중 하나가 된다. 이곳이 이 나라가 개방된 해양 항로로 나갈 수 있는 유일한 통로인데 가장 좁은 곳은 너비가 34킬로미터에 불과하다. 그리고 어느 방향에서든 선적 항로의 폭은 3킬로미터를 겨우 넘는 정도고 사고를 예방하기 위해 그 사이에 3킬로미터의 완충지대를 두고 있다. 이란에게 이곳은 양날의 검이라 할 수 있다. 우선 대양으로 쉽게 진출하기가 어렵다는 그 하나의 이유 때문에 이 나라는 해양의 패권을 쥐어본 적이 없다. 하지만 동시에 호르무즈 해협의 좁은 폭은 이란이 다른 모든 국가에게 그곳을 폐쇄하겠다고 위협할 수 있다는 것을 의미한다. 세계 원유 공급량의 5분의 1이 이곳을 통과한다고 할 때 이 해협의 봉쇄는 전 세계를 고통으로 몰아넣을 수 있다는 뜻이 된다. 물론 이란 자신에게도 피해가 가지 않는 것은 아니다. 어쩌면 전쟁으로 이어질 수도 있다. 하지만 이것이 이란이 내놓을 수 있는 패이고, 이 나라 정권은 그것을 비장의 카드로 써볼 만하다고 생각할 수밖에 없다.

이란군은 고속 공격정 수십 척을 동원해서 동시다발적으로 대형 선박을 공격하는 훈련을 자주 실행하고 있다. 그 중 일부에는 대함유도탄(지상이나 해상, 항공에서 함정을 겨냥하여 쏘는 유도탄)도 탑재할 수 있다. 전면전이 벌어진다면 이란은 이란-이라크 전쟁 때 그랬던 것처럼 자살 특공대를 운용할 수도 있다. 얼마 안 되는 잠수함을 포함한 재래식 해군 병력은 이내 발각돼서 쉽게 불능 상태에 빠질 수 있기 때문이다. 따라서 배에 미사일을 싣고 해안에서 유조선을 공략하는 특별 군사 작전과 동시다발 공격 전술 등을 결합하는 것이야말로 일시적인 해협 봉쇄는 물론 적에게 피해를 입혀 격퇴시킬 수 있는 수단으로 보고 있다. 이런 상황에까지 이르면 이라크, 쿠웨이트, 사우디아라비아, 아랍에미리트의 원유와 천연가스 수송에도 막대한 차질을 일으켜 에너지 가격을 상승시키고 글로벌 경기 침체를 초래할 수 있다. 특히 2018년에 이란은 원유 수출에 지장이 생기자 압박을 느끼게 되었다. 그러자 이란 정부는 다음과 같이 발표하면서 다양한 경고 조치를 시행하겠노라고 했다.

"우리는 호르무즈 해협을 누구나 이용할 수 있거나, 아니면 아예 아무도 이용할 수 없다는 것을 적들이 깨닫도록 할 것이다."

이렇게 되면 상황이 어디까지 튈지 알 수 없는 도박의 성격을 띤다고 봐야 한다. 그러한 사태를 막기 위해 미국은 심각한 분쟁이 발발한 지 몇 시간 안에 이란의 공격력을 최대한 무력화시킬 수 있는 계획을 수립했다. 또 걸프 국가들(페르시아만 연안 8개국)은 원유와 가스 파이프라인을 홍해로 향하게끔 설치해서 그곳에서 유조선들이 인도양으로 접근할 수 있게 하고 있다. 그 이유는 이렇게 해서라도 이란이 예멘에 있는 후티(Houthis, 예멘의 이슬람 시아파 무장단체) 동맹에게 제공한 미사일 공격의 목표가 되는 것만큼은 피하자는 것이다.

페르시아 제국에서
시아파 이슬람 국가가 되기까지

—

오늘날의 이란은 문제가 많은 나라이긴 하지만 한편으로는 장구하고 위대한 역사를 지닌 나라이기도 하다. 페르시아 제국은 고대 문명을 이끈 나라였다. 페르시아 역사 또한 그리스 못지않게 눈부시고 장엄하며, 동시에 피로 물든 정복의 역사였던 만큼 그리스와 부딪혔던 것도, 로마와 충돌한 것도 놀랄 일이 아니다. 그런데 무엇보다 먼저 이 나라는 안에서부터 어려움을 겪었다.

페르시아의 기원은 지금으로부터 대략 4천 년 전으로 거슬러 올라가 중앙아시아에서 이주해온 부족들에서 시작된다. 그들은 민족적으로 뿌리가 비슷한 메디아 사람들의 왕국과 멀지 않은 자그로스 산맥 주변에 자리 잡았다. 평지에서 산으로 올라가 공격하는 것보다 산 아래로 내려와 공격하는 게 훨씬 쉬운 일이었을 것이다. 이런 배경에서 기원전 550년에 페르시아 통치자인 키루스 2세는 메디아 왕국을 점령해 페르시아 제국에 합병했다. 이는 세계 무대에 아케메네스조 페르시아 제국의 탄생이 선포된 순간이었다.

키루스 2세는 메소포타미아(현대의 이라크와 시리아)를 지나 그리스까지 이어지는, 세계에서 가장 위대한 제국을 건설했다. 그런데 기원전 529년에 토미리스라는 이름의 여왕 손에 비참한 최후를 맞는다. 그녀는 중앙아시아 지역의 여왕이었는데 키루스 2세는 그녀의 아들을 포로로 삼을 정도로 그 땅에 눈독을 들였다. 그녀는 키루스 2세에게 다음과 같은 경고를 보냈다. "내 아들을 당장 풀어주고 이 땅에서 물러가라……. 나는 태양을 두고 맹세한다. 만약 거절한다면…… 네가 피를 뒤집어쓰게 될 것이다." 이후 벌어진 전투에서 키루스의 군대는 대패했다. 왕은 목숨을 잃은 것에 그치지 않았다. 인간의 피로 가득 찬 주머니에 그의 머리가 담기는 능멸을 당했다. 그녀는 경고대로 한 것이다.

키루스 2세의 권좌는 그의 아들 캄비세스 2세가 물려받았다. 이후 다리우스 1세가 이집트와 오늘날의 리비아 일부를 장악했고, 기원전 522년에는 제국의 국경을 현재 파키스탄과 인도 북쪽 그리고 유럽의 다뉴브 밸리까지 넓혔다. 그는 이스라엘에 있는 유대인들에게 예루살렘에 성전을 다시 세우도록 허락했고 조로아스터교 신앙도 장려했다. 또 세계 최초로 말들을 갈아타며 전하는 우편 배달 시스템을 도입했으며 수천 마일에 달하는 포장도로를 포함한 대형 건설 사업을 벌이기도 했다.

물론 다리우스 1세가 이런 일만 벌였던 것은 아니다. 일부 그리스 왕국들이 제대로 예의를 갖추지 않거나 보호대금을 지불하지 않을 경우엔 괘씸히 여겨 그리스 본토를 침략하곤 했다. 하지만 기원전 490년의 마라톤 전투 같은 약간의 손실은 입었지만 궁극적으로 승기를 잡은 쪽은 결국 그리스였다. 다리우스 1세는 이 전투가 있은 지 4년 뒤에 세상을 떴다. 그의 자리를 이어받은 아들 크세르크세스 1세 또한 그리스에게 패했는데 이는 결국 150년 후에 있을 첫 번째 페르시아 제국의 종말을 알리는 서막이 되었다. 키루스와 다리우스는 스스로를 대왕이라 일컬었지만 그들의 제국은 역사적으로 이들보다 더 위대한 인물, 즉 마케도니아의 알렉산드로스 대왕에 의해 파괴되었다. 기원전 331년 알렉산드로스는 페르시아군을 섬멸한 뒤 수도인 페르세폴리스를 잿더미로 만들어 버렸다.

결국 차기 페르시아 제국이 일어서기까지는 거의 100년이 걸렸다. 파르티아(고대 이란의 왕국)는 메소포타미아 지배권과 오늘날 터키와 아르메니아인 북쪽을 통해 로마가 페르시아로 진입하는 것을 막기 위해 로마제국과 싸웠다. 이런 노력 끝에 마침내 그들은 승리를 쟁취했다. 로렌스 올리비에가 출연한 유명한 영화 「스파르타쿠스Spartacus」(1960년)의 처참한 결말의 배경이 바로 이것이었다. 로마제국의 크라수스 장군은 패배한 노예군에게 어떤 인물이 스파르타쿠스냐고 물었다. 그런 다음 장군은 모두를 십자가에 매달아 죽였다. 하지만 뿌린 대로 거두는 법. 기원전 53년, 그는 파르티아군과 싸우다가 패했다. 페르시아인들은 그를 게걸스럽고 탐욕스럽다고 여겨 금물을 녹여 그의 목구멍에 부었다.

그로부터 대략 5백 년이 흐른 뒤 파르티아인들은 내부의 사산 왕조에게 권력을 빼앗겼다. 사산 왕조도 로마와 계속 맞섰다. 그러나 비잔티움 제국에게 힘을 다 써버린 사산 왕조는 서쪽에서 부상하는 새로운 세력, 즉 〈이슬람교를 믿는 아랍인들〉이라는 도전에 속수무책으로 남겨지게 됐다. 7세기 사산 왕조의 패망은 눈 속에 신의 빛을 담은 적에게 완패한, 전례 없는 정치적 나약함의 결과였다. 페르시아는 메소포타미아의 완충지대뿐 아니라 중심지 대부분을 잃었다. 그런데도 아랍인들이 도시 지역을 장악하는 데는 20여 년이라는 세월이 걸렸다. 게다가 그들은 산악지대를 완전히 장악하지는 못해서 크고 작은 반란을 자주 진압해야 했다.

결국 아랍인들은 패했지만 이슬람교는 이겼다. 조로아스터교가 탄압을 받고 그 사제들이 죽임을 당하면서 이슬람교가 지배적인 종교로 자리 잡았다. 페르시아는 칼리프 왕국에 통합되었다. 그러나 이 나라의 규모와 강력한 문화적 힘은 그들이 다른 문화에 결코 동화되지 않고 늘 자신들과 외부인들 사이의 경계에 대해 생각한다는 것을 의미했다. 이러한 정서는 페르시아가 훗날 시아파로 개종한 몇 세기 후에 보다 증폭된다.

이에 앞서 투르크족과 몽골 전사들이 물밀듯이 몰려온 적이 있었다. 중앙 권력이 붕괴된 뒤에 연이은 침략을 받게 된 페르시아는 소왕국들로 분할되었다. 사파비 왕조(1502-1736년)가 들어서서 나라를 통합하고 스스로 통치하고 국경을 방어할 수 있게 될 때까지 이러한 상황은 이어졌다.

사파비 왕조의 탄생은 이란 역사에서 중대한 전환점이 된다. 1501년 이스마일 왕은 〈시아파 이슬람〉을 국교로 선포했다. 이슬람 세계에서 수니파와 시아파 분열의 기원은 서기 632년 선지자 무함마드가 세상을 뜬 뒤 누가 그의 후계자가 될 것인가를 두고 싸운 서기 680년의 카르발라 전투로 거슬러 올라간다. 사실 이스마일 왕이 시아파를 택한 데는 정치적 동기가 상당히 작용했다고 보는 역사가들이 많다. 영국 역사에서 헨리 8세가 자신의 왕국을 로마 교황청에 반기를 드는 나라로 규정하기 위해 성공회교를 주창한 것과 같은 맥락으로 보면 이해될 듯하다. 이스마일 왕은 사파비 왕조를 그들의 최대 숙적이라 할 수니파 오스만 제국과 맞서는 나라로 규정할 필요가 있었다.

시아파로의 개종은 페르시아에 대한 깊은 적대감을 불러일으켰다. 이 일은 민족주의적 정체성과 강력한 중앙 집권 정부뿐 아니라 수세기에 걸쳐 소수 민족 집단들에 대한 불신을 형성하는 계기가 되었다. 이 결정은 훗날 이란을 지금의 나라가 되게 했고, 레바논에서의 긴장 형성, 예멘과 시리아의 내전, 1979년 이란 혁명 이후 이란과 사우디아라비아 간 충돌의 불씨를 제공했다. 이런 사태들의 근저에 깔린 정치적 경쟁의식을 아예 묵살할 수는 없겠지만 정체성을 형성하는 데 있어 〈종교적 분열〉이 근본 요인으로 작용한 것은 부정할 수 없다. 그리고 현재 이란의 종교적 정체성은 사파비 시대로 회귀하고 있다.

독자 여러분들 중에는 웃통을 벗은 이슬람교도 남자들이 떼로 모여 가슴을 치거나 피가 나도록 채찍으로 등을 때리는 장면을 본 적이 있을 것이다. 신자들은 아슈라(매년 행하는 이슬람 시아파의 최대 종교 행사) 축제 때 이 고행을 통해 선지자 무함마드의 손자로 카르발라 전투에서 순교한 후세인의 고통을 느껴 본다고 한다. 카르발라 전투에 대한 기억은 이란의 문화에 깊숙이 각인돼 있다. 시, 음악, 연극 등을 통해 재현되는 것은 물론 국민의 정신과 국기에도 담겨 있다. 이란 국기의 한가운데 순교의 상징인 붉은 튤립이 그려져 있는 것을 볼 수 있을 것이다. 이는 후세인이 죽임을 당했을 때 그가 흘린 피에서 튤립이 피어났다는 데서 유래한다.

사파비 왕조는 1736년에 이슬람 성직자들에 의해 전복됐다. 학문을 한 이슬람 성직자만이 나라를 통치해야 한다는 것이 그들의 주장이었다. 그러나 이들도 한 아프가니스탄 군벌에 의해 차례로 축출되는데, 그들은 종교가 종교를 통제할 수는 있지만 과세와 입법 권한은 정치가들에게 있다고 주장했다. 세속적 기관과 종교적 기관 사이의 이러한 권력의 분리는 현대 이란 사회에서도 여전히 주요한 이슈로 남아 있다. 이슬람 성직자들이 또다시 정치 영역에서 지나치게 큰 권력을 행사하고 있다고 믿는 사람들이 많기 때문이다.

외부 세력에게는 먹잇감이 되고,
내부에서는 쿠데타와 시위가 만연하고

사파비 왕조가 패망한 뒤 이어지는 두 세기는 내부 힘의 약화와 외부 위협의 귀환이 반복적으로 이어지는 시기였다. 제1차 세계대전 동안 페르시아는 중립을 선언했지만 그렇다고 영국, 독일, 러시아, 터키 군대가 이 땅을 싸움터로 이용하는 것을 막지는 못했다. 이후 러시아는 혁명을 하느라 정신이 없었고, 독일과 오스만 제국은 패망했고, 영국은 이 나라를 떠났다.

제1차 세계대전이 발발하기 전에 이곳에서 대규모 유전이 발견되자 영국은 이 유전에 대한 독점적인 채굴권과 판매권을 확보했다. 훗날 윈스턴 처칠은 "행운이 우리의 가장 거친 상상을 넘어서는 동화의 나라로부터 보상을 가져다주었다."라고 썼다. 1909년에 앵글로-페르시안 오일 컴퍼니가 설립되었고 영국은 이 회사의 대주주로 참여했다. 종전 이후 영국은 페르시아를 보호국으로 두려고 애를 썼다. 하지만 페르시아 코사크 여단(당시 페르시아의 유일한 신식 군대)의 한 장교는 생각이 달랐다. 1921년 레자 칸은 1천2백 명의 군인을 이끌고 테헤란으로 진격해서 곧장 정권을 탈취했다. 1925년 이란 의회는 당시 국왕을 폐위시키고 새롭게 팔레비 왕조를 세운 레자 칸을 새로운 국왕인 레자 샤 팔레비(Reza Shah Pahlavi, 샤는 국왕이라는 의미다)로 책봉했다

당시 이란은 어려운 상황에 놓여 있었다. 수세기에 걸친 실정으로 나라는 붕괴 직전까지 몰려 있었다. 레자 칸이 수도로 입성해서 지난날의 강력한 페르시아를 부활시키겠노라고 하자 국민들은 열렬한 지지를 보냈다. 1935년 레자 샤 팔레비는 이 나라를 구성하는 여러 민족 집단을 고려해서 국명을 이란으로 개명했다. 그의 임무는 조국을 20세기로 진입시키는 것이었다. 그리하여 국토를 횡단해서 주요 도시를 연결하는 철도망을 건설하는 등 인프라 구축 작업에 착수했다. 그런데도 그가 손대지 않은 것이 있었는데 그것은 바로 앵글로-페르시안 오일 컴퍼니였다. 영국은 이 회사를 지배하는 동안 페르시아 내정에 대해 목소리를 크게 낼 수 있었다. 그리고 아바단항에 세계 최대 정유시설을 건설해서 대영제국에 값싼 석유를 계속 공급할 수 있게 했다.

제2차 세계대전이 발발하자 이란은 다시 중립적인 입장을 견지하려 했지만 또다시 외부 세력의 먹잇감으로 전락하게 된다. 이 나라 국왕의 친나치적인 입장을 빌미로 영국과 소련은 이란을 침공했다. 그들은 레자 샤 팔레비를 퇴위시키고 유전을 확보해서 러시아로 가는 공

급 라인을 건설한다는 목표를 달성했다. 레자 샤 팔레비가 이란의 철도 시스템을 건설했다면 결국 그것을 이용한 것은 외부 세력이었다.

국왕의 자리는 스물한 살 된 그의 아들 모하마드 레자 샤 팔레비가 물려받았다. 1946년에 외국 군대가 철수하자 젊은 국왕은 경제 개혁을 지속적으로 실행하기로 했다. 하지만 대외정책에서는 영국, 미국과 함께하면서 이란은 냉전의 와중에서 서방의 동맹이 되었다.

그러나 세계는 바야흐로 새로운 시대로 들어서고 있었다. 반식민주의 바람이 부는가 싶더니 큰 폭풍우가 되어 오늘날 앵글로-이란 오일 컴퍼니라고 부르는 곳을 덮쳤다. 이 회사를 국유화해야 한다는 요구가 빗발치는 가운데 1951년, 열렬한 국유화 지지자인 모하마드 모사데그가 총리 자리에 오른다. 이란산 원유에서 나온 돈은 이란으로만 들어오게 하겠다는 공약의 결과로 법안은 일사천리로 통과됐다.

이에 대한 서방의 반발이 곧장 터져나왔다. 영국 은행의 이란 자산은 동결되었고, 이란으로 향하던 물품들은 보류되었고, 아바단 정유소의 해외 기술자들은 철수했다. 하지만 헛수고였다. 이란인들은 꿈쩍도 하지 않았다. 그러자 1953년 런던과 워싱턴은 MI6과 CIA를 보내 군사 쿠데타를 사주했다. 모사데그가 법에 따라 통치하기 위해 사실상 국왕으로부터 권한을 이양받으려는 의도로 의회를 해산하는 것을 문제 삼으면서였다. 흔히 이란의 민주주의를 무너뜨리는 데 영국과 미국의 역할이 컸다는 이야기를 자주 한다. 하지만 그보다는 이란의 여러 파벌들을 도와 민주적으로 선출된 그 나라의 정부를 전복하게 했다는 편이 더 타당할 것이다. 미국을 움직이게 한 것은 이란 국정의 혼란을 틈타 공산주의자들이 권력을 잡는 것에 대한 두려움이었다. 영국 또한 이란의 석유로부터 얻는 이익이 그들의 우선순위 목록에서 최상단을 차지하고 있지는 않았다. 모사데그 총리와 대립하다 1953년 이탈리아로 망명했던 모하마드 레자 샤 팔레비는 군부의 쿠데타로 다시 귀국했다. 그러고 나서는 일이 잘 풀렸다. 그렇지 않은 것만 빼면 말이다.

어떤 이들에게 쿠데타는 성공한 것처럼 보였을 수 있지만 그것은 결국 이 나라에 기나긴 어둠의 그림자를 드리웠다. 국왕은 점증하는 탄압의 소용돌이 속으로 국가를 몰아넣었고 그 결과 갓 태어난 민주주의의 도정은 앞으로 나아가지 못하게 되었다. 국왕은 모든 부분에서 즉각적인 반발에 부딪혔다. 보수적인 종교 단체들은 그가 비이슬람교도에게 투표권을 주자 분개했다. 또 모스크바의 지원을 받는 공산주의자들은 국왕의 기반을 약화시키려고 했다. 한편 자유주의적인 지식인들은 민주주의를 요구했고 민족주의자들은 굴욕감을 느꼈다. 그 쿠데타는 국민들로 하여금 외세의 입김을 받는 나라에서 무슨 일이 벌어지는지를 상기시켜 주었다. 석유 산업의 국유화는 결과적으로 국가에게는 더 많은 수익을 가져다주었지만 정작 일반 국민들에게는 그 수익이 찔끔찔끔 돌아갈 뿐이었다. 이번 쿠데타는 이란 역사에서 하나의 갈림길이었으며 이후 이 나라 정국은 1979년의 또 다른 혁명을 향해 더욱 속도를 높였다.

1979년,
호메이니 그리고 이란 혁명
—

현정권은 신앙심 깊은 국민들이 아야톨라(이슬람 시아파에서 고위 성직자에게 수여하는 칭호)들이 통치하는 새로운 시대를 갈망하며 거리를 뒤덮었던 일을 즐겨 거론한다. 하지만 당시 사정은 꼭 그렇지만은 않았다. 국왕 퇴위의 서곡이 된 시위들에는 세속적인 단체들, 공산주의자들, 노동조합, 그리고 아야톨라 호메이니Ayatollah Khomeini를 중심으로 한 종교 단체들까지 섞여 있었다. 호메이니는 신속하게 여타 그룹의 사람들 수천 명을 사살했다. 그렇게 해서 그 이야기를 할 수 있게 된 것이다.

호메이니는 일찍이 이란인들 사이에서는 널리 알려진 인물이었다. 1964년에 그는 "샤가 이란 국민들을 미국의 개보다 못한 수준으로 끌어내렸다."라고 격렬하게 비판했다. 이후 그는 문제적 인물로 낙인찍혀 이라크로 추방되었다가 당시엔 프랑스에 머물고 있었다. 1978년 무렵부터 이란 전역에서 대규모 시위가 벌어지기 시작했는데 국왕은 이를 무자비하게 진압했다. 비밀경찰의 일종인 국가정보안보기구, 즉 사바크SAVAK는 고문과 살해의 대명사가 되었다. 그해가 저물어 갈 무렵 시위대의 사망자 수가 수백 명에 이르게 되자 계엄령이 선포되었다. 그럼에도 시위는 잦아들지 않았고 이듬해인 1979년 1월 모하마드 레자 샤 팔레비는 결국 국외로 망명했다. 그는 마지막 국왕이자 미국의 영향력에 놓여 있던 이란의 마지막 리더였다. 그러자 미국은 기다렸다는 듯 이라크를 지원하기 시작했다.

호메이니는 추방지에서도 나름 바빴다. BBC의 페르시아어 방송을 통해 나오는 그의 목소리는 이미 많은 이들에게는 친숙했고 그의 육성을 담은 수천 개의 카세트테이프가 이란으로 몰래 반입돼 이슬람 사원들에서 틀어졌다. 국왕이 이란을 뜨고 몇 주 뒤 1979년 2월 호메이니는 백만 명이 넘는 인파의 환영을 받으며 드디어 테헤란에 입성했다. 그러나 사람들은 그때는 알지 못했다. 왕관이 〈터번〉으로만 바뀌었다는 사실을.

혁명적인 이슬람을 잘 알지 못했던 사람들은 늙은 호메이니가 이란이 향후 압제가 덜한 나라로 가는 길에 도움을 주는 명목상의 최고 지도자 노릇을 할 거라고만 막연히 짐작하고 있었다. 그러나 이슬람 혁명 세력은 곧장 메스를 잡았다. 1966년 카이로에서 처형당한 과격파 이집트 지식인인 사이드 쿠틉(Sayyid Qutb, 이슬람 혁명 이론의 주창자로 이슬람 원리주의 운동에 있어 가장 영향력 있는 인물)은 수니파 이슬람교도이긴 했지만 그가 쓴 글들은 이란의 시아파 혁명가들에게 큰 영향을 미쳤다. 그의 중요한 저작인 『시금석들Milestones』은 파르시어로도 번역되었으며, 이슬람이야말로 무슬림 세계에서 벌어지는 온갖 문제들에 대한 해답이라는 생각에 영향을 미쳤다. 쿠틉의 영향력은 군주제, 민족주의, 사회주의와 세속적 독재 체제 등이 국민들의 삶의 질을 높이는 데 실패한 아랍 국가들에서 훨씬 강하다. 하지만 호메이니가 "이슬람은 정치적이다. 그게 아니면 아무것도 아니다."라고 천명했던 것은 무슬림형제단(Muslim Brotherhood, 1928년 이집트에서 창설된 단체로, 세계에서 가장 오래되고 가장 규모가 큰 이슬람 운동 단체)의 쿠틉 추종자들이 10년 이상을 전파해온 바로 그 말이었다. 쿠틉은 십자군과 시온주의자(유대인 민족주의자)를 물리치기 위해 폭력적인 지하드(zihad, 이슬람교를 전파하기 위해 이슬람교도에게 부과된 종교적 의무)를 신봉했다. 이란의 시아파 문화에서 순교 정신과 융합된 이 신념은 혁명기와 그 이후에 신앙심 깊은 대중을 사로잡은 광신주의의 핵심이 되었다.

호메이니의 카리스마에 현혹된 세속주의 성향의 지식인들은 종교적 기득권 세력에 대한 환멸을 거두고 국왕을 축출하는 데 힘을 보탰다. 혁명기에 자유주의자들이 자주 실수하는 것이 바로 광신주의자들이 하는 말과 의미를 오해하는 것이다. 테헤란에 입성한 그날, 호메이니는 국민들 앞에서 이렇게 선언했다. "지금부터 내가 정부의 이름을 짓겠다."라고. "누가 당신에게 투표했는데요?"라고 채 묻기도 전에 공포가 시작되었다.

군중이 호메이니를 환영한 지 열흘째 되던 날 군은 중립을 선언했다. 총리는 은신해 있다가 프랑스로 출국했는데 1991년에 암살당했다. 또 소수파 종교 단체와 공산주의자들은 고문과 처형, 실종의 물결 속에서 축출됐다. 반혁명의 씨를 확실히 말려 버리기 위해 호메이니는 이란혁명수비대IRGC를 창설했다. 이 조직은 살인과 폭행을 일삼으면서 반대파를 겁박했다. 머지않아 이란혁명수비대는 이 나라에서 가장 위압적인 군사 조직으로 올라선다. 또한 이 조직의 고위 간부들은 건설을 비롯한 여러 사업에 손을 대면서 자신들의 부를 축적했다.

새 정권은 여성의 자유를 억압하는 데도 필사적이어서 남녀공학을 금지하고 결혼생활에서 여성의 지위를 보장하는 장치를 축소하는 가운데 이슬람혁명위원회 추종자들이 거리를 누비면서 여성에게 히잡 착용을 강요했다. 유대교나 기독교 같은 소수파 종교에 대한 자유는 법률상으로는 보장되었지만 심정적으로는 불가능한 것이나 마찬가지였다. 그 가운데 바하이교(페르시아인 바하이가 창시한 종교로, 모든 사람과 종교는 같으므로 평화로이 살아야 한다고 주장) 신자들이 유독 가혹한 탄압을 받았다.

상황이 이렇게 되자 나라를 떠날 여력이 있는 자유주의 성향의 중산층은 황급히 짐을 쌌고 그 결과 수십만 명의 두뇌 유출이 벌어졌다. 이들 중에는 6만 명에 달하는 유대계 인구가 포함돼 있었다. 1979년의 혁명 후 이스라엘을 가장 맹렬하게 증오하는 적으로 삼으면서 뿌리 깊은 반유대주의에 근거한 비판의 칼날을 세웠기 때문이다.

새로운 지도자들은 애초에 친구들을 사귀는 일에 관심이 없기도 했지만 한술 더 떠 이란을 국제 사회에서 따돌림받는 나라가 되게 만들었다. 국내에서는 국민을 탄압하고 해외에서는 테러 공격을 자행했으며, 악명 높은 파트와(fatwa, 이슬람법에 따른 결정이나 명령)는 영국 작가 살만 루시디가 쓴『악마의 시*The Satanic Verses*』라는 작품을 문제 삼기도 했다.

호메이니가 강조한 벨라야테 파키(Velayat-e faqih, 이슬람 성직자에 의한 통치)라는 개념에는 나름의 근거가 있었다. 시아파 신앙 안에 담겨 있는 이 개념은 가장 학식이 풍부한 이슬람 성직자가 정치와 종교를 통치해야 한다고 본다. 이런 배경에서 호메이니는 헌법에 명시된 최고 지도자 자리에 올랐다. 이후 그의 뒤를 잇는 지도자들은 이슬람 고위 성직자들의 단체인 국가지도자운영회의가 선임했다. 어떤 면에서는 고위 지도자를 선임하는 이 같은 방식이 로마 가톨릭에서 교황을 선출하는 방식과 크게 다르지 않은 것 같기도 하지만, 핵심은 교황에게는 군 통수권자가 되거나 전쟁을 선포할 권한은 없다는 것이다. 호메이니가 권력을 잡은 지 1년 뒤에 수행한 바로 그 권한 말이다.

8년에 걸친 이란-이라크 전쟁
—

한편 옆나라 이라크에서는 세속적인 독재자 사담 후세인이 이웃 나라인 이란에 시아파 이슬람 공화국이 세워지는 것을 지켜보고 있었다. 그것은 그에게 위협이자 기회가 될 수도 있는 사건이었다(사담 후세인은 이라크 내 소수 종파인 수니파 출신이다). 호메이니가 아랍 국가들에게 이슬람 혁명을 호소하는 것에 깜짝 놀란 후세인은 그렇지 않아도 이라크에서 이미 어려운 처지에 몰려 있는 다수 시아파에 대한 탄압의 고삐를 더욱더 조였다. 그러더니 1980년 9월 아예 이란 침공을 감행했다. 이라크 국내의 시아파에게 이란 혁명의 여파가 파급되는 것을 두려워해서였다. 이 장의 초반에서 살펴본 대로 이 결정은 그리 현명한 생각은 아니었다.

사담 후세인은 이란 혁명기의 혼란을 틈타 샤트알아랍강의 동쪽과 원유 생산지이자 민족적으로는 아랍계가 주로 거주하는 이란 남서부의 후제스탄을 손에 넣을 계획을 세웠다. 그가 진정으로 원하지 않았던 건 그들이 시작한 각 방면에서 8년간의 피바다로 끝나는 것이었다(이란-이라크 전쟁은 1988년에 끝났다). 기밀에서 해제된 문건들에는 후세인과 그의 보좌진들이 전쟁 전날 어떤 생각을 했는지 기록돼 있다. 후세인은 이 싸움을 후다닥 해치워서 이란인들이 "우리가 예상한 것 이상으로 나아가지 않고, 우리는 물론 저들도 그러한 상황 이상으로 끌려들어 가는 것은 원치 않기"를 기대했다. 이를 위해 그는 "군시설 위주로 집중포화를 퍼붓고 저들이 법적인 사실을 받아들일 때까지 저들의 팔을 비틀어주길 원했다……." 그러나 전면전으로 바뀐다면, "우리가 필요한 곳 어디든 발을 들여놓을 것이다."라고 말했다.

하지만 그것은 한마디로 대참사였다. 후세인은 속전속결로 승리를 거머쥘 걸로 기대했지만 결과적으로 1백만 명 이상을 죽음으로 몰고 간 처참한 계산 착오를 저지른 것이다. 이라크군은 644킬로미터의 전선을 따라 돌격해 들어가 방어 세력에게 겨자 가스를 살포하면서 초반에 호람샤르를 비롯한 일부 지역을 장악하는 데 성공했다. 그러나 아바단의 급유항을 함락시키는 데 실패하더니 공격도 몇 주 동안 질질 늘어지다가 아예 멈춰버렸다. 이라크군이 100킬로미터 이상을 뚫고 들어갈 수 있는 곳은 이란 그 어디에도 없었고 이윽고 자그로스 산맥과 맞닥뜨리자 그들의 사기는 급속도로 꺾였다. 그 뒤 몇 달 안에 반격을 당한 이라크군은 결국 국경지대까지 밀리게 되었다. 두 나라의 수도는 공습을 당했고 이란군은 내친김에 시아파의 주요 근거지 중 하나인 이라크의 카르발라를 함락시키려고 거세게 밀어붙였다. 하지만 1988년 이라크가 반격을 개시해서 이란이 점령하고 있던 지역을 다시 빼앗았다. 그러자 이란군 또한 사기가 많이 떨어진 것을 깨달은 호메이니는 유엔의 중재하에 휴전 조건을 받아들였다. 그렇게 해서 양측은 전쟁 전의 위치로 철수했다.

종교를 빙자한 억압과 그에 분노한 시민들

—

최고지도자 호메이니는 이듬해인 1989년에 사망했고 아야톨라 알리 하메네이가 그 자리를 물려받았다. 경제 발전은 더딘데 이슬람 성직자들은 국민들 삶의 모든 영역에 이슬람 혁명 정신을 심겠다는 각오로 사회 전반에 철권 통치를 행사했다. 그렇게 하여 다음과 같은 정치 시스템이 고착됐다. 먼저 국회의원 선거에 출마하려면 12명으로 구성된 헌법수호위원회의 동의를 얻어야 하는데 그 위원회의 절반은 최고지도자가 지명한다. 국회에서 국민을 대표하는 정당들의 면면은 어떻게 해야 표를 얻을 수 있는지에 대한 단서를 제공한다. 이들 가운데는 투쟁하는성직자연합Militant Clerics Society과 이슬람혁명의지도자모임Society of Pathseekers of the Islamic Revolution도 포함돼 있다. 그 많은 사람들을 앞에 두고 보면 개혁주의자들과의연정Pervasive Coalition of Reformists이 제 길을 찾는 게 얼마나 어려운 것인지 알 수 있을 것이다. 국회가 법안을 통과시키려면 우선 헌법수호위원회에서 다수의 지지를 얻어야 하기 때문이다.

이런 가운데 1997년, 상대적으로 온건한 종교학자인 모하마드 하타미가 압도적인 표 차이로 대통령에 당선되자 강경파들은 충격에 빠졌다. 하타미의 재임 동안 성직자들은 제출된 법안의 3분의 1에 거부권을 행사했다. 그 법안들의 대다수는 하타미와 그 지지자들이 도입하기로 공약한 자유주의 성향의 정책들이었다. 극보수주의자들은 여전히 반혁명주의 분자들을 괴멸시키기 위한 공포 조장 행위들을 포기하지 않았다. 그들은 자유주의 성향의 매체들을 문 닫게 했고 언론인들을 투옥했다. 개혁 성향의 지식인들은 살해당했다. 학생들이 항의하면 거리에서 구타를 당했고 기숙사로 쫓겨 들어가서도 또다시 구타를 당했다.

이후 십여 년 동안 경제는 점점 더 어려워졌고 종교를 빙자한 폭력배들은 사회 전반에서 그들의 믿음을 더욱 거칠게 강요했다. 게다가 국제 사회에 대한 이란의 공격적인 대응 방식은 이 나라의 고립을 더욱 심화시켰다. 결국 2005년 하타미는 전 이란혁명수비대 출신의 마흐무드 아흐마디네자드에게 자리를 내준다. 그러나 2009년 대선 과정에서 야당의 개혁주의 성향의 미르 호세인 무사비가 강력한 후보로 떠오르면서 아흐마디네자드 대통령과 겨룬다. 기록적인 투표율과 정부 주도의 부정 선거에 대한 우려가 제기된 가운데 무사비는 내무부로부터 자신이 승리했다는 얘기를 들었다며 선수를 쳤다. 그러자 거의 즉각적으로 국영 방송 채널들은 그의 발언을 반박하는 뉴스를 내보냈다. 이어 기다렸다는 듯 아흐마디네자드가 승리자라고 선언되었다. 그러자 분노한 시위대가 거리로 쏟아져 나왔다.

당시 나는 이란의 선거 취재를 위해 어렵사리 언론인 비자를 받은 터였다. 선거 다음날 나는 이란인 동료들과 테헤란의 거리로 나갔다. 그런데 거리를 걷고 있는데 지나가는 사람들이 숨을 죽이며 뭐라 속삭이는 것이 아닌가. "무슨 일이죠?" 내가 물었다. 이란인 동료가 설명하기를, 사람들이 특정 장소와 시간을 말하고 있는 거라고 했다. 그들이 말하는 시간에 그 장소에 가보니 수십 명의 사람들이 모여 있었는데 이내 수백 명으로 늘었다. 그러자 자신감을 얻은 사람들 사이에서 반정부 구호가 울려 퍼졌고 몇 분 지나지 않자 수천 명이 더 모여들었다. 이에 맞춰 폭동 진압 경찰과 바시즈 민병대(이란의 민병대로, 1979년 11월 호메이니의 지시로 창설된 친정부 준군사 조직) 소속 폭력배들의 수도 늘어났다. 서로 옥신각신하던 실랑이가 싸움으로 번졌고 돌과 병들이 양측에서 날아다니더니 이윽고 전선이 형성됐다.

2인 1조로 오토바이에 올라탄 진압 경찰은 커다란 곤봉을 휘두르며 시위대로 돌진하는 작전을 성공적으로 수행했다. 이 오토바이가 군중을 뚫고 내달리자 시위대는 즉시 양쪽으로 갈라졌다. 전화로 현장을 생중계하던 나는 오토바이 몇 대가 시동을 걸고 있는 순간 양측 라인 한복판에 내가 서 있다는 사실을 문득 깨달았다. 오토바이들이 출발하자 황급히 인도로 올라섰는데 그 가운데 한 대가 나를 향해 곧장 돌진해 오는 게 아닌가. 미처 피할 틈도 없었다. 경찰 한 명이 몽둥이를 치켜들자 나는 항복의 표시로 양손을 들었다. 그가 내 머리를 후려치려는 찰나 그의 손이 멈췄다. 추측건대 그 혼란한 와중에도 외국인임을 알아챈 것 같다. 주근깨 가득한 이 얼굴이 그때만큼 고마웠던 적은 없다. 오토바이는 순식간에 나를 지나쳤다. 그리고 그 경찰은 주근깨가 별로 없는 불운한 사람들을 후려친 뒤 자신의 진영으로 돌아갔다.

이윽고 군중은 이란국립은행의 유리창을 깨면서 정권의 상징물을 공격하기 시작했다. 나도 군중의 물결 속으로 뛰어들었다. 그런데 또 다른 경찰이 공격을 개시할 순간 또다시 내가 군중의 맨 앞에 서 있는 양상이 되어버렸다. 나는 몸을 획 돌려 냅다 뛰기 시작했는데 치안부대에서 날아온 커다란 돌이 내 등에 명중했다. 그 길로 나는 도시들을 따라 설계된 비좁은 수로 안으로 고꾸라졌다. 넘어지면서 다리 전체 피부가 다 벗겨졌다. 일단의 시위대가 나를 끄집어내 주었고 나는 비틀거린 채 샛길로 들어가서 그날의 생방송은 그것으로 마치기로 했다. 내가 경찰에게 등을 보인 건 그것이 마지막이 될 거라고 생각했다. 하지만 그로부터 5년 뒤, 카이로에서 나는 등에 아주 작은 새총알을 맞아 작은 상처를 입게 된다. 경찰이 발사한 것이었다. 물론 이것은 또 다른 이야기지만.

시위는 며칠간 이어졌다. 그동안 목숨을 잃은 사람들만 수십 명이었다. 그럼에도 아흐마디네자드가 끄덕도 하지 않고 두 번째 임기를 시작할 수 있을 만큼 정권의 대응은 강경했다. 그런데도 단층선은 사라지지 않았다. 아니, 인구 구성이 점점 젊어지고 변화를 바라는 청년층이 성장해감에 따라 그 선은 매년 더 확대될 뿐이었다. 이러한 정서가 반영된 것이 2013년 선거였다. 온건한 성직자인 하산 로하니가 아슬아슬하게 승리를 거두었다. 기득권층은 추세를 되돌리기엔 너무 멀리 왔다는 것을 이제야 깨달았다.

모두가 자유로운 이란을 갈망했고 그것이 주요한 요인이었던 것은 맞지만 그렇다고 그게 전부는 아니었다. 클린턴이 했던 "바보야, 문제는 경제야!"라는 말은 수많은 언어로 번역되었는데 그 안에는 페르시아어도 있었다. 이런 배경에서 2013년의 선거는 이란의 국제 고립을 심화시키고 경제를 더욱 위축되게 만든 아흐마디네자드 치하에서 낭비한 시간들에 대한 질책이었다.

로하니는 2017년 재선에 성공하지만 보수 강경파는 2020년에 총선 몇 개월을 앞두고 선거에 대비해서 모종의 묘책을 실행했다. 헌법수호위원회가 자신들의 위력을 발휘해서 거의 7천 명에 달하는 국회의원 후보자들의 자격을 박탈해 버린 것이다. 그 가운데는 90명의 현역 국회의원들도 포함됐다. 이것을 본 수백만 명의 이란인들은 자문했다. "왜 저렇게까지 해야 하는 거지?" 그리고 선거일, 그들은 투표장으로 나오지 않고 집에 머물렀다. 1979년 이후 가장 낮은 투표율을 보인 이 총선의 결과는 강경 보수파의 압승이었다. 이 메시지는 분명했다. 어찌 됐든 아야톨라파(시아파 성직자들과 그들을 지지하는 자들)와 이란혁명수비대는 권력을 내놓을 생각이 없다는 것이다.

수니파 국가들에 둘러싸인 시아파 국가
—

이 양상이 현재까지 이어지고 있다. 이란의 지도층은 자신들의 국가가 적들에게 포위된 〈고립된 나라〉라는 인식을 강하게 견지하고 있다. 물론 그들이 아예 틀렸다는 말은 아니다. 일부 이데올로기론자들은 이란을 에워싸고 있는 이른바 〈수니파 서클〉에 대해 언급하기도 한다. 요컨대 미국의 사주를 받는 사우디아라비아 같은 나라들이 이슬람 혁명의 기반을 무너뜨리기 위해 안팎에서 모략을 꾸미고 있다는 것이다. 이런 생각에는 어느 정도 타당한 측면도 있다. 오죽했으면 아야톨라파와 혁명수비대의 지도자들이 미국이 2003년에 이라크를 침공해서 이란의 서쪽 측면을 확보하게 해줌으로써 부지불식간에 페르시아의 꿈을 지키게 해준 것이 얼마나 큰 행운이었는지를 인정하지 않으려고 했겠는가.

미국은 이란을 침공했던 이라크 수니파 정권(사담 후세인 정권)을 갈아치웠다. 이제 다시 한번 메소포타미아 평원은 이란 전면에서 완충지가 되면서 잠재적 적대 세력을 저지하고 무력을 투사할 수 있는 공간으로서의 역할을 하게 되었다. 부시 행정부는 소수파인 수니파 정권을 무너뜨렸으니 이라크의 다수를 차지하는 시아파 지도자들이 확실하게 나라를 통치하도록 시스템을 잘 관리하면 그 결과로 이라크 내에서 민주주의가 꽃필 것이라고 순진하게 믿었다. 하지만 이라크 내 시아파는 매 단계마다 이란의 도움을 받았다. 이란은 미군의 침공 이후 발발한 이라크 내전에서 여러 시아파 민병대를 지원함으로써 이라크에서 외세를 몰아내는 데 힘을 보탰다. 꽤 많은 미군과 영국군에게 피해를 입힌 노상 폭탄 공격은 이란에서 자주 발생하던 일인데 이라크 민병대는 그런 테헤란으로부터 자금과 무기, 훈련을 지원받았다. 이라크는 이란의 푸들 강아지가 아니다. 그렇지만 지금의 이라크 지도력으로는 동쪽에 있는 이웃인 이란을 향해 호의적인 손짓을 자주 할 수밖에 없다.

이 상황은 많은 아랍 국가들과 싸움을 수행하는 이란에게는 중대한 진전이었다. 역사의 파도가 드나들기를 거듭하면서 많은 아랍 국가들, 특히 사우디아라비아, 레바논, 예멘 등에 적지 않은 시아파 소수 그룹을 남겨두었다. 물론 시리아, 쿠웨이트, 아랍에미리트에는 상당히 큰 규모의 시아파 공동체가 있다. 하지만 종종 그들은 대다수 수니파 인구보다 덜 부유하고 다수는 차별을 당한다고 느끼곤 했다. 시아파가 장악한 이란은 그 지역들에 영향력을 행사하는 데 있어 이와 같은 현실을 이용하고자 했다. 일례로 예멘 내전에서 이란은 사우디아라비아가 뒤를 봐주는 수니파 세력에 맞선 시아파 후티의 편에 섰다. 또한 이란 정권은 지중해로 통하는 길목을 만들고 확보하는 데 20년을 썼다. 이를 통해 대양으로 접근도 하고 그들의 대체 세력이라 할 헤즈볼라(Hezbollah, 레바논의 이슬람 시아파 무장세력)도 지원할 수 있기 때문이다. 현재 이라크에는 시아파 정부가 들어서 있다. 또 시리아의 아사드 대통령은 소수파인 알라위트파 출신이지만 이 역시 시아파 이슬람의 한 분파다. 이란이 시리아 내전 상황에서 아사드를 지원하려고 개입했던 것도 지중해라는 통로를 지키기 위해서였다. 여기서부터 레바논의 수도인 베이루트까지 가는 짧은 거리에서 최강의 군대는 레바논의 정규군이 아니라 이란의 지원을 받는 헤즈볼라 민병대다. 헤즈볼라는 베이루트 남쪽, 베카 밸리, 그리고 이스라엘 국경까지 연결되는 레바논 남부 지역 대부분을 장악하고 있다. 이것이 이란이 메소포타미아와 레반트(Levant, 그리스, 시리아, 이집트를 포함하는 동부 지중해 연안 지역)에 무력을 투입하는 방식이다. 이는 마치 선대가 그랬던 것과 똑같은 방식이다.

이란이 수니파 나라들과 삐걱대고는 있지만 가장 경멸하는 나라라면 아무래도 이스라엘일 것이다. 사실 이란은 1979년 혁명 이전에는

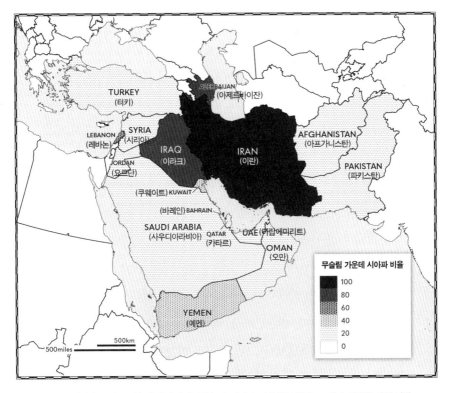

이란을 에워싸고 있는 이슬람 국가의 대다수는 수니파가 지배하고 있다. 그러나 이란은 이들 나라에서도 가끔은 시아파 소수 집단과의 동맹을 기대해볼 수 있다.

이스라엘과 잘 지내왔고 반유대주의 성향도 대놓고 드러내지 않았다. 그러나 혁명 이후 40여 년이 지나는 동안 이스라엘이라는 국가에 대해서뿐 아니라 일반적으로 유대인이라는 존재에 대한 증오 캠페인도 함께 펼쳐오고 있다. 여기에는 시온주의자의 손이 어디에나 미치고 있다는 견고한 반유대주의적 수사의 흐름이 깔려 있다. 또 이란의 주요 매체들은 나치 독일이 사용했던 전형적인 캐릭터들이 등장하는 만화도 지속적으로 게재하고 있다. 그 안에서 세계 여러 나라 지도자들은 옷소매에 다윗의 별이 있는 것으로 자주 묘사되는데, 이는 그들이 유대인 주인을 대신해서 일하고 있음을 암시한다. 테헤란 정권은 유대인을 살해하기 위해 아르헨티나, 불가리아, 태국, 인도, 케냐를 비롯한 여러 나라에 암살조를 파견하기도 했다. 최악의 사례가 1994년 아르헨티나의 유대인 커뮤니티 센터에서 87명의 아르헨티나인들이 사망한 사건일 것이다.

이란의 지도자들이 자신들의 실정을 무마하기 위해 세계의 어려움을 이스라엘과 유대인의 탓으로 돌리는 것은 일견 유용한 측면도 있다. 그러나 이것은 정치보다 훨씬 뿌리 깊은 증오심에서 기인한 것으로 보인다. 일찍이 1960년대 초반에 호메이니는 유대인을 악마로 비유하면서 이들을 일컬어 〈불순한 생명체〉라고 했다. 그는 유대인들의 얼굴에서는 "타락, 빈곤, 비참, 비굴함, 굶주림, 그리고 역겨움이 읽힌다……. 이는 무엇보다 그들의 내적 빈곤과 타락에서 기인한 것이다."라고까지 말했다. 또한 그는 이란 국민들에게 과거 이란의 국왕이 유대인이었을 거라는 추측을 즐겨 말하기도 했다. 호메이니의 후계자로 최고지도자가 된 아야톨라 알리 하메네이는 이렇게 말하기도 했다. "이스라엘은 도려내야 할 암 덩어리다." 이렇게까지 비난이 이어지는 것은 종교에 뿌리박은 병적인 증오심이라고 할 수밖에 없다. 이것이 위험한 것은 비단 권력을 가진 이들이 그러한 생각을 만들어 퍼뜨렸다는 것뿐 아니라, 시아파가 이끈 이란의 혁명이 수니파 아랍 세계에서 자신들과 비슷한 견해를 가진 사람들에게 그들 역시 〈종교를 빙자한 폭력〉을 통해 권력을 얻을 수 있다는 가치관을 심어줄 수 있기 때문이다.

미국과의 정략결혼은 계속 이어질까?

—

이란 지도층의 마음속에 그리고 실제 목소리로도 미국은 늘 이스라엘과 묶여 있으며 심지어 이스라엘의 꼭두각시로 묘사되기도 한다. 이란의 강경파는 자신들의 지역에서 미국의 역할이란, 무슬림의 부를 훔치고 무슬림에 맞서는 모든 악랄한 계획을 등 뒤에서 꾸미는 사악한 시온주의자들을 지키기 위해 타락한 악마 정권을 무슬림 세계의 한복판에 유지시키는 것이라고 믿고 있다. 이따금 그들은 미국을 〈큰 악마〉로, 이스라엘을 〈작은 악마〉로 부르기도 한다. 2001년 조지 W. 부시 미 대통령은 이란에게 〈악의 축〉의 일원이라는 이름을 몸소 붙였다. 그는 이란의 핵에너지 시설을 핵무기 제조를 감추기 위한 위장이라고 보았다. 이란은 이미 5천 킬로미터 이상 떨어진 목표물을 맞힐 수 있는 장거리 미사일을 보유하고 있으니 여기에 핵탄두를 탑재한다면 그 사정거리 내에 있는 모든 국가는 긴장할 수밖에 없다.

2002년, 이란의 반정부 단체는 테헤란 정부가 우라늄 농축 단지와 중수 처리 시설을 짓고 있다고 폭로했다. 이 둘 모두 핵무기를 만드는 데 사용될 수 있는 것이었다. 이란 정부는 즉각 자국의 핵활동은 오로지 평화적 목적으로만 행해지고 있다고 반박했다. 하지만 국제 사회에서 이 해명을 받아들이는 이들은 거의 없었다. 특히 우라늄 농축 과정에서 핵무기를 제조할 원료를 생산하려 하고 있다는 국제원자력기구의 보고서가 발표된 직후였기 때문에 더더욱 믿지 않았다. 그러자 유엔과 EU, 미국은 이란의 석유와 가스의 생산과 판매를 제한하는 제재 조치를 본격적으로 개시했다.

그러자 로하니 대통령은 이란의 핵프로그램에 대한 국제 사회의 동의를 얻어내기 위한 노력의 일환으로 2015년 각국의 지도자들과 협의에 나서려고 했다. 심지어 오바마 대통령에게도 연락했다. 이는 거의 40여 년 만에 두 나라의 지도자들이 통화를 하는 셈이었다. 하지만 1979년 이란 혁명의 주역인 강경파들은 이 시도를 마뜩잖게 여겼다. 1980년에 단절된 이란과 미국의 외교 관계는 테헤란의 미국 대사관 인질 사건 이후 회복되지 않은 상태였다. 그 사건이야말로 두 나라 관계의 방향을 설정한 사건이었다고 해도 과언이 아니다. 1979년 11월 한 무리의 무장세력이 미 대사관을 습격해서 50여 명의 미국인을 인질로 붙잡았다. 이후 444일에 걸친 위기는 지미 카터 대통령의 재선 가도를 막았고 로널드 레이건이 대통령에 당선되는 데 일조했다.

이란과 미국 간의 긴장은 쉽게 누그러지지 않았지만 이라크와 시리아에서 ISIS가 부상한 탓에 2015년에 핵협정으로 이어졌던 것 같은, 소위 일시적인 휴전이 아예 없었던 것은 아니다. 이란 정부는 ISIS가 그 지역에서 보다 강력해질수록 자신들의 영향력이 차단될 위험이 훨씬 더 커질 것임을 깨달았다. 만약 ISIS가 이라크 시아파 정권과 시리아의 아사드까지 전복시킨다면 지중해로 가는 길은 막힐 수밖에 없다. 한편 더는 손해를 보고 싶지 않은 미국으로서는 이란으로 하여금 이라크에서 ISIS와 싸우도록 할 수도 있다. 이런 상황에서 이란 정부는 핵협정만 받아들인다면 미국과의 협력 관계가 조심스럽게 열릴 수 있음을 알고 있었고, 이것은 곧 대외정책의 성공에 목말라하는 오바마 대통령이 오매불망 바라는 것이다. 한마디로 핵협정이야말로 그 물꼬를 트는 계기가 될 터였다. 그리하여 이란은 고농축 우라늄의 98퍼센트를 포기하기로 결정했다. 이것은 단기적인 문제를 푸는 정략결혼이 어떻게 깊고 깊은 차이들을 뛰어넘을 수 있는지를 보여주는 사례라 할 것이다. 물론 그리 오래가지는 못하겠지만.

　ISIS는 확실히 불리한 상황에 놓이게 되었다. 하지만 그 어느 때보다 전쟁의 두려움이 고조된 가운데 도널드 트럼프가 미 대통령으로 선출되자 긴장감은 다시 고조되었다. 트럼프는 핵협정에서 탈퇴했고 이란에 대한 경제 제재를 재개했으며 유럽계 기업들을 다그쳐서 이란과 거래하는 기업들을 떨게 했다. 그런 가운데 긴장을 더욱 고조시키는 일련의 사건들이 벌어졌다. 호르무즈 해협 근처에서 유조선 2척이 어뢰 공격을 받았다. 의혹의 눈길이 곧장 테헤란으로 쏠렸다. 하지만 누구의 소행인지, 또 이란이 연관되었는지 등에 대한 직접적인 증거는 없었다. 이란은 외교관들의 언어로 일종의 "그럴싸한 부인(모르는 체하면 됨)"을 할 권한을 사용했다. 사실상 그 누구도 호르무즈 해협에서 총격전이 벌어지는 것을 원하지 않았기에 이 사건에 대해 특별한 조치가 취해지지는 않았다. 사우디아라비아의 정유시설에 미사일이 떨어졌을 때도 비슷한 상황이 되풀이됐다. 예멘의 후티 반군이 자신들이 한 일이라고 주장했지만 증거로 보면 그 방아쇠에 손가락을 걸고 있는 쪽은 이란일 가능성이 더 컸다. 이런 행동들은 마치 미국의 인내심을 시험하는 것처럼 보였다. 그러다가 2019년에 이란은 너무 나간 것 같은 행동을 저질렀다. 미군의 무인 정찰 드론이 격추된 것이다. 이에 미 공군은 공습을 준비했다가 막바지 몇 분 전에 취소했다. 2017년 트럼프가 대통령으로 취임했을 때 일부 분석가들은 흥미로운 주장을 내놓았다. 그 가운데는 트럼프가 대통령이 되고 싶은 생각이 없었기 때문에 몇 달 내에 사임할 것이라는 것, 2년 내에 탄핵당해서 내려가리라는 것, 그리고 전쟁을 일으킬 것이라는 예상이 있었다. 모두 조금씩 과장된 부분이 없진 않았지만 트럼프가 정말로 전쟁을 원했고 그로 인해 글로벌 경기 침체에 불을 지필 수 있다는 생각은 미 대통령 선거를 1년 앞둔 2019년에는 너무 앞서 나간 것이었다.

전쟁 가능성이 낮은 이유는 그것만이 아니다. 이라크와 아프가니스탄에서 미국이 손실을 입고 있는 것을 본 미국 국민들은 군사적 모험을 탐탁지 않게 여기고 있었다. 이 또한 그 요인들 가운데 하나다. 이점을 잘 알고 있기에 이란은 미국의 부당한 침략에 대해 확실하지만, 그러나 애매한 수위까지 밀어붙이는 도박을 할 수 있다. 이란 정부는 긴장이 고조되면 공습을 받을 수도 있지만 미국이 이라크를 통해 자그로스 산맥으로 접근하거나 페르시아만에 주둔하고 있는 함대의 병력을 상륙시키지는 않으리라는 것을 알고 있다. 이란의 군사력은 빈약하지만 수백만 명의 남성들을 징집할 수 있으며 19만 명의 혁명수비대를 포함한 60만 명의 현역병들까지 동원할 수 있다.

자국의 혁명가들을 비웃는 국민들

—

하지만 이런 사정이 이란에 대한 제재에 영향을 미치지는 못한다. 경제는 곤두박질쳤고 실업률과 인플레이션이 치솟는 가운데 2019년 겨울이 다가오는데 이란 정부는 연료 가격을 올렸다. 이는 전국에 걸쳐 대규모 시위가 일어나게 하는 방아쇠를 당긴 셈이었다. 당국은 이전의 시위 사태에도 놀란 적이 있었던 터라 이번에도 충격을 받았고 초조해했다.

특히나 이란 정부가 불안해한 것은 시위대의 구성원들이 학생들과 자유주의 성향의 계층에만 국한된 게 아니라는 점이었다. 노동자 계급과 1979년 혁명의 주축이었던 이들까지도 정권에 대한 항의의 표시로 거리에 나온 것이다. "하메네이에게 죽음을!"이라는 구호가 울려 퍼졌고 대중은 이란의 대외정책을 소리 높여 비난했다. "가자도, 레바논도 아닌, 이란에서의 내 삶을." 그리고 "시리아로부터 손을 떼라."라는 구호가 터져나왔다. 사람들은 아랍 국가들의 내전에서 이란의 젊은이들이 희생당하는 것에 진절머리가 난다는 의사를 표시했다. 게다가 정부 당국이 거대한 미국 국기를 길바닥과 광장에 그려놓았는데, 시위대가 미국을 무시하는 행동을 하지 않기 위해 그 그림을 피해서 가는 모습이 목격되기도 했다.

사실 이란 정부로서는 2020년 초, 민병대 리더를 만나려고 바그다드 공항에 도착한 이란혁명수비대의 정예군인 쿠드스군의 사령관 가셈 솔레이마니를 미국이 암살한 뒤로 잠시 한숨 돌리던 차였다. 가셈 솔레이마니는 시리아에 개입한 이란군을 지휘하는 인물로 널리 알려졌고 이란이 중동 지역에서 영향력을 행사하는 데 결정적 기여를 해왔다는 평가를 받아왔다. 그만큼 이란의 국민적 영웅이기도 했다. 그런 그가 사망하자 며칠 뒤 새벽 이란은 미군이 주둔하고 있는 이라크 공군기지로 미사일을 날리는 것으로 보복을 개시했다. 그런데 그날 밤, 미군의 공습이 예고된 상황에서 경계를 강화하던 중 이란의 미사일이 하필 테헤란 공항을 출발하던 우크라이나 민간 여객기를 맞히는 바람에 176명이 사망하는 참사가 벌어졌다. 처음에는 관련성을 부인하다가 결국 책임을 인정한 이란 정부의 행태는 또 다른 항의와 분노를 불러일으켰다. 이는 국민적 영웅인 솔레이마니의 죽음으로 나라를 하나로 통합할 수 있었던 정치적 자산을 잃은 뼈아픈 실수가 아닐 수 없었다.

그러다가 코로나19가 찾아왔다. 정부에 대한 존경은 또 다른 타격을 입는다. 로하니 대통령의 행정부는 바이러스 위험을 계속 경시했다가 걷잡을 수 없이 확산되자 확진자 수를 숨기고 공중위생 메시지를 서툴게 관리했다. 이 국면에서 혁명수비대는 별 도움이 되지 못했다. 그 수장은 100미터 떨어진 곳에서도 코로나 증상을 탐지할 수 있는 기구를 발명했다고 주장했다. 온 나라가 비웃는 가운데 이란물리학회는 공상과학 소설 같은 생각이라고 일축했다. 터무니없는 주장에는 이슬람 성직자들도 한몫했다. 종교학자인 아야톨라 하셈 바타에이 골파이가니는 코로나 양성이 나왔지만 이슬람식 처방을 써서스스로 나았다고 발표했다. 하지만 이틀 뒤에 사망했다. 또 다른 이슬람 지도자는 자신의 추종자들에게 양파를 먹고 머리를 빗으면 바이러스가 얼씬도 못할 거라고 말했다. 이란에는 대규모의 이슬람 의학약제 시장이 있는데 이 사건으로 웃음이야말로 다른 무엇보다 최고의 강장제라는 생각에 동의하는 사람들이 많아졌다. 다양한 밈과 농담, 만화 등으로 성직자들을 조롱하는 소셜 미디어는 코로나 바이러스보다 훨씬 빠른 속도로 온 나라에 퍼져 갔다.

이런 현상은 정권에게 상당히 위험하다. 혁명가들을 비웃는 것 자체가 혁명적 행위인 데다가 그것을 무슨 수로 금지한단 말인가. 물론 이것을 정권의 몰락이 임박했다는 신호로 받아들일 수는 없다. 그리고 만에 하나 정권이 몰락한다 해도 계몽된 민주주의가 세워진다는 보장이 있을까. 사실 유럽인들에 의해 인위적으로 국경선이 그어지지 않은, 교육 수준이 높고 교양 있는 이란이야말로 주변의 다른 어떤 나라들보다 정통 민주주의 국가가 될 기회를 가지고 있다. 당분간은 어렵더라도 말이다.

왕관에서 터번으로, 터번에서 부츠로

—

지금부터는 이란 정권이 직면하고 있는 내부의 도전과 이를 해결하기 위해 필요한 힘에 대해 살펴보고자 한다. 이란의 상황은 경제적으로 점점 깊은 수렁으로 빠져들어 가는 형국이다. 하지만 정부는 유독 제재 부분에만 문외한인 박사학위 소지자 공무원들을 채용하고 있는 것처럼 보일 정도다. 그 와중에 경제는 해가 갈수록 비틀거리고 있다. 이란은 중국과 경제적 우호 관계를 다져왔다. 중국은 러시아가 그러하듯 제재 조항들을 무시하려고 하는 여타의 나라들보다도 무시하려는 그 의지가 훨씬 크다. 국내에서의 정부에 대한 시위는 더 잦아질 것으로 보인다. 그러나 정권은 반대 의견을 잠재울 수 있다면 국민 수천 명 정도의 목숨은 무시할 수 있다는 의지를 보여주었다. 하지만 거기까지 간다면 돌이키기 어려울 것이다.

쿠르드족은 과거에 봉기한 적 있지만 정권이 꽉 쥐어틀고 장악하고 있는 동안에는 움직일 가능성이 크지 않아 보인다. 하지만 남서부 후제스탄 주의 아랍계 소수 민족들은 이란이 석유로 번 돈을 그들의 삶을 개선하는 데는 쓰지 않는 것에 분개하고 있다. 이들은 이란 내 소수 민족 가운데서도 가장 가난한 축에 드는데 이런 낮은 지위에 대한 분노를 정부를 상대로 한 간헐적인 폭탄 공격으로 표출하곤 한다. 남동쪽의 거대한 발루치스탄 주도 편치 않기는 마찬가지다. 150만 명의 주민 대다수가 가난한 수니파인데 그들 중 많은 이들이 이란보다는 인접한 파키스탄에 더 친밀한 정체성을 느끼고 있다. 이곳은 또한 아프가니스탄과 파키스탄에서 나오는 마약과 인신매매꾼들이 유럽으로 들어가는 밀수 경로이기도 하다. 이곳에서도 혁명수비대와 정부 관리들을 겨냥한 폭탄 테러가 일어나곤 한다. 그러나 후제스탄이나 발루치스탄 그 어느 쪽도 정권에게는 실존적인 문제가 되지 못한다. 그들의 봉기에 외세가 개입하지 않는 한에는 말이다.

그렇다면 중산층과 지식인층 그리고 예술가들은 어떠한가? 그들은 이 나라에서 대안적인 시민문화를 지탱하기 위해 낮은 단계의 캠페인을 꾸준히 벌이고 있고, 왕족과 종교 세력으로부터 권력의 통제를 떨쳐버리려고 수세기 동안 투쟁해온 자들이기도 하다. 음악과 영화는 그러한 생각과 사회적 논평의 배출구 역할을 한다. 많은 젊은이들도 그들의 삶을 고통스럽게 옥죄는 간섭을 더는 참고 싶어 하지 않는다. 이를테면 머리카락을 얼마나 드러내야 하는지 같은 것 말이다. 최근에 벌어진 반정부 시위에서는 은근히 자극적인 구호가 들려오기도 했다. "오 이란의 샤여, 이란으로 되돌아와 주세요." 물론 이런 구호가 나왔다고 해서 그들이 구체제로의 회귀를 열망한다고 볼 수는 없다. 자유주의자들은 늘 왕권과 종교의 손아귀에서 벗어나고자 싸워왔기 때문이다. 하지만 불만의 징후들은 적잖게 나타나고 있다. 당국이 우려하는 것도 이런 항의성 시위들이다. 하지만 이런 시위로 인해 당국의 권위가 조금은 손상되겠지만 그것도 어디까지나 제한적일 것이다. 젊은 여성이 기념비 위에 올라서서 머리에 두르고 있던 스카프를 벗어 휘날리며 이를 말리려는 경찰에 항의하는 모습은 가히 놀랍기 짝이 없다. 이 장면은 유튜브로까지 제작되는 등 변화를 불러오고 있다. 그러나 이러한 행동들이 본격적인 반혁명 운동으로까지는 발전하지 못하고 있다. 언젠가는 현정부를 대체할 봉기가 일어나거나 정권의 힘이 쇠약해질 수도 있겠지만 현재 우위를 점하고 있는 것은 여전히 정부 쪽이다.

나는 자신들에게 고통을 주는 이들에게 정면으로 반발한, 믿기 어려우리만치 큰 용기를 발휘한 이란 젊은이들을 직접 만난 적이 있다. 또한 순교라는 개념이 그들 문화 속에 깊숙이 뿌리내리고 있는 것도 보았다. 그러나 스스로를 희생하러 나설 사람들의 수는 제한적일 것이다. 수많은 청년 군인들과 민병대원들이 더 이상 시위대를 향해 발포하지 않는다면 이 역동성은 바뀔 것이다. 하지만 아직까지는, 특히 혁명수비대와 바시즈 민병대의 광신도들은 요지부동인 것처럼 보인다. 정권은 자국 군대를 밀착 감시하고, 법 집행 기관 안에 비밀경찰을 심어두며, 군대를 배치할 때 혁명수비대를 함께 보낸다.

마지막으로 내부에서 활동하는 개혁주의자들이 있다. 20여 년에 걸쳐 그들은 선출된 기관들을 이용해서 외형적으로나마 민주주의를 보여주도록 이슬람 성직자들과 혁명수비대라는 실제 권력과 균형을 잡는 노력을 해왔다. 이들은 강력한 이슬람 전통을 보존하는 동시에 민주주의를 확립해 보려고 한다. 그들의 노력은 여전히 진행 중이긴 하지만 아직까지 큰 진전을 이룬 것 같지는 않다.

2020년에 들어서자 새로운 말들이 들리기 시작했다. 권력이동을 빗댄 〈왕관에서 터번으로〉에 비견되는 〈터번에서 부츠로〉라는 말이 흘러나온 것이다. 부츠는 바로 군, 특히 혁명수비대를 뜻한다. 이란의 국회는 전직 혁명수비대 출신들로 채워져 있고 대기업들이라고 예외는 아니다. 최고경영자들은 혁명수비대에 탑승하면 계약이 따라온다는 것을 알고 있다. 어쨌거나 엘리트 군대는 유력한 장군들로만 이뤄진 게 아니라 그 자체로 거대한 기업이라 할 수 있다. 혁명수비대 산하에서 건설 부문을 맡고 있는 회사를 카탐 알 안비아라 부르는데 그들은 여러 많은 공사들은 물론 테헤란 지하철의 여러 구간까지 시공하고 있다. 이 행태는 마치 영국 해군이 런던 지하철의 북쪽 라인 확장 공사를 하면서 이윤을 얻거나 미군 82공수사단이 자동차 제조업에 진출하는 것과 다를 바 없다. 한마디로 이란의 혁명수비대는 혁명을 말하면서 돈벌이를 한다.

혁명수비대는 아예 자체 미디어 기업까지 소유하고 있다. 여기에는 신문, TV, 라디오 방송국, 소셜 미디어 매체와 영화 제작사까지 수십 개가 망라돼 있다. 지난 수년간 모든 매체에서 다음의 세 가지 논조를 주로 반복하고 있는 것은 순전히 우연이라고 하기는 어렵다. 먼저 혁명수비대와 최고지도자는 참으로 훌륭한 사람들이며 이들을 거스르려는 자들은 몹시 나쁜 사람들이다. 또 경제적 및 정치적 실패 또는 안보 과잉은 개혁 정부의 잘못이다. 그리고 눈을 뜨고 있는 매 순간에도 외세는 위대한 이란을 파괴하려는 공작을 진행하고 있다.

해외 언론은 영어를 할 줄 아는 이란 대학생들과의 인터뷰를 내보낼 때마다 이들이 마치 전체 젊은이의 목소리를 대변하는 것처럼 묘사하곤 한다. 하지만 실제 사정은 이보다 훨씬 복잡하다. 일단 바시즈 민병대와 혁명수비대에 자발적으로 지원하는 젊은이들이 아직도 많다. 해외 언론은 자신들이 찾아내는 반체제 젊은이들 말고도 혁명수비대와 관련된 기업들에서 그래픽 디자이너나 각본가로 일하고 있거나 그곳에서 영상 편집 및 영화를 제작하기 위해 교육받은 청년들이 줄을 서고 있다는 사실 또한 지적해야 한다. 무엇보다 이 기업들은 보수가 두둑하다. 만약 이런 부분이 설명되지 않는다면 외부에서 보는 사람들은 이란의 젊은이들이 그토록 변화를 요구하는데 어째서 변화가 이뤄지지 않고 있는지 그 이유를 제대로 이해하지 못하게 된다. 물론 혁명수비대가 고용한 사람들이 꼭 이 체제를 지지한다고는 볼 수 없을 것이다. 그렇지만 현실은 지금의 체제를 유지하기 위해 이란 정부가 사람들을 어떻게 끌어들이는지 보여주고 있다. 최신 기술에 능숙한 일부 젊은 세대는 이란의 사이버 전쟁 프로젝트의 선봉에 서서 전 세계로 이란의 입장을 전파하는 것은 물론 적대 세력의 군사, 상업, 정계의 컴퓨터 시스템을 해킹하느라 분주하다. 그것도 꽤 잘한다.

이것이 혁명수비대와 정부가 연합하는 방식이다. 예컨대 혁명수비대 소속 매체는 수천 명의 인원을 고용하고 정보 기관을 이용해 그들을 감시한다. 그 매체들은 자신들의 메시지를 확산시키기 위해 국영 방송사에 프로그램을 팔기도 한다. 또 이들은 민병대 소속 미디어와 사업적으로 연결돼 있다. 그리고 가장 규모가 큰 언론 매체 가운데 한 곳인 순교자 아비니는 혁명수비대에 종속된 바시즈 민병대의 최고지도자 대표가 이끌고 있다. 정말 대단하다! 그들은 이렇게 해냈다.

하지만 이것을 혁명수비대가 국정을 장악하겠다는 의도로 보면 안 된다. 오히려 정치에 관여하지 않는 척하는 것이 훨씬 흥미롭다. 다만 이는 혁명수비대가 어떻게 국가와 얽혀 있는지, 그리고 지도층인 이슬람 성직자들이 물러나야 한다면 그 대안이 〈무력〉이라는 것을 보여주는 사례이기도 하다. 혁명수비대는 혁명의 궤도를 수정할 수 있었다. 그러나 그 명칭은 그들의 본업이 무엇인지를 말해 준다. 또 그들이 하는 일을 보건대 어째서 정권이 40여 년에 걸친 안팎의 압력에도 굳건하게 버틸 수 있었는지 알게 해준다.

신의 과업을 수행하고 있는 나라

—

이란 정권이 보여주는 가장 중요한 양태 가운데 심각하게 받아들여져야 하는데도 그러지 않는 것이 있다. 그것은 바로 과거에도 그랬고, 현재도 그러하며, 앞으로도 혁명적인 〈신정神政 국가〉(지배자를 신 또는 신의 대리인으로 간주하는 국가)일 거라는 점이다. 그만큼 신권 정치는 이 나라의 기본 원리이며 스스로 기반이 약화되지 않는 이상 변하지 않는다. 프랑스 대통령이 프랑스의 국시國是인 자유, 평등, 박애를 더 이상 찬성하지 않는다고 선언하는 것을 상상해 보라. 이런 일은 일어날 리 없다. 그렇다면 이란의 시아파 이슬람이야말로 〈인간에 대한 신의 계획의 선언〉이라는 신념을 가진 아야톨라파가 큰 악마(미국)와 타협하고, 성적 자유를 허락하며, 다른 종교로 개종하고, 진정으로 다원론적 정치 체제를 선언한다고 상상해 보라. 이 땅에서 신의 뜻을 집행하는 이상 지금 말한 사항들은 결코 일어날 수 없는 일이다.

1979년의 혁명 이후 모든 미국 대통령들은 이란이라는 이슬람 공화국과 그랜드 바겐, 즉 일괄 타결을 이루기 위해 채찍과 당근 전략을 번갈아 써왔다. 이런 거래가 성사되려면 먼저 통 큰 타협이 무엇인지 확실히 해둘 필요가 있다. 먼저 이란은 핵무기를 제조하지 않겠다는 확실한 검증을 유엔으로부터 받아야 하고, 탄도미사일 프로그램을 제한하고, 테러리스트 단체에 자금을 지원하는 것을 멈추고, 아프가니스탄, 예멘, 이라크, 레바논, 시리아에서 미국이 불안을 조성하는 행위라고 진단하는 행동들을 멈추고, 아랍 국가들이 이스라엘과의 갈등을 협상으로 풀려는 시도를 더 이상 방해하지 말아야 할 것이다. 이는 이란 입장에서 보면 터무니없는 요구일 수 있다. 이란은 〈혁명으로 건설된 나라〉라는 자부심을 지키면서 늘 혁명의 사상을 수출하고, 같은 생각을 가진 운동의 리더가 되려 하기 때문이다. 그렇지만 국내에서 혁명을 지키기 위해서는 그 역할을 포기해야 할 수도 있다는 시나리오도 있다. 그에 대한 보상으로 미국은 이란의 정권 교체를 모색하지 않고, 일방적인 제재를 종식시키며, 외교 관계를 회복한 후에 경제적으로는 에너지 산업을 현대화시키고 외교적으로는 그 지역의 안정을 확실히 보장하는 정책을 취할 수 있다.

대단히 멋진 얘기다. 문제는 이 목표를 어떻게 달성할지에 대한 기본 틀을 합의하는 수준으로까지 갈 잠정적인 움직임들이 양측의 강경파와 서로에 대한 불신으로 지속적으로 훼손당하고 있다는 것이다. 버락 오바마는 재임 기간 동안 몇 개의 문을 열어두었지만 2015년에 맺은 핵협정의 약점으로 인해 이란이 되레 핵폭탄을 계속 개발하도록 허용했다는 비난을 받고 있다. 로하니 이란 대통령은 이 문들 중 몇 개를 통과하긴 했지만 국내 강경파의 호된 비난에 시달려야 했다.

조 바이든 대통령 시대에 들어선 지금, 미국과 다른 나라들은 이란의 정권 교체 계획은 포기했다. 대신 정권의 태도를 바꾸게 하는 것 정도를 모색하고 있다. 시아파 성직자인 아야톨라파를 지지하는 자들이 핵보유국이 되겠다는 생각을 버리고 아랍 세계에서 발을 뺀다면 〈요새 이란〉을 계속 붙들고 있을 수 있다. 아랍권 정부들은 이란 정권을 양팔 벌려 맞아주지는 않겠지만 만에 하나 사우디아라비아, 예멘, 시리아, 이라크, 바레인 같은 나라들에 대한 간섭을 그친다면 이란을 받아들일 수는 있을 것이다. 반대로 이란이 핵무기를 갖는 쪽으로 향한다면 그들은 이에 맞서 똘똘 뭉치고 미국에 더욱 가까이 가려 할 것이다. 이 시도가 실패할 경우 그들은 사우디아라비아로 대표되는 미래의 핵우산 아래에서 피난처를 찾으려 할 수도 있다.

현체제 아래에서 이란은 소위 진퇴양난의 상황에 처해 있다. 정권을 여전히 지지하고 있는 수백만 명이 있기 때문에 그들의 정통성의 기반을 약화시키는 체제 완화를 시도할 수는 없는 노릇이다. 그러나 그렇게 하지 않으면 젊은 세대는 날이 갈수록 21세기보다는 16세기에 더 어울려 보이는 체제에 점점 더 환멸을 느낄 것이다.

1979년의 이란 혁명, 즉 이슬람 시아파 지도자인 호메이니를 주축으로 팔레비 왕조를 무너뜨리고 이란이슬람공화국이 세워지는 것을 경험한 세대는 시간과 인구 통계학적 변화가 그들에게 불리하다는 것을 잘 알고 있다. 하지만 그들에게는 여러 카드가 있다. 핵 이슈는 아직도 살아 있고 호르무즈 해협은 여전히 비좁다. 또한 정치와 테러리즘 영역에서 써먹을 다양한 대역 배우들을 그들이 부를 수 있는 지역에서 보유하고 있다. 안팎에서 조직화된 내부 전복 시도에 대응하기 위해 이란 정권은 훨씬 무시무시하고 무자비한 보안 기관도 운영하고 있다. 그들은 이렇게 〈신의 과업〉을 수행하고 있는 것이다. 그들이 볼 때 선뜻 타협하는 것은 죄악이며, 저항이야말로 신성한 행동이다. 종교를 내세운 이들 혁명주의자들은 자신들의 혁명을 포기할 생각이 없다.

3

사우디아라비아,
한 가문의 성이 나라 이름이 되다

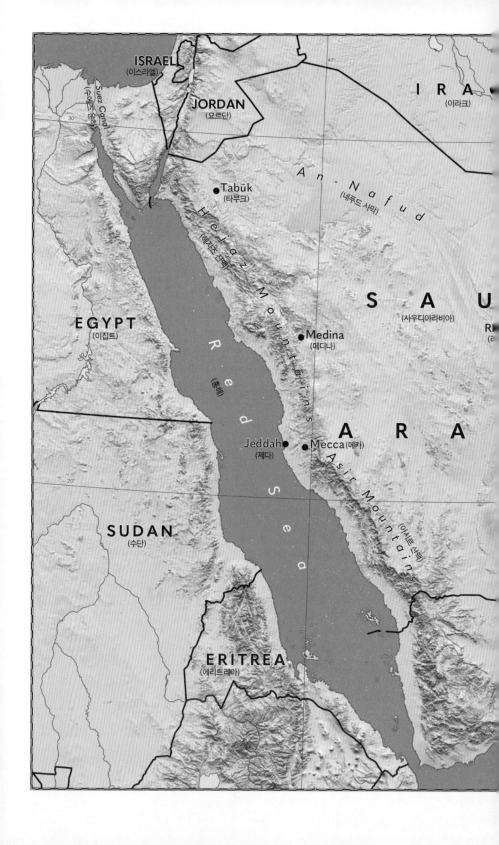

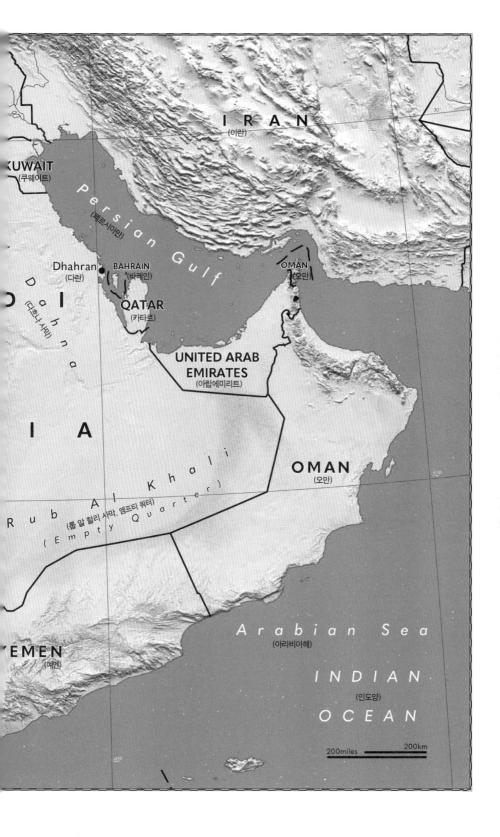

"그대로 계속 걸어간다면 저들이 당신을 따를 것입니다."
- 리마 빈트 반다르 알 사우드(공주, 사우디아라비아 최초의 주미 여성 대사)

혹시 문제를 해결하거나 관리하고 싶은가. 그렇다면 먼저 그 문제를 명확히 정의하는 것이 필요하다. 사우디아라비아에서는 이 문제를 두 개의 단어로 정의하고 있다. 사우디Saudi와 아라비아Arabia라는.

1740년 중앙 아라비아 네지드의 일부 지역은 무함마드 이븐 사우드Muhammad ibn Saud라는 토호의 통치를 받고 있었다. 그러다가 1930년대에 이르러 그의 직계 후손 가운데 하나가 영토를 더 넓힌 뒤 사우디아라비아Saudi Arabia라는 이름을 붙였다. 어떤 가문의 성을 따서 나라 이름을 짓는다면 그 가문이 아닌 이들은 어떻게 될까? 일례로 브라질 시민들은 모두가 브라질이라는 공동체의 일원으로서 공평하게 법을 적용받지만, 사우디아라비아 국민들은 모두가 사우드 가문의 일원도 아닐뿐더러 모두가 공평하게 대접받지도 않는다. 혹시 내가 영국을 손에 넣고 내 이름인 팀 마샬Tim Marshall을 따서 마샬랜드Marshalland라고 이름을 붙인다고 하자. 분위기상 이를 받아들이는

116

이들도 있을 수 있다. 하지만 그들의 충성심이 마샬랜드라는 나라에 대한 것인지는 확신할 수 없을 것이다. 그리하여 나에 대한 충성심이라고 믿어버리겠지만. (물론 신의 은총이자 영연방의 수장이며 신앙의 옹호자인 엘리자베스 2세 여왕 폐하께 내가 그런 불손한 야심을 품고 있지 않다는 것을 신속히 확인해 드리는 바이다.)

이처럼 국가와 자신을 동일시하는 행위는 곤란한 상황을 낳는다. 역사적으로 사우드 가문이 자신들이 통치하던 네지드의 일부 지역을 자신들 가문의 이름으로 부르라고 주장하는 것은 받아들일 수 있겠지만 나머지 아라비아는 어떨까? 그렇게까지는 할 수 없다. 오늘날 이 나라 인구의 상당 부분이 사우드 가문의 통제 아래 놓이게 된 것은 채 1세기도 안 된다. 만약 120년 전에 누군가가 샴마르족에게 샴마르 토후국이 곧 사우드 왕국의 일개 속주가 될 거라고 얘기해 줬다면 그들은 처음부터 검을 잘못 쥐었다는 것을 깨달을 것이다. 또 대다수가 페르시아만을 마주하는 지역에 거주하는 시아파 주민들도 자신들이 수세기 동안 부딪쳐 온 사우드 수니파 와하비 원리주의자들의 통치를 받게 될 거라는 사실에 고개를 갸우뚱할 것이다.

이 이야기는 현대의 왕국은 살아남기 어렵다는 뜻이라기보다는 그 표면 아래 흐르는 긴장감을 보여주는 것이다. 통치하는 왕가가 권력을 유지하려면 중심이 외곽을 품어야 하는 법이다.

현재 약 3천5백만 명이 사는 이 나라에는 1세기 전에는 대략 2백만 명이 살았다. 그들 대다수는 유목민이었다. 아라비아 반도의 상당 부분을 차지하는 이 나라 국토의 대부분은 사막지대다. 이곳에는 석유와 모래 말고는 별다른 것이 없다. 사우디아라비아를 20세기의 주요 국가로 성장시킨 것은 다름 아닌 화석 에너지원이었다. 석유야말로 이 나라가 주요 동맹국이자 보호국과 맺고 있는 관계의 근간이기도 하다. 그 나라는 바로 미국이다. 석유는 이 나라에 엄청난 부를 안겨주었고, 이 부는 〈이슬람 원리주의〉라는 극단적인 브랜드의 폭력적인 해석을 수출하는 이 나라를 석유에 목말라하는 권력 구조 사이에서 살아남게 해주고 있다. 최근에도 사우디아라비아를 가장 유명하게 만든 것은 국왕이나 석유 갑부가 아닌 테러리스트 오사마 빈 라덴이 아니었던가.

그런데 문제가 생겼다. 세계가 조금씩 석유 의존에서 벗어나고 있는 것이다. 모래와 검은 원유밖에 없는 국토, 다루기 힘든 국민들, 정통성 시비에다 안팎의 적들에게까지 시달리는 사막 국가의 왕조는 지금 무엇을 해야 할까? 이 나라에 무엇보다 시급한 것은 현대화다. 21세기에 살아남으려면 재생 가능한 에너지를 활용하는 기술을 이용해야 한다. 물론 이 길은 쉽지 않다. 그러나 성공을 하든 실패를 하든 이 시도는 중동의 보다 넓은 지역과 그 너머에까지 영향을 미칠 것은 분명하다.

8개 나라와 국경을 맞대고 있는 모래의 나라
—

사우디아라비아는 운송과 통신 기술을 통해 20세기에 만들어진 국가다. 그러나 이 나라의 지리로만 보면 각 지역은 분명한 차이점이 있으며 그것들은 여전히 남아 있다. 최근까지도 이 나라에는 사람이 살 수 없는 지역이 많다. 어쨌거나 강이 없는 나라 중에서 이만큼 큰 나라도 없고 내륙은 두 개의 광활한 사막이 장악하고 있다. 네푸드라고 하는

북쪽은 보다 작고 좁은 사막의 통로를 통해 남쪽의 엠프티 쿼터(Empty Quarter, 〈공백의 지역〉이라고도 한다) 지역과 연결된다. 남부 끝인 이 지역을 공식적으로는 룹 알 할리라고 하는데 물론 그 지역에 사는 얼마 안 남은 유목민인 베두인족은 그저 모래라는 뜻인 알 람라라고 부른다. 이곳은 전 세계를 통틀어 모래로만 이루어진 가장 넓은 지역이다. 높이 250미터 정도 되는 모래언덕들이 즐비한, 프랑스보다 넓은 지역이 아랍에미리트, 오만, 예멘까지 뻗어 있다. 이 사막에서는 다른 곳에서는 여름에도 보기 힘든 섭씨 50도를 훌쩍 넘는 경우가 흔하다. 반면 겨울밤에는 그렇게 추울 수가 없다. 현재까지도 이 지역은 섣불리 발을 들여놓겠다는 사람들이 거의 없어서 대부분이 미지의 땅으로 남아 있다. 이곳의 모래 밑에는 막대한 양의 원유와 천연가스가 매장되어 있는 것으로 추정되지만 원유 가격이 낮다면 전면적인 개발은 수지타산이 맞지 않을 것이다.

사우디아라비아는 8개의 나라와 국경을 맞대고 있다. 북쪽에는 요르단과 이라크, 쿠웨이트가 있다. 동쪽으로는 페르시아만과 마주하고 있는 바레인, 카타르, 아랍에미리트가 있다. 그리고 남쪽에는 오만과 예멘이 있다. 특히 사우디아라비아 국경과 가장 길게 맞대고 있는 예멘은 전 세계에서 정세가 가장 불안한 지역 가운데 하나이기도 하다. 엠프티 쿼터 지역은 남쪽에서 오는 지상의 위협으로부터 이 나라를 지켜주는 완충지 역할을 하기도 하지만 이웃한 남쪽 국가들과의 교역을 어렵게 만들기도 한다. 이곳을 건너기란 남극을 가로지르는 것만큼이나 어렵기 때문이다. 그래서인지 이곳을 최초로 탐험한 기록 또한 채 1세기가 되지 않는다. 1931년 12월 영국인 탐험가 버트램 토머스는 베두인족 몇 명을 동반하고 오만 해안에서 출발해서 몇 주 뒤에 1천3백 킬로미터 떨어진 카타르에 도착했다. 2018년에도 비슷한 경로로 탐험이 이뤄졌는데 이때는 처음으로 사막을 가로질러 오만과 사우디아라비아 수도인 리야드를 잇는 횡단도로가 개통되었던 터라 이전만큼 어렵지는 않았다. 혹시 당신이 그 길을 운전해서 가본다면, 토머스 팀이 탐험하던 시절처럼 무모하다고는 할 수 없겠지만, 어쨌거나 가는 내내 휴게소가 한 곳도 없다는 점만은 명심하길 바란다.

기후와 지리에 의해 형성된 옛 교역로야말로 이 나라의 오늘날 인구 밀집 현상을 가장 잘 설명해 주는 요인이다. 사우디아라비아의 고지대는 전부 서쪽의 절반에 몰려 있다. 홍해 쪽의 해안 평야지대는 상대적으로 좁은데 일련의 언덕과 산들의 거의 전체가 해안선과 나란히 하면서 내륙을 향해 뻗어 있다. 서부 홍해 연안에 있는 항구 도시 제다는 평지에 있지만 그보다 60킬로미터 내륙으로 들어간 서부의 메카는 해발 277미터다. 메카 뒤편의 일부 언덕들 가운데는 해발 1,879미터짜리도 있다. 메디나로 이어지는 고지대에는 틈이 있고 옛 카라반들은 엠프티 쿼터 지역을 통해서는 교역에 나설 수 없었기 때문에 아프리카, 홍해, 페르시아, 인도와의 교역을 위해서는 위의 세 도시로 모여들 수밖에 없었다.

남쪽에서는 이 나라에서 가장 높은 산악지대 중 일부가 예멘 국경 근처 바다에서 시작해 내륙을 향해 펼쳐져 있다. 이곳은 기온이 상대적으로 낮아서 예로부터 정착민들을 불러들였다. 대다수 사우디아라비아 사람들이 서쪽에 모여 사는 이유도 여기에 있다. 많은 사람들이 메카, 메디나, 제다와 그 주변에 살고 있는데 이곳 산지야말로 이 나라에서 인구밀도가 가장 높은 지역이라 할 수 있다.

이제 동쪽으로 고개를 돌려보자. 일단 헤자즈 산악지대를 넘어서 북동쪽으로 가면 동쪽의 페르시아만까지 가는 내내 평지를 볼 수 있다. 사우디아라비아는 수니파 무슬림이 우세한 나라라고는 하지만 시아파 무슬림도 꽤 있다. 주로 동쪽에 몰려 사는 그들 대다수는 바하르나족 출신이다. 이 지역은 적대적인 외부 세력의 침입에 가장 취약한 곳이다. 게다가 석유와 가스를 나르는 파이프라인 수백 개가 통과하고 있어서 방해 공작의 목표가 될 가능성도 크다. 또 이곳에는 1986년에 건설한 길이 25킬로미터의 연륙교(육지와 섬을 연결하는 다리)가 있어 시아파가 주류인 바레인과 연결해 주고 있다. 공식적으로 이 연륙교는 통근 및 여행 그리고 교역의 용도로 추진됐다. 하지만 비공식적으로는 바레인의 수니파 지도부에 대한 시위가 통제 불능 상태가 되면 사우디아라비아 탱크가 신속하게 바레인으로 진입하기 위한 통로이기도 하다. 시아파 무슬림은 예멘과의 접경지역에 집중적으로 모여 살고 있지만 메카와 메디나에도 적지 않은 수가 살고 있다.

국토의 중심부로 향하면 수도 리야드와 네지드 지역이 있다. 비록 수도는 가장 큰 도시이고 사우디아라비아의 정치적 심장부이긴 하지만 다른 인구 밀집 지역들과는 꽤 떨어져 있다. 이러한 현실은 그 지역 거주자들이 국민 대다수가 지나치게 극단적인 형태의 이슬람이라고 여기는 것을 믿는 현상을 얼마간 설명해 준다. 사막의 배라 할 낙타가 등장하자 상인들은 메카나 메디나 같은 보다 작은 오아시스 도시까지도 갈 수 있게 됐다. 하지만 사우드 가문의 본거지였던 네지드는 사막 3개가 에워싸고 있고 산악지대가 북서부의 헤자즈와도 분리시켜 놓아서 외따로 고립될 수밖에 없는 형편이었다. 네지드는 물조차 귀한 후미진 곳이었다. 그러므로 동쪽에서 메카로 들어가기 위한 경우 말고는 이곳을 찾을 이유도 없었다. 보다 덜 위험한 길들이 있었

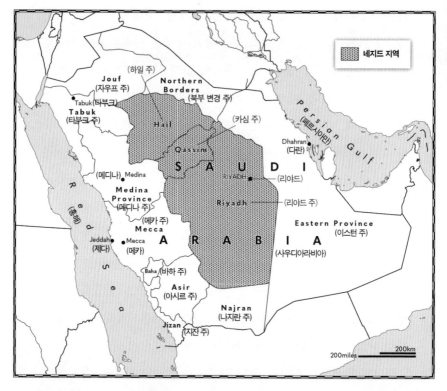

현재 사우디아라비아의 행정 구역과 네지드의 역사적 지역.

기 때문에 수세기 동안 이곳은 그저 지나쳐 가는 곳에 불과했다.

그러던 네지드의 운명이 바뀌기 시작한 것은 1700년대 중반, 알 사우드라는 야심만만한 소수 씨족원 수백 명이 아드 디리야의 오아시스 주변 대추야자 숲을 장악하고부터였다. 지역 족장이었던 무함마드 이븐 사우드는 이곳을 번화한 시장이자 정치적 거점으로 탈바꿈시켰다. 혹시 당신이 리야드에 갈 일이 있고 사우디아라비아라는 국가의 탄생지를 느껴보고 싶다면 그곳으로부터 25킬로미터쯤 더 사막을 지나가 보라고 권하고 싶다. 유네스코 세계 문화유산인 진흙 벽돌로 쌓은 성벽이 절반은 폐허가 된 건물을 에워싸고 있을 것이다. 미로 같은 좁은 길 사이로 점토로 쌓아 올린 민가와 4층짜리 궁전 건물을 볼 수 있을 것이다.

두 세력의 연합
한쪽은 정치를, 다른 한쪽은 종교를
—

유력 가문으로 성장해 가면서 사우드 가문이 와하브Wahhab파와 다져온 전략적 관계는 오늘날까지도 이어지고 있다. 1744년에 종교학자인 무함마드 이븐 압둘 와하브는 무함마드 이븐 사우드에게 바야bayah, 즉 충성 맹세를 했다. 그는 무슬림이라면 군말 없이 지도자에게 충성해야 하며, 대신 지도자는 엄격한 이슬람 율법에 따라 통치해야 한다는 신념을 지니고 있었다. 이슬람교는 종교적으로나 정치적으로 전통적인 기독교 원리와 비교할 바가 아니라는 생각이었다. 두 측의 합의에는 사우드 가문은 정치를, 종교적 측면은 와하비파의 영역이라는 입장이 담겨 있었다. 이따금 양대 기둥이라 할 이 두 파가 상대방을 굴복시키려는 시도를 하지 않았던 것은 아니지만 이 합의의 대부분은 지켜졌다. 하지만 사우디아라비아 국민 대다수가 수니파라고 해서 모두가 와하비즘Wahhabism[3]을 지지하는 것은 아니다. 그 한 예로 네지드의 북쪽 지역, 그러니까 이전에 사우드 가문의 숙적

---

3 위에서 언급한 무함마드 이븐 압둘 와하브가 주창한 수니파 이슬람 근본주의 운동으로, 오사마 빈 라덴과 아프가니스탄의 탈레반 정권도 신봉해온 것으로 알려졌다. 오늘날 사우디아라비아 건국 이념의 기초이자 근대 이슬람 부흥 운동의 효시로 평가받는다.

이었던 샴마르족이 통치하고 있는 지역에서는 보다 덜 엄격한 수니 신앙을 실천하고 있다. 이러한 현상은 홍해에 인접한 해안 지역에서도 보인다. 이들 지역은 사우디아라비아의 기준으로 볼 때 스스로를 와하비즘의 심장부라기보다는 훨씬 범세계적이자 외부 지향적이라고 여긴다. 이는 결국 현대에서 가장 구속이 심한 사회 가운데 하나를 만들었다고 해서 모두가 이에 동조하는 것은 아니라는 얘기다.

사우드-와하브 동맹을 보다 굳건히 다지기 위해 사우드의 장남은 와하브의 딸과 결혼했다. 사우드는 공개적으로 와하비즘을 받아들였고 와하브는 사우드 가문을 받아들였다. 그리고 양측은 함께 아라비아 지역을 정복하기 위한 장정에 나섰다. 1765년경 네지드를 통치하고 있던 그들은 메카, 메디나를 포함해서 전방위로 세력을 확장해 갔다. 그 과정에서 특히 시아파 주류 지역을 겨냥해서 성지를 파괴했다. 와하비파는 시아파를 두고 라피다Rafida, 즉 〈거부자들〉이라고 일컬었다. 21세기인 지금도 와하비파는 이러한 비방을 공공연하게 일삼고 있다. 초기 사우디아라비아 왕국은 이러한 방식으로 세력을 확장한 것으로 알려졌다. 이따금 현재의 사우디아라비아를 구성하는 대부분의 지역을 비롯해 오만, 카타르, 바레인, 아랍에미리트의 북쪽까지 점령했던 적도 있었다. 그러나 오스만 제국이 이집트를 통해 군대를 보낸 1818년에 이 구도는 무너졌다. 오스만군은 헤자즈를 다시 점령한 데 이어 네지드로 진격해서 아드 디리야를 장악하고는 도시의 상당 부분을 초토화시켰다. 당시 국왕이었던 압둘 알라 사우드는 포로가 되어 이스탄불로 이송돼서 만인이 보는 앞에서 참수당했다.

첫 번째 왕국은 이렇게 무너졌다. 그러나 2년 뒤 오스만은 병력 대부분을 철수했고 대학살에서 살아남은 사우드 가문의 투르키 이븐 압

달라는 왕국과 가문을 재건하는 일에 착수했다. 그리하여 1824년에 두 번째 왕국의 효시라 할 리야드 수복이 이뤄졌고 이 왕국은 1891년까지 이어졌다. 하지만 그동안에도 오스만은 물론이고 네지드의 산악지대 샴마르족 출신으로 사우드 가문에 인접한 라시드 가문이 꾸준히 왕국을 압박했다.

라시드 왕국은 네지드 북쪽의 샴마르 토후국을 통치하던 왕국이었다. 사우드 가문과 라시드 가문은 아라비아 내륙의 지배권을 놓고 수십 년 동안 다투는 중이었다. 그 싸움은 1890년 리야드를 잃고 이듬해에 쿠웨이트로 도주한 사우드 가문의 처참한 패배로 막을 내린다.

망명지에 머무르는 동안 사우드 가문은 궁핍과 분노로 점철된 나날을 보냈다. 그리고 대단히 긴 이름을 가진 한 남자가 없었다면 그들은 역사의 뒤안길로 사라졌을 것이다. 압둘 아지즈 빈 압둘 라흐만 빈 파이살 빈 투르키 빈 압둘라 빈 모하메드 알 사우드. 그의 성은 곧 국가의 이름이 된다.

무력으로 탄생한 나라

—

긴 이름 대신 흔히 이븐 사우드(현재 사우디아라비아의 초대 국왕인 셈)라고 알려진 그의 대가족이 쿠웨이트로 탈출했을 때 그의 나이는 15세였다. 그곳에서 그는 리얄(riyal, 현재 사우디아라비아의 화폐 단위)이라는 거창한 이름에는 별로 어울리지 않는 초라한 10대 시절을 보낸다. 1901년, 20대 중반이 된 그는 부친의 뒤를 이어 사우드 왕조의 수장이 되면서 네지드의 술탄이라는 칭호도 물려받는다. 그런데 문제가 있었다. 당시 네지드는 라시드 가문이 통치하고 있었고 정작 그 자신은 쿠웨이트에 망명해 있는 몸이라는 것이다.

이븐 사우드는 술탄의 통치에 방해가 되는 세부 사항들을 그대로 내버려둘 인물이 아니었다. 그리하여 이듬해인 1902년 달조차 숨은 1월의 어느날 밤, 그는 단 20명의 전사를 이끌고 네지드로 잠입했다. 그들은 리야드의 성곽을 넘어 들어가 라시드의 총독을 살해하며 그 도시를 재탈환했다. 이제 젊은 이븐 사우드는 1평방킬로미터 도시를 다스리는 술탄이 되었다.

재정복 사업을 재개하기에는 그만한 전초기지가 없었다. 제1차 세계대전이 발발한 1914년 즈음에 이븐 사우드는 이제 네지드의 술탄이라는 이름에 걸맞게 나머지 영토의 상당 부분을 장악하고 있었다. 그러면서도 현재 시리아와 요르단 지역, 헤자즈 왕국(메카와 메디나를 포함한), 그리고 페르시아만의 해안지대 일부 등 아직 손에 넣지 못한 땅에 대해 은근히 욕심을 내고 있었다. 하지만 그 어느 곳이라도 섣불리 달려들었다가는 영국이나 오스만 제국과 분쟁을 불러일으킬 소지가 다분했다. 그래서 그는 우선 라시드 왕국으로 눈을 돌렸다. 그들이 오스만 제국과 손을 잡고 있었기 때문에 이븐 사우드는 자연스레 영국 쪽으로 기울었다. 영국은 그에게 라시드와 싸울 자금과 무기를 제공했다. "매우 감사하다."라고 말하면서 그는 돈을 챙기고 무기들을 숨겨두기 위해 새로운 무기고를 만들었다. 그리고 외국인들이 서로 싸우는 것을 멈추기를 기다렸다가 때가 되자 라시드와의 싸움을 재개했다. 이븐 사우드가 주로 의지한 것은 이크완Ikhwan이라는 10여만 명의 최정예 와하브 별동대로 구성된 군사 조직이었다. 와하브 무슬림이 아닌 자들과 싸울 기회를 오매불망 갈구하던 이크완은 이 일을 계기로 큰 재량권을 얻는다. 이 때문에라도 훗날 이븐 사우드는 이들을 무력으로 진압할 수밖에 없게 된다.

1920년, 이븐 사우드 휘하의 중무장한 부대가 라시드 왕국을 향해 진군했다. 그로부터 2년에 걸친 승전으로 이븐 사우드의 왕국은 두 배나 커졌다. 그러자 그는 또 다른 숙적에게로 눈을 돌렸다. 바로 헤자즈 왕국을 통치하는 하심 가문이었다. 결국 1925년에 메카와 메디나가 이븐 사우드의 수중에 떨어졌고 하심 왕가는 이라크와 요르단으로 피신하게 된다. 그리고 1927년에 이븐 사우드는 영국과 협정을 맺게 된다. 영국이 그를 네지드와 헤자즈의 왕으로 인정해 주는 대가로 그는 헤자즈의 북부를 요르단에게 양도하며 요르단 동부 일부 지역에 대한 권리 주장도 포기하기로 했다. 또 선지자 무함마드의 탄생지이며 가장 성스러운 도시로 추앙받는 메카와 메디나에 있는 〈성스러운 2대 사원의 수호자〉(이슬람에 대한 대표성과 책임감을 강조하기 위해 사우디아라비아 국왕에게 부여한 칭호)라는 타이틀도 얻게 된다.

이제 이븐 사우드야말로 진정으로 독자적인 아랍 지도자가 되었다. 그의 지위를 넘볼 만한 위치에 있는 사람은 없었다. 영국과의 협약이 그의 뒤를 든든하게 받쳐주면서 사우드 가문이 아라비아 반도 대부분에 대한 지배권을 공고히 할 수 있게 해주었다. 1932년에 이븐 사우드는 다시 한번 자신의 타이틀을 변경한다. 이번에는 아예 자신의 성이 나라의 이름이 되었다. 이제 그는 사우디아라비아의 국왕이 된 것이다.

이븐 사우드는 무력으로 사우디아라비아를 통합했다. 그리고 이 통합을 공고히 하려고 자신이 굴복시킨 부족과 고위 성직자 가문의 딸들과 결혼했다. 그리하여 그는 20여 명이나 되는 아내를 거느리게 되

었는데 사실 이슬람 종교법에 따르더라도 4명을 넘어서는 안 되는 것
이었다. 이 혼인들의 결과는 100여 명이 넘는 자손들과, 나라를 통치
하는 〈가족 네트워크〉의 탄생이었다.

사우디아라비아는 공식적으로, 이븐 사우드가 단순히 자신의 땅에
대한 권위를 회복하기 위해 수십 년에 걸쳐 모든 부족을 아우르는 국
가를 재건해서 아라비아를 통일했다고 말한다. 그리고 이것은 정당
성이 있다고 강조한다. 하지만 이 왕조 국가 안에서는 이러한 역사 해
석에 감히 토를 달 수가 없다. 그 지역 주민들이 나 같은 외국인에게
이런 주제에 대해 터놓고 얘기할 위험을 감수할 리 없기 때문에 이 나
라 내부에 존재하는 또 다른 시각들이 어디까지인지 확대해서 판단
하기가 쉽지 않다. 나는 이를 알고 있지만 그래도 노력은 해봤다. 이
에 대해 사우디아라비아의 대학교수인 마다위 알 라시드는 해외에서
쓴 글에서 다른 견해를 밝힌 적이 있다. 그가 보기에 사우디아라비아
의 탄생은 "하나의 실체임을 정당화할 수 있는 단일한 역사적 기억이
나 민족적 유산이 없는 사람들에게 강요한 국가의 출현"을 상징하는
것이었다.

이 논의가 중요한 것은 사우드 왕가의 지배력은 그 정통성에 대한
인정에 달려 있기 때문이다. 그런데 최근 몇십 년 이래 풍부한 에너지
자원으로 얻은 막대한 부 덕분에 국민들 삶이 개선되면서 이 정통성
은 더욱 힘을 받고 있다.

석유, 돈 그리고 미국

1932년 이전 수십 년 동안 이란, 바레인, 이라크 등지에서 유전들이 속속 발견됐다. 석유 회사들은 사우디아라비아에서도 유전이 발견되지 않을까 하는 희망을 더욱 크게 품었다. 그들은 현재 이스턴 주라 부르는 지역에 대한 탐사를 제안하는 것으로 이븐 사우드의 의중을 탐색했다. 하지만 그는 영국 석유 회사들을 미심쩍어 했다. 식민주의 성향을 버리지 못한 영국 정부가 과도한 정치적 영향력을 행사할 것이라는 우려를 품고 있었기 때문이다. 1933년, 미국의 스탠더드 오일 컴퍼니 오브 캘리포니아SOCAL가 계약을 따낸 것은 이런 배경에서였다. 사우디아라비아인들은 미국도 그들의 내정에 간섭할 거라는 것을 모르진 않았지만 영국처럼 식민주의적 사고방식은 아닐 거라고 생각했다.

1935년, 드디어 시추가 시작됐다. 그리고 1938년, 마침내 석유가 나왔다. 그해 담만 제7광구에서 검은색 원유를 퍼올리기 시작했다. 변화가 시작된 것이다. SOCAL은 새로운 항만을 건설했고, 급수용 파이프를 설치하기 위해 땅을 팠고, 병원과 업무단지를 건설하고, 외국인 노동자들을 데리고 왔다. 대다수 사우디아라비아인들은 이제껏 그런 기계 장비를 구경해본 적도 없거니와 그 작동법도 알지 못했기 때문이다. 당시 4만 명이었던 새 왕국의 수도 인구는 그로부터 70년이 흐르는 동안 6백만 명으로 늘었다.

바야흐로 석유와 돈이 흘러오기 시작했다. 초기에는 대부분의 돈이 SOCAL에게 갔지만 해가 갈수록 사우디아라비아 측이 점점 많은 양보를 얻어내면서 차곡차곡 SOCAL의 지분을 획득해 갔다. 그렇게 해서 탄생한 것이 아람코(Aramco, 사우디아라비아의 국영 석유 기업)다.

　제2차 세계대전 동안 사우디아라비아는 중립을 지키면서도 은근히 연합국 편을 들었다. 현대 사회가 석유에 의존하는 것은 산업 발전과 번영을 위해서뿐 아니라 전쟁을 위해서라는 사실은 그간의 여러 분쟁들이 보여준다. 미국 한 나라의 기계화 보병사단이(탱크 250여 대로 이뤄짐) 160킬로미터를 이동하는 데에는 2만 5천 갤런의 연료가 필요하다. 이븐 사우드도, 루스벨트 미 대통령도 이 점을 잘 알고 있었다. 이제 두 나라가 서로 얼굴을 맞대야 할 순간이 온 것이다.

　두 사람은 모두 실용주의자였다. 1945년 2월, 그들은 수에즈 운하에 정박해 있던 미군 전함 위에서 만났다. 두 사람은 나이가 비슷했고, 둘 다 자기 나라의 수장이었으며, 둘 다 병마에 시달리고 있었으니 서로 뜻이 통할 만도 했다. 전투에서 입은 부상 후유증으로 이븐 사우드는 보행에 불편을 겪었다. 루스벨트 또한 일찍이 휠체어 신세를 지고 있었던 데다 살날이 몇 주 남지 않은 상태였다. 그들은 사우디아라비아의 석유에 접근할 수 있는 권리를 미국에게 보장해 주기로 뜻을 모았다. 그리고 사우디아라비아인들은 자신들의 국경 안에 머물 것이며 미국은 그런 사우디아라비아의 안전을 보장해 주기로 했다. 이븐 사우드에게는 꽤 많은 적들이 있었는데 특히 그 중에는 현재 이라크와 요르단을 통치하고 있는 하심 가문이 있었다. 그가 이들을 메카와 메디나에서 쫓아낸 것은 불과 20년 전의 일이다. 만약 그들의 세력이 강했고 적절한 제안만 있었다면 그들은 헤자즈를 탈환해 보려 했을 것이고 그러면 사우디아라비아와 이븐 사우드도 종말을 맞이했을 수도 있었다. 이런 상황에서는 세계 최강국을 새로운 친구로 삼는 것이 적들과 강화를 맺는 것보다 훨씬 이득이 된다. 특히 하심 가문의 뒤를 밀고 있는 영국 정부로서도 이제는 그들이 영토를 점유하는 것을 섣불리 지지하지 못할 터였다.

이븐 사우드에게는 좋은 타이밍이었다. 루스벨트가 귀국하고 며칠 지나지 않아 사우디아라비아는 독일과 일본을 상대로 선전포고를 했다. 이렇게 해서 새로 창설된 유엔에서 한 자리를 차지할 수 있게 되면서 사우디아라비아는 세계라는 무대에서 나름의 역할을 수행할 기회를 얻었다. 결국 석유 덕분에 중요한 배역을 얻었고, 미국은 이 나라의 안전을 보장했다.

이븐 사우드는 1953년 78세를 일기로 사망했다. 그는 가문의 위상을 엄청나게 바꿔놓고 죽었다. 많은 아들들 가운데서 사우드 왕세자가 그의 자리를 이어받았다. 그러나 새 국왕이 주로 자기 자신을 위해 혈세를 펑펑 써버린 탓에 교육이나 보건 사업에 쓸 돈이 부족하게 되었다. 선대 국왕인 이븐 사우드는 그의 첫 번째 궁전을 평범한 사람들이 사용했던 것과 같은 태양에 말린 진흙 벽돌로 지었다. 그러나 새로운 통치자는 선친과는 전혀 다른 부류의 인물이었다. 대중의 불안감이 스멀스멀 고개를 들 수밖에 없었다.

재위 초기 몇 년 동안 사우드 왕은 국내외에 있는 거의 모든 가문의 구성원들과 사이가 틀어졌다. 1964년, 마침내 그의 많은 형제들의 인내심이 바닥나기에 이른다. 그들은 원로 성직자들을 찾아갔다. 때마침 그들도 사우드 왕의 낭비벽을 마뜩잖게 여기고 있던 참이라 파트와를 발동해서 지금이라도 그의 이복형제인 파이살에게 왕권을 양도해야 한다는 의견을 냈다. 사우드는 결국 그리스로 피신했고 파이살이 왕궁에 입성했다.

새 국왕의 재위 동안 석유 수익은 무려 1천6백 퍼센트 이상 증가했다. 덕분에 통신 및 운송망을 건설하고 후한 복지제도도 마련할 수 있었다. 노예제도는 법적으로 폐지되었지만 많은 외국인 노동자들이 들어오면서 새로운 형태의 노예제가 여전히 지속되고 있다.

1967년의 아랍-이스라엘 전쟁(제3차 중동전쟁)에서 파이살 국왕은 소규모 병력을 요르단으로 파병했지만 전투다운 전투를 치러보지는 못했다. 그 경험 이후 1973년에 또다시 전쟁(제4차 중동전쟁)이 발발했을 때는 직접적인 무력 개입을 자제했다. 하지만 미국이 이스라엘을 지원하자 파이살은 이에 항의하는 뜻에서 미국에 원유 공급을 중단하자는 아랍연맹의 요구에 호응했다. 이 결정으로 아람코의 유전들이 폐쇄됐고 국제 원유 가격은 세 배로 뛰었다. 그러자 닉슨 대통령은 미군이 사우디아라비아에 주둔할 수도 있다는 제안을 넌지시 했다. 이에 대한 응답으로 파이살은 비밀리에 미 해군에게 석유를 공급하기 시작했고 이듬해에 석유 금수 조치를 해제했다. 사우디아라비아는 레드 라인을 넘은 것이었고 미국과의 파트너십이 갖는 현실은 명확했다.

이슬람 극단주의자들, 현대화를 저지시키다

—

국내에서는 1965년에 개시된 텔레비전 방송이 파이살의 처참한 몰락에 이어 이 나라를 종교적 극단주의로 내모는 단초가 되었다. 이 신문물이 사람들을 타락의 길로 이끌 거라는 두려움에 이슬람 교단의 보수주의자들은 1965년에 첫 방송을 앞두고 있는 텔레비전 방송국 앞에서 대규모 시위를 벌였다. 텔레비전에서 코란을 읽어주는 방송을 하고 있는데도 말이다. 국왕의 조카 한 명은 아예 방송국 스튜디오에 대한 공격을 이끌다가 나중에 치안부대의 총에 맞아 사망했다. 하지만 이 사망 사건을 두고 경찰에 책임을 묻지 않은 것이 다시금 종교계의 분노를 샀다. 그들을 달래기 위해 파이살은 이집트와 시리아의 세속주의 정권으로부터 도망친 이슬람 극단주의자들이 사우디아라비아로 들어와서 제도권 교육을 받을 수 있도록 허용했다. 일찍이 사우디아라비아의 교단에는 외국인 혐오적인 성격이 자리 잡고 있었다. 의도하지 않았지만 파이살 국왕의 이 조치는 그 경향을 더욱 강화한 셈이었다. 21세기에 준동하는 사우디아라비아 출신의 많은 지하디스트(이슬람 성전주의자)들은 이때 들어온 극단적 원리주의 학자 세대에게서 배운 바가 컸다.

1975년, 결국 파이살의 과거가 그의 발목을 잡았다. 십여 년 전에 텔레비전 개국 반대 시위에서 목숨을 잃은 조카의 형제가 쏜 총에 맞아 목숨을 잃고 만 것이다. 공식적으로는 왕의 시해자가 정신이상자라고 발표됐지만 이 행동은 어느 모로 보나 복수로 여겨졌다. 이후 새로 권좌에 오른 국왕은 파이살의 이복형제인 할리드 왕자였다. 사우디아라비아의 4번째 국왕인 할리드는 머지않아 이 나라 역사상 가장 충격적인 사건들 가운데 하나와 씨름하게 된다.

1979년 11월 20일, 이슬람 극단주의자들인 무장한 반정부 인사 수백 명이 메카의 그랜드 모스크(Grand Mosque, 사우디아라비아에서 2번째로 큰 이슬람 사원)로 들이닥쳤다. 반란군들은 뜰 한복판에 관들을 갖다 놓았다. 이 행동은 망자를 기리기 위한 일상적 행위였지만 실상 그 안에는 신속하게 나눠줄 수 있는 라이플(소총)이 들어 있었다. 그곳은 이슬람에서 매우 신성시 여기는 장소이기 때문에 비무슬림은 도시 안으로 들어올 수도 없거니와 모스크는 두말 할 나위도 없었다. 도시 외곽에는 비무슬림은 가까이 접근하지 말라는 표지판들도 있었다. 또한 이슬람 사원에서 피를 보이는 무력을 행사하는 것은 금지되며 위반했을 시에는 기둥에 묶여 창으로 찔리는 책형에 처해진다. 반란의 주모자 자하이만 알 우타비는 1920년대부터 사우드 집안을 위해 싸워왔던 이크완 와하비 전사의 후손이었다. 그의 조부는 이븐 사우드와 함께 말을 탔으며 그의 가문은 네지드 지역에서 가장 유력한 가문들 가운데 하나였다.

이 사건으로 국왕의 지도력은 큰 타격을 입었다. 반란을 일으킨 자들은 성스러운 공간을 모독한 것에 그치지 않고 사원의 확성기를 통해 사우드 왕가의 부패상과 외국인들과 서구 문화를 국내로 들어오게 해서 국민들을 타락시켰다고 주장하면서 세속주의 정권의 죄목을 조목조목 고발했다. 왕가는 이슬람 교계 지도자들을 찾아가서 사원을 탈환하기 위해 무력을 사용할 수 있는 파트와를 내려 달라고 청했다.

거의 일주일에 걸친 전투 끝에 양쪽 다 심각한 인명 손실을 입게 되자 정부는 한 프랑스인에게 도움을 청했다. 그는 수년 동안 이 나라와 견고한 정보 공유 관계를 구축해 오면서 무기를 판매해 오던 인물이었다. 극도의 비밀 유지 속에 발레리 지스카르 데스탱 당시 프랑스 대통령은 프랑스의 최정예 대對테러 부대인 GIGN의 요원 세 명을 파견해서 사우디아라비아 특수부대를 훈련시키는 임무를 맡겼다. 2주 후 사원 탈환 작전이 재개되었고 상황은 종료됐다. 반란 주도자 중 63명이 생존한 것으로 알려졌으나 그들은 여러 도시의 광장에서 공개적으로 참수당했다.

이 사건의 여파는 컸다. 이란의 혁명 지도자인 호메이니는 탈환 작전의 배후로 미 제국주의와 국제 시오니즘을 지목하며 맹렬하게 비난했다. 그의 비난은 아랍의 여러 나라에서 소요사태를 부추겼고 리비아와 파키스탄 주재 미국 대사관이 불에 타게 했다. 그것은 호메이니가 불러일으킨 일상적인 반사 행위였다. 그는 무슬림은 절대로 사원을 공격하지 않으니 늘 그렇듯 배후에는 숨은 손이 있고 여기에 사우디아라비아 정부도 공모했으리라는 말이야말로 수백만의 귀 얇은 대중들이 믿기에 딱 좋은 소재라는 것을 알고 있었다.

이 사건이 장기간에 걸쳐 끼친 영향은 이 사태로 겁을 먹은 사우디아라비아의 지도자들로 하여금 이 나라의 사회 영역을 현대화하려는 그 어떤 시도조차 지레 포기하게 만든 것이다. 할리드 국왕은 다수의 반정부 세력이 국가 보안대에 부대원 대부분을 공급하는 부족들 출신이라는 것을 잘 알고 있었다. 그렇다면 이 문제에 대한 그의 해답은 무엇이었을까? 더욱더 종교에 기대는 것이었다. 이슬람교 말이다.

신문에서 여성들의 사진이 사라졌고 텔레비전 화면에서는 여성 진행자들이 자취를 감추었다. 종교적 보수주의자들은 추가 지원금을 받았고, 극장들은 문을 닫았으며, 공교육 과정에서 종교 교육 시간이 더욱 늘었다. 이후 종교 경찰의 야외 실전 훈련도 40년이나 지속되었다. 학교와 대학은 보다 더 많은 이슬람 성직자를 채용해서 와하비즘만이 진정한 이슬람이라고 젊은이들에게 가르쳤다. 그러니 훗날 아프가니스탄을 침공한 무신론자 소비에트 공산주의자들과 싸우기 위해 수만 명의 사우디아라비아 청년들이 그리로 달려간 것도 놀랄 일은 아니다.

그러므로 이들이 귀국하고 나서도 국제적인 지하드 운동을 명분으로 군사 기술을 쓰고 싶어 했을 것은 당연하다. 그들 가운데 오사마 빈 라덴이 있었다.

알카에다,
사우디 왕국과 결전을 불사하다
—

이것은 빈 라덴 가문이 누구나 아는 이름이 되기 10년 전의 일이었다. 그즈음 할리드 왕이 세상을 떴고 이복형제인 파흐드 왕세자가 권좌를 물려받았다. 1990년 이라크는 쿠웨이트를 침공했고 사담 후세인의 다음 공격 목표는 사우디아라비아의 유전일 거라는 전망이 나왔다. 그러자 왕국 바깥에서는 거의 알려지지 않았던 오사마 빈 라덴이 조국을 지키기 위해 아프가니스탄에서 훈련받은 자기 휘하의 무자헤딘(아프가니스탄의 무장 게릴라 조직)을 투입하겠다는 제안을 했다. 그러나 왕은 그 제안을 대수롭지 않게 여기고 미국 쪽으로 눈을 돌렸다.

이것이 의미하는 바는 〈성스러운 2대 사원의 수호자〉인 국왕이 수십만 명이나 되는 〈불경스러운 병사들〉(즉 미군 병사들)을 사우디 왕국으로 불러들였다는 것이다. 심지어 그 가운데 일부는 여자들이 아닌가! 국왕이 이 결정의 정당성을 확보하기 위해서는 이슬람 교계 지도자들의 파트와가 필요했다. 그는 하나를 얻어냈지만 사우디아라비아는 왕이 계산한 것 이상을 얻었다.

미국인들은 왔고, 보았고, 이겼다. 사우디아라비아군을 포함한 연합군이 사담 후세인의 군대를 쿠웨이트에서 밀어낼 때까지는 말이다. 하지만 미국인들은 사우디아라비아에 눌러앉았다. 빈 라덴을 추종하는 자들이 보기에 이건 참기 어려운 상황이었다. 정부가 막대한 자금을 써가며 최첨단 방어 시스템을 구축했는데 어째서 신앙심 없는 미국인들의 도움을 필요로 하냐고 많은 이들이 묻고 있었다. 반면에 미군의 주둔은 개혁가들을 대담하게 만들었다. 왕가는 양측으로부터 반대에 직면했다. 그리고 가장 큰 위협은 무슬림 내부에서 나왔다. 역대 이 나라 왕들의 통치권은 부분적으로 종교적 신임에 기반을 두고는 있지만 왕과 왕국은 이슬람식 용어가 아니며 통치자들 또한 신학자들은 아니었다. 그럼에도 그들은 샤리아sharia, 즉 이슬람법에 따라 통치한다고 주장해 왔다. 그러므로 무슬림 내부에서 반대가 출현했다는 데에 정권은 물론 기득권층은 큰 충격을 받았다.

그 와중에 1995년, 미국이 운영하는 사우디아라비아 국가 보안대 훈련 센터 본부에서 폭발이 일어났다. 이 사건으로 미국인 5명과 인도인 2명이 사망했다. 4명의 사우디아라비아 청년들이 범인으로 체포되었고 그들은 오사마 빈 라덴에게 영향을 받았다고 자백하는 장면이 텔레비전으로 방영된 뒤 처형당했다. 이듬해인 1996년에는 미국 민간인 주재원들이 거주하는 아파트를 목표로 한 또 다른 폭탄 테러가 발생했다. 이 사건으로 19명이 목숨을 잃었다. 그 외에도 다른 공격들이 있었지만 정보 기관은 몇몇 테러 단체들을 단속하면서 슬그머니 진상을 덮어 버렸다. 그러던 중 2001년 9월 11일, 빈 라덴이 이 상황을 끊어 버렸다. 그런데 너무도 세게 쳐버린 바람에 미국은 전쟁을 일으켰고 사우드 왕가는 큰 충격에 휩싸였다.

19명의 9·11 테러 주동자 가운데 15명이 사우디아라비아 출신이었다. 그리고 그 배후에 있는 빈 라덴도 사우디아라비아 출신이었다. 당국은 과격주의자들을 막으려다 알카에다(오사마 빈 라덴이 조직한 국제 테러 단체)의 부상이라는 부작용이 야기된 것을 은근히 깨닫고는 있었지만 이 국제적인 테러에 자신들이 어느 정도 책임이 있음을 대중이 받아들이게 할 수는 없었다. 외부 세계는 사우디아라비아 정부가 보스니아와 파키스탄 같은 곳에 와하비즘의 영향을 받은 이슬람 사원을 건립하는 데 수억 달러를 썼다는 것을 알고 있었다. 하지만 와하비즘 자체는 테러리즘이나 금전 거래 대상이 아니다. 비록 그 사원들 몇몇에 폭력으로 치닫는 종교적 수사학에 맞서 싸우는 데 있어 다소 의심스러운 기록들이 남아 있다고는 해도 말이다. 그 후 미국이 아프가니스탄에서 수행하는 전쟁을 놓고 사우디아라비아 국내 여론은 갈라졌다. 하지만 정부는 미국의 지휘 및 통제 작전을 위해 자국의 공군기지 사용을 조용히 승인했다. 그리고 미국이 가장 긴 전쟁을 수행하는 동안, 아프가니스탄에서 생포돼 쿠바에 있는 관타나모 미 해군기지 내 수용소로 보내진 포로들 가운데 사우디아라비아인이 가장 많다는 사실을 이 나라 미디어는 굳이 국민들에게 알리지 않았다.

알카에다에 소속된 일부 사우디아라비아 출신 전사들은 국내에서도 투쟁을 이어가고 싶어 했다. 그들이 볼 때 사우드 왕가는 빈 라덴의 지원을 거절하더니 이제는 그들의 적을 돕고 있는 꼴이었다. 이제 빈 라덴과 그의 추종자들에겐 왕국 내에 있는 미군을 쫓아내는 것만이 문제가 아니었다. 그들은 사우디아라비아 왕국 자체와 싸우고 있었다. 사우드 가문은 오랫동안 와하비즘이라는 호랑이 등에 올라타고 있었지만 9·11 테러를 계기로 그 내부 장기들이 자신들을 잡아먹고 싶어 한다는 것을 깨달았다.

2003년, 미군은 철수를 발표했다. 그들은 카불에서 탈레반을 몰아냈고 바그다드를 초토화시켰다. 미국은 자신들이 이 왕국에 있음으로 해서 괜히 긴장만 고조시키는 데다 아프가니스탄과 이라크에서 승리도 얻었으니 이제 떠날 때가 됐다고 여겼다. 그러나 빈 라덴은 쉽사리 수긍하지 않았다.

그해 5월, 외국인 노동자들이 거주하는 리야드의 복합단지 3곳이 무장괴한에게 기습 공격을 당했다. 범인들은 십자가와 소 숭배자들, 즉 기독교도와 힌두교도를 찾아내려고 이 집 저 집을 뒤지고 다녔다. 결국 39명이 목숨을 잃고 100명 이상이 다쳤다. 공격은 여기서 그치지 않았다. 제다 주재 미국 영사관이 폭탄 공격을 받았고 더 많은 복합단지들이 피해를 입었으며 미국인 폴 존슨이 납치돼 참수당하는 영상이 인터넷에 올라오기도 했다. 이 사태로 100명 이상의 외국인이 목숨을 잃었는데 그 중엔 BBC 카메라맨 사이먼 컴버스도 있었다.

사이먼은 멋진 친구였다. 서른여섯 살의 이 아일랜드인은 늘 웃음기 가득한 얼굴로 솔선수범해서 남에게 손을 내미는 너그럽고 재기발랄한 사람이었다. 그가 사망하기 며칠 전에 우리는 런던의 한 모임에서 만나 담소를 나누었다. 우리 둘 다 곧 사우디아라비아로 떠날 참이어서 업무에 대한 정보를 주고받았다. 그는 BBC 통신원인 프랭크 가드너가 총격으로 심각하게 부상당한 바로 그 사고에서 사망했다. 거리에서 촬영하고 있을 때 하필 총기를 든 괴한들이 나타난 것이다. 사고가 있고 나서 몇 주 뒤 나는 알카에다와 사이먼의 죽음과의 연관성을 보도하느라 그 현장에 잠깐 가볼 수 있었다. 우리는 경찰차의 호위를 요청했는데 우리가 그 동네로 진입했을 때 경찰들이 슬그머니 사라져 버렸다. 우리는 차 밖에서 4분간 있으면서 한 컷을 찍었다. 당시 우리 차를 운전해준 사람은 다름 아닌 사이먼의 차를 운전한 사람이었다. 그는 그 사건에 너무나 큰 충격을 받은 나머지 특별 휴가를 얻은 상태였다. 하지만 몇 차례 통화를 한 뒤 그는 우리를 도우러 오겠다고 고집했다. 카메라가 꺼진 상태에서 그는 눈물을 글썽이며 자신이 겪은 일들을 이야기해 주었다. 신경이 극도로 예민해진 상태에서도 그는 우리에게 힘을 보태고 싶어 했다. 그는 외지인들을 기꺼이 돕는 것을 영광으로 여기는 진정한 아랍인의 호의를 보여주려고 했다. 또한 와하비파의 비중은 사우디아라비아 총인구에서 40퍼센트에도 미치지 못하며 그들 대다수도 현재 지하디스트 세대의 흉포함에 동의하지 않고 있다고 전해 주었다.

여기서 알카에다의 전략이 확연히 드러났다. 혼란을 조장하고 보상을 얻어내는 것이다. 영국과 미국의 정보에 따르면 고숙련 외국인 노동자들의 20퍼센트 정도가 사우디아라비아를 떠났다고 한다. 그로부터 몇 달 뒤에는 더 많은 수가 짐을 쌌고 브리티시 에어웨이는 사우디아라비아행 비행 편을 잠정 중단했다. 이런 상황이 지속된다면 이 나라의 첨단산업, 특히 가장 중요한 에너지 부문이 서서히 멈춰버릴지도 모른다. 국민들의 생활 보조금을 보장해줄 수익이 없다면 정부에 대한 그들의 반발은 커질 수밖에 없다. 이론적으로만 보면 이 상황이 국가를 붕괴시키고 알카에다가 정권을 장악하도록 할 수도 있다. 그래서인지 당국은 강경하게 대응했다. 1990년대 중반의 탄압을 넘어서는 강한 탄압이 재개됐고 다시 정보 기관이 상황을 장악했다.

중동의 패권을 위한
31세 젊은 왕세자의 행보
—

왕국은 살아남았다. 하지만 현 집권층은 도전이 완전히 사라진 건 아니라는 것을 알고 있다. 그리고 이제는 새로운 지도자를 갖는 것 같은 도전이 부상하고 있다. 2017년 살만 국왕은 31세 된 아들인 모하메드 빈 살만을 왕세자로 지명했다. 국왕은 빈 살만의 군대 경력이 미천한데도 2015년에 이미 국방부 장관 자리에 앉혔는데 많은 국민들, 특히 왕가에서 볼 때 차기 국왕 예정자의 승진은 너무 빠른 것이었다. 게다가 그는 너무 어렸다. 왕국의 전통에 따르면 혈통과 나이가 받쳐줘야 왕위에 등극할 수 있었다. 이 나라의 왕가에는 대략 1만 5천 명의 구성원들이 있는 것으로 추정되는데 부와 권력의 대부분은 그 가운데 2천 명 정도 되는 원로 그룹이 쥐고 있다. 권력의 회랑에는 왕세자의 권위를 약화시킬 방법과 수단이 있었다. 그만큼 그의 기반은 취약했다.

하지만 좋든 싫든 간에 그는 미래의 지도자로 지명되었고 이미 권력의 지렛대를 꽤 쥐고 있는 상태였다. 약칭인 MBS(Mohammad bin Salman의 머리글자를 땀)로 알려진 그는 왕세자가 된 뒤 왕국을 둘러보니 온갖 분야에서 문제점이 한둘이 아닌 걸로 보였다. 그는 곧 행동을 개시했다.

MBS의 대외정책을 이해하려면 먼저 그가 이어받게 될 정책들을 살펴보는 것이 중요하다. 특히 이번 세기에 대리전으로 치달을 수도 있는 이란과의 국지적인 냉전관계가 있다. 미국이 이라크에서 일으킨 혼돈은 이란과 연계된 시아파 정부를 이라크에 탄생시켰고, 이란은 이라크 내 시아파 민병대 다수를 무장시키는 데 무기와 자금을 댔다. 반면 사우디아라비아 정부는 이라크의 시아파 정부를 인정하길 거부함과 동시에 시아파와 맞서는 이라크 내 수니파 민병대에게 자금을 댔다. 그러나 이 정책은 별로 결실을 거두지 못하다가 2015년 상황에

변화가 왔다. 사우디아라비아와 이라크 양측의 외교 관계가 복원되었고 이란의 영향력을 약화시키기 위해 이라크와의 경제적 유대 관계를 강화했다. 사우디아라비아가 원했던 것은 국내 및 중동 지역의 패권이었다. 가급적 차분하고 안정적인 분위기에서 말이다.

2011년의 아랍의 민주화 봉기, 일명 아랍의 봄은 사우디아라비아와 이란과의 대치 상황을 더욱 악화시켰다. 사우디아라비아 정부는 이란의 사주로 바레인에서 벌어진 시위를 진압하기 위해 자국의 지원 부대를 파견했다. 또 시리아에서 일어난 봉기는 2012년에 들어서자 종파 간의 내전으로 격화되었다. 그러자 이번에는 이란이 뒤를 봐주고 있는 시리아의 아사드 대통령을 끌어내리려는 시도에 가담했다. 시리아의 반군 연합인 자유시리아군 가운데 좀 더 온건한 세력에게 자금과 무기를 지원한 것이다. 사우디아라비아가 보기에 시리아는 바그다드와 다마스쿠스를 경유해서 이란이 자금을 대는 레바논의 시아파 헤즈볼라 민병대와 이란을 이어주는 일종의 육교였다. 만약 아사드 대통령을 끌어내릴 수 있다면 그 다리가 끊어지는 것은 시간 문제다. 그런데 미국이 뒷짐을 지고 있는 데다 러시아와 이란이 아사드 정권을 지원한다면 그 다리는 별다른 피해를 입지 않을 것이다. 사우디아라비아 왕국이 두려워하는 것은 단순히 이란이 핵무기를 소유하는 것이 아니다. 이 지역에서 이란이 무소불위의 영향력과 폭력을 행사할 수 있는 그 능력이 두려운 것이다. 만약 이란이 핵무기 보유국이 된다면 자신들도 그 전철을 따라야 할지 고민할 수밖에 없다.

따라서 국방부 장관으로서 MBS는 그 싸움의 선봉에 있었다. 2015년에 사우디아라비아는 카타르에 대한 경제 봉쇄를 단행했다. 또한 카타르가 이란의 편을 든 것뿐 아니라 무슬림형제단이나 하마스(Hamas,

이슬람 원리주의를 신봉하는 팔레스타인의 반反이스라엘 과격 단체) 같은 단체를 지원했다고 비난했다. 인구 3백만의 카타르는 천연가스에서 얻은 막대한 부 덕분에 자신들 또한 광범위한 펀치를 가할 수 있음을 스스로 알고 있었고 다른 걸프 국가들처럼 지역의 리더가 되고자 하는 열망도 품고 있었다. 1990년대 중반부터 두 나라는 서로 삐걱댔는데, 특히 카타르가 사우디아라비아인들이 자신들에게 적대적이라고 여기는 알자지라 TV를 설립하면서 관계는 더욱 악화되었다. 이 같은 각 나라들끼리의 냉랭한 관계야말로 실질적으로 중동 지역에서 냉전을 조성하는 주요 원인이 된다. 카타르는 이란과, 사우디아라비아의 또 다른 라이벌인 터키에 더욱 다가가는 것으로 사우디아라비아의 봉쇄 조치에 맞섰다. 사우디아라비아는 또 자신들의 왕조를 무너뜨리려 하는 무슬림형제단을 오랫동안 눈엣가시로 여겨왔다. 그러던 차에 2013년 이집트에서 군부 쿠데타가 발발하자 무슬림형제단의 리더이자 선출된 대통령이었던 무함마드 모르시를 밀어내고 시시 장군이 그 자리를 차지하는 데 힘을 보탰다.

또 리비아 내전에서는 터키가 지원하는 국민합의정부GNA에 맞서는 리비아 국방군을 지원했다. 사우디아라비아와 아랍에미리트는 GNA가 무슬림형제단의 영향 아래 있는 이슬람주의자들에 의해 장악되어 있으며, 여기에 더해 터키의 에르도안 대통령도 무슬림형제단과 연계해서 자신들의 왕국을 전복시키려 한다고 믿어 의심치 않았다. 따라서 사우디아라비아가 무슬림형제단 정권을 전복하려는 이집트의 군부 쿠데타를 지원한 것은 리비아에서 무슬림형제단 정권이 들어서는 것을 미연에 막으려는 조치와도 관련이 있다. 사우디아라비아가 리비아 국방군에게 자금을 대자 터키도 이에 질세라 GNA에 자금과 무력을 지원했는데 결과적으로 리비아 국방군은 수도 트리폴리를 장악하는 데 실패하고 만다.

MBS는 이에 그치지 않고 대다수 걸프 국가들과 연합한 이른바 〈단호한 폭풍 작전〉을 통해 예멘에 대한 군사 개입을 승인했다. 이 연합은 이란이 받쳐주고 있는 시아파 계열의 후티 반군과 싸우고 있었다. 사우디아라비아로서는 후티 반군과 이란 정부와의 연계 때문에라도 후티 반군이 예멘을 장악하는 것을 바라지 않았다. 사우디아라비아는 1934년에 예멘과 전쟁을 벌여 몇몇 접경지역을 점령하고 있었다. 그 영토의 일부에는 지금도 시아파 주민들이 거주하고 있고 일부 예멘인들은 그 지역을 되찾길 바라고 있다.

2019년쯤, 단호한 폭풍 작전은 그 목적을 달성하는 데 실패한 것으로 드러났다. 이 폭풍이 일으킨 바람은 주로 도시 지역에 끈질기게 이어진 폭탄 공격으로 예멘의 민간인 사상자 수만 증가시켰을 뿐이다. 이로 인해 전 세계에서 항의의 폭풍이 일어났다. 후티 반군은 사우디아라비아로 장거리 미사일을 날리고 드론을 띄워 석유시설과 공항, 심지어 민간인 거주 지역까지 공격했다. 그해 말 두 곳의 주요 원유 가공시설이 타격을 받은 탓에 일시적이나마 사우디아라비아의 원유 생산시설 절반이 문을 닫게 되는 사태에까지 이르기도 했다. 후티 반군은 이것이 자신들의 소행이라고 주장했지만, 미국은 그 미사일들이 이란에서 날아왔다고 봤고 사우디아라비아 정부 또한 이를 부정하지 않았다.

이란에 대한 압박을 가속화하는 것도 하나의 선택지였다. 그러나 트럼프 정부는 이 문제로 미국이 전쟁을 원하지는 않는다는 것을 분명히 했고, 사우디아라비아도 원한다고 해서 홀로 전쟁을 일으킬 만한 처지가 아니라는 것을 알고 있었다. 그래서 그들은 위기가 차츰 잦아들게 내버려두다가 2020년 MBS가 발을 들이밀었던 전쟁에서 조용히 발을 빼려고 했다. 그들은 후티 반군에게 이란과의 관계를 끊는 대신 그 대가로 실패한 국가를 재건하는 데 자신들이 자금을 대주겠노라고 설득할 필요가 있었다.

MBS의 대외정책은 충동적이고 공격적으로 보였다. 그 한 예가 2017년 말에 벌어진 희한한 사건이다. 당시 레바논의 총리였던 사드 알 하리리는 사우디아라비아의 리야드를 방문하고 있는 동안에 돌연 총리 사임을 발표했다. 그는 원래 MBS와 캠핑 여행을 떠날 거라고 생각했다. 그런데 경호원들과도 떨어지고 휴대전화도 빼앗긴 채 사우디아라비아 보안요원들에 의해 방에 갇힌 뒤 사임 연설문을 건네받았다. 그는 텔레비전 카메라 앞에서 연설문을 읽으면서 자신의 결정은 헤즈볼라와 이란의 탓이라고 비난하는 것처럼 보이게 했다. 이는 어느 모로 보나 MBS의 어설픈 계략임이 뻔했다.

하리리 총리의 사임으로 레바논 연립 정부가 붕괴되고 그로 인해 연정에 참여하고 있는 헤즈볼라의 힘까지 덩달아 약화시키는 것이 MBS의 노림수라는 의혹이 일었다. 사우디아라비아 정부로서는 이란이 장악하고 있는 시아파 운동이 레바논을 휩쓰는 것을 보고 싶지 않은 이유도 어느 정도 있었을 것이다. 이에 더해 신빙성이 부족하긴 하지만 그렇다고 불가능한 것만도 아닌 추측이 하나 더 있다. 즉 하리리가 레바논의 팔레스타인 난민촌에 있는 민병대에게 시아파 무장세력인 헤즈볼라와 싸우라고 명하라는 지시를 받았다는 것이다. 헤즈볼라가 레바논 정규군보다 더 강하다는 점을 감안한다면 이런 행동은 꽤 비용을 치러야 할 것이다.

그 뒤로 며칠 동안 레바논 당국자들은 미국, 이집트, 프랑스를 비롯한 여러 나라에 미친 듯이 전화를 돌려 자신들의 총리가 사우디아라비아에 구금되어 있는 것 같다고 알렸다. 《뉴욕 타임스》에 따르면 몇몇 서방 국가 대사들이 하리리 총리를 만나게 해달라고 요청했는데 사우디아라비아 측 경호원 2명이 입회한 상태에서만 만날 수 있었다고 한다. 그로부터 며칠 뒤, 분개한 외국 정부들이 사적으로 개입한 덕분에 하리리는 고국으로 돌아갈 수 있게 되었다. 귀국하자마자 그는 사임할 의사가 전혀 없었노라고 바로 밝혔다.

레바논과 하리리에 관해서라면 사우디아라비아 정부는 믿는 구석이 있었다. 그의 가족 비즈니스 상당 부분의 뒤를 사우디아라비아가 봐주고 있는 데다가 25만 명에 달하는 레바논 노동자들이 자신들의 국가에서 일하고 있었던 것이다. 따라서 이들을 돌려보내는 것은 가뜩이나 어려운 레바논 경제에 큰 부담이 될 터였다. 사우디아라비아 당국자들은 하리리를 강압적으로 사임하게 했다는 것은 부인하고 있지만 그가 왜 사임하겠다고 했는지, 그리고 그 결정을 철회한 이유에 대해서는 뚜렷한 설명을 내놓지 못하고 있다.

폭정과 개혁을 동시에

—

외교가에서는 MBS 왕세자에 대한 엄청난 비판이 일었다. 하지만 사우디아라비아 언론인인 자말 카슈끄지가 터키 이스탄불의 사우디아라비아 영사관에서 살해된 사건에 대한 반응에 비하면 이는 아무것도 아닐 것이다. 사우디아라비아의 정치를 지속적으로 비판해 오던 카슈

*끄*지는 왕실과 갈등을 빚다 신변에 위협을 느껴 2017년부터 미국에 머물면서 칼럼니스트로 활동하고 있었는데 2018년에는 왕세자의 행동방식을 비판하면서 정권과 사이가 더 틀어졌다. 그해 10월 2일 카슈*끄*지는 터키 국적 약혼녀와의 혼인 신고를 위한 서류 준비차 터키 주재 사우디아라비아 영사관 안으로 들어가는 모습이 목격되었는데 나오는 모습은 그 어디에도 보이지 않았다. 그리고 같은 날 그의 약혼녀가 실종 신고를 했다.

사우디아라비아 정부는 그가 영사관을 나왔다고 주장했지만 증거를 내놓지는 못했다. 심지어 모든 출입구를 비추고 있는 CCTV조차 마찬가지였다. 이후 카슈*끄*지가 영사관 건물 안에서 살해되었고 주검이 토막 났다는 사실이 빠르게 드러났다. 터키 정부는 언론 브리핑을 통해 그 같은 살인 행위는 최고 수위의 처벌을 받아야 할 것이라고 말했다. 또 그날 아침에 15명의 사우디아라비아인들이 이스탄불로 들어와서 그날 밤 늦은 시간에 떠났다는 사실이 밝혀졌다.

카슈*끄*지가 영사관 내에서 살해되었다는 것을 사우디아라비아 정부는 10월 19일이 되어서야 인정했다. 그동안 국영 텔레비전은 그날 오갔던 15명의 사우디아라비아인들은 단순 관광객들이라고 연신 떠들어댔다. 정부도 카슈*끄*지는 몸싸움을 하다가 사망했지 딱히 그를 살해할 의도를 가진 사람은 없었다고 했다. 그러다가 그들은 말을 바꾸었다. 카슈*끄*지의 사망은 범죄 사건이었으며 그런 일이 벌어질 수 있는 것에 그들도 놀랐다는 것이다. 그리고 왕세자는 그런 일이 벌어진 것조차 모르고 있었다고 했다.

엄격한 위계질서가 있는 국가에서 첩보 요원들이, 그것도 국제적으로 널리 알려진 인물을 암살하는 것이 최고 윗선의 승인 없이 행해진다는 것은 있을 수 없는 일이다. 진실이 무엇이든 간에 누군가(단순한 고위급이 아니라) 그 암살 행위에 대한 대가를 치러야 한다는 점은 명백했다. 범인들의 체포가 이뤄졌지만 여전히 그 나라에 남아 있던 카슈끄지 가족들은 용의자들 중 다섯 명에게 선처를 베풀어서 사형을 면하게 했다. 2020년 말 사우디아라비아 법원은 여덟 명의 피고인들에게 징역 7년에서 20년형을 선고했다. 가장 큰 주목을 받았던 인물들에 대한 기소는 취하됐다. 하지만 정부는 그것은 "끔찍한 행위이자 끔찍한 범죄"였노라고만 말했다.

애초에 왕세자는 개혁가의 면모를 부각시켰는데 이 사건으로 그의 이미지는 크게 실추됐다. 여러 나라가 그와 개별적으로 관계 맺는 것을 꺼렸다. 하지만 국가 차원에서는 평소처럼 비즈니스가 진행되었다. 사건이 벌어지고 몇 주 뒤에 열린 G20 정상 회담에서 몇몇 지도자들은 왕세자를 기피하는 것처럼 보였지만 러시아 대통령 푸틴은 스스럼없이 그를 끌어안았다. 또 이듬해 2월 파키스탄과 인도를 방문한 왕세자는 따뜻한 환대를 받았으며 중국으로부터는 280억 달러에 달하는 경제 협정을 이끌어냈다. 지역의 라이벌이자 자신들의 나라에서 암살 사건이 벌어졌던 터키조차 사우디아라비아에 대한 경제적 징벌 조치를 검토하지 않았다. 사건이 벌어지고 난 후 2년 동안 무역량이 미미하게 감소했을 뿐이다. 석유는 돈이고 돈이 모든 것을 말해 주는 현실에서 세계가 원하는 것을 사우디아라비아가 가지고 있는 한 이 나라는 여러 국제기구에서 여전히 외교적 중량감을 잃지 않을 것이다.

국내에서도 왕세자가 취한 여러 조치는 해외 언론의 헤드라인을 장식할 만했다. 레바논 총리가 방문 초대를 받은 그 주에 사우디아라비아 왕실 고위 인사 일부가 리야드의 리츠칼튼 호텔에 묵기로 예약된 일이 있었다. 리츠칼튼이라면 엄청나게 화려한(절제된 표현으로 호화로운) 호텔이다. 하룻밤에 8천 파운드 정도 쓸 여력이 있다면 기막히게 훌륭한 로열스위트 객실을 추천하고 싶다. 불행하게도, 당시 왕실 인사들 중 일부는 그 호텔에 투숙하는 것이 일종의 서비스를 받는 것이라고 생각했다. 호텔 예약은 사우디아라비아 정보 기관이 했으며 많은 손님들은 자신들의 객실로 안내될 때까지 무슨 일이 벌어질지 까마득히 모르고 있었다. 일종의 숙청 작전이 개시된 것이다. 열한 명의 왕자들과 경찰, 군대, 경제계의 고위 엘리트 수십 명이 호텔에 감금됐다. 그 가운데는 정규군에 버금가는 병력을 가진 국가방위부의 수장이자 왕세자의 사촌인 미텝 빈 압둘라 왕자도 있었다.

소식통에 따르면 MBS 왕세자는 1만 5천 명에 달하는 가문 일가의 충성심이 약해지는 것을 두려워했다고 한다. 왕세자를 실질적인 통치자로 인정하고 싶지 않은 많은 엘리트들은 그가 왕위에 오르기 전에 끌어내야 한다고 생각했을 수 있다. 호텔에 감금되면서 체포된 이들은 모조리 부정부패 혐의로 기소되었다. 이것이야말로 이 나라에서 권력을 쥔 자가 찾아내려고만 하면 얼마든지 찾아낼 수 있는, 찾지 못하는 게 더 어려운 죄목이다.

몇 주가 걸리기는 했지만 당국은 부패 혐의를 받는 많은 이들의 혐의를 입증하고 다음과 같이 인정하게 했다. "세상에, 내가 관리하는 정부 계좌에서 수백만 달러가 무슨 일로 비었답니까? 즉시 제가 그것을 채워넣게 해주십시오!" 미텝 왕자는 회계에서 충격적인 오류가 발견된 첫 번째 사람들 중 하나였고 이 문제를 해결하기 위해 약 1억 달러를 지불해야 했다. 정부는 그 체포가 전적으로 부패척결의 일환으로 행해진 것이었음을 연신 강조했다.

국내에서 왕세자는 비단 가문의 문제만 겪는 것은 아니었다. 국가적인 문제로도 골치가 아프다. 그 가운데는 이 나라에서 가장 큰 소수파의 뼈저린 분노가 있다. 그들은 바로 시아파다. 평범한 시아파 주민 대다수는 사우디아라비아라는 국가가 몰락하는 것을 원치 않는다. 하지만 최근 들어 기득권층이 삶을 향상시키는 데 실패한 탓에 반란을 일으키는 것만이 상황을 바꾸는 유일한 길이라고 주장하는 시아파 설교자들에 의해 많은 청년들이 급진적이고 과격화되는 경향을 보이고 있다. 이런 배경에서 2011년 이스턴 주에서 일어난 폭동을 정부는 몹시 폭력적인 방법으로 진압했다. 알아와미야 시내에 포격이 가해졌고 수십 채의 민간인 가옥이 파괴되었다. 정부와 시아파 사이의 긴장은 경제적, 사회적, 종교적 측면에서 그들을 평등하게 대우한다면 해소될 수 있는 일이다. 그러나 종교적인 부분은 와하비파 주민들에게는 단순한 문제가 아니다. 시아파를 배교자, 심지어 무슬림이아니라고까지 말하는 이들도 있기 때문이다. 이러한 편견은 하루이틀 사이에 생긴 것이 아니다. 금세기에도 고위 성직자들조차 시아파를 신앙이 없는 자들이라고 비난하면서 그들의 살해를 허용하고 있는 상황이다.

그런데 폭정이라거나 그보다 더 심한 비판을 한몸에 받고 있다고는 해도 알고 보면 왕세자는 진정한 개혁가이기도 하다. 그의 주변에는 젊은 조언자들이 포진해 있는데 그들 가운데 상당수는 그 못지않게 성급해 보인다. 물론 그들의 연령 때문일 수도 있겠으나 결정적으로 그들은 변화에 훨씬 개방적이다. 왕세자는 여성에게 운전을 허용했고, 영화관을 다시 열었으며, 종교적 판결도 현대식으로 손보고, 경제 구조도 뜯어고치려 하고 있다. 이런 시책은 그가 페미니스트이자 열렬한 예술 애호가이며, 종교적으로는 자유주의자이며, 경제적으로는 시장경제의 신봉자이기에 가능한 것이다. 물론 변화가 없다면 경제는 무너질 것이고, 불안은 통제 불능 상태를 야기해서 국가가 붕괴되고, 그렇게 되면 그 또한 직업을 잃고, 최악의 경우 목숨까지 잃을지 모른다고 믿고 있기 때문일 수도 있다.

석유에서 벗어나려는 도박
—

2014년부터 2020년 사이에 유가는 반토막이 났다. 그 간극을 메우려고 애쓰는 사이 사우디아라비아의 외환 보유고 또한 7,370억 달러에서 4,750억 달러로 줄어들었다. 유가 변화와 한정된 화석 연료의 미래가 말해 주는 것은 이 나라가 당장 변해야 한다는 사실이다. 이런 맥락에서 보면 부패를 일소하려는 노력은 비록 정적들을 제거하기 위한 보여주기 쇼이자 정부 곳간에 적지 않은 돈을 채우려는 시도라고는 해도 나름 타당한 명분이 있긴 하다. 변화는 장기적인 계획을 요구하는 것이기도 하다. 그 계획이 바로 〈비전 2030〉이다.

비전 2030은 기술과 서비스 분야에 중점을 두고 경제의 다변화를 추구하는 것을 목표로 하고 있다. 향후 몇 년간 투입될 예산은 외환 보유고와 국부 펀드의 안정적인 운용에서 충당할 계획이다. 또 국가는 특별히 복지에 큰 예산을 할애하고 있다. 사실 원유와 가스에서 얻는 수입이 급격하게 감소하고 있는 상황에서 그처럼 돈을 지속적으로 쓰는 것은 무리다. 하지만 복지 없는 고실업 상황에서는 불안정이 야기되는 것이 불을 보듯 뻔하다. 변화를 시도하는 동안 재원을 확보하기 위해 정부는 왕가의 보물이라 할 국영 석유 기업인 아람코의 지분 5퍼센트를 팔아치울 준비도 하고 있다. 이 기업의 가치는 줄잡아 2조 달러에 이른다고 하는데 석유 시장에서는 그 절반 정도로 추산하고 있다. 시장 요인에 따라 그 가치는 움직이겠지만 어쨌거나 밖에서는 사우디아라비아가 원래 부른 가격을 곧이곧대로 받아들이겠다는 측은 별로 없는 듯하다.

비전 2030을 위한 비용 절감은 대규모 사업의 진척 속도를 늦춘다든지 소규모 프로젝트를 축소하는 것으로 시작됐다. 더불어 노동력의 사우디아라비아화에도 박차를 가하고 있다. 이는 여성에게 운전을 허용하는 조치와도 연관돼 있다. 많은 가정이 경호원 없이 여성 혼자 외출하는 것을 허락하지 않고 있다. 그래서 흔히 여성들은 여럿이 택시를 타거나 아니면 해외로 돈을 보내는 외국인 노동자가 운전하는 자가용을 탄다. 하지만 여성이 직접 운전을 하면 일단 운전기사에게 나가는 돈을 절약할 수 있고 그만큼 가처분소득도 늘게 된다. 또한 여성들의 노동력을 끌어내서 외국인 노동자들을 대체할 수 있다.

현재 이 나라에 거주하는 외국인의 수는 확실치는 않지만 각국 영사관의 통계를 합하면 3천5백만 명의 전체 인구 중 대략 1천2백만 명은 넘을 것으로 추산된다. 이 가운데는 방글라데시인 2백만 명, 필리핀인 150만 명, 그리고 1백만 명의 이집트인들이 포함된다. 인구가 증가하면서 최근에는 상대적으로 외국인 증가와 도시화 속도도 빨라졌는데 이는 전 세계 통틀어 어디서도 보지 못한 속도다. 언젠가 나는 제다로 여행을 가는 길에 한 항구에 들렀다가 거기서 일하는 어부들과 이야기를 나눈 적이 있는데 그들 대다수는 방글라데시에서 온 사람들이었고 사우디아라비아 사람은 단 한 명도 볼 수 없었다. 그러니 나 또한 이곳 사람들이 조상의 오래된 기술을 이어받고 싶어 한다고 생각할 수가 없었다. 24세 이하 청년 실업률이 28퍼센트에 달하지만 그렇다고 이곳 청년들은 제다의 부둣가에서 쪼그리고 앉아 어망을 수리하고 싶지는 않은가 보다.

이 노동자들을 사우디아라비아 사람들로 대체하는 것과 석유를 기술로 대체하는 것은 일종의 도박이나 다름없다. 서둘러 미래로 가려는 시도를 이 나라의 보수주의자들은 달가워하지 않는다. 그 시도는 곧 종교와 부족의 정체성을 무시하는 행동이기 때문이다. 또한 이 계획은 지역 간 긴장감을 높일 위험도 있다. 이 나라의 13개 행정 구역 가운데 리야드와 제다가 속해 있는 2개 지역은 일찌감치 투자가 결정된 것으로 보인다. 이런 식으로 계속되면 시아파가 다수를 차지하는 이스턴 주와 예멘과 접경지대에 있는 주민들은 "이 계획에서 과연 우리를 위한 것은 뭐가 있지?"라고 물으면서 중앙 권력과 점점 더 거리를 두려 할 것이다.

초대형 프로젝트들은 예정보다 느리게 진행되고 있다. 왕세자가 요란하게 발표한 프로젝트 가운데 신도시 개발 계획인 네옴NEOM 프로젝트가 있다. 홍해 연안에 5천억 달러를 들여 짓는 이 도시는 모든 도로에 무인자동차가 달리며, 로봇들이 일상적인 잡무를 처리하고, 모든 동력은 지속 가능한 에너지로 충당되며, 남자와 여자가 자유롭게 어우러지는 곳이 될 거라고 한다. 그야말로 환상적인 얘기가 아닐 수 없다. 하지만 이 계획이 제때 완성되는 것을 보기는 어려울 것 같다. 2030년은 다가오는데 현실은 점점 더 당황스럽게 흘러가는 것처럼 보인다.

코로나19는 예산 투입에 차질을 주었다. 2020년에는 사우디아라비아 국민 중 소수만 메카로의 하지 순례(이슬람력 12월 7일부터 12일까지 진행되는 성지 순례 의식) 여행을 허가받았다. 그리고 외국인 순례자들에 대한 입국 금지는 대략 120억 달러의 수입 손실을 입힌 것으로 추정된다.

물론 경제적인 측면에서 모든 것이 암울하기만 한 것은 아니다. 팬데믹 상황에서 일시적인 경기 부양책 덕분에 전 세계에서 석유 수요가 증가하면서 원유 가격도 상승했다. 중단기적으로 이 나라가 에너지 시장에서 우위를 유지하기 위해서는 그 위치를 잘 잡아야 한다. 그렇게 해야 궁극적으로 이 에너지원에 대한 의존을 끊는 시도를 해나가면서 현재의 손실을 얼마간 벌충할 수 있다.

세계가 석유로부터 점차 몸을 돌리고 있는 바로 이때 정작 자국의 석유 소비는 점점 느는 추세다. 자신들의 나라에서 생산하는 석유의 4분의 1을 자국 내에서 소비하는데, 이는 곧 정부가 얻을 수 있는 수입의 상당 부분을 스스로 태워 버리고 있다는 얘기가 된다. 이곳 국민들에게 공급되는 휘발유와 전력은 대다수 선진국에 비해서도 가장 낮은 가격으로 공급되고 있다. 환경 문제에 무관심한 이 나라 사람들은 주말여행을 가느라 집을 비우는 동안에도 집에는 에어컨을 그대로 틀어둔 채 커다란 SUV를 몰고 고속도로를 달리는 일에 별 거리낌이 없다. 사우디아라비아는 세계에서 여섯 번째로 석유를 많이 소비하는 나라인데 전력의 70퍼센트를 에어컨을 트는 데 쓰고 있다. 여기서 중요한 조언 하나. 혹시 한여름에 사우디아라비아에 갈 일이 있다면 겉옷은 꼭 챙겨 가시라. 호텔이 너무 춥다.

머지않아 이곳 국민들은 전깃불이나 에어컨을 켜기 위해서가 아니라 물을 마시기 위해 자신들의 석유를 태워야 할지도 모른다. 정부가 운영하는 세계 최대 담수화(바닷물의 염분 제거) 시설에서는 국내에서 필요한 물의 대부분을 성공적으로 생산하고 있다. 하지만 여기엔 문제가 있다. 거대한 이 시설을 돌리려면 엄청난 양의 전력이 필요한데 이것은 석유에서 나온다. 강이 없는 이 나라는 담수화 말고는 뾰족한 대안이 없다. 비용도 많이 들고 많은 오염이 발생된다 해도 말이다.

이 사업 초기에 담수화 해법을 구하느라 정부는 아람코 소속 전문가들을 찾아갔다. 이 거대 석유 기업은 전문 기술을 동원해 북부와 동부 사막지대 지하에서 대규모 담수 저장지로 쓸 만한 곳을 찾아냈다. 이전 세기에는 북아메리카의 5대호 가운데 4번째로 큰 호수인 이리호도 채울 수 있을 만큼 충분한 물을 저장했는데 집중적인 경작 활동으로 물 공급이 꾸준히 감소한 데다 부족한 강우량 때문에 다시 채우는 게 어려워졌다. 관개된 토지는 최적의 가격으로 국내 및 해외 시장에 내다팔 작물과 가축을 기르는 데 이용된다. 이는 정부가 물값에 보조금을 대주기 때문에 가능하다. 그래서인지 이 나라 농부들은 모든 액체 중 가장 비싼 이 액체를 소중히 다루는 것 같지 않다. 그들에게 물은 싼 자원이지만 나라에게는 비싼 자원이다. 전문가들은 이미 물의 5분의 4를 사용했는데 이렇게 가다가는 2030년대에는 완전히 고갈될지도 모른다는 우려를 하고 있다. 석유가 보조금을 대고 있지만 보조금을 지불할 물 자체가 고갈된다면 값싼 곡물은 물론 해외 시장도 있을 수 없다. 대신 많은 국민들은 치솟는 식량 가격에 툴툴댈 것이다. 정부는 밀과 같은 물 집약적인 작물 재배를 획기적으로 줄이려는 노력을 하고 있다. 더불어 국부 펀드를 투입해서 다른 나라에 땅을 사서 작물을 재배하는 것도 모색하고 있다.

이처럼 국민들에게 보조금을 주고 에너지를 많이 쓰면 쓸수록 정부의 지출은 늘어간다. 이러한 악순환의 고리를 끊기 위해 정부는 재생 에너지에 투자하고 있다. 이른바 분산 투자를 시작한 것이다. 일례로 사우디아라비아는 테슬라 지분의 5퍼센트를 소유하고 있을 뿐 아니라 전기자동차 개발에 박차를 가하고 있는 제너럴 모터스를 비롯하여 전 세계 수십여 개 프로젝트에 적극적으로 투자하고 있다. 국내에서는 재생 에너지 부문에서 75만 개의 일자리를 창출할 수 있을 것이고 2030년 무렵에는 적어도 전력의 7퍼센트를 특히 태양력에서 얻을 것으로 기대하고 있다. 이 나라는 태양광 패널을 생산하는 공장, 패널을 설치할 공간, 그리고 연료가 될 태양빛이 풍부하다. 게다가 발전에 적합한 태양광의 세기가 전 세계에서 가장 높다. 정부는 2032년까지 그 수치를 20퍼센트까지 끌어올리겠다는 구상을 제시하고 있다. 비즈니스적 관점에서 보면 이것은 공격적인 목표라 할 만하다.

그런데 걸핏하면 〈역사적 순간〉이라고 말하기 좋아하는 정부이다 보니 태양력 발전 계획도 지나치게 야심차고 거창한 목표가 돼버린 듯하다. 관료주의적 논쟁과 기술적 어려움 때문에 일부 계획은 무산되거나 중단되기도 한 상태다. 하지만 당국은 뭐라도 해야 될 때라는 것을 알고 있다. 시간이 얼마 남지 않았기 때문이다.

경제적으로는 또 다른 균형화 조치가 행해지고 있다. 요컨대 석유에서 탈피해 산업을 다각화하는 것이다. 하지만 무엇보다 석유에서 얻는 수입으로 지불하는 보조금을 급격하게 철회해서 국민들이 경제적으로 곤란을 겪지 않게 하면서도 나라의 장부를 맞추는 게 관건이다. 재생 에너지, 해외 투자, 관광과 홍해 항구들 같은 성공적인 인프라 개발 등이 도움은 되겠지만 유조선의 방향을 돌리는 것은 아무래도 크나큰 도전이 될 것이다.

미국, 중국, 이스라엘과의 관계
—

전략적으로 사우디아라비아는 향후 몇 년간은 미국에 밀착할 수밖에 없을 것이다. 미국이 그들과 관계를 끊지 않는 한 말이다. 미국이 안보를 보장해 주지 않는다면 이곳의 해상 방위는 불안해질 수밖에 없다. 페르시아만과 홍해는 비좁은 데다 하나같이 요충지이기 때문이다. 강력한 자국 해군력이 없다면 적대 세력은 인도양이나 수에즈 운하로 가는 이 나라의 수출로를 봉쇄할 것이다.

그런데 안보 면에서는 미국과 긴밀한 관계를 맺고 있어도 중국과의 경제적 끈은 더욱 단단해질 것 같다. 중국은 이곳에 중거리 탄도미사일을 팔았으며 지난 몇 년간 이 나라의 원유 수입을 급속도로 늘렸다. 또 사우디아라비아는 화웨이가 중동 지역에서 성사시킨 12건의 5G 계약 가운데 한 건에 서명했다. 미국과는 달리 중국은 자국과 거래하는 나라들의 인권 문제는 크게 신경 쓰지 않는다. 권위 있는 중동 정치 분석가인 미나 알 오라이비는 내게 이런 말을 한 적이 있다.

"국가 자본주의라는 중국 모델에 대다수 아랍 지도자들은 매료됐습니다. 정치적 자유주의와 별개로 경제적 자유주의는 대다수 이 지역 정부들이 추구하는 것이어서 지난 20여 년간 중국은 성공한 모델로 칭송받고 있지요."

이스라엘과 관해서는 최근 들어 다시 미래를 내다보면서 언어 폭탄 공격도 잦아들고 향후 양국 간의 관계 정상화를 전제로 한 비즈니스

실무 접촉도 조용히 강화되고 있다. 이러한 움직임 속에서 사우디아라비아는 더 이상 팔레스타인 국가 창설을 우선순위로 두고 있지 않다. MBS 왕세자는 이스라엘과 타협하라는 제안을 거절한 팔레스타인에 대해 맨 먼저 인내심을 잃은 아랍 지도자 가운데 하나였다. 그렇긴 해도 다른 이들을 앞세우는 정도에 그쳤다. 그는 아랍에미리트의 실질적 지도자인 모하메드 빈 자이드 왕세자와도 매우 긴밀한 관계를 맺고 있는데, 아랍에미리트는 바레인이 그랬던 것처럼 2020년에 이스라엘과의 국교를 정상화했다. 원래 살만 국왕은 이 행동을 못마땅하게 여겼는데 왕세자가 대다수 자국 청년들은 기성 세대만큼 그 문제에 민감하지 않다고 설득한 것으로 보인다. 이스라엘은 걸프 국가들이 이용할 수 있는 자체 방어 능력과 기술을 보유하고 있는 데다 그들과 거래할 용의도 있다. 이란의 위협을 늘 피부로 느끼고 있는 사우디아라비아로서는 이스라엘의 아이언돔 미사일 방어 시스템이 여간 탐나는 게 아니다. 또 사막에 꽃을 피우는 기술도 자신들 국가의 농업에 활용할 수 있을 것이다. 몇몇 아랍 국가들이 이스라엘과 화해했다는 것은 정치적으로 상전벽해라 할 만하다. 이는 또한 아랍 국가들은 팔레스타인 국가 건설이 선행되지 않는 한 이스라엘과는 결코 화해하지 않을 것이라는 대다수 중동 전문가들의 분석을 무색하게 만든다. 그들이 손바닥만한 땅을 들여다보고 있는 사이 나머지 세계는 움직이고 있었던 것이다. 바이든 미 대통령은 이 상황을 굳이 바꾸려 하지 않을 것이다. 그는 팔레스타인 자치 구역인 요르단강 서안지구의 정착촌에 대해 강경 입장을 취할 수도 있다. 하지만 그가 새로운 현실을 흩트리고 싶어 한다고 볼 이유는 많지 않다.

　MBS 왕세자는 아랍에미리트와 이스라엘 간의 합의를 숙지하고 있었다. 비록 그의 부친에게는 함구하고 있었지만 말이다. 왕세자가 이를 지지했던 것은 한편으론 권력을 지키는 데에 요구되는 정치적 책략을 바라본 것이었고, 다른 한편으론 미래를 바라봤기 때문이다.

사우디아라비아는 범아랍 민족주의(모든 아랍 민족들 간의 통일을 추구하는 운동)에 대해서도 냉철하고 실용적인 입장을 취하고 있다. 이 지역에도 단일 아랍 국가라는 개념이 퍼져 갔지만 크게 관심을 끌지는 못했다. 1960년대와 1970년대 사이 이집트, 시리아를 비롯한 여러 곳의 아랍 지식인들과 정치인들이 이 개념을 발전시켰다. 그러나 사우디아라비아 지배층은 군주제에 대한 충성을 권장했다. 따라서 그들에게는 민주주의를 발전시킬 시간이 거의 없었다. 게다가 국민들도 잘못된 지도자를 뽑을 수도 있다. 이 나라의 관심사는 중동 지역에 느슨한 형태의 경제 및 정치 포럼을 만드는 것이었다. 그리하여 1981년에 무역을 간소화하려는 구상으로 만든 걸프협력이사회의 6개 회원국 가운데 핵심 창설 멤버가 되었다.

석유시대의 종말, 이 나라의 운명은?
—

왕세자가 꿈꾸는 2030년의 나라로 가는 길에서 이 모든 것이 혼합되는 양상을 보이고 있다. 국내에서 그는 개혁주의와 보수주의, 상대적 자유주의와 억압 사이에서 줄타기를 하는 양상이다. 지배층은 지역주의가 무성하게 자라는 것을 용인할 수 없다. 그렇지만 그들은 지역 정체성과 같은 것이 존재하고 그러한 정체성을 가진 이들이 현실에 대해 발언할 권리를 원한다는 점도 알고 있다. 그런데도 시아파 분리주의가 이스턴 주와 예멘 접경지대 같은 주변부에서 기반을 다지는 것은 용납할 수가 없다. 불안정은 경제적 손실에 그치지 않고 더 크게 확산될 수 있기 때문이다. 따라서 불만이 부글부글 끓고 있는 한 아주 사소한 사건조차 새로운 폭력사태를 촉발시킬 위험이 상존한다.

왕세자는 국민들에게 새로운 사회 계약을 제시하고 있다. 국민들은 부패가 덜하고 보다 덜 관료적인 나라, 석유시대가 슬슬 종말을 고하는 상황에서도 살아남을 수 있는 경제, 현대 세계의 대다수가 누리는 여가생활을 자유롭게 즐길 나라를 얻게 될 것이다. 대신 그들은 일을 해야 하며 그동안 받아왔던 보조금의 일부는 사라질 것이라는 점도 알아야 한다. 이슬람 교단의 보수적인 지도자들은 자신들이 결정한 종교 생활을 자유롭게 영위할 수 있는 한에서는 이 같은 변화를 받아들이겠지만, 살아남기 위해 나라가 현대화된다면 자신들이 사회에 미치는 위력 또한 약화될 수 있음을 인정해야 할 것이다. 와하비즘의 수출 역시 축소될 수 있다. 만약 사우디아라비아가 세계 경제에 미치는 영향이 덜 중요해진다면 세계는 부분적이나마 빈 라덴 또는 ISIS를 배출한 그 이념을 마냥 용인해줄 수만은 없을 것이다.

위에서 열거한 일들이 현실화된다면 이는 거의 3백 년간이나 다져온 사우드 가문과 와하비파 연합의 기본 틀을 깨는 것이 된다. 왕세자의 조부인 이븐 사우드는 국민들이 복종한다면 오일 머니는 그들에게 윤택한 삶을 제공할 것이라는 계약을 제시했다. 하지만 왕세자가 제시하는 새로운 21세기형 모델에서는 오일 머니의 역할이 한층 축소될 것이다.

개혁이 이행되지 않고 세계 또한 석유에서 벗어나게 된다면 새로운 세계에서 사우디아라비아는 과연 무엇을 내놓을 수 있을까? 모래?

이 나라의 지도자는 새로운 사회, 새로운 경제, 그리고 유능한 군대를 건설해야 한다. 아직은 그 검은 물질로 세계 경제의 바퀴가 잘 돌아가도록 미국이 사우디아라비아를 위해 싸워줄 수 있겠지만 이곳의 태양광 패널을 지켜주기 위해 싸워줄 리는 만무하다. 그리고 그 순간을 향해 우리는 점점 더 다가가고 있다.

4

영국,
지리에서 파생된
분리의 정서가 남아 있다

Shetland
Islands
(셰틀랜드 제도)

Orkney
Islands
(오크니 제도)

Outer
Hebrides
(아우터헤브리디스 제도)

Scotland (스코틀랜드)

Spey (스페이강)

Edinburgh (에든버러)

Tweed (트위드강)

Clyde (클라이드강)

Faslane
(파슬레인)

Glasgow
(글래스고)

Northern
(북아일랜드)

North Sea
(북해)

(뉴캐슬)

ATLANTI
(대서양)

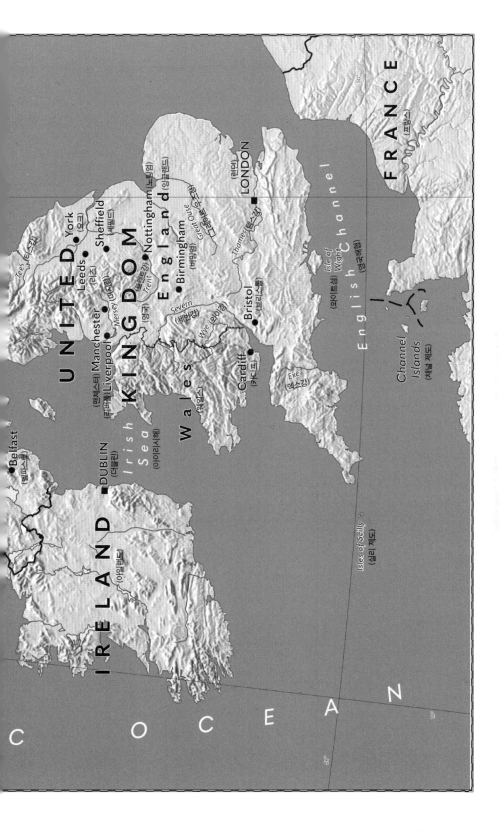

"영국인들이 오고 있다! 영국인들이 오고 있다!"
– 폴 리비어(미국 독립혁명 당시의 우국지사)

"영국인들이 오고 있다!" 이것은 지난 몇 세기 동안 전 세계 여러 나라에서 많이도 외쳤던 말이다. 영국인들이 지구의 4분의 1을 지배하는 제국을 건설하는 동안 들어왔던 이 말을 지금 다시 들을 수 있게 됐다. 물론 그때와는 매우 다른 의미이긴 하지만 말이다. EU를 탈퇴하기로 한 2016년의 브렉시트 이후 영국은 〈새로운 동맹〉을 찾고 있다. 그러나 사실상 20세기 중반부터 지속적으로 국제적 역할을 모색해 오고 있었다. 탈식민지화가 가속화되는 동안 지도가 바뀌면서 영국도 많은 것을 잃었다. 이제 이 나라는 제국의 시대가 아스라한 기억의 뒤안길로 사라져가는 새로운 세계를 항해해야 한다.

그러므로 영국은 무엇이 그들에게 오고 있는지, 아니 자신들이 어디로 가고 있는지에 대해서도 확신이 없을 것이다. 하지만 이 새로운 시대에도 북유럽평원의 서쪽 끄트머리에 있는 섬이라는 그 지리적 위치가 갖는 영향력은 여전할 것이다. 브리튼(잉글랜드, 웨일스, 스코틀랜드를 통틀어 일컫는 지명)은 역사의 대부분을 춥고, 바람이 몰아치고, 뒤처진 곳으로 있었지만 훗날 세계에서 가장 위대한 제국 중 한 곳의 중심으로 우뚝 섰다. 브리튼이 그럴 수 있었던 것은 이 나라의 지리에 얼마간 기인한다. 무엇보다 대양으로 진출하기 쉬웠던 것이 큰 역할을 했다.

영국을 에워싸고 있는 바다는 계속해서 이 나라의 문화와 국민성에 큰 영향을 미치고 있다. 최근 몇 세기 동안 영국은 바다 덕분에 유럽 본토의 과도한 정치적 혼란과 전쟁으로부터 안전할 수 있었다. 이는 왜 이 섬나라가 다른 유럽 국가들에 비해 유럽이라는 공동의 집에 대한 소속감이 덜한지 얼마간 설명해 준다. 두 차례의 세계대전 동안 발생한 대학살도 유럽 본토만큼 영국을 크게 뒤흔들지는 못했다. 계량화하는 게 쉽진 않지만 이러한 〈분리의 정서〉가 브렉시트에 영향을 미친 것은 분명하다.

최근 몇 년간 영국은 유럽과 미국 사이에 있는 대서양을 잇는 가교가 되어 왔다. 이 역할은 앞으로도 이어지겠지만 시간이 흐르면서 어느 한쪽의 이용이 저조해질 경우 영국의 이익도 변할 것이다. 당장은 불확실성이 지배하고 있지만 그럼에도 영국은 유럽에서 여전히 거대한 소비 시장으로서의 잠재력을 지니고 있으며, 대양으로 나가는 해상 항로에 직접적으로 접근할 수 있고, 또 오랜 혁신의 역사, 질 높은 교육, 상업적 기량을 갖추고 있다. 이는 곧 영국이 여전히 지구상에서 10대 경제 강국 중 하나로 남아 있는 이유이기도 하다. 이 위치를 지키려면 변화가 가속화되는 세계에서 미래를 제대로 선택하는 것이 필요하다. 이는 또한 단합을 요구하는 일이기도 하다.

영국의 경제적, 군사적 힘이 급성장한 것은 1707년의 연합법(Acts of

Union 1707, 스코틀랜드 왕국과 잉글랜드 왕국이 합병하여 그레이트브리튼왕국Kingdom of Great Britain이 될 것을 결의한 법)으로 스코틀랜드와 잉글랜드가 단일 국가로 통합된 뒤부터였다. 이로써 이 나라 역사상 처음으로 단일 권력이 섬을 통치하게 된 것이다. 잉글랜드로서는 스코틀랜드 군대가 남쪽으로 내려올지 모른다는 걱정을 더 이상 하지 않게 된 것은 물론 혹시 있을 유럽 본토 세력의 침공에 대비해 뒷문을 걸어 잠글수도 있게 되었다. 그로부터 3세기가 흐른 현재, 브렉시트로 인해 이 나라는 위험에 빠졌다. 이제 영국은 프랑스의 침공을 더는 두려워하지 않게 되었지만 스코틀랜드의 독립에 따른 경제적 및 군사적 여파를 걱정할 수밖에 없는 처지에 놓이게 됐다.

지리적 분리가 만든 발전의 차이
—

1707년의 정치적 통합보다 먼저 있었던 통합은 4억 년 전에 발생한 자연상의 통합이었다. 원래 잉글랜드는 바다를 가로질러 북쪽으로 표류하던 아발로니아라는 자그마한 대륙에 붙어 있었다. 그즈음 수천 킬로미터 떨어진 곳에서는 로렌티아 대륙의 일부였던 스코틀랜드가 남쪽으로 향하고 있었다. 마치 슬로우 모션처럼 천천히 이뤄진 이 두 대륙 간 충돌에 의해 만들어진 선을 따라 그로부터 한참 뒤인 서기 122년에 로마 황제 하드리아누스가 성벽을 쌓게 된다. 이러한 남과 북의 부딪힘으로 특별한 산맥이 만들어진 것은 아니지만 잉글랜드와 스코틀랜드의 경계를 따라 달리는 체비엇 힐스라는 구릉지대를 탄생시켰다. 여기서 시간을 빨리 감아 열대우림, 공룡, 매머드를 지나 80만

년 전쯤에 이르자 마침내 인간이 출현한다. 그러다가 다시 추운 시기가 오자 인간들은 떠났다 돌아오기를 반복하는데 기후가 따뜻해져서 정착할 수 있게 되기까지 이런 과정이 되풀이됐다.

기원전 1만년경 해수면 상승으로 아일랜드가 브리튼에서 분리된다. 이때 지금의 브리튼과 유럽 대륙 사이의 땅도 물에 잠기면서 브리튼을 섬으로 만들어 버렸다. 좀 더 정확하게 말하면 브리튼은 섬들이 모여 만들어진 섬나라다. 그 크기를 기준으로 만조 때 수면 위로 나오는 섬들만 세어도 수천 개는 될 것이다. 하지만 이 가운데 사람이 살고 있는 섬은 2백여 개에 불과하다. 그레이트브리튼및노던아일랜드연합왕국(United Kingdom of Great Britain and Northern Ireland, 우리가 알고 있는 영국의 정식 명칭)은 북단으로는 헤브리디스 제도, 오크니 제도, 셰틀랜드 제도를, 1천 킬로미터에 달하는 남단으로는 실리 제도와 와이트섬을, 서쪽으로는 앵글시섬과 웨일스 해안을 포함하고 있다. 또한 영국해협, 북해, 아이리시해, 대서양으로 직접 나갈 수 있다. 국토의 가장 넓은 곳의 너비가 5백 킬로미터에 불과하지만 들쭉날쭉한 해안선 때문에 어디를 가도 바다로부터 120킬로미터 이상은 떨어져 있지 않다.

브리튼이라는 존재가 언급된 가장 오래된 기록은 기원전 330년 무렵으로 거슬러 올라간다. 피테아스라는 그리스의 탐험가이자 지리학자가 북쪽으로 꽤 멀리 떨어진 곳까지 이어지는 경이로운 항해를 했다. 아마 지금의 아이슬란드까지 도달했던 모양인데 그 과정에서 현재 우리가 브리튼이라고 알고 있는 섬을 우회했다고 한다. 당시 그의 말을 믿는 사람은 거의 없었다. 그도 그럴 것이 그는 돌아와서 빙원 위에 앉아 있는 흰곰이라든지 한밤중인데도 낮처럼 환하다는 이야기를 했다고 한다.

북해의 혹독한 기후와 차가운 바다를 그다지 좋아하지 않는 나는 몇 년 전 유럽에서 가장 큰 섬을 두 바퀴로 탐험해 보기로 했다. 그래서 나는 LEJOG(Land's End to John O'Groats, 랜즈엔드에서 존 오그로츠까지)라고 알려진 길을, 즉 영국의 북쪽 끝에서 남쪽 끝까지 총길이 1천 6백 킬로미터를 사이클로 종단을 했다. 가는 내내 내 등 뒤로는 남에서 북으로 부는 기분 좋은 바람이 불었다. 완전히 종단하는 데 12일이 걸렸는데 하루하루가 고통스러운 희열을 선사했다. 그런데 무엇보다 내가 놀란 것은 따로 있었다. 하루를 마칠 때쯤 되면 사람들의 억양은 물론 방언, 장소의 명칭들이 너무도 뚜렷하게 달라지는 것이다. 심지어 50킬로미터 이내 정도의 짧은 거리인데도 그 안에서조차 선명한 차이가 있었다. 이러한 현상에는 지리적, 역사적 배경이 있다. 각 지역들은 상대적으로 고립된 상태로 발전해 오면서 로마인과 앵글로색슨족, 바이킹족과 노르만족의 출현에 영향을 받았다. 한 예로 스칸디나비아 사람들이 현재 동앵글리아라고 부르는 곳에 정착했는데 ‑by라는 접미사는 마을을 뜻하는 덴마크어에서 유래한 것으로 보인다. 그래서 영국 동부 해안 지역에서는 휘트비Whitby라든지 그림즈비Grimsby 같은 도시 이름이 사용되고 있다. 현재도 남부에서 온 사람이라면 북동부인 요크셔에서 일상적으로 사용하는 단어들을 온전히 이해하지 못할 수 있다. 이 지방에서는 아이를 bairn, 개울을 beck이라고 한다. 물론 대다수 나라들에도 고유한 지방색이 있지만 영국처럼 작은 지역에서 이처럼 두드러진 경우는 흔치 않을 것이다.

이 나라의 주요 지리적 구분은 흔히 생각하듯 남과 북이 아니라 동과 서, 즉 고지대와 저지대로 구분된다. 북동쪽의 티스강에서 시작해서 남서쪽 데번의 엑스강까지 내려오는 선을 긋는다면 잉글랜드와 웨일스의 저지대와 고지대 사이의 차이가 선명히 드러난다. 서쪽에는 단단한 바위가 많은 고지대인 레이크 지역, 캄브리아 산맥, 다트무어 같은 황야지대가 펼쳐져 있다. 반면 동쪽은 보다 평평하고 바위들도 마치 분필처럼 좀 더 잘 부서지는 무른 지형이다. 이런 특색을 상징적으로 보여주는 것이 도버의 화이트 클리프(White Cliffs, 영국해협과 접해 있는 높이 250미터의 절벽)다. 이 같은 분리는 영국의 서쪽이 동쪽보다 더 포근하고 비도 더 자주 내리는 이유를 설명해 준다. 카리브해에서 시작된 멕시코 만류는 대서양을 지나 영국의 서부 해안까지 온다. 멕시코 만류가 몰고 오는 바람은 습기를 빨아들이는데 서쪽 지역의 고지대에 부딪히면서 수증기로 떨어뜨린다. 영국이 열대 낙원이 될 것까지야 없겠지만 대체로 러시아나 캐나다처럼 위도가 비슷한 다른 나라들에 비해 이런 이유들 때문에 기후가 온화해서 작물 재배가 유리한 것은 사실이다.

북쪽과 남쪽을 가르는 특징도 있다. 산은 주로 섬의 서쪽 절반에 대부분 있다. 하지만 북쪽으로 올라갈수록 지대도 점점 더 높아진다. 스코틀랜드에서도 고지대의 대부분은 북서쪽에 치우쳐 있다. 사회 기반시설은 평지에 건설하는 것이 훨씬 쉽기 때문에 이러한 분리는 발전의 측면에서 차이를 낳았다. 북동쪽에는 리즈, 셰필드, 뉴캐슬, 요크셔, 북서쪽에는 맨체스터, 리버풀 같은 산업혁명으로 유명해진 도시들이 포진해 있다. 하지만 면화 산업, 광업, 중공업의 쇠락이 유독 이 지역을 세게 강타했다. 상대적으로 온화한 날씨, 평평한 강, 농사에 적합한 토양, 수도와 가까운 것 등은 남부가 북부보다 더 발전한 이유가 된다. 땅덩어리의 절반 정도인 잉글랜드에 인구의 84퍼센트가 모여 사는 이유도 여기에 있다. 스코틀랜드의 경우도 인구와 산업 대다수가 잉글랜드 국경과 가까운 남부에 몰려 있다. 스코틀랜드의 인구를 전부 합쳐도 잉글랜드의 5천6백만 명에 한참 못 미치는 550만 명에 불과하며 웨일스는 3백만 명, 북아일랜드는 2백만 명을 밑돈다. 잉글랜드 남부는 런던의 주요 기차역과 히스로 공항, 개트윅 공항을 경유하는 국내외 철도와 항공 여행의 허브이기도 하다. 또 가장 붐비는 항만들도 이곳에 있고 영불해협 터널도 이곳을 출발점으로 삼고 있다. 남동부의 중심부에 위치하고 있는 런던은 사방팔방으로 뻗은 고속도로망의 허브이기도 하다. 수도 런던은 영국 의회를 비롯해 금융 분야의 많은 대기업 본사를 유치하고 있는 등 세계 금융의 중심 역할을 한다. 한마디로 이 나라는 현대화된 나라다. 이 나라가 이 같은 수준에 도달하는 데는 오랜 시간과 그만큼 많은 〈피〉가 필요했다.

침략자들의 싸움터가
하나의 왕국으로 통합되기까지
—

그럼 어디서부터 시작해야 할까? 서기 43년 로마의 점령만큼 적당한 예가 있을까 싶다. 그것은 이전 시대와의 단절을 의미했다. 또한 그 뒤로 이어질 세기들에 영향을 끼쳤고 그 흔적들을 여러 면에서 이 땅에 남겼다.

와인을 마시고, 화장실을 짓고, 법을 만드는 친구들이 해협을 건너오기 전까지 브리튼은 역사가 이뤄지고 있던 곳의 변방에 있는 그저 춥고 축축하기만 한 커다란 섬일 뿐이었다. 이곳에는 읽고 쓸 줄도 모르는 야만인 부족들이 살고 있었다. 한마디로 무언가를 배우는 대신 서로 싸우는 데만 시간을 보내고 있는 부족들 말이다.

당시 로마인들은 한 세기 전에 율리우스 카이사르의 보고에 나오는 파란 물감을 몸에 칠한 야만족들에 대해 어렴풋한 기억을 가지고 있었다. 그들은 자신들이 어떤 곳에 발을 들여놓는지 알고 있던 터라 클라우디우스 황제는 침공을 위해 4만 명의 정예 부대를 브리튼에 파견했다. 그는 그 정도의 병사가 필요하다고 생각했다. 만화『갈리아 사람 아스테릭스』가 오늘날 프랑스라는 조그만 땅을 지키는 얘기로 명성을 얻고 있지만 클라우디우스 황제는 정작 켈트족의 브리튼에서는 거의 아무런 저항도 받지 않았다.

반면 로마가 잉글랜드 남부의 여러 부족을 평정하는 데는 수십 년이 걸렸다. 그로부터 20년 후에도 로마 군단은 잉글랜드 동부에 살았던 이세니족의 부디카 여왕이 지휘하는 거대한 반란 세력과 맞닥뜨리기도 했다. 역사가들은 로만 브리튼(Roman Britain, 고대 로마제국 시대의 영국)이라는 약칭을 사용하기도 하지만 로마 군단은 현재의 웨일스와 스코틀랜드 지역은 정복하지 못했다. 이 점이 오늘날에도 보듯 지역 간의 이질적인 정체성에 영향을 끼쳤을 것이다. 로마인들이 지배한 지역도 잉글랜드의 동과 서 지리적 분리를 따랐다. 또 뚜렷한 것은 도로의 배치 형태다. 영국 고속도로의 상당 부분은 로마인들이 남겨둔 고대 도로를 따라 만들어졌다.

로마의 이러한 점령 구조는 지속적으로 영향을 미쳤다. 템스강 하구 지역보다 그 영향을 확연하게 볼 수 있는 곳이 또 있을까 싶다. 로마인들은 남과 북을 점령하려면 그 영토를 이어줄 교차점이 필요하다고 생각했다. 그들의 선박을 정박하려면 강 하구와 가까워야겠지만 지나치게 넓어서도 안 된다. 그래서 로마인들은 강폭이 좁아지고 양쪽 땅이 단단한, 강의 북쪽 어귀의 두 작은 언덕 사이에 있는 알맞은 지역을 찾아냈다. 로마는 일곱 개의 언덕 위에 지어지면서 그 역사가 시작되었을지 모르지만, 초창기 브리튼에 발을 디딘 로마인들은 루드게이트 힐과 콘힐 위 단 두 군데에만 도시를 건설했다. 이 과정에서 탄생한 것이 론디니움Londinium, 즉 런던이다. 최초의 런던 브릿지를 건설한 사람들도 로마인이었다. 이곳은 그들이 브리타니아(Britannia, 브리튼섬에 대한 고대 로마시대의 호칭)라고 부르는 곳으로 들어가는 교두보가 돼주었다. 신생 도시인 런던은 번창했다. 로마인들이 닦은 모든 주요 도로들이 이곳과 연결되었고 여기서 로마제국으로 향하는 물자들이 선적되었다. 서기 1세기가 끝나갈 무렵 런던의 인구는 수만 명으로 불었다.

그로부터 3백 년 뒤 로마 군단은 비바람 부는 섬보다 더 시급한 걱정거리, 다름 아닌 로마제국을 수호하기 위해 서둘러 이곳을 떠났다. 그러자 그들이 도입했던 경제 시스템이 무너졌다. 도시들은 순식간에 버려졌으며 문자 생활 또한 자취를 감추었다. 혹독한 기후에도 불구하고 탐욕스러운 눈들이 로마인이 떠난 브리튼을 욕심내면서 이 섬은 이내 파벌들의 싸움터로 다시 전락하고 말았다. 또한 팍스 로마나가 사라지자 다른 침입자들이 밀고 들어오기가 한층 쉬워졌다. 처음엔 덴마크와 독일 북부 방향에서 앵글족, 색슨족, 주트족이 들어왔다. 이들이 정복한 지역은 로마인들이 점령했던 지역과 대충 비슷했다. 그리고 늘 그랬듯 스코틀랜드, 웨일스, 콘월 지역 부족들의 거센 저항에 부딪히다 보니 동쪽과 서쪽이 다시 분리되는 현상이 나타났다. 오늘날 잉글랜드의 희미한 경계선들은 섬의 남쪽 절반을 가리키는 앵글랜드(Angleland, 앵글족의 땅)라는 이름과 동시에 생긴 것이다. 언어 측면에서는 켈트어가 자취를 감추면서 대신 현대 영어가 파생된 게르만계 고대 영어가 이를 대체하기 시작했다.

서기 600년까지 앵글로색슨족은 몇 개의 왕국들을 세우는데 그때 아일랜드의 스코티 부족이 서부 스코틀랜드 지역을 침공하면서 그곳에 정착하게 된다. 브리튼 북부의 3분의 1에 해당하는 지역에 스코틀랜드라는 이름이 붙은 것도 그 스코티 부족의 이름에서 연유한다.

이후 남쪽에서는 왕이 한 명씩 차례대로 등장했다. 그들 대다수의 이름은 에드워드Edward나 에그버트Egbert, 또 어떤 이름들은 애설레드Æthelred처럼 e 발음으로 시작하는데 그들은 하나같이 바이킹 침략자들 때문에 고생했다. 그 가운데 알프레드라는 왕도 있었다. 그는 웨식스와 머시아 왕국을 하나로 통합해 냈으며 886년에는 바이킹으로부터 런던을 탈환했다. 그의 아들인 에드워드와 딸인 애설플래드는 아버지를 이어 지속적으로 영토를 확장해서 바이킹들의 수도였던 요크를 넘어 노섬브리아 왕국까지 넘보았고 웨일스로도 진출했다. 에드워드는 잉글랜드의 왕이라고 칭해지는데 한 술 더 떠 브리튼의 왕이라고 부풀려 부르는 이들도 있다. 알고 보면 몇 백 킬로미터 넓힌 것에 불과하지만 당시 현실로는 그 정도가 최선이었을 것이다.

우리가 알고 있는 평화왕 에드가(재위 959-975년)가 출현하기까지 에드먼드, 에드레드, 에드위그 왕이 그 뒤를 이었다. 품성은 별개로 하더라도 에드가 왕이 역사에 기여한 것은 바로 왕국을 카운티 또는 오늘날에도 여전히 쓰이는 주州로 나누는 행정 체계를 수립한 것이다. 이제 잉글랜드에는 선명하게 구분되는 문화와 자기감이 증가하고 있었다. 한편 국경 북쪽에서는 서로 반목하던 여러 종족으로부터 스코틀랜드 왕국이 태동하고 있었다.

이제 노르만족과 그들이 영국에서 가장 널리 알려진 연도인 1066년으로 올라가 보자.

그해, 훗날 정복자 윌리엄이라는 호칭을 얻게 되는 노르망디의 대공 윌리엄이 영국해협을 건너와서 남쪽 해안에 상륙했다. 그는 헤이스팅스 전투에서 잉글랜드 군대를 물리친 뒤 런던으로 진군하여 스스로 잉글랜드 왕위에 올랐다. 런던은 거의 한 세기 동안 수도가 되지 못했는데 윌리엄 치하에서 급속히 성장했다. 그는 런던탑을 건설했고 노르만과 잉글랜드 사이의 중개 도시로서 런던의 위치를 정립했다.

로마인들이 떠난 뒤 영국 역사에 가장 큰 영향을 준 사건을 꼽으라면 바로 이 침공을 들 수 있다. 그로 인해 영국은 스칸디나비아(즉 바이킹)와 연을 끊고 서유럽으로 눈을 돌리는 계기를 얻는다. 노르만족의 침공으로 바야흐로 프랑스어가 일상 언어에 스며들었고, 곳곳에 대성당과 성들이 세워지면서 신흥 지주들은 적대적인 주민들로부터 자신들을 보호할 방도를 찾기 시작했다.

추방자 에드워드의 아들 같은 이들이 이끄는 반란이 일어나기도 하는 등 노르만족과 잉글랜드의 긴장 관계는 이후 수십 년간 지속됐다. 그러나 노르만족에게는 이 새로운 땅에서 지배력을 행사할 능력이 있었다. 윌리엄 사후인 1154년부터 1485년까지 잉글랜드를 지배한 세력은 프랑스 출신인 플랜태저넷 가문이었다. 그 중 존 왕은 내전을 피하고자 1215년에 왕권을 제한하는 마그나 카르타Magna Carta에 서명하는 데 동의한다. 이 헌장은 이후 근대 법체계를 마련하는 토대가 된다. 평민들의 권리는 한 발짝도 개선되지 못하던 시대에 마그나 카르타는 지금까지도 영국의 정치적 논쟁에서 거론되는 자유를 상징하는 문서가 되었다. 또 미국의 헌법에도 큰 영향을 끼쳤다. 20세기 영국에서 가장 존경받는 법관 중 한 명인 데닝 경은 이를 두고 "역사상 가장 위대한 헌법 문서"라고 칭하고 있다.

이어지는 몇 세기 동안 잉글랜드는 스코틀랜드, 프랑스, 그리고 자기들끼리 전쟁을 벌인다. 플랜태저넷 가문은 1485년에 튜더 가문으로 대체된다. 이들 가운데 가장 유명하다고 할 헨리 8세(재위 1509-1547년)는 이미 현실이었던 법안에 서명했다. 즉 잉글랜드는 이미 웨일스를 통치하고 있었지만 헨리 8세의 연합법은 잉글랜드의 법이 곧 웨일스의 법이며, 법정의 언어 또한 영어로 한다고 명시하고 있다. 웨일스 주민 대부분이 웨일스어를 사용하고 있는 현실에서 이 법령은 몇 가지 영향을 불러일으켰다. 먼저 통역관들이 굉장히 바빠졌을 테고, 그 뒤 몇 세기에 걸쳐 웨일스어는 거의 소멸하기에 이르며, 웨일스인들의 런던에 대한 분노가 대를 이어 공고해졌다. 그럼에도 〈연합왕국United Kingdom〉의 탄생으로 가는 하나의 발걸음이 내딛어진 셈이었다.

헨리 8세를 가장 유명하게 한 것은 아마도 그가 아내를 여섯이나 두었다는 사실일 것이다. 1533년 캐서린과 이혼하고 앤 불린과 결혼한 그는 엘리자베스라는 딸을 낳는다. 앤 불린과의 결혼으로 가톨릭 교회로부터 파문당한 그는 종교개혁에 손을 댄다. 그리하여 영국 국교회를 창설하고 기존의 수도원 800여 개를 폐쇄하면서 그에 부속된 토지와 재산을 왕의 것이라고 선언했다.

그의 딸인 엘리자베스 1세(재위 1558-1603년)는 스코틀랜드와 유럽 본토 가톨릭 열강들의 많은 음모와 반발 속에서도 잉글랜드를 더욱더 굳건하게 프로테스탄트 왕국으로 이끌었다. 심지어 1587년에는 반역을 도모했다는 죄를 물어 사촌인 스코틀랜드 여왕 메리를 처형하기까지 했다. 엘리자베스 여왕은 잉글랜드를 부흥으로 이끈 군주였다. 그의 치세는 프랜시스 드레이크와 월터 롤리가 주도한 발견과 해적의 시대, 스페인 함대 격파, 그리고 셰익스피어로 기억된다.

그 뒤를 이어받은 이는 제임스 1세였다. 사실 그는 스코틀랜드의 제임스 6세이기도 했다. 이 통합 왕위는 연합왕국으로 가는 또 다른 단계였다. 하지만 그에 앞서 잉글랜드는 찰스 1세 왕의 참수, 내전(1642-1651년), 크롬웰의 군사 독재, 왕정 복귀 등을 겪어야 했다. 그리고 마침내 1707년 잉글랜드와 웨일스는 스코틀랜드와 통합을 이룬다. 이것은 하나의 열쇠였다. 이 열쇠로 양쪽 모두를 위협하는 지리가 변하면서 뒤이어 닥칠 일에 문을 걸어잠글 수 있었다.

스코틀랜드와 잉글랜드 양측을 위한 윈윈 전략
—

수세기 동안 영국은 유럽 대륙의 인구가 자기들보다 훨씬 많기 때문에 자신들을 제압할 군사를 일으킬 수 있다는 점을 인식하고 있었다. 로마인들도 그래왔고 바이킹족, 노르만족도 그러했다. 게다가 한 지배 세력이 다른 세력을 억지로 동참시킨다면 그 위협은 훨씬 첨예해질 것이다. 더 나쁜 것은 그 세력들이 스코틀랜드와 손을 잡을 때다. 이는 적군이 먼 북쪽 땅으로 스스럼없이 진입할 가능성을 열어두거나 영국이 북쪽과 남쪽으로부터 동시에 침공을 받게 될 가능성을 의미했다.

여기서 다양한 전략이 나온다. 잉글랜드는 유럽에서 패권국이 출현하는 것을 저지하기 위해 늘 힘의 균형을 추구해 왔다. 요컨대 그와 같은 가능성이 대두하면 그 반대편에 서는 식이다. 이른바 역외균형 전략(강대한 세력이 아닌 세력을 지원하여 두 세력 간의 긴장을 키워 반대편에서 안전을 확보하는 전략)을 펼치는 것은 섬 전체를 확실하게 통제하겠다는 열망에서 비롯된 것이다.

하지만 스코틀랜드의 입장은 전혀 달랐다. 적은 인구와 한정된 자원으로는 잉글랜드를 격퇴하거나 더 나아가 지배하는 것은 꿈도 꾸지 못할 일이었다. 대신 잉글랜드의 적수들, 특히 프랑스와 손을 잡고 자국의 안전을 도모하려 했다.

이런 배경에서 1295년 스코틀랜드와 프랑스는 최초로 조약을 맺는다. 이 조약에서는 만일 잉글랜드가 프랑스를 침공하면 스코틀랜드는 잉글랜드를 침공해서 양면 전쟁을 유발시키기로 합의했다. 그런데 혹시 잉글랜드가 이를 눈치채고 곧장 스코틀랜드를 침공한다면 상황은 프랑스와 스코틀랜드의 계산처럼 흘러가지 않게 될 것이다. 어쨌든 스코틀랜드와 루이 11세를 제외한 프랑스 통치자들은 이른바 올드 동맹Auld Alliance으로 알려진 이 조약을 1560년까지 줄곧 갱신해 왔다. 많은 스코틀랜드 병사들이 프랑스 편에 서서 전쟁터로 보내졌고, 프랑스는 스코틀랜드 군대에 자금을 대서 잉글랜드를 급습하도록 부추겼다.

그러다가 1707년 일련의 요인들로 인해 잉글랜드와 스코틀랜드 사이에 연합법을 이끌어낼 분위기가 무르익는다. 이미 1세기 전에 제임스 1세로 인해 잉글랜드와 스코틀랜드의 왕위가 통합되면서 긴장 관계가 풀리고 양국 간의 교역도 늘었다. 이미 그 전 세기에 영국인들은 북아메리카, 서인도 제도, 인도와 아프리카 등지에 식민지와 이주민들의 정착촌을 건설했다. 여기서 얻은 부가 점점 더 자라서 산업혁명으로 가는 초기 불꽃을 태우고 있었다. 하지만 스코틀랜드는 변변한 식민지도 없었고 1690년대에는 연속적으로 흉작이 들어 수천 명이 굶어 죽는 피해까지 입었다. 이 나라는 아직 새로운 시대를 마주할 준비가 돼 있지 않았던 것이다.

설상가상으로 스코틀랜드는 제국주의를 도모하다가 치명적인 실수를 저지르고 말았다. 1698년 다섯 척으로 구성된 함대가 파나마에 식민지를 건설하기 위해 스코틀랜드를 출발했다. 당시 열렬한 국민적 호응에 힘입어 국민 모금으로 마련한 원정길이었다. 하지만 파나마에 정착한 수백 명 중에 살아남은 이들은 얼마 되지 않았다. 많은 이들이 질병으로 사망했고 결국 스코틀랜드는 식민지 사업을 접어야 했다. 나중에 스페인 해군이 이곳을 점령하게 된다. 애초에는 파나마 식민지가 스코틀랜드를 부자로 만들어 줘서 스페인, 포르투갈, 잉글랜드에 견줄 수 있는 국력을 키울 수 있게끔 하리라는 기대가 있었다. 하지만 그러기는커녕 국민들을 죽음으로 몰아넣고 독립의 불씨마저 꺼버리는 꼴이 되고 말았다. 이 안타까운 사연의 흔적은 현재 파나마의 지도에서도 엿볼 수 있다. 지도에서 푼타 에스코세스(Punta Escocés, 스코티시 포인트)를 찾아보라.

이 잘못된 모험에 들어간 비용을 두고 역사가들마다 의견은 다르지만 스코틀랜드는 적어도 국부의 5분의 1은 잃었을 거라고 추정된다. 심지어 더 많은 액수를 얘기하는 측도 있다. 그리하여 1707년쯤 한층 가난해진 스코틀랜드는 잉글랜드가 개척해 놓은 해외 시장에 괜찮은 조건으로 접근해야 할 필요가 있었다. 프랑스 인구가 자국의 두 배는 되는 것을 알고 있는 잉글랜드로서도 스코틀랜드가 올드 동맹을 연장해서 프랑스에 기대지 않게 할 확실한 전략이 필요했다. 그래서 잉글랜드는 스코틀랜드와 후속 협정을 맺으면서 그들이 빚을 갚을 수 있게 재정 지원을 해주기로 했다. 양국 의회에서 이 협정안이 통과됐고 이로써 이 섬나라는 역사상 처음으로 단일 정부를 갖기에 이른다.

이어지는 두 세기 동안 브리튼섬의 힘이 최정점에 도달할 수 있었던 것은 순전히 우연에 기인한 것만은 아니었다. 이전에는 스코틀랜드와 잉글랜드 모두 서로의 국경을 감시하기 위해 상비군에게 엄청난 국방비를 투입했다. 하지만 이제 그 돈은 유럽 본토의 침공에 대비하고 제국의 확장을 위한 자금으로 돌릴 수 있게 되었다. 또한 더 많은 병력을 모을 수 있게 되었고 내부를 살피기 위해 소요되던 자원과 에너지, 시간도 외부로 향할 수 있게 되었다. 그리고 영국인들에게 외부란, 바로 세계world를 의미했다.

해상권을 장악하며 절정으로 치닫는 제국
—

대영제국은 눈부신 속도로 성장해 갔다. 성장하면 할수록 이 나라는 그만큼 더 험난한 도전에 맞서야 했다. 여기서 핵심은 〈해상 패권〉이었다. 부유한 강대국만이 항로의 지배권을 확보하고 그에 도전하는 세력과 겨룰 수 있는 강력한 해군력을 갖출 수 있었다. 영국은 대항해에 적합한 선박들을 제조하는 데 자국의 참나무를 사용했다. 영국의 참나무는 매우 단단해서 적이 대포를 발사해도 견뎌내고, 이전의 대형 선박은 엄두도 못 내었던 멀고도 낯선 신세계를 탐험할 때 좌초할 위험도 줄여주었다. 또 해충이나 부식에도 강해서 해상에서 더 많은 시간을 보내고 드라이 독(선박의 건조 및 수리를 하는 독)에는 덜 머물러야 하는 해군의 배에는 안성맞춤이었다. 넬슨 제독의 빅토리호, 쿡 선장의 엔데버호도 참나무로 만들었고, 영국왕립해군의 공식 군가의 제목 또한 「참나무의 심장(Heart of Oak, 용맹스러운 마음)」이다. 브리튼섬의 해안선은 대단히 들쭉날쭉하다 보니 수심이 깊은 항구들이 생겨서 해상 무역도 가능케 했다. 그러니 브리튼과 대적하려는 잠재적인 경쟁 상대라면 안정된 내정, 강력한 해군력, 심해 항구, 단단한 목재, 게다가 최신 기술까지 겸비해야 했다.

강력한 두 후보인 프랑스와 스페인은 재정이 바닥나고 있는 데다 끊임없이 유럽 대륙을 흔드는 전쟁에 시달리고 있었다. 게다가 그들의 산업화는 영국보다 훨씬 더디게 진행됐다. 일찍이 1780년경에 영국에는 2만 대의 면사 방적기가 있었다면 프랑스에는 단 9백 대뿐이었다. 국토의 면적만 봐도 프랑스와 스페인 모두 영국의 두 배나 되다 보니 수송 비용 또한 그만큼 많이 든다. 반면 영국은 크지 않은 국토와 강과 수로를 십분 활용해서 원자재를 도시까지 손쉽게 운송하고 완제품을 국내외 시장으로 훨씬 쉽게 내보낼 수 있었다. 또 공업도시들 가까운 곳에는 풍부한 석탄 광산이 있었고 1830년대에는 철도망이 발달하면서 이동 속도도 한층 가속화되었다.

1801년에는 아일랜드가 연합법에 따라 공식적으로 영국의 일원이 되었다. 잉글랜드는 250여 년간 아일랜드를 실질적으로 지배해 오고 있었지만 이 법이야말로 공식적으로 그레이트브리튼및아일랜드연합왕국United Kingdom of Great Britain and Ireland의 탄생을 알리는 것이었다. 영국은 도무지 끝날 것 같지 않은 유럽 대륙의 전쟁 대부분을 관망하는 자세를 취하면서 지켜보았고 경쟁국들이 앞다투어 허약해지는 것을 보며 내내 흐뭇해 했다. 그러다가 자국에게 위협이 된다 싶으면 한 발 들이밀었다. 가장 큰 도전은 나폴레옹으로부터 왔다. 나폴레옹 자신도 종국에는 어느 쪽이든 대륙의 가장 강한 세력이 적들과 동맹을 맺는 익숙한 전략에 그 자신도 결국 보기 좋게 당하게 되지만 말이다. 나폴레옹의 사례야말로 거의 모두에게 해당됨을 여실히 보여준 셈이다. 1803년 나폴레옹은 미국인들이 프랑스령인 루이지애나를 구입하기 위해 그에게 지불한 돈을 군자금으로 삼아 영국을 침공하는 게 괜찮을 것 같다는 결심을 한다. 그러자 영국은 군과 시민들에게 유례없는 대규모 동원령을 내렸다.

나폴레옹은 영국에게는 소름 끼치는 악몽이나 다름없는 존재였다. 그는 유럽 대륙을 지배하고 있었고 프랑스가 주도하는 정치, 경제, 군사 시스템을 유럽에 도입할 계획을 품고 있었다. 그렇게 모은 힘을 쓴다면 영국을 거의 굴복시키거나 적어도 프랑스의 뜻대로 할 수 있을 거라 보았다. 아직 침공이라는 직접적인 위협이 시작되기 전이었지만 영국으로서는 이제 전쟁은 선택이 아니라 불가항력이었다.

당시의 침략과 방어 계획 모두에서 지리는 제2차 세계대전 초반과 현저하게 비슷한 양상을 보였다. 해협을 건너 프랑스 군대를 영국으로 실어나를 대형 선박들이 파리 교외 불로뉴의 해안선 양쪽에 집결했다. 나폴레옹의 계획은 일단 시어네스와 채텀(둘 다 켄트 주)에 상륙해서 곧장 진격해 나흘 안에 런던을 접수하는 것이었다. 대부분의 영국군과 민병대는 켄트 주와 서식스 주 주변 해안선을 따라 새로 지은 요새 뒤에 배치해 있었다. 당시에 설치된 포좌와 요새들이 지금도 남아 있다. 하지만 막상 침공은 무산되었고, 나폴레옹은 그대로 워털루로 갔고, 유럽군들은 기진맥진했으며, 홀가분해진 영국은 자기네 제국 건설에 다시금 집중할 수 있게 되었다.

영국은 지속적으로 해상권을 장악하면서 전 세계에 걸쳐 자국의 의지를 관철할 수 있었다. 백여 년 전에 영국은 지브롤터를 장악해서 지중해와 대서양 사이의 지역을 호령했다. 19세기에 들어서 지브롤터는 희망봉에 닻을 내리기 전에 거치는, 아프리카 서부 항만들로 가는 일종의 발판 구실을 했다. 희망봉에서 위로 올라가 아프리카 동부 해안을 따라가다 보면 왕관에 박힌 보석, 즉 인도에 다다른다. 그 다음으로 말레이시아는 영국에게 중국의 해상 관문인 말라카 해협에 접근할 수 있게 해주었다. 이처럼 타의 추종을 불허하는 지리적 힘은 1869년에 수에즈 운하가 개통되면서 한층 탄력을 받았다. 이제 영국 선박들은 그 운하를 통과해서 보다 빠르게 인도로 갈 수 있게 되었고 대영제국의 힘은 절정으로 치달았다.

적어도 그것은 영국에게는 늘어난 부가 군사력과 정치 권력의 향상으로 이어지는 일종의 선순환이었다. 영국은 유럽의 대다수 전쟁과 혁명들로부터 멀찍이 떨어져 있었지만 이 나라의 군대도 나름 바빴다. 남아프리카공화국, 미얀마, 크림 반도, 인도 등은 대중이 잘 알지도 못하는 머나먼 곳들이었지만 그곳에서 이 나라는 상당한 이윤을 거둬들이고 있었다. 그곳에서 나는 원자재들이 영국의 공장들로 들어와서 그 소유주들에게는 재산을, 노동자들에게는 일자리를 만들어 주었다.

해군력, 즉 해상 권력은 모든 나라에게 공히 권력 구축에 기반을 둔 제국을 떠받쳐주는 역할을 했지만 한편으로는 식민주의와 인종차별이라는 꼬리표도 따라다닌다. 하지만 해군의 역할에서 도덕적으로 긍정적인 부분도 있었다. 1807년 노예 무역을 앞장서서 행해오던 영국은 돌연 이를 불법화했다. 이후 수십 년에 걸쳐 영국 해군은 노예

상인들을 적극적으로 추적해서 15만 명의 노예를 해방시켰다. 정부 또한 아프리카의 부족장들에게 보조금을 주어가며 그 행위를 중단해 줄 것을 설득했다. 하지만 노예제 자체는, 비록 영국에서는 없었지만, 엄연히 합법적으로 남아 있었다. 그러다가 1833년 영국이 통치하는 전 세계 모든 곳에서 불법화된다.

대영제국은 해가 지지 않는다는 말이 있다. 현재까지 전 세계에 14개의 영국령 섬들이 남아 있는 것을 보면 아예 틀린 말은 아니다. 그 가운데 적어도 한 군데 정도는 해가 뜨고 있을 테니 말이다. 한밤 중에 케이맨 제도(카리브해에 있는 영국령 제도)는 어두컴컴하겠지만 남 태평양의 핏케언 제도는 아직 한낮일 것이다. 그렇다고는 해도 좋은 일이든 나쁜 일이든 끝은 있게 마련이다. 대영제국의 종말의 서막은 나중에 만나게 될 두 세력이 부상하는 것에서부터 시작된다. 그 두 세력은 바로 독일과 미국이다.

힘의 균형추가 이동하기 시작했다
—

1871년 서로 오랫동안 싸우는 것에 지친 게르만 공국들은 하나로 합쳐지면서 서유럽에서 가장 크고 인구가 많은 나라가 된다. 그 나라는 머지않아 경제적으로 가장 활력 있는 나라에 걸맞게 조선업을 포함한 군수 산업이 발전해 갔다. 영국은 나폴레옹 이후 처음으로 유럽 대륙을 지배할지도 모를 힘이 등장하고 있음을 감지할 수 있었다. 동시에 미국의 산업혁명 역시 속도를 높여갔다. 이 현상은 주요 강대국들의 시장과 경쟁할 만한 상품 생산을 부채질했으며 전 세계에 진출할 수 있는 대양 해군의 부상을 촉진했다.

돌이켜보면 영국과 독일의 군비 경쟁이 뒤따르는 가운데 무수한 요인들이 더해지면서 제1차 세계대전은 불가피할 수밖에 없었다. 그것은 관련국 모두에게 재앙이었다. 역사책으로만 보면 영국은 승자 편에 서 있지만 실제로는 모두가 패자였다. 제2차 세계대전으로 이어졌다는 점에서도 그것은 패배였다. 영국은 전쟁으로 인해 쇠약해졌다. 복수심에 불타는 프랑스도 마찬가지였다. 그리고 독일은 여전히 가장 큰 나라였지만 많은 국민들은 전시 지도자들과 1918년의 항복 조건, 이 두 가지 모두에서 배신감을 느꼈다.

21년 뒤 아찔한 낭떠러지 앞에 아슬아슬하게 서 있던 유럽은 또다시 발을 헛딛고 만다. 이번 전쟁은 야만성 면에서도 이전 전쟁을 훨씬 뛰어넘었다. 그리고 아예 대영제국의 허리를 부러뜨려 버렸다.

1940년의 영국은 1803년과 거의 비슷한 상황에 놓여 있었다. 독일은 영국 부대가 프랑스 북부 도시 덩케르크에서 굴욕적인 철수를 하게 했다. 이후 이 나라는 영국을 침공하겠다는 의도로 영국군이 보이는 곳에 부대를 배치했다. 비록 현실화되지는 않았지만 우리는 그것을 통해 공격과 방어 계획 모두에서 영국의 지리와 경제가 어떻게 군사 전략과 얽히는지에 대한 놀라운 통찰을 얻을 수 있다. 오늘날에는 그와 같은 위협적 상황이 벌어질 가능성은 희박하지만 그 사고방식은 비슷한 노정을 따를 것이다.

독일의 바다사자 작전(1940년 히틀러의 영국 점령 작전) 초기 계획은 네덜란드의 로테르담과 프랑스의 항구 도시 칼레에서 시작해서 수륙양용 작전을 펼치면서 영국의 켄트와 서식스 해안에 상륙하는 것이었다. 동시에 낙하산 부대는 브라이튼과 도버항의 고지대로 침투한다.

2차 공격은 프랑스의 셰르부르에서 시작해서 도싯/도버 해안으로 상륙하는 것이었다. 또 교두보를 설치해서 두 부대가 서남쪽과 서쪽에서 런던으로 접근해 간다. 이때 스코틀랜드까지 침공하는 것처럼 교란작전을 펼치기 위해 남쪽에서 부대들을 끌어온다.

영국은 그 계획을 알지 못했지만 학습에 의한 지리적 짐작은 가능했다. 최전선은 남쪽 해안들이었다. 따라서 적의 상륙 예상 지점 상당수에 참호를 파서 그 위로 사격진지를 배치하고 그것들 사이에 가시철조망을 쳤다. 또 교각도 해체하고 롬니 마시의 일부 지역도 침수시켰다. 이곳은 일종의 해안지층이었는데, 만일 독일군이 그들의 교두보를 어떻게든 뚫는다고 해도 그 뒤에는 수도와 미드랜드의 공업지대 및 북부를 방어할 저지선들이 펼쳐져 있었다. 이 저지선들은 적의 전진을 더디게 만들고 공업 중심지를 피해 가게 하려는 의도로 만든 것이다. 관건은 벨기에와 프랑스를 전격적으로 밀고 다니면서 큰 피해를 입힌 독일군 탱크들을 어떻게 저지하느냐였다.

영국의 방어 전략 핵심은 총사령부라 불리는 노선이었다. 이 노선은 브리스틀에서 동쪽으로 달려 런던의 바로 남쪽까지 가서 수도 런던을 에두른 뒤 북쪽으로 내달려서 케임브리지, 미드랜드, 리즈 같은 요크셔의 공업도시를 지나 스코틀랜드로 향한다. 그 노선에는 숲, 강, 수로, 철도 제방 같은 탱크들의 전진을 가로막는 장애물들이 있다. 다리에는 언제라도 폭파시킬 수 있게 전선을 감았고 필요하면 비행장과 주유소들도 파괴할 수 있도록 했다. 또 침공이 예상되는 지역 주민 수십만 명을 대피시켰고 남아 있는 이들은 방위군으로 편성했다.

그때 영국 정부는 마음을 바꿨다. 대신 상륙이나 탈출 자체를 막는 방향으로 초점을 맞추기로 했다. 그해 여름 영국 공군은 브리튼 전투에서 승리를 거두며 독일의 침공 예상 지역 하늘을 장악했고, 영국 해군은 바다를 장악했다. 하지만 히틀러는 공격을 미루었는데 러시아 침공이 개시되면서 독일군이 여기저기서 바빠졌기 때문이다. 수륙양용 작전이 시행된 것은 그로부터 4년 뒤 다른 장소에서였다. 연합군은 독일로 진격했고 러시아는 동쪽에서 진격해 왔다. 그리하여 유럽을 정복하려고 떠오른 힘은 다시 한번 패배라는 쓴맛을 보았다.

이를 위해 영국이 지불한 대가 중 일부는 다름 아닌 바로 자신들의 제국이었다. 재정적으로만 무릎을 꿇은 것이 아니라 전투에 사용할 함선을 얻는 대가로 해군기지 대다수를 미국에 넘겨준 것이다. 미국으로서는 금상첨화였다. 선박도 넉넉한 데다 이제는 기지들까지 잔뜩 얻었으니 말이다. 힘의 균형추는 대서양을 건넜고 대영제국을 지속할 능력은 무너지고 있었다. 그럼 이젠 어떻게 해야 할까?

한쪽 발은 미국에, 한쪽 발은 EU에(그러나 깊지는 않게)

—

바야흐로 새로운 역할을 찾아야 한다. 플랜 A는 효과가 없었다. 즉 영국은 우선 미국의 최고 우방이 됨으로써 제국을 지킬 수 있을 거라 생각했지만 미국의 생각은 달랐다. 미국은 대영제국을 좋아한 적도 없었으며 함께 싸워야 할 냉전시기에도 그들이 별반 유용할 거라고는 여기지 않았다. 왜냐하면 소련이 영국의 식민주의를 떠올리게 해 전 세계에 혁명을 부추길 수 있기 때문이다. 따라서 영국은 미국이 구상한 나토 같은 전후 국제기구에 가입할 수는 있었을지언정, 1956년 수에즈 운하를 점령하려고 이집트에 부대를 상륙시켰을 때 대영제국의 시대는 끝났음을 뼈저리게 느낄 수밖에 없었다. 당시 영국이 저지른 일련의 판단 착오들 가운데 하나는, 이집트를 침공해서 수에즈 운하를 점령해 그것을 국유화하려는 이집트 정부의 결정을 철회시키도록 하겠다는 의도를 사전에 미국에 알리는 것을 생략한 것이다. 화가 머리끝까지 치민 아이젠하워 당시 미국 대통령은 당장 영국군을 철수시키도록 했다.

그렇다면 플랜 B는 어떤가? 영향력을 계속 유지하기 위해 미국의 최고 우방으로 남는다. 하지만 제국의 몫은 없다. 그런데 이 또한 잘 풀리지 않았다. 적어도 처음에는 말이다. 1962년 미국 행정부 내 특별 고문인 딘 애치슨은 "영국은 제국을 잃었지만 자신의 역할을 아직 찾지 못하고 있다."라는 유명한 발언을 했다. 뼈아픈 지적이다.

플랜 C는 다음의 애치슨 연설에 나온다.

"별도의 권력 역할을 하려는 시도, 즉 유럽과는 다른 역할, 미국과의 특별한 관계에 기초한 역할, 정치적 구조나 연합 또는 힘도 없는 영연방의 수장이 되는 것에 바탕을 둔 역할은 이제 그 영향력이 다해 가고 있다."

애치슨은 영국이 유럽 대륙에 전념할 때가 왔다고 믿었다.

영국의 새로운 역할은 일종의 이종 혼합이었다. 한쪽 발은 미국 진영에, 다른 한쪽 발은 EU의 전신에 담는 것으로 이 역할은 40년 이상 지속된다. 훗날 EU에 관여하는 쪽으로 방향을 틀면서도 영국은 미국과는 별개로 나토의 그 어느 회원국보다 월등히 앞선 국방력을 구축해 갔다. 영국은 미국이 부를 때면 언제든 동등한 비중으로 국방력을 쓰겠다는 의지를 보여주었다. 물론 영국 내 여론과 집권 노동당 내의 반발이 심했던 베트남전의 경우는 예외였다. 영국은 또한 막강한 정보 자산을 제공하고 외교적으로도 자주 미국을 지원했다. 이에 대해 비판론자들은 미국과의 〈특별한 관계〉라는 말을 오랫동안 조롱해 왔다. 하지만 이 관계는 실제 존재했고 이전만큼은 덜하다 해도 여전히 존재하고 있다. 그렇다고 양측의 현실주의자들이 이 상황을 꼭 마뜩잖게 보고만 있다는 뜻은 아니다. 예민한 이들은 알 수 있다. 첫째 지금까지 어느 쪽이 우위였는지, 둘째 미국은 그들에게는 그리스라 할 영국이 로마제국이 될지도 모른다는 허풍을 받아들이지 않았다는 것을. 하지만 두 나라의 관계는 동일한 언어, 역사, 정치 문화에 바탕을 둔 만큼 미국과 유럽 다른 나라들과의 관계에 비하면 그만큼 특별하다고 할 수 있다. 사실상 유럽과 영국의 관계도 다른 식이었으니 말이다.

영국은 프랑스가 미심쩍어 하기 때문에 EEC(유럽경제공동체)에 가입하는 것에 대해 확신할 수가 없었다. 1960년대에 샤를 드골이 이끌던 프랑스는 영국의 가입에 두 번씩이나 거부권을 행사했다. 드골은 프랑스가 EEC에서 주도권을 행사하기를 바랐던 터라 영국의 가입은 험난할 수밖에 없었다. 게다가 드골은 앵글로색슨족의 행동방식은 이 프로젝트와 어울리지 않는다고 생각했다. 1963년 영국의 첫 가입 신청에 거부권을 행사하면서 드골은 이렇게 말했다.

"잉글랜드는 사실상 섬나라이자 해양 국가로서 상호 교역망과 시장, 공급망 등을 통해 다양하고 가장 먼 나라들과 이미 연결돼 있다. 또 영국은 기본적으로 공업과 상업 활동을 추구하며 농업 부문은 아주 미약하다. 영국이 하는 일들은 모든 부분에서 매우 뚜렷하며 독창적인 관습과 전통에 기인한다."

드골은 영국이 EEC 내에서도 지배 세력에 맞서 힘의 균형을 맞추기 위해 연합을 형성하는 전통적인 정책을 고수할 것이며, 이번엔 그 반대편이 프랑스라고 믿었다. 그는 경제적 사안에 대해 매우 다른 입장을 갖고 있는 영향력 있는 국가와 동일한 권역 안에 있고 싶지 않았다. 영국 경제는 국가가 뒷전에 밀려 있고 민간 자본이 지배하지만 프랑스는 달랐다. 또 드골은 영국이 EEC 내에서 미국의 눈과 귀가 될 일종의 트로이의 목마가 될지도 모른다는 우려를 했다. 어쩌면 드골이 모든 면에서 옳았는지도 모른다.

1973년이 되자 드골은 퇴장하고 영국이 입장했다. 살짝 그랬다는 것이다. 영국은 다른 여러 회원국들만큼 이 프로젝트에 선뜻 달려들지 않았다. 이는 부분적으로 해묵은 역사에 기인한 것이겠지만 최근의 역사도 얼마간은 기여했다. 고통과 상실을 겪었다고는 해도 영국은 유럽 대륙 국가들만큼 제2차 세계대전의 공포를 크게 겪지 않았을 뿐더러 그 나라들과 국경을 맞대고 있지도 않다. EEC 창립 회원국들은 이 단체야말로 수세기에 걸친 전쟁을 영구적으로 종식시키는 길이라 믿었지만 영국은 초기에 경제적으로 소외될지 모른다는 두려움, 즉 특별히 유럽 대륙에서 성장하고 있는 시장에서 소외될지 모른다는 두려움 때문에 가입을 하려 했다. 영국은 전면 통합은 거부하면서 여러 다양한 법률을 제시하는 한편, EU 내에서 프랑스와 독일이 주력 엔진이 되는 것에 균형을 맞추려고 보다 작은 나라들과 손을 잡느라 43년을 보냈다. EU가 정치적 결속을 강화하려 할 때마다 영국은 경제적 공동체의 확장책을 지지하면서 강대국들의 힘을 희석시키고자 더 많은 나라를 공동체에 끌어들이려는 노력을 기울였다. 물론 영국만 그런 입장을 가진 건 아니었다. 다른 몇몇 EU 국가들도 지나치게 밀착된 연합에는 미심쩍어 하면서도 재정적 및 정치적 주권은

영국 쪽에서 보는 전통적인 지도를 보면 유럽의 나머지 지역과 영국과의 분리가 뚜렷해진다. 이처럼 다른 각도에서 보는 것은 영국을 에워싸고 있는 유럽 국가들에 대해 영국이 갖는 전략상의 관점을 보여준다.

간직하되 번영을 가져다줄 단일 시장이라는 개념은 반겼다.

영국이 수십 년에 걸쳐 기울인 이러한 노력은 미국 정부에게 친하게 굴면서 다시금 경제적 안정을 획득하는 데 도움이 되었다. 미국도 이런 상황이 싫지 않았고, 영국은 미국이 주도하는 나토와 EU를 잇는 이른바 지정학적 매듭 역할을 했다. 그런데 금세기에 들어 몇몇 요인들이 변하자 영국 내의 여론도 바뀌었다.

유로화의 도입은 유럽이라는 단일한 정치적 집단을 향한 또 다른 발걸음을 내딛게 하는 신호탄이었다. 하지만 스웨덴, 덴마크와 함께 영국은 유로화를 채택하지 않았다. 또 유럽연합군 창설이라는 사안은 정치적 논쟁까지 촉발시키고 있지는 않지만 영국 정부는 이에 대해 여전히 불편한 심기를 내비치고 있다. 물론 2016년의 브렉시트 투표에 더 큰 영향을 미친 것은 화폐도 군대도 아닌 경제였지만 말이다.

브렉시트 이후
혼성 전략이 필요해지다
—

2008년에 발생한 금융 위기는 세계화 문제와 다국적 기업들이 얻는 수익에 대해 근본적인 질문을 촉발시켰다. 대다수 나라에서 EU 가입 협상은 평화 유지를 위한 것만 빼면 경제적 번영과 주권을 맞바꾸는 것이나 다름없었다. 하지만 많은 영국 국민들이 보기에 만약 번영을 누리지 못한다면 EU 가입과 주권을 맞바꾸는 것은 훨씬 가치가 덜한 일이었다. 이 일은 영국 내에서 큰 고민과 분열을 야기했고 브렉시트 투표의 결과를 두고도 아직도 여론은 분분하다.

브렉시트를 하려는 이유는 앞서 개략적으로 기술한 것들보다 훨씬 복잡하지만 2008년의 전 세계적인 금융 위기와 경제적 혼란도 한몫했음은 분명하다. 이를 계기로 EU의 생존 가능성과, 여기에 오랫동안 발을 담그고 있으면서도 유럽 본토와 일정한 거리를 두는 영국의 오랜 전통에 대한 근본적인 질문이 대두됐다.

브렉시트 이후 바야흐로 전 세계에서 새로운 전략들이 출현하고 있다. 제2차 세계대전 이후에 형성된 양극 체제가 사라지고 있음을 다른 나라들 또한 느끼고 있기 때문에 온갖 전략들이 마구 쏟아져 나오고 있는 것이다.

2016년 이후 영국은 본능적으로 미국을 바라보고 있다. 미국이 가진 정치적, 경제적 힘을 감안하면 이 행동도 이해가 간다. 하지만 현재 이런 행보는 20세기에 그렇게 했던 것과는 그 이유가 다르다. 냉전시대에는 소련과의 대규모 교역은 정치적으로 용인될 수 없었고 그에 따른 경제적 가치도 제한적이었다. 그러나 EU와 더불어 막대한 구매력을 가진 전 세계 3대 시장 가운데 하나인 21세기의 중국과는 사정이 다르다. 그러므로 워싱턴과 관계를 유지하면서도 베이징과도 훈훈한 정치적 및 경제적 관계를 위한 문을 열어두려면 새로운 혼성 전략이 필요할 수밖에 없다. 외무성 관리들의 말처럼 이것은 일종의 〈절제된 방식의 도전〉이라 할 수 있다.

미국은 유럽과 중동, 아프리카의 안정에 여전히 큰 관심을 두고 있다. 하지만 미국이 그 어느 때보다 태평양 지역도 중시하게 되면서 미 정부의 관심을 끌고 유리한 조건으로 소비 시장에 대한 접근을 보장받으려면 위에서 언급한 지역 모두에서 미국의 뒤를 받쳐주는 노력이 필요하다. 미국은 모든 유럽 국가들이 유럽의 방어와 가까운 지역의 안정을 위해 더 많은 책임을 지기를 바란다. 그래야 자신들이 편하게 태평양 쪽에 집중할 수 있기 때문이다. 해외에서 전쟁을 수행할 수 있는 군대를 유지하는 비용은 만만치 않겠지만, 그것은 세계 최강대국으로 남아 있는 국가와 동맹을 맺고 있는 나라가 치러야 하는 대가의 일부일 것이다.

영국은 워싱턴과의 기나긴 작별 인사를 늦추거나 어떻게든 되돌리려고 계속 시도할 것이다. 미국의 인구 변동 추이를 보면 구세계의 유산을 되새기는 영국계를 포함한 미국인들의 수는 해가 갈수록 줄어드는 추세다. 미국의 지정학적 우선순위도 변하고 그 관심 또한 태평양 지역으로 모아지고 있는 가운데 양국을 묶고 있던 정서적 끈도 느슨해져 가고 있다. 이런 경향은 오바마 대통령 시절부터 그 징후가 보였다. 영국이 미국과의 관계를 지속시키고 싶다면 때로 경제적, 외교적 또는 군사적 측면이 될 수도 있을 초강대국의 대전략을 지지하는 역할을 할 필요가 있을 것이다. 물론 이라크에서 봤듯이 이런 관계가 늘 최상의 결과만 가져오는 것은 아니다. 체스 용어로 말하자면, 왕은 여전히 미국일 터이고 여왕은 체스판 주변에서 움직이는 미국의 대외정책이 될 것이다. 영국은 스스로 움직일 수 있는 기사가 될 수도 있지만, 자신들의 주요한 결정은 미국의 게임 전략에 어떻게 조응하느냐에 기반을 두어야 한다. 앞서 언급한 1956년 수에즈 운하에서 당한 낭패에서 얻은 교훈은 미국이 자국의 우방조차 희생시킬 준비가 되어 있다는 것이다. 하지만 이것은 극히 드문 사례고, 지난 3세기의 지리와 정치가 여전히 유효한 현실에서 영국은 현재까지 주요 선수로 남아 있다는 데에 내재적인 이점을 가지고 있다. 영국은 미국, 캐나다, 오스트레일리아, 뉴질랜드와 더불어 파이브 아이즈라는 기밀정보 공유 공동체의 일원이다. 범위로 보나 능력으로 보나 어디에도 이만한 조직이 없으며, 각 회원국에게는 필요한 정보에 접근할 수 있는 엄청난 수준의 권한이 부여된다.

광범위한 경제 정책의 일환으로, 영국은 유리한 조건으로 협상을 진행하는 느슨한 교역 파트너십 관계로 파이브 아이즈를 확장하고 싶어 할 수 있다. 일부 영국인들은 파이브 아이즈가 EU의 대안이 될 거라면서 열광한다. 그런데 여기서 결정적인 약점은 다름 아닌 물리적 거리다. 파이브 아이즈 회원국 모두를 합하면 더 많은 인구와 보다 역동적인 경제를 갖게 될 수 있겠지만 문제는 영국 남부 해안에서 33킬로미터 이내에 위치하고 있지 않다는 점이다. 그럼에도 파이브 아이즈라는 이 구상에는 확실한 시장, 교역 기준의 준수, 부패를 깨끗하게 일소하는 국가들과의 거래라는, 모든 구성원을 끌어당기는 요소들이 있다.

현재 영국은 어떤 나라든 선택만 하면 개별적인 교역을 자유롭게 추진할 수 있다. 일본 같은 나라와는 독자적으로도 가능하다는 것을 보여주었다. 영국은 2021년 말 EU와 협정을 맺고 단일 블록으로 협상하고 있다. 또 멕시코와 캐나다를 포함한 수십 건의 다른 협상들도 결론이 났다. 하지만 중국, 미국, EU와의 관계에서는 영국이 불리한 입장에 놓여 있다. 영국은 유럽에서 두 번째로 경제 규모가 큰 나라일지 모르지만 21세기의 3대 경제 강국에 비하면 그 규모가 한참은 작다. 그러므로 이 나라들과의 향후 협상에서 상당한 정치적 양보 없이 경제적 양보를 얻어내려면 고군분투해야 할 것이다. 다음에 이어지는 것은 이론적 모델에 불과하지만, 예를 들어 EU는 미래에 영국과 경제 협의를 할 때 영국이 유럽연합군에 준동료 자격으로 참여한다는 약속을 연계시키려 할 수 있다. 반면 미국은 영국이 유럽연합군에 참여하지 않아야 한다는 입장을 고수할 수 있다. 여기에 티베트 독립에 한사코 반대하는 중국은 영국 총리가 달라이 라마를 다우닝가의 총리 관저로 초대해 차와 비스킷을 대접한다면 영국과의 협상을 그날로 깨버릴 수 있다. 아닌 게 아니라 2012년에 데이비드 캐머런 총리는 달라이 라마를 초청했다. 그리고 그해와 이듬해 4월에 베이징 방문 계획을 수립하는 와중에 중국 고위 공직자 중 누구도 그와 만날 시간을 내줄 수 없다는 것을 알게 되었다. 결국 총리의 중국 방문 계획은 없던 일이 되었고 다우닝가는 달라이 라마와의 관계가 한 페이지를 넘겼음(티베트는 중국의 영토라는 성명을 발표했다는 의미)을 알렸다. 그러자 캐머런 총리가 11월에 베이징을 갔다. 영국의 원자력 발전에 중국의 투자를 끌어오기 위해서 말이다.

그래도 친구는 있다

—

정치적으로 보면 현재 EU 내에서 영국 정부의 영향력은 전에 비해 훨씬 줄어들었다. 그렇다고 해서 개별적으로 친한 나라들이 아예 없어진 것은 아니다. 그 가운데 하나가 폴란드일 가능성이 높다. 동유럽의 리더가 될 것처럼 보이는 폴란드는 EU와 나토의 가치에 대해 영국과 일정 부분 비슷한 입장을 공유하고 있다. 이를테면 EU는 성공적인 교역 공동체 내에 독일을 붙잡아 두도록 구성되어야지 단일한 독립체가 돼서는 안 된다는 것, 또 나토에 관해서도 러시아가 서쪽으로 향하지 않도록 확실하게 막아야 한다는 것 등이다. 영국이 EU 회원국일 때 영국과 폴란드는 동일한 입장에서 자주 찬성과 반대표를 던지곤 했다. 한쪽이 더 이상 연합의 회원국이 아니라고 해서 그들이 공유하는 세계관까지 바뀐 것은 아니다.

브렉시트 이후 영국에게 적절한 도움을 줄 수 있는 우방이 폴란드만 있는 것은 아니다. EU는 유럽이 아니며, 유럽 또한 EU가 아니다. 군사 및 정치 전선에서는 비단 폴란드뿐 아니라 프랑스와도 긴밀한 관계를 맺을 만한 강력한 사례가 있다.

영국과 프랑스는 유럽에서 가장 강한 군사력을 가진 나라다. 두 나라 모두 여러 전선에서 러시아의 활동에 대해 신경을 곤두세우고 있고, 북아프리카의 사헬과 사하라 지역의 불안정과, 북쪽으로 오는 이주민과 난민들의 이동에서 파생되는 연쇄 효과에 대해 염려하고 있다. 두 나라는 이미 공통안보및국방정책Common Security and Defence Policy을 공유해 왔다. 나토의 역할을 약화시키지 않는 선이라면 영국은 기꺼이 이를 발전시키고자 한다. 프랑스와 영국이 EU와 나토의 틀 밖에서 공동으로 군사 작전을 펼친 경우는 많다. 두 나라는 리비아 내전에 개입했고, 현재는 시리아에도 병력을 주둔시키고 있으며, 최근에는 사헬 지역에서 6천 명의 프랑스 부대원들을 지원하기 위해 영국군이 이동하기도 했다.

독일, 프랑스, 영국이 공통의 목표를 위해 외교적으로 함께 힘을 합치는 잘 짜인 E3 형태도 있다. 가장 눈에 띄는 사례라면 이란 핵합의를 들 수 있겠다. 또 북쪽으로 눈을 돌리면 영국과 노르웨이, 덴마크, 핀란드, 아이슬란드, 스웨덴까지 가세해서 일련의 이슈들에서 협력하고 있다. 이 6개국 가운데 EU 회원국은 세 나라뿐이다. 이는 곧 영국이 EU 〈바깥에서〉 파워 블록을 형성할 수 있음을 상기시켜 준다. 만약 나토의 회원국이기도 한 EU 국가들이 러시아의 공격에 강경노선을 취하지 않는다면 발트해 국가들과 폴란드, 루마니아, 그보다는 덜하겠지만 북유럽 국가들도 기꺼이 영국을 지지할 것이다. 지난 십여 년간 베를린과 파리에서 포스트 범대서양주의자post-Atlanticist라는 개념이 부상하고 있는 현상에 주변 국가들은 촉각을 곤두세우고 있다. 마크롱 프랑스 대통령은 사실상 나토가 뇌사 상태에 놓여 있어서 동맹국들에게 확신을 주지 못한다고 천명하면서, 왜 유럽이 방위적 차원에서 미국과 분리되고 그 대신 강력한 유럽연합군을 보유해야 하는지에 대한 논쟁에 불을 붙였다. 대다수 유럽 국가들이 국방비 지출을 꺼리며 신속한 결정을 내리지 못하고 있는 가운데 마크롱의 이 발언은 베를린 동쪽의 EU와 나토 국가들의 걱정을 사고 있다.

영국은 유럽의 해안에 대해서는 신중하게 지켜보면서 선택지를 만지작거리고 있다. 영국의 관심사는 EU가 분해되는 것을 보는 게 아니다. 강력한 EU는 영국산 상품을 수출할 수 있는 거대한 시장이 될 수 있고 대륙의 안정을 유지하는 데 도움이 된다. 하지만 독재 정부들은 자유주의적이며 합법적인 원리들을 해체하면서 우리 기억에도 생생하게 남아 있는 나쁜 시절로 회귀하도록 부추기고 있다. 최근에 그리스, 포르투갈, 스페인, 폴란드, 헝가리, 크로아티아와 그 외 몇몇 나라들에서도 독재자들이 정권을 잡았다. 만약 EU가 실패로 돌아간다면 영국이 구축한 〈새로운 세력 균형 모델〉이 떠오를 것이다. 반면 EU가 성공한다면 영국은 어느 정도 거리는 두더라도 EU와 보조를 맞춰 움직일 것이다. 2018년에 EU는 미국의 GPS에 필적할 만한 갈릴레오 위성 항법 시스템(EU와 유럽우주기구가 공동으로 추진)의 보안 파트에 영국이 접근하는 것을 거부했다. 이 일을 계기로 영국 정부는 위성 분야에서 전략적 자주성을 확보하기 위한 대안을 모색해야 했다. 물론 아직까지는 미완성이지만.

최고의 강국은 아니어도 차상위 강국으로

—

냉전 이후의 다극화된 세계에 적응해 나가는 나라들처럼 기회와 도전이 모습을 드러내면 영국 또한 변화해 갈 것이다. 그리고 마침내 과거 제국의 시대에서 벗어나 이러한 변화에서 이익을 거두는 위치에 서게 되는 영국을 볼 수도 있을 것이다.

영국은 경제, 정치, 군사적인 면에서 차상위 세력으로 남아 있다. 영국은 유엔 상임이사 5개국 가운데 하나이며 나토를 대표하는 고참 회원국이자 G7과 영연방의 일원으로서 자리를 지키고 있다. 런던은 세계의 금융을 이끄는 도시다. 만약 런던이 도시가 아니라 국가라면 아르헨티나보다도 큰, 세계에서 스무 번째로 큰 경제 강국이 되는 셈이다. 런던은 여전히 소프트파워의 리더로 남아 있는 이 나라의 수도로 대단히 역동적인 문화를 생산하면서 전 세계의 주목을 받고 있다.

이는 부분적으로 5억 명 이상의 사람들이 모국어로, 10억 명의 사람들이 제2언어로 사용하고 있는 영어에서 기인한 바도 있다. 영어는 여전히 통상과 국제 계약에서 주요 언어로 사용되고 있다. 또 영국의 고등교육 시스템은 가장 총명하고 훌륭한(게다가 돈도 많은) 학생들을 전 세계에서 끌어들이고 있다. 영국은 전 세계에서 10위권 이내에 드는 명문대학인 옥스퍼드, 케임브리지, 임페리얼 칼리지 런던을 보유하고 있다. 이런 점은 이 나라 국부에 보탬이 되는 것은 물론 자국으로 귀국한 많은 외국인 유학생들이 고위직으로 진출하면서 미래의 소프트파워에도 기여하는 요인이 되고 있다.

BBC의 영향력은 줄어드는 추세고 브리타니아는 더 이상 공중파를 지배하고 있지 않지만 그래도 세계는 여전히 그들의 프로그램을 시청하거나 귀기울이고 있다. 또한 《이코노미스트Economist》, 《가디언Guardian》, 《데일리 메일Daily Mail》처럼 전 시대의 인쇄물 기반 미디어 그룹들의 독자층이 이제는 전 세계에 걸쳐 형성되고 있으며, 특히 《이코노미스트》와 《가디언》 등은 미국에서도 대규모 독자층을 보유하고 있다.

스포츠는 여전히 큰 수입원 노릇을 하고 있다. 특히 영국 프리미어 리그는 음악과 관광 산업 못지않게 코로나19에도 불구하고 지속적으로 큰 수입을 올리고 있다. 왕실 제도에 열광하거나 또 다른 왕좌에 매료된 사람들도 여전히 몰려오고 있다. 북아일랜드 관광청에 따르면 TV 시리즈인 「왕좌의 게임Game of Thrones」 주요 촬영지가 됐던 몬산맥, 케언캐슬을 비롯한 여러 장소를 보러 2019년 한 해 동안 35만 명이 찾아왔다고 한다.

이러한 소프트파워의 수준은 강한 경제에 힘입은 바도 있다. 이 수준을 지킨다면 영국은 정치적으로, 군사적으로 차상위 강국이라는 지위를 유지할 수 있다. 어떤 수준이냐는 이 나라가 하는 선택에 달려 있다.

영국은 많은 도전에 직면하고 있다. 이제껏 경험해 보지 못한 정치적 분열을 겪고 있다 보니 한층 명확하게 정의된 외교 및 군사적 역할을 찾고 있다. 그 가운데서 우리가 보듯이 방위야말로 가장 평가하기 쉬운 부분일 것이다. 비록 스코틀랜드의 독립이 상황을 바꿀 수 있다 해도 말이다. 1720년대에 이 나라는 잉글랜드와 스코틀랜드를 합병한 연합법의 이점을 누리기 시작했다. 2020년대는 영국에게 새로운 시대가 되겠지만 지리적 조건은 그때와 바뀐 것이 없다.

영국은 당장 급박한 군사적 위협에 노출돼 있지는 않다. 물론 러시아가 썩 우호적이지는 않겠지만 그렇다고 굳이 북유럽평원을 지나 유럽의 서부 해안 끝까지 밀고 들어올 것 같지는 않다. 독일과 프랑스는 영국의 동맹국이며 가까운 미래에도 그렇게 있을 가능성이 높다.

앞서 살펴보았지만 실제로 유럽에서는 프랑스가 영국의 가장 강력한 군사 동맹국이 된다는 시나리오가 있다.

비록 위협이 눈앞에 다가온다 해도 영국의 지리는 잉글랜드와 스코틀랜드가 합쳐진 3백 년 전이나 지금이나 여전히 유리하게 작용하고 있다. 이 나라에 침공을 감행할 수 있는 적대 국가는 그리 많지 않다. 중국, 그리고 굳이 들자면 러시아 정도? 항공모함을 보유하고 있지 않은 나머지 국가는 공중에서의 우위를 장악하려면 영국 가까운 곳에 항공기지를 두어야 한다. 그러기 위해선 근처 나라들을 침공하거나 시간을 들여 천천히 그 나라들을 장악할 필요가 있다. 하지만 그러는 동안 영국은 방어력을 점점 더 끌어올릴 것이다. 이웃 국가가 적이 된다면 영국 또한 그렇게 할 것이다. 어느 경우라도 영국에 군대를 상륙시키려면 영국의 전투기 2백 대와 해군부터 상대해야 한다.

영국 해군은 예전에 비하면 심하게 위축되긴 했지만 최신예 항공모함 2척과 전 세계에서 가장 앞선 구축함 6척을 보유하면서 여전히 가공할 함대를 갖추고 있다. 영국에 도달하려면 먼저 이들부터 상대해야 한다. 또 잠수함 함대에는 핵미사일을 장착한 4척의 뱅가드급 함정이 포함돼 있다. 적어도 그 중 한 척은 늘 바다에 나와 있으면서도 잘 숨어 있다. 수륙양용 공격이 발발할 경우 대개는 방어하는 쪽이 유리하다. 어찌어찌하여 해안에 상륙했다 해도 이 섬나라의 나머지 땅 전체를 장악해야 한다. 이는 로마인들도, 바이킹도, 노르만족도 결코 해내지 못한 일이다.

지속적인 감시 관찰이 요구되는 상황이긴 하지만 그렇다고 국방 책임자들이 뜬눈으로 밤을 지새워야 할 정도는 아니다. 오히려 그들의 잠을 방해하는 것이 있다면 다름 아닌 대량 사상자를 발생시키는 테러, 핵과 사이버 위협, 그리고 께름칙한 스코틀랜드일 것이다.

스코틀랜드가 절교를 선언한다면?

—

만약 스코틀랜드가 독립을 한다면 어떻게 될까? 만약 스코틀랜드가 영국과 공유하고 있는 전투기, 헬리콥터, 탱크, 선박들에 대해 자신들의 몫을 욕심낸다면 어떻게 될까? 그렇게 되면 상황은 상당히 복잡해질 것이다. 게다가 스코틀랜드가 핵무기를 장착한 영국 해군 잠수함들을 자신들의 파슬레인Faslane 기지에서 나가라고 하고 가까운 쿨포트에 있는 수리 및 보관 기지조차 닫아 버린다면 어떻게 될까? 파슬레인만큼 완벽한 잠수함 기지도 흔치 않다. 이곳은 수심도 깊고 북대서양으로도 신속하게 나갈 수 있다. 여기서 북해를 돌아 영국해협으로 내려가거나 지난 냉전시대에 소련의 해상 공격에서 소위 교전지역이었던 그린란드, 아이슬란드, 영국을 잇는 해상 항로인 이른바 GIUK(Greenland, Iceland, UK의 첫 글자를 땀) 갭으로 올라갈 수 있다. 그런데 문제는 비단 파슬레인뿐만이 아니라는 것이다. 질문들이 줄줄이 기다리고 있다. 나토 회원국 자격은? 최북단의 항공기지들은? 파이브 아이즈는? 그리고 기타 등등.

탱크와 선박의 분할은 상대적으로 간단한 문제다. 인구와 경제 규모, 필수 요건을 기준으로 해결하면 될 일이다. 하지만 파슬레인은 전혀 다른 뼈아픈 문제다. 파슬레인이 없다면 영국 해군은 전력을 공급받을 수도, 배를 타고 나갈 수도 없게 된다. 또 잠수함들은 어디로 간단 말인가? 이렇게 되면 영국은 해상에서의 지속적인 핵 억제력을 단박에 상실할 수 있다. 게다가 대체할 기지를 건설하려면 오랜 시간과 수십억 파운드의 경비를 들여야 한다. 영국 국방부는 이 경우를 대비한 시나리오를 준비하긴 했지만 진지한 수준이라고는 볼 수 없다. 2013년에 마틴 알바스터 해군 소장이 의회에서 한 발언이 그 증거다.

"상당히 어려운 상황이 될 겁니다. 파슬레인과 쿨포트를 이용하지 않고 영국의 다른 곳에 전략적 전쟁 억제를 위해 필요한 시설들을 다시 건설하는 것은 사실상 생각조차 할 수 없다는 것을 말씀드려야 할 듯싶습니다."

게다가 로시머스와 루카스 공군기지를 잃는 것은 영국 공군에겐 보통 골치 아픈 일이 아닐 수 없다. 영국의 방어력을 시험하려고 걸핏하면 접근해 오는 러시아 항공기들을 차단하는 것도 스코틀랜드 북부 영공에서 이뤄지고 있다. 따라서 스코틀랜드 독립 후 기지 임시 사용권에 대해 협상을 하게 된다면 스코틀랜드를 제외한 부스러기 영국은 광범위한 양보를 요구받을 것이고 이는 결국 국경 양측 모두의 분노를 수반할 수 있다.

또 나토에 가입하려는 독립한 스코틀랜드의 신청은 수년이 걸릴 수 있는 데다 핵무기에 대한 스코틀랜드의 입장으로 더욱 꼬일 수도 있다. 나토는 핵무장을 한 선박이 스코틀랜드 항구로 접근할 수 있는 권리를 확약받고 싶어 할 것이다. 파이브 아이즈의 경우는 그들이 스코틀랜드에게 정보를 주기만 하는 셈이고, 이제 갓 발을 떼기 시작한 스코틀랜드 정보 수집 능력은 받는 것만큼 충분히 줄 만한 수준은 아니어서 파이브 아이즈 가입을 권유받지는 못할 것 같다. 물론 스코틀랜드는 자체 무장 병력을 보유하고 있어서 영국과 어느 정도 협력할 가능성도 있다. 하지만 어느 모로 보나 스코틀랜드가 독립을 한다면 이 섬나라는 단일 국가일 때 누렸던 전략적 및 지정학적 이득을 더 이상 누릴 수 없게 될 것이다.

스코틀랜드가 내놓은 수치에 따르면 자신들이 영국에서 떨어져 나올 경우 부스러기가 된 영국은(스코틀랜드를 제외한 새로운 국가 이름과 국기는 추후 결정되어야 하겠지만) 인구의 8퍼센트, 국토의 32퍼센트, 그리고 1만 8천 킬로미터 이상의 해안선을 잃게 된다. 또 안보 면에서도 위협에 직면하게 된다. 군사력 또한 감소할 것이며, 스코틀랜드에서 철수해야 하는 상황에서 노르웨이해를 건너오는 러시아 제트기들의 잠재적 위협이 보다 가까워지면 영국은 조기 경보 시스템도 더욱 개량해야 할 것이다. 잠수함 형태의 핵 억제력에 관해서라면 다른 항구들이 건설되는 동안 미국에 정박할 수도 있겠지만 각 군 참모들이 바라는 것은 병참 같은 문제가 아니다. 영국이 왜 그러한 핵 억제력을 필요로 하는지 그 이유에 대해 이를 지지하는 측은 러시아, 북한, 이란의 잠재적인 핵 위협을 지목하고 있다. 이란의 핵탄두 미사일이 런던으로 향한다는 예상은 가능성이 매우 희박한 얘기지만 국가 전략이란 그렇게 작동되지 않는다. 시대는 늘 바뀐다. 1932년에 독일의 바이마르공화국은 베르사유 조약에 따라 군사력 증강에 제약을 받는 어려운 처지에 있었다. 하지만 그로부터 9년 뒤, 나치 독일군은 모스크바의 바로 턱밑에까지 와 있었다.

그런데 스코틀랜드의 독립이 파탄의 종착역이 아닐지도 모른다. 이것은 현재 영국에 속한 북아일랜드에서 슬슬 달아오르고 있는 아일랜드와의 통합에 대한 찬성 여론을 더욱 가속화시킬 수 있다. 아일랜드는 피비린내 나는 투쟁을 거쳐 영국으로부터 독립을 쟁취한 뒤 1922년에 건국되었다. 이는 죽어가는 대영제국의 질질 끄는 으르렁거림의 시초였다.

이러한 현대적 독립 시나리오는 브렉시트와 직접적으로 연결돼 있다. 2014년에 스코틀랜드는 독립을 묻는 국민투표를 시행했는데 55퍼센트가 영국에 남는 것을 지지했다. 단 영국이 EU에 남아 있다는 전제에서였다. 브렉시트 여부를 묻는 국민투표에서도 EU를 지지하는 표가 잉글랜드보다 스코틀랜드와 북아일랜드에서 압도적으로 많이 나왔다.

지금 우리의 관심사는 스코틀랜드 독립에 대한 찬반이나 경제적 찬반 논쟁이 아니다. 스코틀랜드가 떠난다면 영국의 국제적 위상에 미치는 악영향은 영국이 EU를 떠나는 것에 비견되지 않을 정도로 커질 수 있다. 이 절교에 두 손 벌려 크게 환영할 나라는 아마 러시아일 것이다. 유럽의 2대 강국 중 하나인 영국의 군사력이 축소될 수 있기 때문이다. 현실적으로 대놓고 반길 나라들은 거의 없을 것 같지만, 파리와 베를린 정부는 유럽연합군을 창설하려는 계획에 늘 훼방을 놓았던 영국의 경제력이 축소된다는 점에는 주목할 것 같다.

현재로서는 가설에 불과할지라도 영국 앞에는 몇 가지 선택지들이 놓여 있다. 물론 쉽지는 않을 것이다. 영국이 다시 한번 세계로 진출하는 위대한 항해를 시작하려 할 때 도전 없이 나아갈 수는 없을 테니 말이다. 1902년 당시 영국에서 지정학 분석가로 크게 이름을 날리던 해퍼드 매킨더 경은 이렇게 썼다.

"영국은 바다에 자리 잡은 섬집단인데, 그 바다가 거대한 대륙의 앞바다이며 맞은편 해안이 들쭉날쭉하다는 단순한 사실에는 엄청난 중요성이 담겨 있다."

매킨더의 글을 못마땅해 하는 이들은 그가 제국주의자이며 지리의 중요성을 전략적인 부분에만 맞추고 있다는 이유를 댄다. 하지만 그는 민주주의를 지지하는 한편 열강들 사이의 긴장감을 완화할 수 있는 국제연맹도 지지했다. 또한 부지불식간에 자신의 생각이 나치 지도층에게 영향을 주었다는 사실에 괴로워했다. 그의 생각을 오용했다고 해서 그가 한 말이 틀렸다고는 할 수 없다. 한 대륙의 해안을 마주보는 섬나라라는 현실은 변하지 않았으니 말이다. 들쭉날쭉한 양측 해안선과 수심 깊은 항구들은 바다를 통한 교역을 가능하게 해준다. 매킨더의 글을 제대로 이해하는 길은 그 안에서 침략을 정당화할 구실을 찾는 대신 지정학적 현실을 받아들이는 것이다.

미국 독립전쟁이 발발한 지 두 세기 반이 지난 지금 영국이 다시 모습을 드러낸다. 할 수 있는 한 많은 곳에서 말이다. 대영제국 이후, 그리고 브렉시트 이후 그들은 친구이면서 대등한 입장이 되도록 노력할 것이다. 물론 늘 그렇지만은 않겠지만.

5

그리스,
그 위치 때문에
고대부터 현재까지
열강들의 게임의 대상이 되다

Black Sea
(흑해)

Bosphorus Strait
(보스포루스 해협)

(이스탄불)
Istanbul

Sea of Marmara
(마르마라해)

TURKEY
(터키)

Anatolia
(아나톨리아)

Izmir
(이즈미르)

os
(스)

(사모스)
Samos

이카리아)
Ikaria

s

Patmos
(밧모)

(레로스)
Leros

(칼림노스) *Kalymnos*
(아모르고스)
Amorgos

(코스)
Kos

Astypalaia
팔라이아)

(니시로스)

Nisyros

Symi (시미)
Tilos (틸로스)

Anafi
아나피)

(도데카니소스 제도)

rete

Rhodes
(로도스)

Kastellorizo
(카스텔로리조)

Karpathos
(카르파토스)

Kasos
(카소스)

EAN SEA

"빛이 있게 하라! 자유가 말했다.
바다에서 해가 떠오르듯 아테네는 떠올랐다!"
- 「헬라스Hellas」(퍼시 비시 셸리, 영국의 낭만파 시인)

　지중해 동부에서 보내는 여름? 아니면 에게해에서의 휴가? 모두
다 환상적으로 들리지만 이런 안락함을 누리기엔 이 지역은 최근 들
어 많이 뜨거워졌다. 상대적으로 조용했던 몇십 년을 보내고 나서 이
지역이 다시 한번 불안한 지정학의 최전선에 등장하고 있다. 이곳에
서 해저 가스전이 발견되면서 그리스와 터키 사이에 깊숙이 내재해
있던 해묵은 반목에 새로운 갈등의 불씨가 또 하나 던져졌다. 여기에
전 세계 다른 나라들까지 가세하고 있다. 두 나라 사이에 있는 이 수
역은 가스가 발견되기 전에도 잠재적인 분쟁의 소지를 안고 있었는
데 이제는 새로운 독성까지 추가되고 말았다.
　지정학을 공부하는 많은 학생들의 마음속에 그리스만큼 특별한 자
리를 차지하고 있는 나라가 또 있을까. 바로 이 분야의 학문이 태어난
곳이 아니던가. 투키디데스(기원전 460-400년)는 서구 정치철학의 규범
을 세운 인물이다. 그가 쓴 『펠로폰네소스 전쟁사』는 오랜 세월에 걸

쳐 국제 관계학을 연구하는 이들에게 영감의 원천이나 다름없었다. 이 책은 오늘날에도 시사적인 현안을 논의할 때 자주 인용되곤 한다. 일례로 〈투키디데스의 함정Thucydides Trap〉(새로운 강대국이 부상하면 기존의 강대국이 이를 견제하게 되고 이 과정에서 전쟁이 발발한다는 뜻)이라는 용어는 어떤가. 신흥 강국 아테네의 부상이 패권국 스파르타에게 두려움을 불러일으켜 전쟁이 발발한 상황에서 유래한 이 개념은 현재 중국의 부상으로 인해 미국 내에서 터져나오는 감정에도 적용된다.

투키디데스는 오늘날 진실로 받아들이는 것을 당시에 이미 알고 있었다. 그것은 바로 그리스 북쪽에 있는 산들은 그 방향으로 교역을 하는 데는 방해가 되지만 육로를 통해 지상으로 공격해 오는 적의 위협을 막아주는 데는 좋은 방벽이 되기도 한다는 사실 말이다. 하지만 그리스가 안정과 번영을 구가하려면 에게해의 제해권을 장악해야 한다. 즉 해양 강국이 돼야 한다. 따라서 〈바다와 산〉이라는 두 요소야말로 그리스의 과거와 현재, 미래를 이해할 수 있는 열쇠다.

신이 바위와 돌을 흩뿌려 만든 나라

—

현대의 아테네는 6천 개가 넘는 섬들을 품고 있는 이 나라의 수도다. 그리스의 그 어느 곳도 바다에서 100킬로미터 이상 떨어져 있지 않다. 발칸 반도의 남동쪽 끝에 자리 잡고 있는 이 나라는 북쪽으로는 알바니아, 북마케도니아[4], 불가리아와 국경을 맞대고 있으며, 북동쪽

---

4 발칸 반도 중부에 위치한 내륙국으로 1991년 유고슬라비아로부터 독립하여 마케도니아공화국이

으로는 터키와 접하고 있다. 국경 길이는 총 1,180킬로미터에 이르지만 대부분의 국경은 해안선이 차지하고 있다.

그리스 본토는 에게해, 지중해, 이오니아해에 둘러싸여 있는 형국이다. 에게해는 그리스 본토와 터키 사이에 자리 잡고 있다. 여기서부터 마르마라해를 지나 보스포루스 해협으로 들어가서 곧장 가면 러시아 영향권에 있는 흑해에 도달한다. 따라서 에게해는 그리스 안보에 결정적인 영향을 미친다. 물론 이러한 사정은 터키와 나토, 미국과 러시아에도 해당된다. 에게해에서 가장 큰 섬인 크레타는 그리스에 속해 있다. 또 에게해에는 도데카네스 제도가 있는데 로도스섬을 포함하고 있는 이 제도는 터키 해안을 코앞에서 바라보고 있다. 이러한 위치는 에게해가 이따금 〈그리스의 호수〉라는 별명으로 불리는 이유가 된다. 국제 해상법에 따라 그리스도 해안선에서 200해리의 배타적 경제수역, 즉 자국 연안에서 200해리까지의 자원에 대해서는 독점적 권리를 행사할 수 있는 수역을 보유하고 있다. (만약 다른 나라가 그 200해리 안에 있다면 공유한다.) 이에 따르면 그리스에 속해 있는 크레타, 로도스, 레스보스 같은 섬들 주변의 바다를 포함한 에게해 대부분이 그리스 영토라는 의미인데 터키는 이를 인정하지 않고 있다.

코르푸와 팍소스 같은 다른 주요 섬들은 이탈리아와 알바니아를 마주보고 있는 이오니아해의 북서쪽에 있다. 반면 크레타섬의 남동쪽은 터키, 시리아, 레바논, 이스라엘, 이집트, 리비아까지도 바라보고 있는 지중해 동부 지역이다. 또 그리스와 특별한 관계를 맺고 있지만

라는 국명을 사용해 왔다. 하지만 그리스에 있는 동명의 마케도니아 지역과 이름이 중복되면서 그리스와 갈등을 겪어오다 2019년에 북마케도니아공화국으로 국명을 변경했다(238쪽 참조).

터키가 일부를 점유하고 있는 사이프러스(Cyprus, 키프로스라고도 함)도 이 근처에 있다.

고대에는 이 바다들이 문명과 문명을 이어주고 새로운 사상과 부, 때론 갈등까지도 불러오면서 세계를 연결해 주었다. 오늘날 이 바다들은 그리스가 유럽 못지않게 중동과 북아프리카에 많은 관심을 두어야 한다고 말해 주고 있다. 고대부터 그리스의 지리는 이 나라를 제약하기도, 열강들의 게임의 대상으로 전락시키기도 했다. 유럽의 남동쪽 귀퉁이에서 에게해를 맞대고 있는 이웃이자 숙적인 거구(터키)와 대결 태세를 취하고 있는 그리스는 이제는 EU, 러시아, 나토, 어수선한 중동, 그리고 난민들이 야기한 위기의 교차점에 서 있는 처지가 되었다.

전설에 따르면, 이 나라는 신이 흙을 체로 걸러 세상에 뿌린 데서 비롯됐다고 한다. 짐작건대 대단히 큰 체였겠지만 말이다. 그런데 신이 일을 마치고 보니 체에 바위와 돌들이 꽤 많이 남아 있는 게 아닌가. 그래서 신은 그것들로 그리스를 만들었다고 한다. 이 날카로운 손놀림의 결과는 어느 방향으로든 그리스 본토 쪽으로 들어가 보면 분명해진다. 몇몇 해안 평야를 제외하면 물 위 여기저기서 불쑥불쑥 튀어나와 있는 산들이 보인다. 그리스의 5분의 4는 유난히 들쭉날쭉한 봉우리들과 깊고 웅장한 협곡이 특징인 산악지대로 이루어져 있다. 또 본토의 중심부에는 알바니아와 북마케도니아 접경지대에서 내려오는 핀도스 산맥이 남북으로 자리 잡고 있다. 이 산맥은 가장 넓은 부분조차 동서로 너비가 80킬로미터에 불과하고 일부는 통과하기도 어렵다. 극도로 가파른 암반지대인 이곳에서는 염소나 친다면 모를까 대규모 경작은 아예 어렵다. 산맥의 동쪽, 그러니까 해안 가까운 곳에는 마케도니아 주와 테살리아 주가 있다. 이곳은 비록 넓지는 않아도 땅이 비옥해서 집중적으로 경작을 할 수 있다. 그나마 여유 있게 식량을 공급할 수 있는 이 지역에서 알렉산드로스 대왕이 탄생했다는 사실은 순전히 우연만은 아닐 것이다. 하지만 그리스 대부분 지역은 산이 많고 숲으로 뒤덮여 있거나 토양이 좋지 않은 메마른 곳들이다.

고대 그리스 도시국가들은 언덕을 등지고 형성되다 보니 뻗어나갈 공간도 부족한 데다 많은 인구를 먹여 살릴 만한 경작지를 확보하기도 어려웠다. 또한 고대에는 지형 때문에 핵심 발전 지역들끼리 잘 연결되지도 않아서 내부 교역과 상호 교류 및 인구 증가가 힘들었고 중앙 집중적인 통제도 어려웠다. 이런 현상은 그리스라는 한 나라 밑에서 정치적으로는 하나라고는 하지만 오늘날에도 각 지역들이 저마다 고유한 특색을 간직하고 있는 이유이기도 하다.

이처럼 대규모 경작이 어려운 좁은 땅이라 농업이 GDP의 4퍼센트를 차지하고 있는 현실은 어찌 보면 너무나 당연하다. 좁은 평지에서는 경작지를 늘리기 어렵기 때문에 그리스는 수출량보다 훨씬 많은 양의 식량을 수입하고 있다. 현재도 각 지역에는 도로와 철도를 개설하기가 만만치 않다. 또 발칸 지역과 다른 유럽연합 국가 쪽으로 흐르는 강에도 쓸 만한 뱃길이 부족하다. 일례로 북마케도니아에서 그리스로 들어와 에게해로 흘러들어 가는 바르다르강의 경우 최대 수심이 4미터에 불과하다. 이래서는 배를 띄울 수가 없다. 불가리아에서 남쪽으로 흐르는 스트루마강의 사정도 비슷하다.

침략자들이야 예나 지금이나 많지만 이와 같은 지형을 가진 그리스를 공략하기는 쉽지 않았다. 그리스야말로 〈전략적 깊이〉라는 전통적 개념을 응용하기에 딱 좋은 경우다. 고전적인 의미에서 이 말은 침략군과 이 나라의 산업 중심지대 같은 일종의 핵심 지역 간의 거리를 일컫는다. 이 거리가 멀면 멀수록 방어할 기회는 더 많아진다. 이와 관련해 가장 좋은 사례가 러시아일 것이다. 러시아의 경우 침략군이 중심부까지 도달하려면 기나긴 거리를 이동해야 하는데, 방어하는 측은 극한 상황에서도 후퇴할 수 있는 상당히 방대한 전략적 깊이를 확보할 수 있기 때문이다.

그리스는 그 정도의 사치까지는 누리지 못하지만 이 나라의 해법은 방어 부대가 높은 고지대로 물러나서 계속 싸우는 것이다. 물론 이것은 침공 부대가 먼저 그리스의 중심부에 도달했을 때의 얘기다. 아예 애초부터 그 가능성을 차단하려면 그리스는 북쪽의 산악지대라는 천연 요새뿐 아니라 바다도 함께 고려해야 한다.

반도의 황폐한 지형은 그리스 사람들을 유능한 뱃사람으로 만들었다. 본토 안에서도 육상 무역은 쉽지 않았던 터라 (지금도 그렇지만) 상인들은 해안선을 따라다니면서 물건을 팔았다. 이러한 지리적 여건이 의미하는 바는 해상 무역을 기반으로 지역 강대국으로 부상한 그리스는 바다 위 교역로를 반드시 지켜야 했으며 그 결과로 강력한 해군을 필요로 하게 되었다는 것이다. 이 사정은 오늘날에도 변함없다.

서구 문명의 탄생지, 페르시아와 로마에 점령되다

—

아테네라는 도시국가는 이러한 지리적 배경 아래서 탄생했다. 그리스의 모든 도시국가 중 아테네는 가장 앞서가는 서구 문명으로 성장해 가면서 고대 그리스와 동의어가 된 곳이다. 아테네는 현재 아크로 폴리스가 서 있는 고지대에서 시작됐다. 이 위치를 굳이 선택한 것은 6.5킬로미터 정도 떨어진 에게해로 이어지는 주변 평야지대가 한눈에 들어오고 방어에도 유리했기 때문이다. 아닌 게 아니라 아크로폴리스라는 말도 〈높은 도시〉를 뜻한다. 아테네가 처음 이곳에 자리 잡은 것은 기원전 4000년경인데 신전을 포함한 주요 건물이 주변에 세워진 것은 기원전 1500년 무렵이었다. 기원전 1200년경에 세워진 방어벽도 현재 남아 있다.

고지대, 바다로의 접근성, 그리고 해상 패권을 쥐겠다는 결의로 아테네는 스파르타 같은 비슷한 도시국가에 비해 우위를 점할 수 있었다. 하지만 기원전 6세기 무렵의 아테네는 지역의 강국이긴 했지만 훨씬 강력한 적수, 즉 페르시아의 맹공을 버텨낼 만큼 강한 힘을 갖추지는 못한 상태였다.

기원전 480년 페르시아의 대규모 병력이 아테네에서 135킬로미터 떨어진 곳에 상륙했다. 수만 명의 병사는 좁은 해안가에 난 길을 따라 전진했다. 그들은 이 길이야말로 그리스 내부로 들어가서 그들을 정복하게 해줄 유일한 길이라고 믿어 의심치 않았다. 이윽고 고대 역사상 가장 널리 알려진 전투인 테르모필레 전투(기원전 480년 페르시아군과 그리스 연합군 사이의 전쟁)가 벌어진다. 이 전투는 역사책에서 나와 할리우드 블록버스터 영화로 탄생하기도 했다. 바로 「300」(2006년)이라는 제목으로.

스파르타의 레오니다스 왕이 지휘하는 그리스 연합군은 페르시아의 전진을 막기 위해 테르모필레의 길목에 도착했다. 그런데 페르시아군은 목동이 다니는 길을 찾아내서 그리스 연합군의 후방으로 침투하기 시작했다. 수적으로도 열세였던 그리스 연합군은 큰 인명 손실을 입었다. 결국 레오니다스는 퇴각을 명령했고, 우리가 익히 알 듯 저 유명한 300명을 데리고 최후의 결전에 돌입했다. 당시 실제 방어 병력은 스파르타 정예군 300명을 포함해서 2천 명은 넘었을 것으로 추정되지만 아무래도 「2천 명 넘은」은 영화 제목으로는 어울리지 않기는 하다.

이 전투의 결말은 페르시아의 그리스 점령이었다. 하지만 이듬해에 페르시아군은 패배한다. 이 일로 아테네인들은 6.5킬로미터 떨어진 피레우스 항구로 내려가는 폭 200미터 길목까지 이어지게끔 성벽을 확장한다면 누구도 쉽사리 접근할 수 없는 도시를 만들 수 있으리라는 것을 깨달았다. 또한 강력한 해군력까지 겸비한다는 것은 아테네가 포위를 당하더라도 물자를 공급받을 수 있다는 의미이기도 했다. 결국 핵심은 해상 권력이었다. 그리스인들은 이 교훈을 결코 잊지 않았다.

페르시아 전쟁의 막바지(기원전 449년)부터 펠로폰네소스 전쟁이 시작(기원전 431년)될 때까지 아테네는 그리스 지역의 실세로 군림했다. 특히 지성의 중심지로서 향후 2천5백여 년 이상 인류에게 영향을 끼치고 있는 여러 사상과 인물을 탄생시켰다. 평화와 번영을 구가하던 이 시기는 교육, 건축, 과학, 토론, 예술, 그리고 민주주의의 실험까지 아우르는 인류 문명에서 참으로 역동적인 순간이었다. 작가 에릭 와이너는 『천재의 지도 *The Geography of Genius*』라는 책에서 다음과 같이 말했다.

"그리스에는 아테네보다 더 크거나(시라쿠사), 더 부유하거나(코린트), 또는 더 강한(스파르타) 곳들이 있었다. 그런데도 아테네는 이전에도 또 이후에도 전 세계 어느 곳에서도 하지 못했던 일, 즉 소크라테스부터 아리스토텔레스에 이르는 현저하게 뛰어난 인물들을 배출해냈다."

아테네인들은 다른 곳으로 모험을 떠나기 좋아했고 다른 문화로부터 기꺼이 배우기를 즐겼다. 철학자 플라톤은 일견 오만하다고 할 수도 있는 다음과 같은 글을 남겼다. "그리스 사람들은 외국인들에게서 빌려온 것을 완벽하게 만들어 버린다." 완벽하게 만들어서 우리에게 남겨준 그리스인들이 굉장히 많은데 그 예를 들어보면 도시 계획의 아버지라 할 히포다무스, 위대한 철학자 아리스토텔레스, 의학자 히포크라테스, 수학자 피타고라스, 그리고 세계 최초의 여성 수학자로 널리 알려진 히파티아 등이 있다. 또 민주주의democracy, 곡예사acrobat, 풍자sarcasm 등 그리스어에서 파생된 영어 단어들만 해도 대략 15만 개에 이른다고 한다. 그것 말고도 우리가 고대 그리스에 감사해야 할 게 또 있다. Hippopotomonstrosesquipedalian이라는 〈길이가 긴 단어의〉라는 단어를 만들어준 것이다.

30여 년이나 끌었던 아테네와 스파르타 간의 펠로폰네소스 전쟁(기원전 431년-기원전 404년)은 이 나라를 피폐하게 만드는 데 그치지 않고 넓은 지역을 관할하던 아테네의 지배가 막을 내리게끔 했다. 여기에는 현재 터키 땅인 에게해 건너 아나톨리아 서부 해안 일부까지도 포함돼 있었다. 이는 뒤이은 수세기 내내 이어져서 오늘날까지도 꺼지지 않고 있는 그리스와 터키 간 마찰과 갈등의 불씨가 여기서 비롯되었음을 보여주는 증거다. 그로부터 1세기가 지나자 아테네는 또 다시 이웃한 나라와 전쟁에 휘말렸다. 이번에는 마케도니아였다. 필리포스 2세가 그리스 반도를 통일하더니 마케도니아의 지배 아래 두었다.

그리스의 도시국가들은 마케도니아를 발전이 더딘 나라 정도로 치부했지만 마케도니아는 다른 도시국가들이 갖지 못한 것을 가지고 있었다. 바로 불어나는 인구를 먹여 살릴기 위해 해상 무역에 의존하지 않고도 강물로 농사를 지을 수 있다는 점이다. 필리포스 2세는 물론 그의 아들 알렉산드로스 대왕도 이 점을 십분 활용해서 제국을 건설했다.

그리스 본토에는 주요 지역의 주민들을 먹여 살릴 만큼 식량을 생산할 땅이 여전히 부족했다. 그즈음 이오니아해 건너편에서 꿈틀거리는 세력이 있었다. 바로 로마였다. 그곳에서는 넓고 비옥한 골짜기들 사이로 아르노강, 테베레강, 포강이 흐르면서 땅에 물을 대주어 경작을 가능케 해 사람들을 먹여 살릴 수 있었다. 처음에 로마는 코르푸섬을 정복하는 것을 시발로 그리스 쪽으로 접근해 가기 시작했다. 코르푸는 이탈리아라는 부츠 모양의 땅 중에서 부츠의 뒷굽에 해당되는 곳을 마주보는 위치에 있다. 이 섬이 서쪽에서 그리스 본토로 접근하는 것을 막아주는 역할을 하고 있기 때문에 이곳을 손에 넣는 측은 그리스 침공에 유리한 진지를 확보하는 셈이다. 기원전 299년에 이곳을 장악한 로마도 바로 그 목적으로 이 섬을 이용했다.

그리하여 고대 그리스 시대는 막을 내리게 된다. 로마의 통치를 받게 된 그리스 도시국가들은 그럼에도 상당한 자율권을 보장받았다. 그런데 아테네의 제도들 또한 로마인들의 사고에 큰 영향을 끼쳤다. 또 로마제국의 일부가 됨으로써 그리스어는 지중해 전역으로 퍼져나갈 수 있었고 그리스 문화 또한 대대로 전해질 수 있게 되었다.

유럽 안에서도
뒤처지고, 소외되고, 밀려나다

—

그러나 패권으로만 보면 좋은 시절은 지난 셈이었다. 더 강력한 국가들이 역사의 한 페이지라도 비집고 들어가려고 애쓰는 동안 그리스는 뒤에 처져 있었다. 이에 대해 미국의 유머 작가 데이비드 세다리스가 이렇게 꼬집은 적이 있다. "그리스는 민주주의를 발명했고 아크로폴리스도 세우더니 그만두기로 했다." 사실 이 표현은 좀 가혹하기는 하다. 이후 2천 년에 걸쳐 로마, 비잔티움, 오스만, 영국, 그리고 러시아까지도 그리스가 스스로 운명을 책임지면서 지정학적 게임의 장으로 귀환하는 것을 끊임없이 방해해 왔으니 말이다. 이들 나라야말로 하나같이 에게해와 지중해 동쪽을 지배하려고 했고 쇠약해진 그리스는 이 목적에 딱 들어맞았다.

서기 4세기 무렵 로마제국은 동서로 분할된다. 동쪽의 중심 도시는 그리스어를 쓰는 비잔티움(기원전 667년에 설립된 고대 그리스 도시였으나 콘스탄티노플로 개명됐다가 현재는 이스탄불이 됨)이었다. 이 도시와 지역 문화는 그리스적이었고 이후 수세기 동안에도 그 상태로 있었다. 콘스탄티노플이 천 년 동안이나 비잔티움 제국의 수도로 있는 동안 그리스는 이 도시의 지배를 받았다. 사실 제국이 실질적으로 지배력을 행사한 곳은 해안 평야지대와 주요 도시와 섬 지역들이었고 산악지대에서는 여러 부족들이 걸핏하면 반기를 들고 일어나곤 했다. 이후에도 수년 동안 그리스 일부가 프랑크족, 세르비아인, 베네치아인에게 지배를 받는 등 일련의 불행한 사태가 있었지만 가장 오랫동안 지배를 받은 것은 뭐니 뭐니 해도 1453년까지 이어진 비잔티움 제국이었다.

1453년은 콘스탄티노플이 오스만 제국에게 함락된 해였다. 이 새로운 패권이 부상하는 동안 그리스는 유럽의 변방으로 밀려나 있었다. 심지어 국민 대다수가 그리스도교 신앙을 지니고 있음에도 정작 그리스는 그리스도교를 주로 믿는 유럽으로부터도 소외되었다. 200년 동안 오스만 제국이 섬들과 본토 주위의 바다, 게다가 본토 일부를 지배하는 동안 그리스는 확실히 주변부로 밀려났다. 반면 그리스 본토 내부가 험한 산지라는 것은 일부 지역은 절대로 오스만의 지배가 미치지 못한다는 것을 의미했다. 하지만 그들에게도 가장 중요했던 것은 에게해의 지배권이었다. 오스만 제국은 발칸 반도를 정복한 뒤 비엔나가 있는 북쪽까지 진격했다. 그러나 1683년에 그곳에서 치명적인 패배를 당한 뒤 장기간에 걸쳐 진행될 제국의 몰락이 시작되었다. 덕분에 그리스가 독립으로 향하는 데 확실한 도움이 되었다.

이어지는 세기에서 오스트리아-헝가리 제국과 러시아 제국이 팽창해 가면서 발칸 반도에 대한 오스만 제국의 지배력도 점차 약해져 갔다. 그러던 중 1800년대에 그리스에서 봉기가 일어난다. 이 사건은 낡은 도시국가들이 지배하던 지역에서 그리스의 정체성에 대한 근대적 사고가 탄생하는 기나긴 여정이 시작되었음을 의미한다. 1832년 열강들은 그리스의 주권을 인정하기로 했지만 그리스에게는 아쉬운 부분이 있었다. 사실 그리스인들은 이 협상에 관여하지도 않았고 그리스어를 사용하는 인구의 3분의 1도 안 되는 사람들만이 새로운 그리스 국경 안에 포함되었다. 이에 그리스는 향후 115년에 걸쳐 메갈리 이데아(Megali Idea, 위대한 사상)라는 개념을 통해 이 상황을 바꾸려고 애를 쓴다. 모든 그리스인들을 확장된 국가의 경계 안에서 하나로 통합한다는 이 개념은 "한 번 더, 세월이 흐르면서, 다시 한번 그들은 우리가 될 것이다."라는 구호 속에서 구체화된다. 보다 급진적인 입장의 주창자들은 오스만 제국의(나중에는 터키가 되는) 중심 영토인 흑해와 콘스탄티노플, 중앙 아나톨리아를 포함하여 비잔티움 제국을 부활시키자는 열망까지도 품었다.

꿈꾸는 건 자유라는 게 유럽 열강들의 반응이었다. 그들은 그리스를 영토가 제한된 군주제 국가로 만들었다. 그들의 결정에 따라 바이에른 출신의 열일곱 살 오토 폰 비텔스바흐 백작이 그리스 왕위에 올랐고 휘하 군대도 바이에른 출신들로 구성되었다. 하지만 이 시도는 그리 잘 풀리지 않았다. 어쨌거나 1862년에 폐위되기 전까지 왕은 집무실을 지키기는 했다. 이 혼란에 대한 해결책으로 제시된 것이 또 다른 열일곱 살짜리 외국인 왕이었다. 덴마크의 빌헬름 왕자가 요르요스 1세로 등극한 것이다. 애초에 그리스인들은 영국인 왕을 원했다. 유럽의 맹주 정도는 돼야 자기네 영토를 확장하는 데 도움이 될 거라는 기대에서였다. 하지만 영국의 빅토리아 여왕은 아들인 알프레드 왕자를 집에 그대로 두기로 했다. 이 결정에 그리스인들이 실망하자 여왕은 당시 영국 보호령이었던 이오니아 제도를 요르요스 국왕에게 선물로 주는 것으로 그리스인들을 달래고자 했다. 그리고 여기에는 2천2백 년 전에 로마인들이 고대 그리스를 점령하기 위해 도약대로 썼던 바로 그 섬인 코르푸가 포함돼 있었다.

요르요스 1세는 러시아와 영국 왕가와의 친분을 이용해 더 많은 영토를 그리스로 가져왔다. 테살리아 지역 대부분을 병합했으니 이 정책은 어느 정도 성공을 거둔 셈이다. 이런 분위기에서 올림픽이 중단된 지 1천6백 년 만인 1896년에 아테네에서 다시 개최됐다. 이 행사는 그리스에게는 주권 회복의 상징으로 여겨졌다. 마라톤 경기에서 지방의 목동 출신인 그리스의 스피리돈 루이스가 우승하는 순간 요르요스 국왕은 자리에서 벌떡 일어나 결승선을 향해 전력으로 질주하는 그에게 열렬한 환호를 보냈다.

발칸 전쟁, 세계대전 그리고 외부 세력의 점령

그리스가 오스만 제국으로부터 독립을 한 뒤에도 여전히 이 나라를 노리는 강국들이 있었다. 1841년 그리스를 방문한 영국의 에드먼드 라이언스 장관은 이런 말을 했다.

"그리스의 진정한 독립이라니, 말도 안 된다. 그리스는 영국이나 러시아 것이 될 수 있겠지만 러시아 것이 될 수는 없으니 영국 것이 될 수밖에."

19세기에 벌어진 열강들의 패권 경쟁에서 주요 목표 중 하나는 지중해 유역에서 러시아의 팽창을 저지하는 것이었다. 1870년대에 주요 강대국들 간의 관계는 악화일로를 걸었다. 그 중 영국과 러시아는 아프가니스탄을 두고 옥신각신했다. 영국은 대영제국이라는 왕관에 박힌 보석과도 같은 존재인 인도로 들어가는 뒷문으로 아프가니스탄을 이용하려는 러시아에 대해 우려했다. 또 러시아가 지중해를 봉쇄할 수 있는 자리를 차지하는 것도 달가워하지 않았다. 그렇게 되면 수에즈 운하로 통하는 입구뿐 아니라 인도로 접근하는 것도 위험해지기 때문이다. 이 시기를 거쳐 20세기로 들어서면서 영국은 아예 그리스라는 나라의 〈보호자〉로 자처했다. 그 바탕에 깔린 것은 그리스가 아니라 자신들의 제국을 보호하겠다는 저의였겠지만.

19세기 말엽 이제는 유럽의 병자로 취급받는 오스만 제국은 말 그대로 임종 직전 상태에 놓여 있었다. 여러 민족주의 집단들이 오스만 영토 내에서 부딪혔고 그 결과로 벌어진 영토 점유의 영향은 오늘날까지도 발칸 지역에서 국경 분쟁의 형태로 나타나고 있다. 이후 대다수 서유럽 국가는 1914년부터 1918년까지 이어진 제1차 세계대전의 소용돌이에 휘말렸다. 그런데 그리스에게 그 시기는 1912년부터 1922년까지라고 하는 게 훨씬 정확할 것 같다.

1912년, 제1차 발칸 전쟁이 발발했다. 먼저 몬테네그로(Montenegro, 유럽 남동부 발칸 반도 아드리아해 연안에 위치한 공화국)가 오스만에 반기를 들자 뒤이어 그리스, 세르비아, 불가리아가 가세했다. 그리스는 20세기 초반 10여 년을 잘 훈련된 부대를 양성하는 데 투자했다. 그리고 몇 주 내에 그들은 테살로니키(테살로니카, 살로니카로도 불림) 항구로 진격해 들어가 불가리아 군대를 몇 시간 차이로 물리쳤다. 이제 그리스의 테살로니키 점령은 시간문제였다. 며칠 뒤 요르요스 국왕은 승리의 퍼레이드를 펼쳤다. 다음 해에 열강들이 테살로니키를 그리스 영토로 인정함에 따라 이곳은 훗날 그리스에서 두 번째로 큰 도시가 된다. 그리고 그즈음 가까운 거리에서 쏜 총에 등을 맞은 요르요스 국왕이 사망한다. 당시 런던의 《타임스》는 이런 헤드라인을 뽑았다. "그리스 왕이 살해당하다. 살로니카의 정신병자가 쏜 총에 맞아 그리스의 왕이 살해당하다." 살인자인 알렉산드로스 시나스는 체포되고 나서 6주 후에 경찰서 창문에서 뛰어내린 것을 보면 실제로 정신이 온전하지는 않았던 것 같다.

1913년, 제2차 발칸 전쟁이 개시됐다. 앞선 전쟁이 모두가 터키(오스만 제국)에 반기를 드는 것으로 시작됐다면, 두 번째는 테살로니키를 빼앗긴 것이 너무 억울해서 호시탐탐 만회할 기회만 엿보던 불가리아를 향해 반기를 든 것이었다. 불가리아군은 그리스와 세르비아 진영을 공격했다가 이내 격퇴당했다. 이어 루마니아가 개입했고 터키가 뒤따랐다. 루마니아군이 소피아로 접근해 오자 그제야 자신들이 심각한 오판을 저질렀음을 깨달은 불가리아는 강화를 제의했다. 결과적으로 불가리아는 4개의 적대국들에게 적지 않은 영토를 빼앗기고 말았다.

이 두 번의 전쟁으로 그리스는 9천5백여 명의 병력을 잃었지만 영토 면에서는 70퍼센트를 늘렸고 인구도 2백만 명에서 480만 명으로 늘었다. 메갈리 이데아가 현실이 돼가는 중이었다. 하지만 제1차 세계대전은 그리스에게 딜레마를 안겨준다. 자신들의 패를 쥐고 있으면서 그대로 굳히느냐, 아니면 한판 벌여서 더 큰 대박을 터뜨리느냐라는.

1914년부터 그리스는 3년을 관망하면서 보내는데 그동안 전쟁에 참가하는 문제로 국론이 분열되면서 심각한 정치적 긴장 상태를 겪었다. 결국 그리스는 연합군 측에 가담해서 전 병력을 북마케도니아 전선으로 보내 영국, 프랑스, 세르비아 등의 군대와 함께 불가리아의 방어선을 뚫는 데 힘을 보탰다. 이 행동으로 그리스는 파리강화회의(1919년에 제1차 세계대전의 종결을 위해 승전국들이 파리에서 개최한 강화회의)에서 한자리를 차지할 수 있었다. 그리스는 그 회담을 터키의 스미르나(현재는 이즈미르로 불림)를 포함한 영토 획득을 위한 외교적 도약대로 이용했다. 이후 1919년 그리스군은 연합군에 동참한 대가로 선물받게 된 스미르나에 상륙했다. 당시 이 도시의 해안과 내륙 지역에는 그리스어를 사용하는 주민들이 상당수 있었다. 연합군이 콘스탄티노플을 점령하자 그리스 민족주의자들은 스미르나를 오스만 제국의 수도를 점령하고 비잔티움 제국을 부활시킬 디딤돌로 삼고자 했다.

반면 터키 민족주의자들은 그리스 군대의 출현을 터키 독립전쟁의 시발로 보았다. 1922년 여름, 터키 내부로 꽤 깊숙이 밀고 들어와 있던 그리스군은 무스타파 케말(Mustafa Kemal, 후에 터키공화국의 초대 대통령이 됨)이 지휘하는 터키군에게 밀리면서 허겁지겁 해안지대로 퇴각해야만 했다. 결국 그리스군이 아닌 터키 부대가 스미르나로 입성하면서 전쟁은 끝이 났다. 불길에 휩싸인 도심에서 수만 명이 사망하고 도시는 잿더미가 되었다. 더불어 비잔티움 제국을 재건하려던 그리스의 꿈도 한줌의 재가 되고 말았다.

터키에 남겨진 그리스인들은 그들의 미래를 정치인들이 결정할 때까지 기다리고 싶지 않았다. 민간인 학살과 마을 파괴가 횡행하면서 로잔조약(1923년 터키와 제1차 세계대전 연합국이 맺은 조약)이 맺어지기 몇 달 전에 이미 적어도 백만 명이 삶의 터전을 떠났다. 소수계 주민들의 안전을 보장할 수 없다는 그리스와 터키 양측의 발언이 나온 후로 로잔조약은 강제로 주민들을 교환하는 데 합의했다. 이에 따라 총 150만 명의 그리스 정교회 신자들이 터키를 떠났고 줄잡아 40만 명의 무슬림들이 다른 쪽을 향해 출발했다. 20세기 초반 20여 년 동안 양국 간에 벌어진 이 비극적인 사태는 역사라는 토대 위에 세워진 반목의 틀을 오늘날까지도 계속해서 쥐어짜게 하고 있다.

이 새로운 인구 유입은 향후 그리스에 심각한 정치적 여파를 몰고 온다. 테살로니키는 발칸 지역에서 유대인이 가장 많은 도시였다. 그런데 난민들이 밀려들어 오자 일자리 경쟁이 치열해졌고 이를 기회로 반유대주의 정서가 촉발됐다. 그러자 유대인들 사이에서 시온주의 운동과 팔레스타인 위임 통치 지역으로 이주하려는 움직임이 일었다. 새로 온 이주자들 다수가 정착한 곳은 지난 10여 년간 그리스로 편입된, 즉 〈새로운 그리스〉로 알려진 열악한 곳이었다. 이런 배경에서 뒷날 많은 이들이 공산당을 지지하기 시작하면서 궁극적으로 군사 정변과 권위주의 정권이 출현하는 빌미를 가져왔다.

1920-1930년대는 지속되는 분열과 불안정 그리고 파시즘과 손발을 맞추는 군사 통치의 시대였다. 그리스는 독재자 이오안니스 메탁사스 장군의 지휘 아래 제2차 세계대전에 참전한다. 애당초 그는 그리스가 중립을 지키는 걸 원했다. 하지만 두 차례에 걸친 이탈리아 침공에서 고배를 마신 뒤 그리스는 독일에 항복했고 이후 독일과 이탈리아, 불가리아 군대에 의한 가혹한 점령기를 보내게 된다. 그나마 이 나라의 지리 덕분에 점령군은 내륙 전체를 지배하진 못했고 그리스는 결사적으로 항전할 수 있었다. 그들은 산악지형을 십분 활용해서 지속적으로 게릴라전을 펼쳤다. 그러나 이 기간에 행해진 적군의 식량 징발로 수만 명의 그리스인들이 굶어 죽었고, 7만 명이 처형당했으며, 레지스탕스 공격에 협조한 죄로 수백 곳의 마을이 파괴됐다. 또 6만여 명의 그리스계 유대인들이 죽임을 당했으며 많은 이들이 아우슈비츠 수용소로 끌려갔다. 이 전쟁에서 살아남은 테살로니키의 유대인들은 겨우 9퍼센트에 불과했다.

1944년 10월, 우여곡절 끝에 독일군이 철수하자 영국군이 군중의 열광적인 환영을 받으며 아테네로 입성했다. 그러나 그 기쁨과 안도도 몇 주밖에 가지 못했다. 그해 12월, 아테네 거리에 다시금 총성이 울려 퍼졌다. 그것은 그리스 내전의 전조를 알리는 소리였다. 이 갈등의 시초는 적어도 왕당파와 반왕당파로 국론이 갈라진 20세기 초반에 그 뿌리를 두고 있다. 간헐적으로 협력하기는 했지만 양대 레지스탕스 그룹인 공산주의 EAM-ELAS와 중도우파 EDES는 독일군이 철수하고 난 뒤 그리스에 다른 통치 권력이 들어서는 것에 대비하고 있지 않았다.

내전, 또 내전

―

1946년 선거에서 왕당파가 다수당이 되자 선거에 불참했던 공산주의자들은 그 결과를 받아들이지 않았다. 그러자 전면적인 내전이 발발했다. 만약 이 싸움에 지엽적이면서 세계적인 사건들이 합쳐지지만 않았더라도 공산주의자들이 가볍게 이겼을 것이다. 하지만 서방 국가들은 이 상황을 무엇보다 소비에트 세력이 발칸 반도 북쪽으로 진출할 수 있다는 경종으로 받아들였다.

1947년 영국은 더 이상 그리스를 방어하는 책무를 수행하기 어렵다면서 미국에게 이 역할을 넘겨주기로 했다. 그러자 미국은 그리스 군대를 지원하기 시작했고 힘이 세진 그리스군은 공산주의자들의 본거지인 산악지대를 소탕했다. 지난 세기들처럼 외부 세력이 상황을 주도했고, 이전 세기처럼 지중해 유역에서 현재는 러시아가 된 소련을 저지한다는 것이 주요 명분이었다.

소비에트 연방과 단절한 유고슬라비아 정부는 그리스 반군에 대한 지원을 끊고 1949년에는 유고슬라비아 쪽 국경마저 닫아버리는 등 공산주의자 반군에게 연달아 타격을 입혔다. 그러자 그해 10월 결국 그리스 반군 대다수가 알바니아로 퇴각하면서 내전은 종식됐다. 이

전쟁으로 5만여 명의 병사들이 목숨을 잃었고 약 50만 명이 삶의 터전에서 쫓겨난 것으로 추정되었다. 이것이 총인구가 8백만 명도 되지 않은 나라에서 벌어진 일이다.

이렇게 만신창이가 된 그리스의 1950년대와 1960년대는 스스로 국가의 수호자일 뿐 아니라 정치의 수호자로 자처하는 군부와, 분열된 국민으로 각인된다. 내전의 후유증으로 경제 발전을 이루지 못한 그리스는 나머지 유럽 국가들보다 훨씬 뒤처지게 되었다. 하지만 군부의 주된 관심사는 민주적인 제도를 뒤엎는 데만 있었다. 정작 국민들은 민주적인 서유럽 문화에 그 어느 때보다 많이 노출돼 있었는데도 말이다. 그리하여 1967년 5월의 선거는 군부의 영향력을 대폭 축소시키겠다는 공약을 내건 중도좌파의 승리가 점쳐졌다. 선거일이 점점 다가오자 군부의 일부가 우려하기 시작했다. 그러던 차 4월 21일 이른 아침, 거리를 내달리는 탱크의 굉음과 함께 간헐적인 총성이 아테네 시민들의 아침잠을 깨웠다. 시민 대다수는 무슨 일이 벌어지고 있는지 짐작할 수 있었다. 라디오에서는 군가가 울려 퍼졌다. 마침내 다음과 같은 선언문이 발표된 것도 놀랄 일은 아니었다.

"그리스 군대가 이 나라를 통치하기로 한다."

유일하게 놀라운 사실은 이 쿠데타의 주축 세력이 고위 장성들이 아니라는 점이다. 하급 장교들이 그 배후에 있었다.

그들은 주요 정치인들과 군의 최고사령관을 체포한 것을 필두로 쿠데타에 앞서 작성한 리스트를 바탕으로 거의 1만여 명을 색출해서 체포했다. 그 중 많은 이들이 심한 고문을 받았다. 이렇게 군부 독재 국가가 됐음에도 그리스는 1952년에 가입한 나토 회원국의 지위를 여전히 유지했다. 이는 외부 세력에게는 이 나라의 지리적 위치가 여전히 전략적 중요성을 갖고 있다는 방증이었다.

그리스에 민주주의가 다시 찾아오는 것을 보려면 1974년까지 기다려야 했다. 그리고 1981년 그리스는 나중에 EU가 되는 EEC에 가입했다. EEC 가입은 그리스 경제에 큰 보탬이 되었다. 비록 쓸 만한 육상 교역로가 여전히 부족하다는 문제점을 안고는 있었지만 마침내 그리스에게도 운이 트이기 시작한 것이다. 그리스의 지리와 정세가 이 나라를 EU의 골칫거리인 두 가지 주요 위기의 최선봉에 세운 덕분이었다.

난민, 또 다른 갈등과 분쟁의 시작

—

금세기 초반 10년 동안 이룬 탄탄한 경제 성장과 2004년 성공적인 올림픽 유치로 그리스 경제의 구조적인 균열은 미봉책으로 가려진 채 있었다. 하지만 2008년과 2009년의 재정 위기에도 정부는 잇달아 차관을 들여와 공공부문이 GDP의 40퍼센트를 육박하는 경제가 아무 문제도 없다는 연막을 피우는 데 썼다. 또 유로화를 도입하는 과정에서 그리스 정부가 회계 장부를 조작했는데도 유로존 회원국들은 이를 눈감아 주었다.

격렬한 시위와 소요, 그리고 수십 년 이래 보지 못했던 사회적 고통을 겪는 와중에 그리스 경제는 붕괴를 향해 치닫고 있었다. 그러자 국제통화기금, 즉 IMF가 나섰다. IMF는 차관을 허용하는 대신 극도로 엄격한 긴축 정책을 요구했다. 이쯤 되자 또 외부 세력에게 지배당할 거라는 오래된 그리스의 두려움이 재빠르게 다시 등장했다. 이런 상황에서 극우나 극좌 정당들이 큰 지지를 얻으면서 중도적 입장은 설자리를 잃게 되었다.

EU와의 관계는 이 사태뿐 아니라 EU 내에서 남동쪽 모퉁이를 차지하는 그리스의 지리적 위치 때문에 삐걱대었다. 그리스는 발칸 루트(그리스와 발칸 반도를 거쳐 서유럽으로 들어가는 길)를 통해 부자 나라들로 가려는 이주민과 난민 행렬에 대해 EU는 물론 다른 회원국들의 지원이 없는 것에 불만이 많았다. 그리스는 이탈리아와 마찬가지로 유럽의 국경 경찰이 되도록 부탁받았지만 EU로부터 따로 자금을 제공받지는 않았다. 그리스와 이탈리아 모두 EU 파트너들이 책임을 분담할 생각이 없는 상황에서 난민들을 앞으로도 수년씩이나 자신들 국가의 열악한 캠프에 수용해야 할지 모르는 현실이 난감할 뿐이다.

많은 사람들이 터키와 그리스 섬들 사이 에게해의 짧은 구간을 건너는 위험한 모험에 뛰어들고 있다. 일부 섬들은 터키 해안에서 육안으로도 볼 수 있을 정도다. 특히 아나톨리아에서 겨우 1.6킬로미터 떨어져 있는 사모스섬은 2015년에 EU 나라들로 가야 할 절실한 이유가 있는 이들에게는 하나의 목표점이 되었다. 10만 명이 넘는 이주민들과 난민들이 폭 13킬로미터에 길이 44킬로미터에 불과한 이 섬으로 몰려들었다. 그해 그리스로 들어온 이주민 행렬은 총 85만 명이 넘었는데 이들이 큰 기여를 한 것은 분명하다. 유럽으로 가려다 에게해에서 목숨을 잃은 수백 명의 난민 가운데 세 살의 알란 쿠르디라는 시리아 아기도 있었다. 터키 바닷가에 떠내려온 아이의 시신이 찍힌 충격적인 사진은 이 위기에서 희생당하는 인간의 피해를 상징했다.

그리스는 경제가 붕괴되는 와중에도 난민들의 유입 상황을 해결해보고자 고군분투했다. 그러나 자신들의 힘만으로는 밀려드는 사람들을 감당키 어려운 데다 다른 위기를 살펴볼 경황이 없는 국가에 외부 세계마저 도움의 손길을 내주지 않았다. 2016년에 상황은 조금 나아지기는 했다. 이주민들이 바다를 건너는 것을 좀 더 적극적으로 막고 그리스에서 되돌아온 이들을 받아주도록 EU 측에서 터키를 회유한 것이다. 그 대가는 수십억 유로에 달하는 난민 지원 기금과 터키 시민들의 EU 국가 무비자 여행이었다. 그러자 바다를 건너는 이들의 수는 극적으로 줄어들었다. 하지만 여전히 수만 명이 여러 섬의 열악한 난민촌에 수용된 상태이며 사람들 또한 거의 매일 꾸준히 들어오고 있다. 보다 북쪽에 있는 나라들의 더욱 엄격해진 태도를 보건대 대다수 EU 국가들이 더 많은 이주민들을 기꺼이 받아들일 가능성은 거의 없어 보인다. 설령 할 수 있다 하더라도 갈등, 빈곤, 기후변화 등을 촉진시키는 요인들로 인해 문제 해결에는 보다 긴 시간이 걸릴 것으로 보인다. 그동안 그리스 섬들의 일부는 난민 수용소로 있을 수밖에 없는 운명인 것 같다.

이 사안은 그리스와 터키 간에 발생하는 큰 갈등의 원천이 됐다. 그리스는 터키 정부가 그리스에 불안정을 초래하려는 의도로 시간과 장소를 정해 이주민들과 난민이 통과할 수 있도록 국경을 열고 있다고 믿고 있다. 터키 정부는 이 말에 펄쩍 뛰었지만, 실제로 현지 당국이 도시에서 이민자들을 국경지대까지 호송해와 그들이 국경을 넘을 때 폭력적인 상황으로 이어지게 한다는 증거가 있긴 하다. 이것이 터키 정부의 공식 정책이라는 증거는 발견되지 않았지만 대체로 터키 당국이 이주민과 난민의 이동을 EU 국가들에 영향을 주는 지렛대로 삼으려 한다는 데는 의문의 여지가 없다. 그리스 정부는 육로와 해상 경계선에 추가 병력을 배치하는 것으로 이에 대응하고 있다.

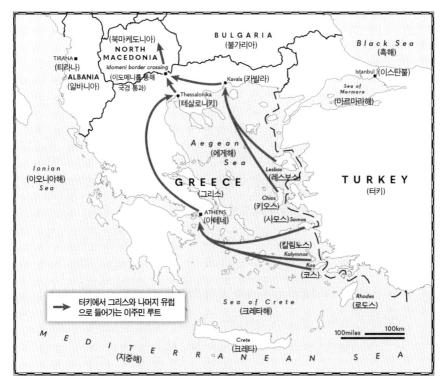

그리스는 주로 터키를 통해 들어오는 많은 이주민과 난민들이 유럽으로 가는 주요 길목이 된다.

그리스와 터키 간에 적대감을 가중시키는 여러 분쟁의 뿌리를 살펴보려면 고대로 거슬러 올라갈 수밖에 없다. 일부 터키인들 사이에서 인기를 얻고 있는 상상 속 이야기에서는 두 나라 사이의 첫 중요한 대결은 트로이 공성전이 있었을 때, 즉 그리스가 목마에 도박을 걸었던 3천 년 전에 시작됐다. 하지만 그 싸움이 실제로 있었는지 없었는지는 차치하고 트로이 사람들이 과연 현대 터키인들의 조상인지도 역사적 논쟁거리가 되고 있다. 그런데 여기서는 그 사실 여부가 거의 태곳적으로 거슬러 올라가는 원한보다 중요하지는 않다. 보다 분명한 역사적 근거가 있는 두 나라 간 전투는 1071년 동터키 지방에서 비잔티움의 그리스인들이 셀주크 투르크와 대결했던 만지케르트 전투다. 실제로 셀주크 투르크 전사들이 훨씬 복잡하게 구성됐다고는 하지만 이 전투에서 그리스인들이 패하면서 비잔티움이 콘스탄티노플을 잃는 길을 열어주었다. 그리스 사람들은 이 얘기를 할 때마다 그 일 이후로 4백 년에 걸친 터키의 점령을 견뎌내야 했다고 말한다. 현대로 들어와서는 그리스 독립전쟁과 1919년부터 1923년까지 벌어진 그리스-터키 간 전쟁이 양측에 생생한 기억으로 남아 있다.

이런 배경을 타고 민족주의자인 에르도안 터키 대통령의 발언은 터키의 외국인 혐오와 그리스의 불안에 기름을 부었다. 터키 국영 텔레비전은 신생 터키공화국이 싸워야 할 목표로 패망한 오스만 제국의 땅임을 확인해 주는 1920년의 문서인 이른바 〈터키의 국민 협정〉에서 다룬 지도들을 자주 방영한다. 이 지도에는 그리스령 에게해의 많은 섬들과 그리스 본토 일부가 오스만 제국의 땅으로 포함돼 있다. 에르도안 대통령이 2019년에 이스탄불 국립국방대학교를 방문해서 에게해 절반이 터키 땅으로 그려진 지도 앞에 서서 찍은 공식적인 사진도 있다.

6천 개의 섬과 바다를 위한 엄청난 국방비

—

그리스 쪽에서 보면 그들의 국토 방위는 본토 방어와 에게해의 지배권에 집중돼 있다. 해상을 장악하지 못한다면 본토로 가는 보급로는 단절되고 적의 침공에 훤히 노출될 것이 뻔하다. 그리스의 지정학 전문가이자 작가인 요안니스 미칼레토스는 이렇게 말한 적이 있다.

"에게해 제도는 그리스에게는 그 섬들에 항공기, 로켓, 기동 타격 부대들을 배치함으로써 아나톨리아 배후지와 지중해 동쪽에 있는 국가들의 해안에까지 힘을 과시할 수 있는 무적의 항공모함이나 다름없다. 이것들이 없다면 그리스는 동쪽에서 가해 오는 위협을 쉽게 방어할 수도 없고, 지상으로 상륙하려는 적들에게 취약할 뿐 아니라, 해상 봉쇄를 당하기 쉬운 그저 바위투성이 반도에 불과할 뿐이다."

한마디로 군사적으로는 끝장이라는 것이다.

에르도안의 발언 상당 부분은 그의 지지 기반이 되는 터키 국내를 의식한 것이라지만 "잘못된 역사 흐름을 바로잡을 필요가 있다."라는 그의 말은 해마다 그리스의 국방비를 늘리도록 하기 위한 로비의 실탄을 제공해 주는 것 못지않게 아테네의 군사 전략가들을 뜬눈으로 지새우게 할 만했다.

2010년부터 부채 위기로 고통받고 있는 그리스에게 국방비는 경제적 및 사회적 측면에서 악몽이나 다름없는지라 결국은 삭감할 수밖에 없었다. 1981년에 GDP의 5.7퍼센트를 차지했던 그리스의 국방 예산은 나토 유럽 동맹국들 가운데서는 필시 가장 높은 수준이었을 것이다. 그러다 2000년에 그 비중은 3.6퍼센트로 내려갔고 2018년에는 2.4퍼센트까지 줄었다.

약 1천5십만 명의 그리스 인구 대다수는 본토 내륙과 반도 일대에서 살고 있다. 실제로 전체 인구의 3분의 1이 거대한 수도권에 몰려 있고 섬들에는 수십만 명 정도가 거주하고 있다. 일례로 크레타섬에는 60만 명 정도, 로도스섬에는 10만여 명이 살고 있고, 코르푸섬도 사정은 비슷하다. 에게해 주변에 점점이 흩어져 있는 보다 작은 섬 지역들에 살고 있는 이들을 합하면 이보다는 좀 더 많을 것이다. 이 섬들 가운데는 5천 명에서 5만 명 정도가 사는 21개의 섬들이 포함돼 있고, 32곳에는 750명에서 5천 명 정도가 살고 있다. 아예 100명 이하가 사는 섬들도 35개 정도 있다. 이 섬들 모두가 그리스의 영토이다 보니 모두를 방어해야 한다.

이 6천 개에 이르는 섬들은 그저 순찰을 도는 것만 해도 적지 않은 비용과 해군력을 필요로 한다. 그런데 그리스와 터키 간의 역사를 고려하면 그 비용은 훨씬 치솟을 수밖에 없다. 그리스 정부는 대대로 터키를 위협 세력으로 간주해 왔다. 따라서 현대적 해군과 대규모 육군, 게다가 유럽에서 최고로 치는 전투기 조종사들이 포함된 첨단 공군도 거느려야 한다. 에게해 상공에서 터키 조종사들과 모의 공중전을 자주 벌이는 만큼 이러한 국방력은 필수적이다.

지상에서는 인구 밀집 지역을 방어하고 농경지대와 유럽으로 들어가는 길목을 지키기 위해 북마케도니아로 이어지는 바르다르강을 가능한 한 수성하는 것이 우선사항이 된다. 21세기에 그리스는 터키와의 분쟁까지 포함한 여러 분규에 말려들고 있다. 그리스는 자국에 있는 마케도니아 지역에 대한 영유권 주장을 할까봐 이웃에 있는 동명의 마케도니아공화국을 인정하지 않으면서 유고슬라비아가 해체된 뒤 독립하여 탄생한 이 신생 국가에 경제 제재를 가했다. 이 문제는 2018년에 이르러서야 해결이 났다. 양측이 마케도니아라는 국명 대신 북마케도니아공화국이라는 명칭으로 합의를 보았는데 그리스 내에서는 마케도니아라는 이름을 도용했다는 이유로 민족주의자들이 격렬하게 들고 일어났다. 어쨌거나 이 조치는 그대로 이행되었고 결국 북마케도니아가 나토에 가입하는 길을 터주었다.

그리스의 또 다른 방어 목표는 이오니아해의 코르푸섬에 대한 지배권을 지키는 것이다. 하지만 고대와는 달리 가까운 미래에 특별히 이곳을 위협할 만한 일은 벌어지지 않을 것 같다. 따라서 그리스로서도 병력을 군이 서쪽에 투입할 생각은 없다. 그리하여 방어력은 에게해, 특히 로도스와 크레타섬 그리고 좀 더 동쪽인 지중해의 섬나라 사이프러스로 집중된다.

사이프러스를 두고 벌이는 위험한 게임

그리스가 여전히 수호자로 자처하고 있는 사이프러스는 전략적 지정학이라는 고속도로의 중간쯤에 자리 잡고 있다. 이곳은 동부 지중해의 주요 항로인데 최근에는 천연 가스전까지 잇따라 발견되고 있다.

3세기에 걸친 오스만 제국의 통치가 종식되자 1878년부터 영국은 이 섬을 행정적으로 책임지다가 1914년에는 아예 통합해 버렸다. 전시대의 모든 패권국가와 마찬가지로 영국도 에게해와 레반트 지역에서 군사적, 상업적 움직임을 감시하는 데 사이프러스가 갖는 전략적 가치에 주목하고 있었다. 냉전시기에 사이프러스는 지중해를 지속적으로 감시할 뿐 아니라 저 멀리 중앙아시아에서 실시한 소련의 핵실험도 모니터할 수 있는 실질적인 레이더로서 일종의 청음초(listening post, 소리로 적의 행동을 탐지하려고 전방에 둔 초소) 구실을 톡톡히 했다. 현재도 영국은 이곳에 비행기지를 두고 수천 명의 자국군을 주둔시키고 있다.

1960년에 이룬 사이프러스의 독립은 다수의 그리스계 사이프러스

주민과 소수의 터키계 사이프러스 주민 간에 정파적인 폭력사태를 불러일으켰다. 사태가 벌어지자 유엔은 양측 사이에 그린 라인(두 적대 지역 사이의 경계선)을 치고 평화 유지군을 파병해서 감시했다. 이후에 벌어진 사태는 냉전시대에 익히 보아왔던 장면이다. 당시에 소련은 지중해에서 영향력을 행사할 항구를 찾고 있던 터라 1970년대 초반 사이프러스의 마카리오스 대통령은 모스크바에 추파를 던지는 위험한 게임을 시도했다. 그러자 미국의 암묵적인 지지를 받던 그리스의 군사 정권은 1974년에 그리스와 사이프러스를 합병한다는 계획으로 쿠데타를 사주해서 마카리오스 정권을 전복시켰다.

하지만 그것은 역으로 사이프러스에 거주하는 터키계 주민들을 보호한다는 명분으로 터키의 사이프러스 침공을 불러왔다. 몇 주간의 격렬한 전투 끝에 터키는 키레니아의 북쪽 항만 주위에 교두보를 세우고 이 섬의 37퍼센트를 지배하고 있는 터키령 사이프러스까지 연결해 버렸다. 터키와는 달리 사이프러스는 나토 회원국이 아니었던 터라(아직도 아니지만) 서방 세력이 군사적으로 개입할 수 있는 여지가 거의 없었다. 이 사태에서 크나큰 낭패를 본 그리스 군사 정권은 이후 몰락하기에 이르렀고 현재의 민주주의 시대가 열리는 단초가 마련된다. 1983년, 사이프러스의 북부 지역이 북사이프러스터키공화국이라는 이름으로 독립을 선언하고 나섰다. 이를 인정하는 나라는 단 두 곳, 바로 터키와 그들 자신뿐이다. 따라서 사이프러스는 현재 남과 북으로 분단되어 있는 상황이다. 유엔은 터키의 점령하에 있는 이곳을 사이프러스공화국의 영토로 인정하고 있다.

동부 지중해에서 대규모 가스전들이 발견되면서 가뜩이나 갈등의 소지가 많은 그리스와 터키 사이를 더욱 복잡하게 꼬이게 하고 있다.

가스전은 이집트, 이스라엘, 사이프러스, 그리스 등지에서 발견되고 있다. 그런데 자국 수역에서 에너지를 뽑아내지 못하는 것에 초조해진 터키는 사이프러스와 그리스 영해 주변을 정찰하고 있으며 리비아와는 시추 협정을 맺었다. 레바논은 가스전 한 군데를 두고 이스라엘과 해양 분쟁 중인데 여기에 BP, 토탈Total, 에니Eni, 엑손 모빌 같은 회사들까지 한꺼번에 달려들었다. 러시아는 유럽에 가스를 공급하는 자신들의 독보적인 위치가 위협받게 될까 전전긍긍하며 상황을 지켜보고 있는 중이다.

주권 국가로서 사이프러스는 자국의 영해 주변을 시추할 권한을 보유하고 있다. 그래서 사이프러스 북쪽에 주요 해군기지를 설치하겠다는 터키의 계획은 비록 에너지 공급과 관련된 새 위기가 폭발하기 전인데도 사이프러스와 그리스에게 경보음을 울리고 있다.

2019년 여름, 군함의 호위를 받은 터키의 가스 시추선들이 북쪽 해안에 모습을 드러냈다. 터키 정부는 그곳이 북사이프러스터키공화국의 수역이며 터키의 대륙붕 내에 있다고 말했다. 사이프러스는 이 문제를 EU에 호소했다. EU는 터키의 행위는 불법이며 EU와 터키의 미래 관계에도 좋을 게 없다는 입장을 밝혔다. 이어 지중해의 에너지 개발에 서로 협력하고 있는 사이프러스, 그리스, 이집트까지 나서서 터키가 국제법을 위반했다는 공동성명을 발표하기에 이른다.

2020년 6월, 터키는 로도스와 크레타섬까지 포함한 곳에서 시추를 개시할 것이라고 선언했다. 그러자 그리스 외교부는 즉시 아테네 주재 터키 대사를 불러들여서 실제 시추가 행해진다면 그리스는 이를 도발로 받아들이겠다는 입장을 내놓을 것이라고 통보했다. 사실 터키가 이렇게 나오는 데는 2019년에 리비아와 전격적으로 맺은 합의 때문이다. 이 협정에 따라 터키는 그리스 때문에 일부가 끊기는데도 터키의 남서해안에서 리비아 북쪽 끝단까지 지중해를 가로지르는 해양 항로를 확대하는 이른바 배타적 경제수역을 설정했다. 이렇게 하면 이론상으로는 이스라엘과 사이프러스 수역에서 크레타섬, 그리스 본토, 그리고 유럽의 가스망까지 연결되는 파이프라인을 일거에 봉쇄할 수 있는 위치를 얻게 된다. 이 합의는 리비아 정부와 맺은 것으로, 터키가 리비아 내전에 군사 개입을 한 이유도 이 합의를 이끌어내기 위해서였다. 만약 리비아 정부가 전복되면 이 합의도 백지화될 수 있다. 터키는 유엔이 설정한 배타적 경제수역은 인정하지 않은 채 지중해까지 확장된 자국의 대륙붕에 기초한 주권을 주장하고 있다. 러시아는 이 두 계획 모두 무산되기를 바라는 입장이다. 그러면 모두가 러시아의 가스 공급에 의존하는 현상황이 유지될 테니 말이다.

지중해로 진출하려는 터키의 움직임에는 자국을 위한 자원 확보 못지않게 그리스의 안정을 해치려는 의도가 다분히 담겨 있다. 이러한 고수위의 위험한 게임까지는 아니더라도 싸움은 이미 시작된 것이나 다름없다. 다음 10년은 양측 누구도 전면적인 충돌을 원하지 않는다고 해도 감당하기 어려운 숱한 화약고들이 만들어질 것 같다.

구제 금융을 받는 그리스에게는 군사적으로 대응할 자금이 없다는 것을 잘 알고 있는 터키는 그 기간 동안 해군력을 증강했지만 나토의 두 회원국인 이들의 힘은 아직은 막상막하다. 그리스 해군은 잠수함 전력에서는 확실히 우세하지만 터키도 대잠수함전에 꽤 많은 투자를 해오고 있다. 게다가 터키는 가용 인력이 훨씬 많다. 그리스가 여전히 징병제를 폐지하지 않고 있는 이유도 부분적으로는 여기에 있다.

"터키보다는 우리가 더 믿을 만한 파트너다!"

그리스는 갖고 있지만 터키는 없는 것이 있으니, 그것은 바로 이웃 친구들이다. 2019년 그리스는 이집트, 팔레스타인, 이스라엘, 사이프러스, 요르단, 이탈리아와 함께 카이로에 본부를 둔 동지중해가스포럼을 설립하는 데 힘을 보탰다. 이 기구는 에너지 수급에 초점을 맞추고 있으면서도 흥미롭게도 해군 합동 작전과 합동 훈련이라는 결과로 이어진 안보적인 요소까지 포함하고 있다. 물론 그렇다고 해서 그리스와 터키가 분쟁에 돌입했을 때 포럼의 다른 멤버들이 곧장 동참한다는 뜻은 아니다. 하지만 다른 방식으로 누구에게 도움을 줄지는 분명하다. 이집트와 터키는 일찍이 리비아 같은 다른 지역적 이슈들로 갈등을 빚은 바 있다.

갈등이 증폭될 상황은 여러 차례 있었는데 가끔은 뜻밖의 곳에서 벌어지기도 했다. 2020년 2월 터키의 소형 구축함들이 사이프러스 가스전에 근접해 오자 프랑스는 항공모함인 샤를 드골호를 급파해서 나토 동맹국인 터키 해군의 뒤를 미행했다. 1974년에 터키가 사이프러스를 침공했을 때 지스카르 데스탱 당시 프랑스 대통령이 이를 맹비난한 이래 프랑스와 터키의 관계는 잘 봐줘야 냉랭하다 할 수 있었다. 그리고 프랑스가 처음으로 아르메니아 대학살[5]을 추모하는 날을 국경일로 지정하자 양국 관계는 아예 얼어붙어 버렸다. 터키는 아직

---

5   20세기 초 오스만 제국이 제국 내에 거주하는 약 150만 명의 기독교계 아르메니아인을 살해와 추방으로 사망케 한 사건을 말한다. 서구권의 학자들은 오스만 정부가 조직적으로 아르메니아인을 학살했다는 사실을 기정사실화하고 있지만 오스만 제국의 뒤를 이은 터키는 이 학살을 공식적으로 부정하면서 국제 사회로부터 비난을 받고 있다(263쪽 참조).

도 학살의 책임을 인정하고 있지 않다.

2020년 6월, 프랑스가 리비아 해안에서 터키 해군과 대치하고 있는 와중에 프랑스는 터키의 무기 시스템이 자국의 소형 구축함을 추적했다는 혐의도 제기했다. 또 그 이전 해에 터키는 배타적 경제수역에 합의했던 트리폴리에 있는 동맹국(리비아)에게 불법적으로 무기를 선적해서 넘기려는 시도를 했다. 그런데 이처럼 팽팽한 긴장감이 돌고 있는 순간에 뜻하지 않은 실수가 벌어질 수 있다. 물론 총알이 발사된다고 해서 곧장 전쟁으로 이어진다고는 볼 수 없다. 하지만 현실은 몇몇 나토 국가들과 그 권역 바깥의 선수들 사이에 긴장이 얼마나 첨예한지를 여실히 보여주고 있다. 나토 헌장에는 다음과 같은 조항이 있다. "한쪽에 대한 공격은 모두에 대한 공격으로 간주한다." 다만 그 공격의 당사자가 나토 동맹국이라는 것을 고려해본 적은 없었다.

마크롱 프랑스 대통령은 이 사건을 나토가 뇌사 상태라는 자신의 믿음을 증명할 또 하나의 사례로 이용했다. 그것은 실제 현실에 대한 진술 이상으로, 그나마 남아 있는 생명 연장 장치(나토)를 아예 꺼버리고 더욱 강한 유럽연합군을 창설하려는 의도에서 나온 것이다. 마크롱은 유럽연합군 창설을 이끌고 있지만 독일의 망설임과 영국의 EU 탈퇴, 그리고 조 바이든이라는 백악관의 범대서양주의자를 보건대 이 과업이 수월치 않음을 깨닫고 있다. 하지만 현재 터키는 소위 기껏해야 〈반쯤 떨어져 나간〉 나토의 일원인 것이 사실이다. 그리스의 역대 정권들은 지난 10여 년간 숙적 터키가 나토로부터 점점 소외돼 가는 것에 그치지 않고 회원국 자격이 문제가 되는 지점까지 이르는 것을 흥미롭게 지켜봐 왔다. 미국이 보다 믿을 만한 파트너를 찾고 있는 것을 아는 그리스로서는 자신들이 터키를 대체해 에게해에서 나토의 핵심 멤버라는 위치를 차지하고 싶어 한다.

지난 수십 년간 그리스의 여론은 대체로 미국에 냉담한 편이었지만 최근에는 그 기류가 변하기 시작했다. 또 정부 차원에서도 외교적으로나 군사적으로 미국에 좀 더 가깝게 붙을 필요가 있다는 공감대가 확산되고 있다. 이런 배경에서 그리스는 전략적으로 의미가 있는 크레타섬의 수다만에 이미 미군의 해군기지를 유치했고 2020년에는 군사 훈련, 급유, 게다가 결정적으로 응급상황 시에 그리스의 군부대에 접근할 수 있는 권한을 미군에 부여한다는 데까지 합의했다. 이 합의에는 흑해로 이어지는 관문인 마르마라해와 가까운 그리스의 알렉산드루폴리스의 북쪽 항구를 미군이 어떠한 방해도 받지 않고 접근하고 사용할 수 있는 권한도 포함돼 있다.

이 항구의 위치는 수세기 동안 변치 않았던 영국의 전략은 물론 지난 70여 년간 러시아를 그리스로부터 떼어놓으려는 미국의 전략에도 기여해 왔다. 크림 반도의 세바스토폴 러시아 해군기지는 흑해 연안에 자리 잡고 있다. 이곳은 보스포루스 해협으로 연결돼서 마르마라해를 통해 에게해로 가서 지중해 바깥으로 나갈 수 있게 해주는 역할을 한다. 영국이든 미국이든, 러시아가 남쪽에서 발칸 지역에 영향력을 행사할 세력 기반을 갖는 것은 바라지 않는다. 러시아가 수세기 동안 시도해 오고 있는 일이지만 말이다. 이는 곧 사이프러스가 어째서 그토록 전략적으로 중요성을 갖는 섬이며 영국이 왜 그곳에 군사기지를 계속 두고 있는지를 얼마간 설명해 준다. 모스크바는 사이프러스가 외세로부터 벗어나도록 지속적인 로비를 펼치고 있다. 그렇게 하면 동부 지중해에서 중동의 서부와 북부 해안까지 잇는 나토의 세력 기반을 약화시킬 수 있을 것으로 보기 때문이다.

그리스는 이 지역에서 미국에게는 없어서는 안 될 동맹으로 자리 잡아가고 있다. 미국은 다음과 같은 대책을 세워두고 있다. 미군이 이 지역에 확실하게 접근할 수 있도록 하는 한편, 이 점을 이용해서 터키가 믿을 만한 나토의 파트너로 다시 서도록 압박하고, 시리아 국경 가까이 있는 터키의 인시르리크 공군기지를 계속 사용하는 것이다.

재정 붕괴로 인한 고통에도 불구하고 그 지리와 역사 때문에라도 그리스는 비슷한 규모의 경제를 가진 다른 나라들보다 더 많은 국방비를 계속 지출해야 한다. 이러한 사정은 워싱턴에서 잘 먹힌다. 동맹의 군사 및 재정 부담을 줄이려면 나토의 강국들이 더 많은 것을 내놓아야 한다고 요구하는 목소리들이 더 많이 나올 수 있기 때문이다. 터키와 서구의 관계가 너무 악화돼 터키 정부가 나토를 떠나게 된다면 그리스는 동맹의 최남단을 담당해야 하는 입장이 된다. 여기서 러시아는 양쪽을 왔다갔다하면서 게임을 펼치려고 애쓰고 있다. 때로는 터키랑 손을 잡다가도 그리스 지도자들하고도 친하게 지내는 식이다. 푸틴 대통령은 이것이 큰 모험이라는 것을 모를 리 없겠지만, 시리아에 있는 작은 기지를 보완하기 위해 지중해에서 쓸 만한 해군기지를 얻을 수 있다면 러시아의 전략적 야심에서 이보다 더 경사스러운 일은 없을 것이다.

그리스는 더 이상 영국, 러시아 또는 미국의 것일 필요가 없다. 그리스는 그리스다. 그런데도 또다시 외부 세력에게 이 나라는 중요한 부동산이 되었다. 위기 상황에 처한 러시아 해군이 흑해에서 탈출해야 할 때 그리스는 2차 방어진지가 될 수 있다. 또한 그리스는 유럽의 난민 위기 최전선에 있는 데다 동부 지중해에서 나오는 가스 파이프라인의 핵심 경로가 될 운명으로 보인다.

이 세 가지 이슈 모두 가까운 장래에 전략적 사고를 차지할 가능성이 높다. 러시아가 나토와 화해하려는 징후가 보이지 않는 상황에서 그리스는 수많은 이주민들과 난민들을 앞으로도 몇 년씩이나 수용해야 할 것이며, 터키와의 해묵은 적대 관계가 개선될 여지는 보이지 않으니 잠재적인 군사 행동 가능성도 아예 없다고는 할 수 없는 형편이다.

국내로 눈을 돌려봐도 해묵은 지리상의 분열은 여전하다. 아직도 아테네를 마뜩잖게 바라보는 여러 지역들이 있고 현대 국가의 평범한 일상조차 제대로 누리지 못하는 곳들도 남아 있다. 모든 그리스인들은 여전히 바다에서 100킬로미터 이내에 살고 있고 그들의 정신 속에, 산업에, 그리고 교역에서도 바다는 늘 가까이 있다. 전략적인 측면에서 그리스인들이 염려하는 것은 제우스, 아폴론, 아프로디테가 살고 있는 올림포스산을 올려다보던 그 시절과 딱히 달라진 것이 없다. 그 사이 신들은 떠났고, 제국들은 왔다 갔고, 동맹도 바뀌었다. 그러나 그리스를 만들었던 그 상수들은 여전히 남아 있다. 바로 산과 바다 말이다.

6

터키,
목 좋은 곳에 자리 잡았지만
친구는 별로 없다

Sea

Samsun
(삼순)

Trabzon
(트라브촌)

S

GEORGIA
(조지아)

ARMENIA
(아르메니아) 40°

R K E Y
a   (터키)

Erzurum
(에르주룸)

Mount Ararat
(아라라트 산)

Lake Van
(반호)

Van
(반)

M   o   u   n   t   a   i   n   s

Euphrates
(유프라테스 강)

Tigris

Diyarbakır
(디야르바키르)

(아타튀르크 댐)
Ataturk Dam
Şanlıurfa
(샨르우르파)

Adana
(아다나)

(가지안테프) ● Gaziantep

SYRIA
(시리아)

Euphrates
(유프라테스강)

Tigris
(티그리스강)

NON
바논)

IRAQ
(이라크)

"우리는 우리 자신을 닮았다."

– 무스타파 케말 아타튀르크(터키 초대 대통령)

당신은 아마 터키인들이 원래부터 터키에서 살았다고 생각할 것이다. 안 그런가? 어쨌거나 튀르키예Türkiye[6]라는 말은 〈터키 사람들의 땅〉이라는 뜻이니까 말이다. 하지만 아니다. 원래 터키인들은 아주 아주 먼 곳, 그러니까 몽골에 있는 알타이 산맥 동쪽에서 왔다. 그리고 현재 모국이 되는 곳으로 와서 확실하게 터키라 부르게 되었다. 그것은 한마디로 대단한 여정이었다.

먼저 그들은 드넓은 아나톨리아 고원을 건너야 했다. 터키의 서쪽 끝단에 있지만 현재는 이 나라의 핵심이 된 지역이다. 북서쪽으로는 마르마라해와 접해 있고 동쪽과 서쪽 해안지대에는 저지대가 펼쳐져 있다. 터키에는 광대한 평야나 물자를 옮길 만한 길고 평탄한 강들은 없을지 모르지만 많은 인구를 먹여 살릴 수 있을 만큼 비옥한 땅과 깨

---

6 유엔은 2022년 6월 1일 터키의 국호를 〈튀르키예〉로 바꾸는 것을 승인했다.

끗한 물이 있다. 그리고 호수나 다름없는 바다를 끼고 있어서 교역을 하기에도 수월하다. 이런 조건은 이스탄불이라는 핵심 도시가 해상에서 공격을 받더라도 방어하는 데 도움이 된다. 또 마르마라해를 중심으로 서쪽 끝단에는 다르다넬스 해협이 있는데 이곳을 통해 에게해로 진입할 수 있다. 반대로 동쪽 끝단에는 가장 좁은 곳의 폭이 1킬로미터도 채 되지 않는 보스포루스 해협이 있다. 터키가 이 두 관문을 지배하는 것은 방어의 측면에서 엄청난 이점이 된다.

이것들이 합쳐져 결과적으로 한 민족국가를 존속할 수 있게 해주었다. 이 나라를 마르마리아Marmaria라고 부르겠다. 문제는 이 마르마리아가 아주 오래 지속되지는 못했다는 것이다. 이곳처럼 목 좋은 곳은 늘 외부 세력들이 호시탐탐 탐욕스러운 시선으로 눈독을 들이기 마련이다. 특히 동, 서, 남, 북, 사방팔방으로 향하는 무역선들이 최종 목적지로 가려면 이곳을 통과해야만 했으니 그들로부터 꽤 많은 세금을 징수할 수 있었을 것이다. 이것이 그리스가 이곳을 지배했을 때 가졌던 입장이며 로마, 비잔티움, 그리고 사실상 오스만 제국의 형태로 있던 투르크도 예외가 아니었다.

오스만 제국은 이 부동산을 외부 세계로 힘을 투사하는 데 썼다. 나중에는 줄어들고 위축된 나라를 후대에 물려주기는 했지만 그 전까지 중동, 아프리카는 물론 유럽 남동부의 상당 부분까지 위세를 떨쳤다. 그런데 현대 터키는 국제 무대에서 자신의 역할을 결정하면서 동과 서를 잇는 교차로에 또다시 서 있는 입장이다. 터키는 유럽으로 들어가려는 이주민과 난민 행렬이 통과하는 관문 중 하나로 그 문의 열쇠를 쥐고 있다. 이 문지기가 된다는 것은 권력을 쥔다는 뜻이기도 하다. 또 시리아와 리비아가 포함된 아랍 세계 전역에서 벌어지는 분쟁에도 점점 더 자주 개입하면서 다른 강대국들의 이해관계와 부딪히기도 한다. 자신들의 지배력과 영향력을 확장하려는 터키의 야심은 〈신오스만주의neo-Ottomanism〉의 분명한 신호다. 이는 유럽, 중동, 중앙아시아까지 전 방위를 아우르면서 중대한 영향력을 끼칠 수 있는 힘을 다시 한번 과시하고자 하는 것이다.

멀리 몽골에서 와 오스만 제국을 세우기까지
—

터키의 서쪽에서 동쪽까지는 1천6백 킬로미터에 이르며 북쪽에서 남쪽까지는 5백에서 8백 킬로미터 정도다. 또 국토의 약 97퍼센트는 아시아에 속해 있고 그 가운데 대부분을 차지하고 있는 것이 아나톨리아 고원이다. 오늘날 터키는 그리스, 불가리아, 조지아, 아르메니아, 아제르바이잔, 이란, 이라크, 시리아 등 8개국과 국경을 맞대고 있다. 이들은 일찍이 오스만이 제국 건설을 착수했을 때 만났던 이웃이다.

대략 9세기경 유목민이었던 투르크계 부족들은 현재 몽골인 이스턴 스텝 지대를 돌아다니다가 알타이 산맥을 넘고 지금은 카자흐스탄 땅인 웨스턴 스텝 지대를 건넌 뒤 왼쪽으로 방향을 틀어 중앙아시아를 지나 카스피해까지 도달하는데 여기서 비잔티움 제국과 딱 마주치게 된다. 그즈음 이들은 페르시아 주변 지역에서 이슬람교를 접하면서 이교도 신앙에서 개종을 했다. 11세기 무렵에는 비잔티움 제국 동쪽 주변부에 모습을 드러낸 것을 시작으로 아나톨리아 땅을 야금야금 공략하기 시작했다. 1037년에는 비잔티움 영토와 맞닿은 현재 아르메니아 지역에 셀주크 제국을 건설했다. 이 나라의 술탄은 비잔티움의 황제인 로마누스 4세 디오게네스에게는 너무 멀어 보이는 스텝 지대인 현재의 조지아 지역에 눈독을 들였다. 이는 꼭 했어야 할 일이었다.

서기 1071년 비잔티움 군대와 셀주크 군대는 지금의 터키와 이란 국경에서 120킬로미터 떨어진 반 호수 근처인 말라즈기르트에서 맞닥뜨린다. 이 전투는 비잔티움에게는 무엇보다 뼈아픈 패배일 수밖에 없었다. 나중에 여러 투르크계 부족들이 아나톨리아로 밀고 들어오는 관문을 열어주어 다양한 토후국들이 들어서게끔 해주었기 때문이다. 그들은 10년 안에 콘스탄티노플 근처까지 밀고 들어왔다. 그리고 이 새로운 영토를 일컬어 룸 술탄국Sultanate Rum이라 했다. 룸, 즉 로마라는 이름을 굳이 붙인 것을 보면 아마도 초반에 비잔티움의 약을 올리려는 심산 아니었나 싶다.

당시 아나톨리아에 살던 주민 대다수가 인도─유럽어를 사용했는데 알렉산드로스 대왕이 정복한 이후부터는 그리스 풍습을 따랐고, 특히 비잔티움 시대에는 그리스도교를 받아들였다. 인종적으로는 아르메니아인, 쿠르드인, 그리스인 등 여러 민족이 섞여 있었다. 그러나 몇 세기가 흐르는 동안 상당수가 투르크 문화에 동화되었고 일부는 수니파 이슬람으로 개종하고 터키 말을 쓰게 되었다. 게다가 투르크인들은 유전자상으로 아나톨리아인들과 동화되었다. 대다수 현대 터키인들은 카자흐족 같은 투르크계보다 아르메니아와 그리스계에 훨씬 더 가깝다. 그런데 연구에 따르면 터키 인구의 9퍼센트에서 15퍼센트의 유전자가 중앙아시아인과 섞여 있다고 한다.

1200년대 후반에 아나톨리아 북서부 지역에 건설된 여러 토후국 가운데 오스만 가지Osman Ghazi, 즉 〈전사 오스만〉이라고 불린 자가 세운 나라가 있었다. 그는 흑해 연안을 따라 비잔티움 영토를 침범해 중앙 아나톨리아까지 밀고 들어가면서 자신의 영역을 확장했다. 그 건국자를 기념하는 뜻에서 사람들은 스스로를 오스만리Osmanli, 즉 〈오스만을 따르는 사람들〉이라 부르기 시작했다. 이것이 훗날 서유럽에서 오스만 제국이 되었다. 그들은 투르크계 부족들 중 가장 큰 세력은 아니었지만 자신들의 이득을 비잔티움과 다른 투르크계 토후국들의 더 많은 영토를 빼앗는 출발점으로 삼을 줄 알았다.

1326년경 오스만 토후국은 이번에는 그들의 시야 안에 들어온, 콘스탄티노플에서 남쪽으로 150킬로미터쯤 떨어진 부르사를 장악했다. 오스만은 꾸준히 주변 지역으로 세력을 넓혀 갔고 1453년 마침내 비잔티움 제국이 무너졌다. 무려 1천 년 동안이나 서 있던 콘스탄티노플의 거대한 성벽을 오스만군은 53일에 걸쳐 공략했다. 그리고 마침내 허물어진 성벽 사이로 오스만 병사들이 물밀듯 들어왔다.

이제 오스만은 부유해지거나 아니면 애를 쓰다가 죽는 수밖에 없다. 그들은 지역의 강적들이 마르마라해 주변 부유한 땅을 침범해서 아나톨리아 평원 고지대에 나라를 세울 수 없게끔 확실히 해두면서 동시에 중동에서 오는 거대 세력도 막아야 할 필요가 있었다.

이 소중한 영토에서 가장 약한 부분은 이스탄불을 품고 있는 지협(육지가 극단적으로 좁아진 지형)까지 내려오는 깔때기 모양의 평야지대였다. 만약 적들이 충분한 지상 병력을 모아서 이 도시로 진군할 수 있다면 중심부 전체는 어려움에 빠진다. 따라서 이 도시를 방어하는 열쇠는 먼저 해상 요충지를 봉쇄할 수 있을 만한 강한 해군력이며, 이어 적군을 도시 중심부로부터 가능한 멀리 떼어놓는 것이다. 그렇게만 하면 중심부는 더욱 넓어진다.

오스만은 먼저 세력을 굳힌 다음에 확장해야 했다. 따라서 투르크인들은 우선 전리품으로 빼앗았던 길을 안전하게 지켜야 할 필요가 있었다. 그들은 아나톨리아의 넓은 내륙 지역을 평정했지만 사실상 전략적 깊이 말고는 얻은 것이 별로 없었다. 그 땅은 대부분이 메마르고 울퉁불퉁한 산지라서 작물을 재배할 만한 곳도 제한돼 있다. 또 남쪽 해안 상당 부분도 땅이 무른 데다 교역에 적합한 항구들조차 거의 없다. 게다가 비좁은 해안 평야는 작물을 재배하기에 적합하지 않다. 그러므로 오스만 제국은 내륙 지역을 개발하고 거주지로 만드는 것에 별반 관심이 없었다. 그러다 보니 그 지역 내에서 불만이 터져나오면서 당시에도 지속적으로 진압해야 할 필요가 있었고 현재에도 자주 신경을 써야 할 불안정한 세력 기반으로 남아 있다. 오스만 제국은 대부분의 역사에서 아나톨리아의 반란 세력을 누르느라 애를 썼다. 현대의 터키가 물려받은 유산 중 쿠르드족의 봉기도 이 문제에서 비롯됐다.

그런데도 제국의 방어를 위해서는 아나톨리아를 이용하는 것이 중요했다. 이 지역이 통제되면서 주요한 침략 대부분이 봉쇄되었는데 어쨌거나 이제는 그들에게 오려고 그 넓은 고원을 가로지르는 무모한 모험을 감행하려는 세력들도 거의 없게 되었다. 적들이 곧장 북서쪽에서 발칸 산맥에 이른다고 해도 그 방향에서 오는 위협 세력을 지체시킬 드넓은 장애물이 가로막고 있기 때문이다. 이로써 그들은 제국의 수도인 콘스탄티노플을 단단히 지킬 수 있었다. 도시의 성벽이 다시 세워졌고 도심 지역에는 무슬림과 기독교도, 유대인이 함께 섞여 살았다. 이렇게 하여 그들은 앞을 바라볼 수 있게 되었다.

최전성기를 보내고
유럽의 병자로 몰락하다

―

사실 오스만은 이미 유럽에 영토를 가지고 있었다. 일찍이 1300년대 초반부터 그들은 발칸 지역을 공략하곤 했다. 그러던 중 1480년대에 현재 우크라이나 땅인 흑해의 항구들을 장악했고, 천천히 세력을 키우는 러시아를 그들의 향상된 해군력을 이용해 묶어둘 수 있었다. 이제 오스만은 서쪽에 집중할 수 있게 되었다. 여기서도 그들은 오늘날 그 지역 국가들이 경험하듯이 지리상의 기회이자 골칫거리에 봉착하게 된다. 이스탄불에서 서쪽으로 향하면 마리차강 계곡으로 들어가게 된다. 그런 다음 발칸 산맥을 오른쪽으로 에둘러 돌아가면 유럽에서 두 번째로 긴 강인 다뉴브강에 이른다. 이 강 유역은 베사라비아 갭과 철문(Iron Gate, 유럽을 흐르는 다뉴브강의 협곡부) 사이에 펼쳐져 있다.

베사라비아 갭은 카르파티아 산맥이 끝나는 지점과 흑해가 시작되는 지점 사이에 펼쳐진 저지대다. 카르파티아 산맥은 장장 1천5백 킬로미터를 활 모양으로 내달리면서 북쪽으로 폴란드의 아래쪽까지 이어진다. 이 산맥 주변의 길들이 발트해를 따라가면 북유럽평원이 되고 흑해를 따라가면 베사라비아 갭이 된다. 따라서 이 갭 지역을 장악하면 남동쪽과 남서쪽 통로를 모두 통제할 수 있다는 얘기가 된다.

아이언 게이트, 즉 철문은 카르파티아 산맥이 루마니아를 돌아 불가리아로 가서 발칸 산맥과 만나는 지점이다. 다뉴브강은 이 요충지를 통과해서 좁은 골짜기 사이를 흐르는데 1960년대에 댐을 건설하기 전에는 몇 마일씩 퍼져나가는 4개의 협곡을 통해 세찬 급류가 흘러내리는 은근히 무시무시한 구간이었다. 현재 이곳의 물소리는 훨씬 조용해졌지만 철문을 지배하면 확고한 방어 포인트가 되거나 혹은 새로운 무대를 선점할 수 있는 요충지가 될 수 있다. 오스만은 후자를 선택했다.

비엔나는 카르파티아 산맥과 알프스 산맥 사이의 판노니아 평원에 있는 철문 위쪽에 위치하고 있다. 이 도시를 통과해 남쪽으로 흘러가는 다뉴브강은 철문에 이르는 것을 끝으로 흑해로 흘러 들어간다. 오스만은 이 문의 남쪽에 있는 그들의 제국은 안전할 거라는 확신이 있었다. 하지만 비옥하고 드넓은 판노니아 평원을 확실하게 손에 넣고 싶다면 먼저 비엔나를 정복해야 했다.

그리하여 오스만은 세 차례에 걸쳐 비엔나 정복을 시도했다. 그리고 세 번째 원정에서는 비단 철문의 북쪽뿐 아니라 마르마리아의 북쪽, 남쪽, 동쪽, 서쪽까지 포함시켰다. 1500년대에 이르자 오스만은 발칸 지역 대부분을 장악했고 비엔나가 있는 북서쪽까지 내리 진출하더니 현재의 헝가리까지 손에 넣었다. 또 북쪽으로는 흑해를 호령했고, 남쪽과 동쪽으로는 오늘날의 시리아, 이라크, 사우디아라비아, 이집트, 알제리에 이르는 지역까지 지배했다. 이렇게 세력을 확장해 나가면서 다양한 인종과 문화가 혼합된 이 제국은 지독하게 야만적인 성향을 띠어갔다. 그런데도 열등하게 치부하던 기독교도들과 유대인들을 비롯한 백성들을 강제로 수니파 이슬람으로 개종시키지는 않았다. 그들은 흔히 〈보호받는〉으로 번역되는 딤미Dhimmi라는 신분으로 인정됐다. 그렇지만 따로 지즈야jizya라는 일종의 인두세를 내야 했다. 결국 그들은 개종을 강요받지는 않았지만 〈보호받는 비용〉 정도로 번역되는 금액을 갈취당한 셈이다. 반면 오스만 제국 식민지의 아랍인 이슬람교도들의 삶은 상대적으로 수월한 편이었다. 그런데도 정복당한 지역의 주민들에게 그들의 우두머리가 누구인지는 의심의 여지가 없었다. 오늘날 다시 아랍 세계로 밀고 들어가려는 터키를 곱지 않은 시선으로 보는 이유도 여기에 있을 것이다. 그 한 예가 2020년 사우디아라비아에서 벌어진 사건이다. 터키가 시리아와 리비아의 내전에 개입하자 사우디아라비아는 수도 리야드의 주요 통행로 중 술레이만 1세의 이름을 딴 거리 이름을 냉큼 바꿔버렸다. 술레이만 1세는 오스만 제국의 10대 술탄으로 제국의 절정기를 만든 당사자였다.

오스만 제국의 통치자들에게 그 시대는 로마제국에 비견할 만큼 빛나는 시절이었다. 하지만 최전성기를 찍고 나서 1683년에 비엔나 초입에서 합스부르크 제국에게 패배를 당한 이후 그들은 제국의 붕괴로 가는, 길지만 확실한 몰락의 길을 밟기 시작한다.

비엔나에서 당한 패배를 만회할 능력도 없었던 오스만은 결국 철문 쪽으로 퇴각했다가 아예 그 아래로 물러날 수밖에 없는 처지가 된다. 이 지역은 제국에서 가장 쓸모가 많은 곳인 데다 머나먼 북아프리카의 전초기지에 비하면 수도에 훨씬 가깝기도 했다. 하지만 팽창하는 서구 제국주의가 그들을 따라잡고 있었다. 점점 산업화를 이뤄가는 서유럽 국가들이 부상하는 데 반해 오스만 제국은 기술적으로나 군사적으로 그들과 겨룰 수 없는 처지에 놓이게 됐다. 서유럽 강대국 가운데 특히 영국과 프랑스는 오스만을 중동에서 밀어내기 시작했다.

1912년부터 1913년까지 이어진 발칸 전쟁에서 콘스탄티노플이 불가리아에 거의 함락될 지경에 이르렀을 때 이 〈유럽의 병자〉가 얼마나 병들어 있는지가 자명해졌다. 그리고 제1차 세계대전에서 잘못된 편을 선택했을 때 그들 자신의 사망 확인서에 서명한 것이나 다름없었다. 1915년 갈리폴리 전투에서 영국을 패배시킨 것은 터키 건국 역

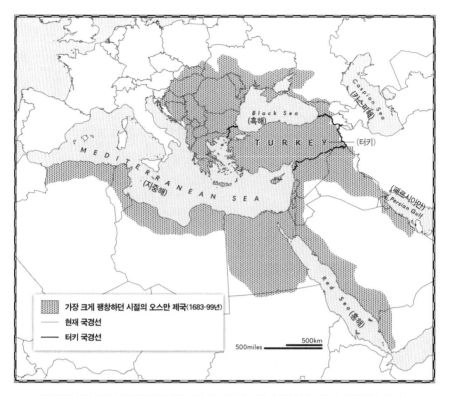

최전성기 시절의 오스만 제국은 유럽과 아시아는 물론 북아프리카의 넓은 지역까지 세력을 넓혔다.

사에 기록될 만한 전공이었지만 그렇다고 해서 제국을 잃는 것을 막을 수는 없었다. 1918년의 휴전 협정에 따라 제국의 수도는 영국, 이탈리아, 프랑스군에게 점령당했고, 결국 1922년 오스만 제국은 해체되었으며 술탄 체제는 폐지됐다. 이 와중에 터키어를 쓰는 일부 주민들은 새로운 국경 바깥에, 즉 그리스와 사이프러스에 남겨졌다. 마찬가지로 백만 명이 넘는 그리스인들은 터키 안에 남겨지게 되었다.

1919년부터 1922년까지 이어진 그리스-터키 전쟁에서 무스타파 케말 아타튀르크 장군이 이끄는 터키군이 결정적인 승리를 거두었다. 이후 양국의 주민들이 교환됐지만 두 나라에는 여전히 그리스계 또는 터키계 소수 주민들이 남아 있다. 결과적으로 이 상황은 지난 세기에 양국 간에 긴장을 높인 요인이 되었다. 일부 조항에 대해 두고두고 억울해 하는 터키는 그리스가 터키 연안의 섬들 대다수를 지배하게 된 것과 시리아에 있는 쿠르드족 땅과 아랍 영토를 잃게 된 조약을 그때도 인정하지 못했고 현재도 받아들일 생각이 없다.

터키공화국의 탄생,
그러나 영 마음이 편치 않은
—

아타튀르크는 1923년에 창건한 신생 터키공화국의 초대 대통령이 되었다. 앙카라가 수도로 선택되었고 콘스탄티노플의 명칭은 공식적으로 이스탄불로 바뀌었다. (항간에는 그리스어로 에이스 텐 폴린(eis ten polin, 〈도시 안으로〉라는 뜻)이 이스탄불로 바뀌었다는 설도 있다.)

터키 건국의 아버지인 아타튀르크는 15년에 걸친 집권기 동안 나라를 획기적으로 개혁했다. 그는 〈현대화는 곧 서구화〉라는 결론하에 일련의 급진적인 개혁을 단행했다. 일부 겉핥기식 법령들도 적지 않았지만 종교와 정치의 분리를 포함한 과거와의 단절을 상징하는 의미심장한 조치들도 있었다. 일례로 남자들의 경우 전통적인 페즈(테두리 없는 터키식 모자)를 쓰는 것을 법으로 금했으며, 여자들 또한 베일로 얼굴을 가리지 못하게 했다. 또 서양식 달력(그레고리력) 체계가 도입되었고 읽고 쓰는 문자도 아랍어 대신 라틴 알파벳으로 교체했다.

아타튀르크는 언어는 곧 문화라는 점을 이해하고 있었다. 그는 다

민족적이고 다언어적인 오스만 제국 대신 〈터키다움〉에 기반을 둔 새로운 나라를 건설하는 데 몰두했다. 교육받은 계층이 주로 사용하는 오스만 터키어는 터키어, 아랍어, 페르시아어가 혼재된 반면, 대다수가 문맹인 빈곤층에서는 터키어를 사용했는데 여기서 언어적 균열이 발생했다. 이는 사회적 분열이 더욱 도드라지는 한 사례라 할 수 있다. 아타튀르크는 이 균열을 메우고 해소하는 데 앞장섰다. 그는 각 지방을 돌면서 마을 광장이나 학교에 작은 칠판을 들고 나타나서 새로운 알파벳을 직접 써보였다. 이 같은 행보는 대통령에 대한 개인 숭배를 끌어냈을 뿐 아니라 이런저런 일에 종교학자들의 의견에 의존했던 행위에서 국민들을 해방시키는 현명한 행동이었다.

이러한 터키화 과정에는 1915년부터 1923년 사이에 행해진 기독교계 아르메니아인들에 대한 집단 대학살을 부인하는 것도 포함되어 있었다. 많은 터키인들은 오스만 제국 내 아르메니아계 주민들이 자신들의 언어와 문화를 고수한다는 사실에 분노하면서 그들을 내부의 적으로 간주했다. 주로 터키 내 아나톨리아 동부 지역에서 자행된 대학살에서 전투 가능 연령대의 아르메니아계 남성들 수십만 명이 목숨을 잃었다. 또 비슷한 수의 여성과 아이들이 강제로 추방당했고 노인들은 물과 식량도 없이 시리아 사막으로 쫓겨났다. 제1차 세계대전 동안 벌어진 가장 잔혹한 행위인 이 대학살은 역사에서 지워지면서 터키공화국의 새로운 건국 신화를 구축하는 데 기여했다. 대다수 역사학자는 그 사건이 치밀하게 계획된 대량 학살 행위에 해당한다고 주장한다. 하지만 지금까지도 터키 당국은 그러한 잔혹 행위들이 저질러진 것은 인정하면서도 아르메니아계 주민들을 말살시킬 의도는 없었다고 주장하면서 계획적인 대량 학살이었다는 것만은 강력히 부인하고 있다. 이처럼 사실을 감추고 문화를 서구화하는 행위 모두는 터키가 근대 국가로 발전해서 현대 세계로 진입하고자 하는 하나의 목적을 달성하는 데 기여했다.

그런데 문제가 생겼다. 세상이 변한 것이다. 투르크족, 즉 터키인들의 제국도 줄어들었다. 이제는 겨우 마르마리아와 아나톨리아만 차지하고 있을 정도인 데다 비록 터키가 유럽과 중동의 가교라 하지만 이 다리는 병자가 죽어가는 동안 그 유용함도 훨씬 줄어든 터였다. 수에즈 운하가 개통되면서 새로운 해상 교역로가 열렸고, 많은 유럽 상인들에게 훨씬 매력적인 시장으로 미국이라는 대량 소비 사회가 부상한 것이다.

1920년대에 아타튀르크가 산업화를 시작했고 1929년부터 1938년 사이에만 터키의 공업 생산이 무려 80퍼센트나 늘었다고는 하나 그래도 터키는 여전히 상대적으로 농업의 비중이 큰 사회에 머물러 있었다. 하지만 1929년에 미국의 증시 폭락으로 시작된 대공황의 여파로 농산물 가격이 급락하면서 터키에도 경제 위기가 촉발됐다. 주요 교역로라는 역할이 축소되고 소득이 줄어드는 와중에 동부 지역의 쿠르드족 반란을 진압할 자금도 조달해야 하는 등 터키는 강대국으로 자리 잡기 위한 힘겨운 싸움을 수행하고 있었다.

제2차 세계대전의 전운이 고조되는 동안에도 터키 군대의 상태는 심각한 상태에 머물러 있었다. 무기의 태반은 제1차 세계대전 때 쓰고 남은 것들이었다. 제2차 세계대전이 발발하자 양측은 너도나도 터키를 끌어들이려고 했다. 그것은 달콤한 유혹이었다. 무엇보다 나치가 그리스를 초토화해 버렸으니 말이다. 독일과 손을 잡으면 잃어버린 영토를 되찾을 수 있을지도 모른다. 하지만 터키 정부는 1945년

2월까지 중립적인 입장을 견지했다. 그러다 소련 군대가 베를린으로 접근하고 독일의 패색이 짙어지자 터키는 잽싸게 독일과 일본을 향해 선전포고를 했다. 비록 약은 행동이었을지라도 어쨌거나 현명한 결정이었다. 덕분에 터키는 전후 세계 질서를 확립하기 위해 소집된 일련의 회담들에서 한자리를 얻을 수 있었다. 주전 선수로 뛰지는 않았지만 적어도 주빈 테이블에는 앉을 수 있었다.

하지만 1946년, 주변을 둘러본 터키는 영 마음이 편치 않았다. 아직도 주요 교역로 지위를 되찾지 못하고 있는 데다 주변 나라들도 부자가 아니었다. 게다가 수세기 동안 서로 으르렁댔던 러시아는 소비에트 연방 확장의 일환으로 발칸 지역에 부대를 주둔시키고 쿠르드 반군을 지원하면서 터키를 약화시키는 데 힘을 합치지를 않나, 시리아와 이라크에도 영향력을 행사하고 있지 않나, 말이 좋아 〈영광의 고립〉이지 그것은 실제로는 선택지가 되지 못했다. 그로부터 6년이 지나고 터키는 나토 회원국이 된다.

그것은 일종의 정략결혼이었다. 나토의 입장에서는 냉전이 고조되는 상황에서 터키를 가입시키면 가까운 미래에 터키가 도박을 걸거나 모스크바에 의지하는 것을 막는 동시에 동맹의 남쪽 측면을 든든하게 지킬 수 있을 터였다. 1952년에 그리스도 같은 이유로 나토 회원국이 되었다. 비록 서로 으르렁대는 사이지만 두 나라 모두 나토의 선택지와 화력을 증강시켰다. 터키의 해군에게는 흑해에서 소련을 묶어두는 역할이, 육군에게는 불가리아 국경지대에서 소련 지상군을 묶어두는 역할이 주어졌다. 1960년, 1971년, 그리고 1980년에 터키에서 군부 쿠데타가 발발했을 때도 나토 동맹국들이 애써 못 본 체했던 것도 터키가 가진 이러한 전략적 중요성을 무시할 수 없었기 때문이다. 자국 내 사정에 대한 약간은 어색한 헛기침과 수군거림 속에서도 터키의 지리적 위치는 서방 세력의 마음속에서 독보적인 자리를 점할 수밖에 없었다. 이런 상황은 문민정부가 보편적인 규범으로 자리 잡기 시작한 1990년대까지 이어졌다.

냉전의 종식은 새로운 시대를 가져왔지만 해묵은 문제들 또한 달고 왔다. 1990년대에 터키는 이라크와 카스피해에서 시작해 아나톨리아를 통과해 유럽으로 석유와 가스를 공급하는 송유관을 건설한 뒤 주요 교역로라는 위치를 되찾아가는 중이었다. 그리하여 자국을 둘러싼 세계를 가늠하는 한편으로 나토 내에서도 가장 크고 효율적인 군사력으로 신뢰를 얻고 있었다. 냉전은 터키 이웃 국가들을 포함한 전 세계 여러 이슈를 덮어 버리거나 아예 동결시켜 버렸다. 이어 찾아온 다극화된 세계에서는 소련과 미국이 양분하던 세계 질서가 산산조각이 나면서 그 뚜껑도 떨어져 나갔고 얼음 또한 녹아내렸다. 중소 규모의 국가들은 새 시대에 걸맞은 새로운 현실을 신속하게 확립하려고 했다.

그즈음 1991년에 발칸 지역에서 전쟁이 다시 발발했다. 터키는 일찍이 사막의 폭풍 작전(1991년 걸프전 당시 미군을 중심으로 한 연합군의 바그다드 공습 작전명)으로 이라크의 쿠르드족 수십만 명이 사담 후세인의 군대를 피해 자국의 국경 쪽으로 밀려오는 상황을 불안한 눈빛으로 지켜보았다. 사실 터키는 사담 후세인에 대한 개입을 반대하는 입장이 아니었다. 그보다는 이라크 북부에 반자치적 성격의 쿠르드족 지역을 설립하는 것을 도와줬다고 하는 편에 더 가까웠다. (나중에 보게 되겠지만 이는 터키가 자국 내의 쿠르드 민족주의를 억누르려고 하는 것만큼 문제가 되었다.) 그 후 유고슬라비아 연방이 분열되면서 보스니아, 크로아티아, 세르비아, 코소보, 북마케도니아 모두 자기 편만 생각하는 냉소적인 민족주의 성향의 지도자들이 야기한 민족 갈등의 결과로 하나같이 고통받게 되면서 옛 오스만 제국의 또 다른 지역들이 분쟁의 나락으로 빨려들어 가고 있었다. 터키 정부는 이들 지역으로 상품을 수출하고 싶었지 불안정과 폭력의 파문을 수입하려던 것은 아니었다. 유고슬라비아 연방 해체로 인한 분열이 가져온 야만적인 폭력성은 이전 오스만 제국 영토에서 발생한 또 다른 갈등에 그림자를 드리웠다. 즉 아르메니아와 아제르바이잔이 나고르노-카라바흐 영토를 둘러싼 갈등을 빚어오다 전쟁을 일으킨 것이다. 여기에 더해 터키 정부는 자체 봉쇄하려고 했던 코카서스와 중앙아시아 지역에 러시아와 이란의 영향력이 확대돼 가는 것에 점점 더 불안함을 느꼈다.

이 지점에서 여전히 서구 지향적인 터키는 EU 가입에 대한 꿈을 버리지 못하고 있었다. 하지만 새로운 세기로 들어서면서 터키 정부가 그 클럽에 초대받을 가능성은 점점 희박해져 가고 있었다. 일단 경제적으로 터키는 EU 가입 요건을 충족시키지 못하며 인권지수 또한 그 요구 조건에 한참 떨어진다. 게다가 EU 내에 수치화할 수는 없어도 인식 가능한 어느 정도의 편견이 있는데, 그것은 바로 터키가 충분히 〈유럽답지 않다〉는 것이다. 그리하여 터키는 새로운 지도자 아래에서 조금씩 다른 쪽으로 방향을 틀기 시작했다.

오스만 제국의 부활을 꿈꾸지만 친구는 없는

—

다른 방향이란 미래를 설계하기 위해 〈과거〉로 눈을 돌리는 것이었다. 레제프 타이이프 에르도안, 이 새 지도자는 종교적 민족주의와 신오스만주의의 화신이라 할 수 있는 인물이다. 에르도안은 처음엔 총리로, 이어 대통령 자격으로 터키를 모든 면에서 독립적으로 행동할 수 있는 강대국으로 만들고자 했다. 21세기 초반 10년 동안 터키 정부는 성실한 나토 회원국이자 EU 가입의 염원을 버리지 않고 그 길을 계속 걸어가는 것처럼 보였다. 하지만 이 나라의 지리적, 역사적, 이념적 뿌리가 이 전략과는 어울리지 않는다. 향후 벌어지는 일련의 사태들을 볼 때 이들의 상당히 다른 사고방식에 영향을 준 것은 결국 그 뿌리들이라는 것이 드러난다.

에르도안에 대해서는 그가 이슬람의 급진적 해석이 정치를 이끌고, 또한 개입해야 한다고 믿는 이슬람주의자가 아닌가 하는 논쟁이 있다. 그는 분명 이스탄불의 황폐한 지역에서 어렵게 자란 뒤 대학 교육까지 받은 사람이다. 1994년에 그는 이슬람 복지당의 의장으로 이스탄불 시장이 되었다. 그러다가 1999년, 공식적으로 세속주의를 추구하는 이 나라에서 다음과 같은 이슬람 시를 읊었다는 이유로 4개월간 구금되기도 했다.

"모스크는 우리의 막사이며, 둥근 지붕은 우리의 투구이며, 첨탑은 총검이며, 신자는 우리의 병사들이다."

석방된 뒤 그는 정의개발당Adalet ve Kalkınma Partisi을 창당한다. 그 머리글자를 딴 AKP에서 ak는 흔히 터키어에서 흰색 또는 깨끗함을 의미하는데 이는 다른 정치 집단과 구별되는 선명성을 나타내는 데 유용했다. 이 당의 뿌리는 이슬람 복지당에 있었다. AKP는 2002년 선거에서 승리했고 에르도안은 그 이듬해에 총리가 되었다. 과거 전력으로만 보면 그가 이슬람주의자라는 증거는 딱히 보이지 않는다.

지지가 필요할 때 인구의 어느 편에나 호소할 만큼 영리하기 때문이다. 하지만 그가 민주주의에 대한 존중이 결여된 공공연한 민족주의자라는 데는 다음의 발언에서 보듯 의심의 여지가 없다.

"민주주의는 마치 버스를 타는 것과 같다. 일단 내가 내려야 할 정류장에 도착하면 내리면 된다."

현대 터키 역사에서 AKP의 집권은 중대한 전환점이 되었다. 이 나라는 초대 대통령 무스타파 케말 아타튀르크의 세속주의를 기반으로 설립된 나라였다. 그런데 이제는 나토에 대해 미온적이며 이전의 오스만 제국 땅에서 영향력을 상실한 것에 분노하는 이슬람 이념에 뿌리를 둔 정당이 이끌어가는 나라가 되었다. 에르도안은 이스탄불의 자유주의자들이 이 나라에 대해 진지하게 생각해 보지 않는다는 것을 알 만큼 세상물정에 밝은 사람이다. 아닌 게 아니라 그들은 이스탄불조차도 크게 신경 쓰지 않았다. 특히 지난 수십 년 동안 보수적이고 종교 지향적인 시골 인구가 일자리를 찾아 대거 도시로 유입된 것을 목격하면서도 말이다.

에르도안의 대외정책에 관한 생각을 알 수 있게 해주는 훌륭한 안내인이 있다. 바로 외교부 장관이자 총리를 지낸 AKP의 전 대표인 아흐메트 다부토글루 교수다. 그가 2001년에 펴낸 『전략적 깊이 Strategic Depth』라는 책은 에르도안의 〈새로운 터키〉가 어떠한 대외정책상의 구조에서 건설되었는지를 보여주는 일종의 건축 구조물처럼 보인다. 터키의 전략적 깊이를 확대하는 방식에 대한 그의 기본 주장은 지리를 역동적으로 해석해서 현상황에 마침표를 찍고 앞서 끌고 가는 것으로 압축된다.

다부토글루와 마찬가지로 에르도안은 서구가 쇠락해 가는 상황에서 터키가 초강대국으로 부상할 것이라는 운명을 믿어 의심치 않는 이른바 신오스만주의자다. 1990년대는 터키가 힘을 키워가던 시대였다. 소련이 이탈하자 강력하고 점점 잘 조직되어 가는 터키군을 패배시킬 만한 이웃이 사라졌다. 70년 만에 처음으로 무력 사용이 단지 실존적 필요에서가 아니라 하나의 선택 사항이 되었다.

그런데 2001년 9·11 테러 이후의 세계에서 터키는 신중을 기해야 할 필요성이 생겼다. 특히 전쟁에 올라탄 미국을 보면 더욱 그랬다. 따라서 2000년대 초반 터키의 대외정책 기조는 "이웃들과 절대 문제를 일으키지 않는다."라는 수사로 대표된다. 그리하여 터키는 서방 강대국들과 친한 사이를 유지하는 동시에 무역과 소프트파워, 외교력을 이용해서 발칸 지역과 중동에 서서히 영향력을 확대해 나가는 것으로 10여 년을 보냈다. 그동안 터키는 보스니아와 세르비아가 화해하는 데 힘을 보탰고 이스라엘과 시리아의 회담도 주선했다. 또 파타와 하마스라는 팔레스타인 파벌들을 하나로 합치게 하려고 노력했으며 심지어 전통적으로 적대 관계인 아르메니아한테까지 손을 내밀었다. 하지만 이 모든 사례가 언론의 헤드라인을 장식하기는 했어도 눈에 띄는 성과를 거두지는 못했다. 궁극적으로 이러한 접근법은 현 상황을 종식시키는 길로 가지는 못했다. 이웃 국가들과 문제를 일으키지 않는다는 것은 그들 나라의 내정에 간섭하지 않을 것을 요구한다. 하지만 이웃한 영토에서 다른 세력들이 무언가를 꾸미고 있을 때 그저 뒷짐 지고 바라보고 있을 수만은 없는 일 아닌가.

금세기의 두 번째 10년이 시작되면서 부드럽고도 부드러운 접근법은 점점 약해지고 있었다. 그러다가 2011년 아랍의 봉기가 촉발되자 아예 올이 다 드러날 정도가 되었다. 〈이웃과 문제가 없는〉 정책은 이제는 〈친구가 없는〉 쪽에 더 가까워졌다.

이웃 나라들과 끊임없이 충돌하다

—

그즈음 20년 동안 잘 지내고 있던 터키와 이스라엘 간의 사이가 틀어졌다. 이슬람주의자들과 다부토글루가 속해 있던 민족주의자들은 이스라엘과 친구가 되는 것은 터키 국민과 그 과거로부터 터키를 소외시키는 짓이라고 수년 동안 비판해 왔다. 사실 두 나라는 아랍 국가들과 이란에 대한 공통된 우려에 기반을 두고 긴밀한 관계를 유지해 오고 있었다. 물론 이따금 삐걱거릴 때도 있기는 했지만 이 관계는 이전 정부에서 맺어진 것이었다. 그런데 AKP의 정치적 지지층에는 이스라엘을 지지하는 다수가 포함돼 있지 않아서 2008년에 벌어진 이스라엘의 가자 침공은 두 나라 관계를 냉각시킬 그럴듯한 핑곗거리가 됐다. 그리고 몇 년 안에 양국의 합동 군사 작전이 취소됐다. 이어 하마스 지도자들이 수도 앙카라에서 환대를 받았고 에르도안이 반유대주의적 발언을 쏟아내는 동안 터키 텔레비전에서는 반이스라엘 영화들이 방영됐다.

터키는 아랍의 봉기를 자신들의 조상이 통치하던 지역에 옛날처럼 자국의 영향력을 다시 확장시킬 수 있는 기회로 보았다. 하지만 늘 그렇듯 올라탈 말을 잘못 고른 것 같다. 터키 정부는 중동에 자국의 힘을 투사할 공간이 있을 거라 느꼈지만 터키가 제공하는 것보다 EU의 매력에 더 끌렸던 발칸 지역에서와 마찬가지로 그 공간은 그리 많지 않았다. 사우디아라비아, 아랍에미리트, 이집트는 그 공간에 대한 생각도 저마다 달랐다. 사우디아라비아는 이슬람의 정신적 지도자로 자처하고 있다. 또한 아랍에미리트와 함께 이 지역에 힘을 보여줄 만큼 막대한 부도 소유하고 있다. 그래서 중동에서 핵심 주전 선수가 되고자 결심한 터키 정부는 그들과 충돌이 불가피한 상황에 놓이게 됐다. 게다가 전통적으로 아랍의 맹주임을 자처하는 이집트도 신오스만주의자들이 영향력을 키우는 것을 마냥 보고만 있지는 않을 것이다.

에르도안 대통령은 늘 무슬림형제단과 긴밀한 관계를 맺어오고 있었다. 무슬림형제단이라면 세계적으로 이슬람법이 지배하는 칼리프 국가를 건설하겠다는 목표를 가지고 세포와도 같은 조직들을 통해 가동하는 다국적 수니파 이슬람주의 단체다. 그들이 볼 때 거의 모든 아랍 국가들은 배격해야 할 군주제 국가이거나 종교적으로 지나치게 관대하다. 아랍의 국가들은 이를 알고 있는 만큼 그래서 무슬림형제단을 꺼린다. 1920년대에 이집트에서 창설된 무슬림형제단은 수년 동안 심한 탄압을 받은 끝에 아랍의 봄으로 호스니 무바라크 대통령이 축출되고 치러진 2012년 이집트 선거에서 마침내 승리를 거머쥐었다. 에르도안은 희희낙락했다. 그는 이집트는 물론 리비아, 튀니지에서도 새로 들어선 이슬람 정부와 전략적 관계를 수립하기를 희망했다. 물론 터키가 상급 파트너가 되는 건 당연했다. 그런데 이듬해 수개월에 걸친 반정부 시위가 벌어지면서 이집트의 무슬림형제단 정부가 군사 쿠데타로 전복되고 만다. 에르도안이 이 사태를 맹비난하자 결과적으로 이집트의 새로운 지도자가 된 시시 대통령과 불편한 관계가 되고 만다. 시시 대통령은 다른 지역 지도자들과 마찬가지로 터키를 무슬림형제단뿐 아니라 다른 이슬람 단체들과도 수상쩍은 관계를 맺고 이슬람 테러를 지원하는 위협 세력이라고 여겼다. 그리하여 몇 주 안에 이집트 주재 터키 대사가 추방됐고 양국 관계는 실질적으로 회복되지 않았다. 다만 경제적 연결고리는 쉽사리 끊지 않을 정도로 실용적인 측면은 갖고 있었다는 점은 주목할 만하다.

에르도안이나 시시 모두 자신들 조국의 역사는 낭만적으로 바라보면서도 지역 내 역할에 관해서는 대립적인 시각을 가진 민족주의자들이다. 두 나라 사이의 이념과 전략적 상이함은 결국 리비아에서 부딪히면서 동부 지중해에서 경쟁에 돌입하기에 이르렀다. 시시에게 리비아는 자기네 뒷마당이나 다름없는데 터키가 무슬림형제단과 연계된 정부에게 승리를 안겨주고 이전의 오스만 제국 영토에서 활개치는 꼴을 그저 보고만 있을 수는 없는 노릇이었다.

그들은 2011년에 발발한 시리아 내전 동안 또다시 불편한 관계가된다. 여러 다양한 이슬람 조직들이 비수니파인 시리아의 아사드 대통령에게 반기를 든 수니파 봉기를 이용하자 터키 정부는 잽싸게 그들을 지원했다. 이것은 수니파 이슬람교도들의 구원자로 행세하면서 시리아에 친터키 성향의 정부를 수립할 절호의 기회이기도 했다. 이집트는 시시가 정권을 잡자마자 시리아와의 관계를 정상화하는 작업에 착수했다. 비록 두 나라가 동일한 이슬람 종파를 받들지는 않지만 양측 모두 에르도안에게 반대한다는 보다 큰 이해관계가 일치했기 때문이다. 게다가 시시에게는 터키가 지배하는 정부보다는 아사드가 더낫다. 그러던 중 2016년에 터키군이 시리아 북부를 침공했고 2018년과 2019년에 또다시 침공하자 이집트에서는 이 행동을 두고 "아랍이 신오스만주의자들의 새로운 위협에 직면하고 있다."라는 말이돌았다.

터키가 시리아를 급습한 것은 그 지역에 쿠르드족 자치구가 형성돼서 터키 내에 있는 쿠르드계가 다수인 지역과 힘을 합치는 것을 미연에 막아야 할 필요 때문이었다. 그런데다가 2016년에 아사드에게 군사 원조를 제공한 러시아의 영향력도 차단해야 했고 더불어 이미 350만 명이 넘는 절망적인 사람들을 받은 입장에서 더 많은 난민 물결은 차단하겠다는 의도도 깔려 있었다. 터키인들은 특히나 다른 유럽 국가들에 비해 자신들 나라가 그렇게나 많은 난민을 받아들인 것에 비해 국제 사회에서 충분한 인정을 받지 못하고 있다는 사실에 분개하고 있었다. 그러자 최근 들어 반난민 정서가 점점 커가는 상황에서 에르도안 대통령도 되도록 많은 난민을 나라 밖으로 내보내는 계획에 착수했다. 에르도안은 또 나토가 향후 있을지 모를 러시아의 공격을 단념시키려고 리투아니아에 추가 병력을 파견한 사실에도 분개했다. 그러면서 터키가 ISIS의 테러 위협을 막기 위해 시리아로 들어갔던, 정작 터키가 필요하다고 느낄 때에는 도움의 손길을 내밀지 않았던 것에 대해 공개적으로 섭섭해 했다.

"마비 바탄,
우리는 푸른 바다를 지배할 나라다!"
—

이런 것들이 에르도안의 권위주의 정권이 EU와 나토로부터 멀어져서 독자적으로 움직이려 하는 이유가 되었다. EU와의 관계는 한동안 긴장 상태에 있었다. 2000년대에 일부 유럽 국가 지도자들이 아르메니아인 대학살을 부인하는 터키에 대해 우려를 표명했다. 여기에는 독일, 프랑스, 이탈리아, 폴란드, 캐나다, 러시아를 포함한 여러 나라가 동의했고 바티칸과 미 의회도 가세했다. 터키를 격분케 한 이 책임 소재 문제는 외교나 무역 협상 배경에서 자주 어른거리는 혐의다. 터키인들에게 확실하게 분노를 일으키는 이슈는 이만한 게 없는 듯하다. 몇 년 전에 에르도안 대통령은 이른바 〈아르메니안 디아스포라Armenian diaspora〉는 터키에 대한 적대감을 심어주려는 저의에서 나온 것이며 "지난 100년에서 150년 동안 우리 민족이 지나온 길을 보면 우리가 아르메니아인들이 겪은 것보다 훨씬 큰 고난을 겪었음을 알게 될 것"이라고 말했다. 하지만 터키 외부의 많은 사람들은 별로 동의하지 않는 듯하다.

에르도안에 반기를 들고 2016년에 벌어진 터키의 유혈 쿠데타 이후 나토 내에서 터키의 고립은 더욱 심화됐다. 당시 소규모 군인 그룹이 이스탄불의 교량들과 텔레비전 방송국을 점거했다. 양측이 대치하는 동안 3백여 명이 목숨을 잃고 나서 현정권 지지자들이 다시 상황을 장악했다. 이후 수만 명이 투옥됐고 군대, 미디어, 경찰, 공공 서비스, 교육 등의 분야에서 조금이라도 쿠데타에 동조한 혐의가 있는 사람은 인정사정없이 숙청했다. 증거가 부족하긴 하지만 에르도안은 자신의 많은 지지자들이 공공연하게 말하는 것을 넌지시 비췄다. 이 쿠데타는 "미국이 뒤를 받쳐준 거대 음모"라고.

터키 군부 내에서 마비 바탄Mavi Vatan, 즉 〈푸른 조국〉이라는 개념을 지지하는 이들은 대체로 나토 회원국이라는 지위를 회의적으로 본다. 그들은 그리스가 동조하는 미국의 책략의 도구가 되는 것은 터키가 이 세계에서 마땅히 있어야 할 자리로 올라서는 것을 막는 것이라고 믿고 있다. 에르도안 대통령은 당연히 이 입장에 동조할 것이다. 푸른 조국이라는 관념에는 터키가 자신들을 둘러싼 주변 3개 바다인 흑해, 에게해, 동부 지중해를 지배할 것이라는 세계관이 담겨 있다. 이 생각을 공공연하게 언급하는 이면에는 오스만 제국이 영토를 잃고 오늘날의 터키로 쪼그라들게 만든 로잔조약을 파기하려는 장기적인 전략이 깔려 있는 것으로도 보인다. 푸른 조국이라는 개념을 대중화한 사람은 전직 해군 소장 쳄 구르데니즈였다. 2006년에 이 용어를 찾아낸 그는 해군에서 퇴역하고 나서 대중의 관심을 끌기 위해 노력했다.

사실 위에서 말한 세계관은 좀 더 확대한 개념이고, 푸른 조국이라는 것은 쉽게 말하면 에게해와 동부 지중해에서 터키 정부의 정책, 특히 대對그리스 정책을 의미한다고 볼 수 있다. 앞선 그리스 편에서 우리는 해저 가스전의 발견이 동부 지중해 지역에서의 해묵은 긴장을 얼마나 고조시키고 있는지 살펴보았다. 그곳은 1974년에 있었던 터키의 사이프러스 침공 이후로 그리스와 터키가 대립하고 있는 바로 그 지역이다. 구르데니즈는 이런 점을 포착해서 푸른 조국이라는 개념을 밀어붙이는 기회로 삼았다. 예컨대 그 명칭에 걸맞은 지도들이 신뢰감을 주려면 터키의 지배를 받는 많은 그리스 섬들을 포함해야 한다는 것이다. 구르데니즈의 영향력이 얼마나 큰가 하면 터키 해군대학 신문 이름이 《마비 바탄》인 것만 봐도 알 수 있다. 게다가 2019년에 진행된 대규모 군사 훈련의 명칭도 마비 바탄이었다. 이 전직 해군 소장의 입장은 분명하고 그것은 터키 내에서 널리 인정받고 있다. 그가 쓴 많은 선동적인 글 중에는 이런 것도 있다.

"군사력이 빈약한 그리스는 미국과 유럽에 의존해서 그들의 대리 행위를 하고 있다…… 그들은 모름지기 자신들이 있어야 할 곳을 알아야 한다."

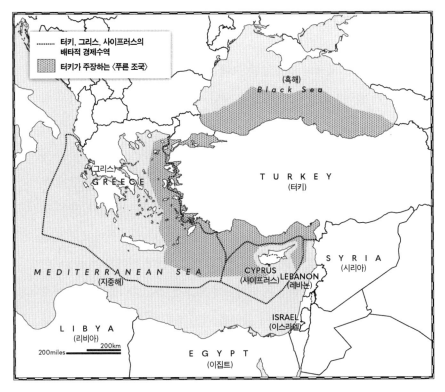

....	터키, 그리스, 사이프러스의 배타적 경제수역
▨	터키가 주장하는 〈푸른 조국〉

(흑해)
Black Sea

그리스
GREECE

T U R K E Y
(터키)

M E D I T E R R A N E A N   S E A
(지중해)

CYPRUS
(사이프러스)

LEBANON
(레바논)

S Y R I A
(시리아)

ISRAEL
(이스라엘)

L I B Y A
(리비아)

200miles ▬▬▬▬ 200km

E G Y P T
(이집트)

터키가 강조하는 〈푸른 조국〉이라는 개념에는 주변 바다의 넓은 영역을 장악하려는 의도가 엿보인다.

에르도안은 조금은 신중한 태도를 취한다. 그는 터키를 너무 작게 만들어 버린 로잔조약에 비판적 입장을 견지하면서, "터키는 서트라키아(그리스 북동부)와 사이프러스, 크림 반도, 그 외 어디서든 우리 일족을 외면할 수 없다."라고 천명한다. 터키 정부의 입장을 한마디로 말하면 이렇다. 중립적이어야 할 섬들에 군대를 파견함으로써 정작 로잔조약을 위반한 쪽은 그리스라는 것이다.

에르도안과 푸틴의 브로맨스?

—

과거 오스만 제국의 영토였던 크림 반도로 눈을 돌려보면 터키 정부로서는 할 수 있는 게 별로 많지 않다. 터키는 흑해에 비교적 작은 함대를 두고 있을 뿐이다. 반면 2014년에 크림 반도를 병합한 러시아는 수년째 군사력을 키우는 데 힘을 쏟고 있다. 따라서 터키 해군은 세계에서 가장 복잡한 체스판이 돼버린 탓에 이웃들의 심한 저항에 부딪힐 수 있을 지중해 동부와 에게해에 주로 집중하는 편이다. 또한 터키는 전통적으로 영향력을 행사하고 있던 또 다른 지역에서도 도전을 받고 있다. 바로 아제르바이잔이다. 2020년에 벌어진 아제르바이잔과 아르메니아 간 분쟁은 러시아가 외교적으로 개입을 하면서 어수선하게 끝을 맺었다. 뒤이어 들어온 러시아 평화 유지군이 순찰을 돌 때 터키군은 평화 유지 감시 본부에만 접근하도록 허락받았다. 아제르바이잔과 아르메니아 간 분쟁은 아제르바이잔 남서부에 있는 나고르노-카라바흐 지역에서 집중적으로 벌어졌다. 이곳에 거주하는 주민들은 아제르바이잔에 포함되기를 거부하고 있는데 그들 대부분은 민족적으로 아르메니아계에 속한다. 터키는 인종적으로 투르크계에 가까운 아제르바이잔 편에 섰고 둘이 힘을 합치면서 아제르바이잔은 승기를 잡았다. 그러던 차에 러시아가 느닷없이 밀고 들어와서 우격다짐으로 싸움을 멈추게 했다. 푸틴과 에르도안 사이에는 이른바 브로맨스가 형성돼 왔다. 그렇다고는 해도 지정학에 대한 냉철한 이해와 무자비한 상대방에 대한 상호존중을 넘어서는 수준의 브로맨스는 실제로 존재하지 않을 것이다. 양측은 상대방을 잘 알고 있다. 마찰을 피할 수 있다면 그렇게 할 것이다. 하지만 먼저 타협을 해야 하고 그게 어려우면 부딪쳐야 할 수도 있다는 점 또한 알고 있다.

2020년 터키는 시리아, 이집트, 사우디아라비아, 아랍에미리트, 쿠웨이트, 이스라엘, 이란, 아르메니아, 그리스, 사이프러스, 그리고 프랑스와도 사이가 틀어진다. 바로 S-400 신형 지대공 미사일을 나토의 강력한 라이벌인 러시아로부터 들여오기로 하면서 모든 나토 동맹국들의 원성을 산 것이다. 미국 또한 신뢰를 저버린 행위라고 분노했다. 그리고 그해 12월, 미국은 터키 방위 산업에 제재를 가하면서 문제의 S-400은 미국의 F-35 스텔스 전투기를 떨어뜨리기 위해 고안된 것이라고 지적했다. 그러자 에르도안의 수석 고문은 앞으로 터키에 주둔하고 있는 미군 부대는 그리스가 1922년에 받은 것과 똑같은 대우를 받게 될 것이며, 이에 따라 터키는 모든 미국인들에게 에게해에서 헤엄치는 법을 가르칠 것이라는 신랄한 논평을 내놓았다. 그리고 2021년 초 터키 정부는 두 번째 S-400 구매를 위해 러시아 정부와 협상을 개시했다.

이웃 나라와는 물 전쟁,
국내에서는 쿠르드족과의 전쟁

—

인접한 이웃 나라들과 터키 정부와의 관계는 터키가 국내에서 직면하고 있는 두 개의 중요한 이슈들의 영향을 받는다. 바로 아나톨리아의 발전과 쿠르드족과의 끝나지 않는 전쟁이다.

8천5백만 터키 인구의 50퍼센트 이상이 이스탄불 권역 또는 흑해와 지중해에 면한 좁은 연안지대에 모여 살고 있다. 나머지는 내륙의 산악지대 전역에 흩어져 있는데 상당수 산의 높이가 3천 미터를 훌쩍 넘는다. 이 중 가장 높은 아라라트산은 해발 5,137미터에 달하는데 노아의 방주가 이곳에서 쉬었다는 이야기가 전해지기도 한다. 터키는 대부분이 낙후되고 가난한 시골 지역을 마르마라해 주변의 핵심 지역과 통합해야 하는 험난한 과제를 안고 있다. 그러나 험한 지형 때문에라도 이 작업은 쉽게 마무리되지 않고 있다. 그런데 아나톨리아가 특히 동쪽에서 강력히 원하는 것은 바로 물이다. 그것도 아주 많은 물을.

유프라테스강의 약 90퍼센트, 티그리스강의 45퍼센트가 아나톨리아 고원지대에서 발원한다. 유프라테스강은 시리아와 이라크로 흘러 들어가서 티그리스강과 거의 나란히 흐르다가 이라크 남부에서 하나로 합쳐진다. 이 두 강 사이에 펼쳐진 비옥한 땅이 〈두 강 사이〉라는 이름을 얻게 된 메소포타미아다. 두 강들, 특히 그 중 유프라테스강은 무려 6천만 명이 넘는 사람들에게 물, 식량, 에너지를 공급하는 결정적으로 중요한 자원이다. 그리고 이 수도꼭지를 틀어쥔 쪽이 터키다.

1960년대 후반에 터키는 두 강을 따라 댐들을 건설하기 시작했다. 이 때문에 하류 지역 나라들로 흘러 들어가는 수량이 줄어들게 되면서 으레 그렇듯 그 지역에서의 긴장감이 높아졌다. 이 상황은 지금도 여전히 지속되고 있다. 현재는 세계에서 가장 큰 댐 가운데 하나라는 아타튀르크 댐을 포함해 족히 수백 개의 댐이 건설돼 있는 상태다. 1975년에는 터키가 댐 두 개를 건설한 뒤에 하필 가뭄이 들어서 이라크, 시리아와 전쟁 직전 상황까지 간 적도 있었다. 1989년에는 시리아의 전투기가 터키 측량기를 격추한 일이 벌어졌고, 그 이듬해에는 터키가 일시적으로 유프라테스 강물을 차단하자 이라크가 터키를 폭격하겠다고 위협하며 나서기도 했다. 몇 년 뒤, 여러 비판에 대한 응답으로 당시 터키 대통령이던 투르구트 오잘은 이렇게 말했다.

"우리가 언제 아랍인들이 자기네 석유 가지고 뭘 하는지에 대해 왈가왈부한 적이 있던가. 따라서 우리가 우리 물을 가지고 뭘 하든 그들의 의견을 들을 필요는 없다."

실제로 각 나라 간의 빈틈없는 세밀한 협상으로 터키 정부는 수력발전 프로젝트를 지속할 수 있었고 시리아와 이라크도 강물에 접근할 수 있게 되었지만 물 전쟁의 위험은 여전히 상존하고 있다.

물 협정은 터키의 주요한 국내 문제 두 가지가 만나는 지점이기도 하다. 댐 건설은 일자리 창출과 전기 생산, 그리고 용수를 개선해서 지역 경제를 활성화한다는 남동 아나톨리아 프로젝트의 일환이다. 그런데 문제는 강들의 수원이 쿠르드족의 주 본거지인 아나톨리아 일부 지역에 있다는 것이다. 이들은 주기적으로 터키 정부에 저항하는 봉기를 일으키고, 최근까지도 쿠르드족의 민족성을 부인하면서 그들을 인종적으로 〈산악지대 터키인〉이라고 규정하려는 정부의 공식적인 입장에 반발하고 있다. 따라서 터키 정부는 수량을 안정적으로 확보하기 위한 협상을 하면서도 터키 국경 내에 쿠르드족 무장단체들이 발을 들이는 것을 엄중히 단속하는 데에 시리아가 찬성해야 한다는 조항을 자주 고집한다.

댐들 가운데 일부는 동부 아나톨리아로 진입하려는 쿠르드족 무장단체들을 빙 돌아서 가게 하는 등 그들을 방해하는 용도로도 쓸모가 있었다. 수송로로 사용되던 계곡들은 홍수로 침수됐고, 쿠르드족이 지배하는 지역의 북쪽과 남쪽은 건설 작업 때문에 양쪽으로 분리됐다. 쿠르드계 주력 무장단체인 PKK(쿠르디스탄 노동자당)는 댐들로 가는 길목에 폭탄을 설치하거나 화물차에 불을 지르고 건설 현장의 인부들을 납치하는 등 댐과 관련해 숱한 공격들을 감행하고 있다. 이런 사정이다 보니 현장의 인부들이 터키 군대의 호위까지 받아야 할 때도 있다.

터키 내에 거주하는 쿠르드족은 대략 1천5백만 명으로 추산되는데 이는 이 나라 총인구의 18퍼센트를 차지하는 숫자다. 이들 대다수는 이란, 이라크, 시리아와 마주보는 동부 아나톨리아 산악지대에 살고 있다. 그리고 이들 나라의 접경지대에도 또 다른 1천5백만 명 정도의 쿠르드족이 살고 있다. 그런데 1960년대로 들어오면서 터키 내 쿠르드족이 도시로 이주해 오기 시작하면서 현재 이스탄불에만 2백만 명이 살고 있다. 이제 쿠르드족은 이 도시에서 가장 규모가 큰 소수 민족이 되었다.

흔히 쿠르드족을 〈나라가 없는 가장 큰 민족〉이라고들 한다. 7천5백만 명쯤 되는 인도와 스리랑카의 타밀족을 고려한다면 그 전제는 옳지 않을 수도 있다. 하지만 이들이 2백 년 가까이 독립 쿠르드 국가를 세우기 위한 운동을 해온 것은 사실이다. 그러는 과정에서 아나톨리아의 쿠르드족은 오스만 제국의 통치자들과 충돌했고 현재도 터키공화국에 지속적으로 저항해 오고 있다.

쿠르드족은 파르시어(페르시아어)와 비슷한 계열의 인도-유럽어를 사용한다. 하지만 터키, 이란, 이라크, 시리아에 있는 쿠르드족 거주지들은 저마다 다른 방언을 쓰고 있다. 어느 정도인가 하면 일부 쿠르드족들은 서로 말이 안 통할 정도라고 한다. 이 점도 그들이 늘 분열돼 있는 이유 가운데 하나가 된다. 자신들만의 조국이라는 개념이 그들 모두를 아우르고 있다 해도 말이다. 하지만 이른바 쿠르디스탄Kurdistan 건국에 대한 전망 때문에 각 나라에서 그들은 늘 탄압을 받는 신세이기도 하다. 쿠르드족이 거주하고 있는 4개국 모두가 두려워하는 것은 자국의 영토를 손해 보는 것에 그치지 않고 그곳과 다른 세 나라의 쿠르드족 거주 지역들이 연계해서 독립국가를 세워 여러 방식으로 자신들의 나라에 도전을 가할지 모른다는 점이다.

터키는 이른바 〈분열되지 않은 나라〉를 만들기 위한 캠페인을 벌이면서 그 과정에서 자국 내 쿠르드족의 언어와 고유 문화를 억압하고 있다. 그러면서 그들을 강제로 동화시키려 하고 있다. 1920년대에는 쿠르드 민족주의와 연계된 반란을 진압하는 과정에서 정부가 수천 명의 주민을 살해하기도 했다. 그러한 긴장감은 수십 년이 지나도 잦아들지 않았고 간헐적인 폭동의 형태로 분출되기도 했다. 그러던 중 1980년대에 전면적인 봉기가 일어났다. 이 봉기의 주역은 PKK의 레닌주의자들이었다. 그들은 초기엔 꽤 많은 지지를 받았는데 쿠르드족 내부에서 정적을 탄압하거나 일련의 테러 행위 등을 저지르면서 다수의 쿠르드계 주민들이 등을 돌리게 했다. 또한 폭탄 공격으로 수백 명의 시민을 살해했고 정치인들과 경찰들에 대한 암살도 저질렀다.

집권 초기에 에르도안 대통령은 문화적 개혁 정책을 시행하고 쿠르드족 거주지에 더 많은 투자를 함으로써 문제를 해결해 보려고 했다. 심지어 그는 PKK와 휴전을 약속하기까지 했다. 이에 수백만 명의 쿠르드인들은 터키의 민주주의가 자신들의 평등에 대한 요구를 들어줄 거라 믿고 에르도안의 AKP 당에 투표하기 시작했다. 그러나 휴전은 불발로 돌아갔고 이는 새로운 폭력사태의 시위를 당겼다. 한술 더 떠 시리아 내의 쿠르드족이 터키 국경을 따라 반자치구를 형성해 나가자 PKK는 더욱 대담해졌다.

터키군은 다시 공세적인 태세로 돌아섰다. 시골 지역에 몇 개월에 걸쳐 일시에 통행 금지를 실시하고 PKK 게릴라들에게 은신처를 제공하려는 시도를 차단한다는 명목으로 그 지역들을 순찰하면서 주민들을 겁박했다. 장갑차, 대포, 드론 공격에 이어 특수부대까지 동원해서 PKK 게릴라군의 역량을 제압하는 작전을 실행했다. 이 과정에서 정부군도 천여 명이나 목숨을 잃었지만 PKK가 입은 손실은 그보다 몇 배는 더 됐다.

새로운 폭력사태는 에르도안에게 쿠르드족의 지지율 상실이라는 대가를 치르게 했다. 그렇게 잃은 지지율을 벌충하기 위해 그는 극단적인 터키 민족주의자들의 환심을 사기 위한 노력을 시작하면서 쿠르드계 정당들에게는 매우 적대적인 태도를 취했다. PKK의 기지들이 있던 이라크 쿠르드족 자치구의 칸딜 산맥을 겨냥한 국경을 넘나드는 공습이 증가했다. 개중에는 이라크 영토 안으로 20킬로미터나 들어가는 경우도 있었다. 그런데 여기서 쿠르드족이 얼마나 분열됐는지를 보여주는 증거가 있다. 당시 터키와 에너지 계약을 맺고 있던 이라크 내 쿠르디스탄 지역 정부가 터키군과 함께 공동 작전을 펼친 것이다.

PKK에 결정적인 한 방을 먹이기 위해 터키는 아예 시리아 북부를 침공하기도 했다. 자국과 ISIS 점령지 간의 완충지대를 건설한다는 것이 표면상 명분이었지만 시리아 쿠르드족이 싸우는 명분인 반자치 지역의 싹을 아예 잘라버리겠다는 의도도 있었다. 터키군 선봉대는 시리아 국경 내 29킬로미터까지 밀고 들어갔다. 즉 시리아 북부 로자바 지역 중심부까지 곧장 진격해서 그곳을 둘로 나누어 시리아 쿠르드족이 로자바를 지중해와 연결해서 잠재적인 항구를 확보한 다음 또 다른 지역으로 접근하려는 시도를 사전에 차단한다는 계획이었다. 터키군은 내친 김에 PKK와 시리아 내 쿠르드족 동맹인 YPG(쿠르드족 민병대)가 지중해에서 터키와 시리아가 만나는 터키 쪽의 아마노스 산맥으로 잠입할 때 사용하던 경로도 차단해 버렸다. 이 과정에서 터키군은 거의 3백 개의 마을, 6개의 도시, 다양한 전략적 요충지를 점령하는데 모두가 오스만 제국이 1세기 전에 버리고 떠난 곳들이었다. 현재 이 지역에서는 터키의 리라를 화폐로 사용하고 있으며, 전력망도 터키에 연결돼 있고, 터키 정부에서 지방 관리들을 임명하며, 학교에서는 터키어를 가르치고 있다. 법적으로 보면 이 지역이 시리아의 일부인 건 분명하지만 아사드 시리아 대통령이 이 지역을 실제로 통치하고 싶다면 그는 직접 와서 손에 넣어야 할 것이다. 시리아 군대와 함께 말이다.

그리하여 이곳은 터키공화국에게는 새로운 요충지가 된 셈이다. 유럽과 아시아 간 가교로서의 역할을 여전히 하면서 동시에 점점 밀고 나가 다시 한번 전초기지를 세우는 것이다. 이제 지난 세기와 단절하고 이전의 오스만 제국 시절을 부활시켜 터키공화국이 자신만의 미래를 소유하기 위한 일종의 전투 태세 명령이 내려진 셈이다.

민주주의로 가려다 방향을 바꾸다

다극화된 세계에서 터키는 제2차 세계대전 이후의 세계 질서를 무너뜨리는 수많은 배우들 가운데 주역으로 올라서고 있다. 이러한 변환의 시대에서 터키의 역할이 가장 두드러졌던 상징적인 순간이 2020년

7월 12일에 찾아왔다. 에르도안 대통령은 1934년 아타튀르크 대통령이 제정한 법을 뒤집고 하지아 소피아 박물관을 원래 용도인 이슬람 사원으로 되돌릴 것이라고 발표했다. 서기 537년 비잔티움 제국 시대에 교회당으로 지어진 이 건축물은 1453년에 이슬람 사원이 되었다. 그러다가 이 건축물이 소프트파워로서 국가에 이익을 가져다줄 것으로 판단한 아타튀르크 대통령이 박물관으로 만들어서 모두에게 개방하고 공통의 종교 역사를 기념하도록 했던 것이다. 이것은 곧 서구 세계를 향한 메시지이기도 했다. "문은 모두에게 열려 있다."라는.

그런데 에르도안은 이 건축물에서 다른 이득을 기대했다. 그는 터키어와 영어로 된 공식 소셜 미디어 계정에서 일종의 포용력을 찬양하면서 이렇게 밝혔다. "외국인이든 지역 주민이든, 무슬림이든 아니든…… 인류애라는 유산을 공유한 하지아 소피아는 보다 진실하고 독창적인 방식으로 모두에게 활짝 열려 있다." 하지만 대통령 집무실에서 관리하는 아랍어 웹사이트의 어조는 사뭇 다르다. 하지아 소피아의 이슬람 사원으로의 조치는 예루살렘 통곡의 벽 위쪽에 위치한 알 아크사 모스크(아랍어로 〈가장 먼 모스크〉라는 뜻으로 이슬람교 성지 중 하나)의 해방을 예고하는 전조라는 것이다. 에르도안의 결단은 누가 봐도 전 세계 무슬림들에게 새로운 시작을 알리는 것이었다.

"이는 모든 이슬람 땅에서 우리의 가치와 상징을 대상으로 한 혐오스러운 공격에 대한 대답이다……. 전지전능하신 알라의 도움으로 우리는 이러한 축복받은 길을 내 한몸 희생하여 담대하고 꿋꿋하게 지치지 않고 쉼 없이 걸을 것이다. 우리가 바라마지 않는 목적지에 이를 때까지 말이다."

이것을 기념하는 연설에서 에르도안은 오스만/터키 역사에서 중요하게 여기는 네 개의 전투도 다시 끄집어냈다.

"하지아 소피아의 부활은 바드르로부터 만지케르트까지, 니코폴리스부터 갈리폴리에 이르는 우리 역사의 좋은 시절에 대한 충만한 기억을 상징한다."

주사위는 던져졌는가? 나토 동맹국이자 가치 있고 믿을 만한 현대 민주국가로서의 터키는 지난 얘기인가? 거의 그렇다고 봐야 한다.

세속적 민주주의 기반을 해체하고 이슬람 색깔이 강한 권위주의 체제로 이행하기까지 20년이 걸렸다. 그 권력은 다른 어떤 나라보다 많은 언론인들을 투옥하고 학계와 시민사회의 반대 목소리를 퇴출시키는 것으로 강화되었다. 군과 사법부의 고위직은 새로운 기득권층을 지지하는 인물들로 채워졌다.

현재 에르도안과 그가 이끄는 AKP 당이 큰 인기를 누리고 있음은 의문의 여지가 없다. 하지만 그들은 온건파 쿠르드족의 지지를 잃었다. 도시에서는 잠식당하는 자유와 이슬람화되어 가는 공화국에 대한 불안감이 이는 가운데 새로운 도전자들이 출현하고 있다. 21세기에 들어설 때까지 이 나라의 정치 및 사회는 마르마라 지역의 자유주의 성향의 지식인층과 상인 계층이 지배하고 있었다. 하지만 아나톨리아 지역의 인구가 급격히 증가하면서 신앙심이 깊고 문화적으로 보수적인 사람들이 도시로 대거 유입되었다. 그들은 AKP 당에도 힘을 실어주었다. 그러나 세대가 흐를수록 이 새로운 도심지 주민들의 다수는 자유주의적 성향을 띠어가고 있다. 그리하여 이 나라의 가슴과 정신, 세계 안에서 자신들의 국가 역할을 둘러싼 양측의 힘겨루기는 여전히 계속되고 있다.

살벌한 동네 한복판에서 살아가기

—

외교 전선에서 터키는 점점 더 고립으로 치닫고 있으며 신뢰 또한 잃어가고 있다. 터키 정부는 스스로 유리한 패를 쥐고 있다고 믿고 있다. 물론 나토의 남측 지역의 주요 수호자이며 인시르리크에는 미 공군기지를 유치했고, 이즈미르에는 나토의 지상 기지가 있으며, 이 나라 한복판인 쿠레시크에는 조기 경보 레이더 시스템까지 설치해 두고 있으니 그럴 만도 하다. 하지만 말 그대로 그것이 정말로 그렇게 강력한 패라면, 터키가 그 패를 쓰지 않게 하는 것이 더 나을 거라는 생각이 들 때 나토가 꺼내들 수 있는 다른 패들도 있다. 꼭 그래야 할 상황이 온다면 나토는 그리스와 루마니아에 있는 시설들을 증강해서 지중해와 흑해에서 터키에게 잃었던 부분을 상쇄할 수 있을 것이다. 또 아랍에미리트를 회유해 미 공군기지를 유치하게 해서 인시르리크를 잃은 타격을 만회할 수도 있다. 터키는 홀로 갈 수 있을 만큼 강해질 수도 있겠지만 상황은 바뀔 수 있고 살벌한 동네에 살고 있음 또한 잘 알고 있다. 지난 몇 년 사이에 터키와 국경을 맞대고 있는 아르메니아, 아제르바이잔, 이라크, 시리아 등 4개 나라에서 분쟁이 발발했다. 물론 이란은 늘 반대 세력이었다. 에르도안과 푸틴이 서로 배짱이 잘 맞는다고 해서 러시아가 꼭 우호적이라는 법도 없다. 어쩌면 프레너미(frenemy, friend와 enemy가 합쳐진 조어로, 한쪽에서는 서로 협력하면서 다른 쪽에서는 경쟁하는 관계)라는 말이 이들 사이의 관계를 훨씬 잘 설명해주는 것일지도 모른다. 물론 터키는 시리아와 리비아에서 실리를 챙기기는 했다. 하지만 만에 하나 터키가 푸른 조국 전략으로 그리스와 총격전이라도 벌인다면 이내 사이프러스, 프랑스, 이집트, 아랍에미리트까지 끌어들일 수 있는 상황에서 터키가 지중해에서 맞닥뜨려야할 반발에 비견될 만한 것은 별로 없다.

오늘날의 터키는 탈냉전과 9·11 이후의 세계를 〈경쟁자들이 바글거리는 정글〉로 보고 있다. 그 세계의 맹수들 가운데 하나가 자신들임은 말할 것도 없다. 터키는 무기의 국산화를 모색해 왔고 세계 최고의 무기 수출국이 되고픈 희망을 품을 만큼 성공적으로 방위 산업을 구축해 왔다. 터키군의 장비와 설비 가운데 70퍼센트가 자국 내에서 생산되고 있으니 나토 동맹국들의 주문량이 보잘것없다 하더라도 이 나라를 세계 14위의 무기 수출국으로 만들어 주기에는 충분하다. 터키의 야심 찬 계획은 2030년까지 F-16을 대체할 최첨단 전투기인 TF-X이다. TF-X는 좀 더 일찍 날았어야 했다. 터키가 러시아의 S-400 신형 지대공 미사일을 들여오자 미국은 롤스로이스와 BAE 시스템스(영국의 군수 산업체)를 설득해서 터키와 협력을 끊도록 했다. 하지만 터키는 자국의 능력을 지속적으로 확대해서 현재는 탱크와 장갑차, 상륙용 주정(병력, 보급 물자, 장비 따위를 육지로 나르는 날쌔고 작은 배), 드론, 저격용 소총, 잠수함, 소형 구축함까지 생산한다. 그리고 2020년에는 공격용 헬리콥터와 무장한 드론을 실어 나를 수 있는 경항공모함을 처음으로 진수시키기에 이른다. 또한 터키는 카타르와 소말리아에 군기지를 설치했고 외부 세계에 덜 의존하려는 노력의 일환으로 시리아와 리비아에 자체 부대를 파견하기도 했다. 이 점에 있어서 에르도안은 성공을 거둔 셈이다. 꼭 푸틴이 관심을 요구하면서 얻었던 것과 비슷하다. 에르도안도 이주민부터 에너지, 무역, 그 외 많은 쟁점이 부각될 때 터키가 목소리를 낼 수 있다고 확신했다. 바이든 미 대통령은 취임하면서 미국 행정부는 가치에 기반을 둘

것이라고 천명했다. 이는 나토 동맹국들과 이 가치를 공유하고 싶다는 의중을 밝힌 것이기도 하다. 현실 정치에서는 터키가 갖는 가치 때문에 나토가 지난 시절 터키의 군사 독재를 눈감아 주었는데, 만약 에르도안의 권위주의 통치가 더욱 강화된다면 미국 대통령의 수사학적 표현도 도전받게 될지 모르겠다.

오스만 제국이 한계에 이르렀음을 알았던 아타튀르크 초대 터키 대통령은 서구화에 중심을 맞추면서 터키를 20세기로 끌어들였다. 반면 에르도안의 터키는 지난 10년간 수평선을 360도 골고루 둘러본 뒤보다 남쪽과 동쪽을 향해 천천히 초점을 움직여 가고 있다. 현재도 이 여정은 그 방향으로 진행되고 있다. 하지만 선거를 통해 변화할 가능성도 여전히 있다. 다시 말해 현실 정치는 아직 작동하고 있어서 터키 정부가 뜻하지 않은 장애물에 맞닥뜨릴 수도 있다는 뜻이다. 그리고 터키가 아무리 멀리 가려 해도 늘 그 여정을 제한하고 있는 것이 있으니, 그것은 바로 이 나라의 지리다.

7

사헬,
테러와 폭력의 악순환에 시달리는
갈등의 한복판에 있다

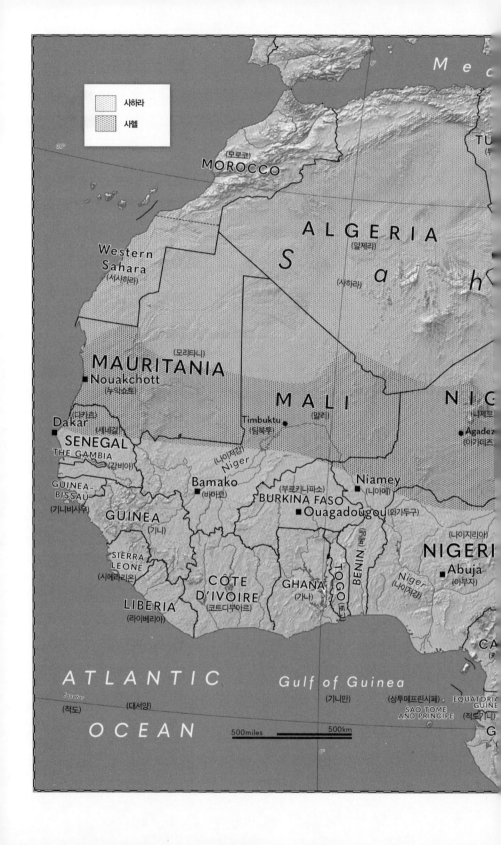

Legend:
- 사하라
- 사헬

Map labels:

Me... (Mediterranean)

MOROCCO (모로코)

ALGERIA (알제리)

S a h... (사하라)

Western Sahara (서사하라)

TU... (투...)

MAURITANIA (모리타니)
Nouakchott (누악쇼트)

MALI (말리)

NIG... (니제르)

Timbuktu (팀북투)

Agadez (아가데즈)

Dakar (다카르)
SENEGAL (세네갈)

THE GAMBIA (감비아)

Niger (나이저강)

Niamey (니아메)

GUINEA-BISSAU (기니비사우)

Bamako (바마코)

BURKINA FASO (부르키나파소)

Ouagadougou (와가두구)

GUINEA (기니)

SIERRA LEONE (시에라리온)

CÔTE D'IVOIRE (코트디부아르)

GHANA (가나)

TOGO (토고)

BENIN (베냉)

Niger (나이저강)

NIGERIA (나이지리아)
Abuja (아부자)

LIBERIA (라이베리아)

ATLANTIC (대서양)

Gulf of Guinea (기니만)

SAO TOME AND PRINCIPE (상투메프린시페)

EQUATORIAL GUINEA (적도기니)

CA...

Equator (적도)

OCEAN

500miles   500km

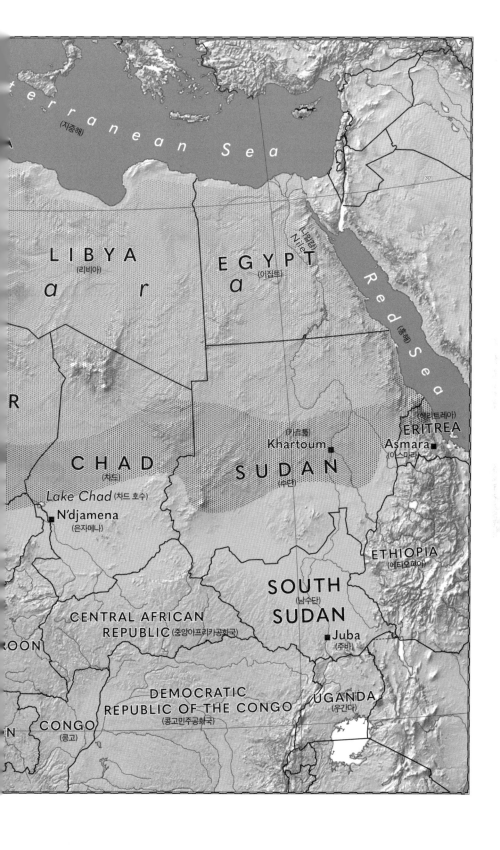

"두 강이 만나면, 물이 조용해질 리가 없다."

- 차드의 속담

　사헬이 해안이라면, 사하라는 바다다. 점점 더 많은 사람들이 이 해안에서 모래바다를 건너 또 다른 해안, 즉 유럽으로 가려고 한다. 그들은 지구상에서 가장 혼란스럽고, 가난하고, 열악한 환경을 떠나고 싶어 한다. 지난 몇 년 사이에 약 380만 명이나 되는 이곳 사람들이 지구상에서 가장 부유한 곳을 향해 삶의 터전을 뜨고 있다.

　이 지역의 무력 분쟁과 급속한 기후변화가 초래한 이 같은 상황은 한층 더 악화되고 있다. 알카에다와 ISIS라는 맹금들이 자신들의 보다 큰 목표를 달성하기 위해 여러 다른 집단의 고통과 희생을 먹잇감으로 삼고 있다면, 이 지역을 근거지로 한 집단들은 세력을 더 키우기 위해 그들의 브랜드를 빌려오고 있다. 수십 년 전부터 이 지역 여러 나라에서 맹위를 떨쳐온 갈등의 불꽃은 지금도 타오르고 있다. 이제 그 갈등은 해안가를 넘어 훨씬 멀리 퍼져나갈 기세다. 유엔 사무총장인 안토니우 구테흐스는 이런 경고를 한 바 있다. "우리는 폭력 앞에서 설 자리를 잃어가고 있습니다." 2020년에 사헬 지역은 세계에서 가장 빠른 속도로 폭력이 증가하는 곳이었다. 유엔은 그 테러 공격의 수위가 "유례없이 파괴적"이라고 언급하고 있다.

사헬에서 일어나는 일은 사헬에 머물지 않는다.

대다수 유럽인은 이 지역과 여기서 발생하는 문제들에 대해서는 물론이고 이 문제들이 자신들의 나라에 얼마나 큰 충격을 주고 있는지 잘 모르고 있다. 유럽은 이미 이주민 문제로 씨름하고 있다. 유럽의 유권자들 사이에서는 이주민과 난민을 받아들이는 것에 대한 경계심이 점점 고조되는 가운데 일부에서는 이른바 〈유럽 요새〉를 구축하자는 호소도 나온다. 지금 이 순간에도 사람들의 물결이 밀려들어 오고 있다. 하지만 양쪽 지역을 모두 안정화시키려면 북쪽이 아니라 지중해 남쪽을 봐야 한다.

사헬Sahel이라는 단어는 해안 또는 해변을 뜻하는 아랍어에서 나왔다. 이는 세계에서 가장 넓고 건조한 사하라 사막을 건너려던 초창기 여행자들이 이 지역을 어떻게 생각했는지 보여주는 말이다. 이 해안은 바위가 많은 관목지, 덤불로 덮인 모래벌판, 낮게 자라는 풀과 나무들로 이뤄져 있다. 여기에는 사막을 향해 불어오는 뜨거운 바람에 날려버릴 위험 또한 곳곳에 산재해 있다. 그리고 더 최근에는 자칫 미궁으로 휩쓸려 들어갈지 모를 맹렬하고 뜨거운 〈분쟁의 바람〉까지 불고 있다. 이곳은 그만큼 안락한 생활에 대한 기대를 저버리게 만드는 험난한 지역이다.

그런데 이런 사헬에도 상대적인 이점이 있다. 사하라 사막의 무자비한 모래와 궁핍함으로 점철된 1천6백 킬로미터를 넘어 이곳 남쪽으로 내려오면 우물과 강, 음식이 기다리고 있다. 우기에는 노랗고 하얀 꽃을 피우는 초록색 아카시아 나무들이 자라고 분홍, 보라, 자주색의 부겐빌레아꽃도 핀다. 게다가 서로 소통하고 교역하는 다양한 사람들도 만날 수 있다. 이곳 사헬은 아프리카 대륙을 동서로 가로질러 홍해와 대서양까지 연결되는 장장 6천여 킬로미터에 달하는 경로를 형성하고 있다. 여기서는 낭만적인 상상력을 자극하는 팀북투(말리의 중부에 위치한 도시)나 카르툼(수단의 수도) 같은 큰 도시도 볼 수 있지만, 세계 시장으로 팔려가는 광물에 생계를 의지하는 작고 지저분하고 후미지고 파리가 들끓는 동네도 만날 수 있다. 아프리카에 민족국가라는 개념이 들어오기 훨씬 전부터 오랜 세월 동안 만들어진 길을 이용하는 투아레그족과 풀라니족 같은 유목민족을 지나치고 최근에 국경선이 그려진 나라들을 건너면 바깥 세계에서 들어온 이념과 폭력성으로 무장한 수많은 무장단체들과 다시 만나게 된다.

사헬은 북쪽의 모래사막과 남쪽의 열대우림 지대 사이에 있다. 만약 모래사막을 지나다가 너무 오랫동안 멈춘다면 머지않아 갈증과 열사병으로 사망할 수 있다. 그리고 열대우림 지대는 체체파리들의 왕국이다. 이곳에서는 말, 낙타, 당나귀들은 살아남기 어려울 뿐 아니라 현재도 해마다 수만 명이나 되는 사람들이 목숨을 잃고 있다.

사헬이라는 광활한 지역 안에는 이슬람, 아랍, 기독교, 유목 문화와 여러 정착 문화들 사이에 역사적이고 현대적인 교류가 이뤄지는 곳들도 있다. 또 지역이 워낙 넓다 보니 그들 가운데 다수가 정부의 손이 미치지 않는 곳에 있는 것도 당연하다. 수도권을 넘어가면 국가 서비스의 제공에 아예 신경조차 쓰지 않는 것처럼 보이는 곳들도 있다. 여기에 종족 갈등, 빈곤, 허술한 국경, 그리고 폭력성을 띠는 정치 및 종교적 이념의 영향들까지 더해져서 이 험한 땅은 그 어느 때보다 힘든 시기를 겪고 있다. 설상가상으로 기후변화까지 문제를 더욱 어렵게 만들고 있다. 비가 오지 않으면 농작물 재배도 망한다. 호수가 말라 줄어들면 식량 공급도 줄어든다. 그러면 사람들이 이동한다. 사람들은 몰려가는데 그들이 가는 곳은 정작 그들의 도착을 준비하지 못하고 있다.

사헬에서 현 사태와 갈등을 증폭시키는 주요 요인들 가운데 하나는 지리, 역사, 그리고 민족국가의 탄생이 충돌하는 고유한 방식이다. 이를 이해하기 위해서는 기나긴 길을 되돌아봐야 할 것 같다.

사막, 낙타, 교역로 그리고 이슬람

극도로 메마르거나 습한 기후는 수천 년 동안 사하라라는 드넓은 공간을 넓히기도 줄어들게도 했다. 그리고 사헬과 그곳의 사람들을 형성해 왔다. 그들이 살아가는 곳과, 그들의 행동과, 그들의 삶의 방식까지 말이다.

대략 1만 5백 년 전, 갑자기 기나긴 우기가 시작되자 사하라 사막이 푸르른 사바나 지역으로 변하면서 현재의 사헬 지역까지 내려왔다. 사막 지역이 줄어들자 사냥과 채집을 할 수 있는 지역이 대폭 늘었다. 대략 20세대에 걸쳐 이뤄졌을 법한 이 변화로 북쪽에서 남쪽까지 점진적으로 정착지가 늘어났다. 목축이 시작됐고 초보적인 농법도 전수되었다.

그러던 중 느닷없이 일대 전환이 일어났다. 약 5천 년 전쯤 비가 뚝그치더니 사막이 다시 돌아온 것이다. 따라서 왕년에 녹색 사하라였던 곳에 살던 많은 정착민들은 지중해의 습한 해안가를 찾아 북쪽으로 올라가거나 사헬의 마른 해안가가 있는 남쪽이나 더 아래쪽으로 내려갔다.

사막이 되돌아오자 이 어마어마한 공간을 건너는 것은 어려워졌다. 오아시스의 위치에 따라 그저 짧은 길들이 개척될 정도다. 그러던 어느 날 지평선 앞에 낙타가 나타났다. 이것은 가히 혁명적인 순간이었다.

지금으로부터 대략 2천 년 전에 출현한, 규모는 작지만 선구적인 낙타 행렬은 보다 긴 교역로를 열게 해주었다. 낙타에 물품을 싣고 먼 곳을 다니는 대상 무역은 점점 몸집을 키우게 되는데 그 규모가 1만 2천 마리까지 헤아린 경우도 있었다고 하니 오늘날로 치면 해양을 떠다니는 초대형 유조선에 비할 만하겠다. "낙타는 한 집단에 의해 고안된 말馬"이라는 이야기는 온당치 않다. 사실 낙타는 볼품없이 생긴 짐승일지 모르지만 그 어떤 짐승도 하지 못하는 짐을 운반하는 일을 할 수 있었고 그 일을 해냄으로써 역사를 바꾸었다. 이 〈사막의 배들〉이야말로 수세기 동안 아프리카와 유라시아 대륙을 가로막고 있던 장벽을 건너면서 대량 운반을 가능케 한 유일한 운송 수단이었다.

단봉낙타 한 마리는 말보다 4배나 많은 짐을 진 채 하루에 50킬로미터를 이동할 수 있다. 게다가 물 한 방울 마시지 않고도 2주 이상을 버틸 수 있다. 체중의 25퍼센트 정도까지 탈수를 견뎌내는 것이다. 또 발굽 사이의 거친 피부 덕분에 뜨거운 모래의 열기도 견딜 수 있다. 모래가 얼굴에 부딪히면 콧구멍을 닫을 수 있으며 흡사 바람막이 같은 기다란 속눈썹을 깜박거려서 먼지 조각을 씻어낸다. 그렇다면 이들의 주식은 무엇일까? 당신이 무엇을 가지고 있느냐에 따라 달라진다.

나는 사하라와 네게브 사막에서 이 짐승을 몇 번 타본 적이 있다. 사우디아라비아의 붉은 사막에서도 여러 차례 마주친 적이 있다. 일단 그 위에 올라타면 지면에서 너무 높이 올라와서 불안해진다. 또 위에서 뒤뚱댈 때마다 아래쪽에서 규칙적으로 그르렁대는 소리가 들린다. 나 같은 초심자에게는 그다지 안락한 경험이라고는 할 수 없었다. 사실 교통 수단을 고르라고 한다면 3리터 엔진이 장착된 4×4 GMC가 좋을 것 같기도 하다. 하지만 21세기인 지금도 1천6백 킬로미터의 사하라 사막을 실패 없이 건널 확률로만 따진다면 자동차보다는 낙타 등에 의지하는 것이 훨씬 낫다. 고대 유목민들과 대상들에게 몇 주나 걸리는 험난한 여정에서 말과 낙타 중 하나를 고르라고 한다면 어떨까? 두말하면 잔소리다.

지중해 해안선을 따라가는 교역 중심지들은 머지않아 세네갈강(아프리카 서부를 흐르는 강), 차드호 유역, 니제르 굴곡 등과 연결되었고 새로운 교역로들도 꾸준히 활성화됐다. 당시부터 이용되던 교역로들은 오늘날까지도 정치적 중요성을 지니고 있으며 20세기에 주권국가로 새롭게 지정된 지역들에도 영향을 미치고 있다.

교역로들은 번영을 불러왔다. 덕분에 사헬 지역에서는 8세기에서 19세기까지 여러 제국과 왕국이 출현했다. 사람들은 포획한 노예들과 상아와 금 등을 낙타 행렬에 실어 팀북투 같은 무역항들에서 북쪽으로 날랐다. 1천 년이라는 세월에 걸쳐 무려 1천만 명 이상의 아프리카 출신 노예들이 이 길로 끌려가서 아랍 국가들에 팔려갔을 것으로 추정된다. 또 마라케시(모로코의 도시), 튀니스(튀니지의 수도), 카이로와 같은 북쪽 도시들에서 온갖 사치품이 들어와서 남쪽 제국들의 상류층에게 전해졌다. 사헬에는 당시에 귀했던 소금이 풍부하게 있었다. 오늘날에도 투아레그족이 거대한 소금판을 낙타등에 싣고 말리까지 나르는 여정을 하고 있다. 세월이 흐르면서 종잡을 수 없는 사막과 제국의 운명에 따라 출발지와 목적지 일부가 바뀌기도 했지만 현재 이 지역에서 우리가 보고 있는 것들의 기반은 크게 달라진 게 없다.

그런데 여러 교역로가 있다고는 해도 이 지역을 여행하기는 여전히 어렵고 관리하는 당국한테도 힘겨운 도전이 되다 보니 제국의 통치자들은 수도에서 멀리 떨어진 지역에는 상당 수준의 자치권을 허용하는 편을 택했다. 이런 경향은 오늘날까지도 이어지고 있는데 국토가 너무 넓고 인구가 널리 분산돼 있을 경우에 특히 그렇다. 그 좋은 예가 말리다. 이 나라 수도인 남부의 바마코는 사헬이 사하라로 합쳐지는 북부 도시와 마을들과는 지리적, 기후적, 문화적으로 상당히 다른 모습을 보인다.

이 지역의 모든 제국은 요루바족과 아산티족이 사는 남쪽 지역으로 확장하는 데 제약을 받았다. 여기서부터 열대우림이 시작되기 때문에 상인들은 짐을 나르는 짐승의 천적인 체체파리의 본거지로 말이나 낙타를 들이고 싶지 않았을 것이다.

북아프리카와 아랍의 상인들은 낙타 행렬에 단지 물건만 싣고 오지는 않았다. 그들은 사상도 들여왔다. 그 중에는 알라라고 하는 유일신, 지상에서 그의 메신저를 무함마드라고 부르는 사상이 있었다. 바로 이슬람이었다. 이슬람이 사헬에 들어온 것은 8세기 초반이었다. 이후 수세기 동안 강력한 통치자들이 이슬람교로 개종했으며 점차 아프리카 주민들의 다양한 토속 신앙과 결합되는 양상을 보였다.

1400년대에 이르자 대서양 연안을 항해하기 시작한 유럽의 무역선들이 사헬에 여러 변화를 몰고 왔다. 이제 아프리카 노예 무역상들은 두 번째 시장과 교역로를 얻게 되었는데 그곳은 여자 노예보다 남자 노예에 대한 수요가 더 컸다. 또 금광에 손을 대는 사람들이 사업을 키우기 위해 자리를 잡았던 지역에 유럽인들은 잽싸게 황금해안Gold Coast이라는 이름을 붙이기도 했다. 이제 해안 지역과 내륙 일부도 유럽산 상품들에 직접 접근할 수 있게 되었다.

산과 강을 따라 국경을 나눴지만
그 산과 강이 어디에 있는지를 모른다

—

1884년부터 이듬해까지 열린 저 악명 높은 베를린 회담에서 유럽의 열강들은 아프리카 지도에 멋대로 선을 그어 임의대로 대륙을 쪼갰다. 당시만 해도 유럽인들이 발을 들여놓지 않은 곳들도 있었지만 강대국들이 원한 것은 명확했다. 바로 영토와 부였다. 당시 영국 총리였던 솔즈베리 경은 몇 년 뒤에 이렇게 밝힌 적이 있다.

"우리는 산과 강과 호수들을 서로 나누었다. 유일하게 어려웠던 것은 그 산과 강과 호수들이 정확히 어디에 있는지를 알지 못했다는 것이다."

사헬의 많은 지역은 프랑스의 지배 밑에 들어갔다. 현재로 보면 대략 말리, 니제르, 부르키나파소, 차드, 모리타니, 세네갈, 기니, 베냉, 코트디부아르 등이 해당될 것이다. 이전 세기 초반까지만 해도 프랑스 지배하에 있던 알제리까지 뭉뚱그려서 프랑스령 서아프리카로 알려진 지역이었다. 이 지배는 아름답지 않았다. 1898년부터 그 이듬해까지 이어진 불레-샤느완 탐험이야말로 이 시기를 특징짓는 가장 수치스러운 일화일 것이다.

프랑스 육군 장교 폴 불레와 쥘리엥 샤느완은 세네갈에서 시작해서 차드호까지 이어지는 탐험을 추진했다. 이 탐험은 프랑스가 확보한 땅을 통합하기 위한 전략의 일환이었다. 당시 탐험대는 군인과 짐꾼에 포로들까지 섞여 3천 명을 헤아렸는데 시간이 지나면서 점점 보급품을 얻기가 힘들어졌다. 그러자 그들은 마을을 닥치는 대로 약탈하고 주민들을 강간하거나 살해했다. 프랑스 정부는 이 문제에 대한 의회 조사를 거부했다. 식민지부의 자체 조사에서도 그 지역에서 자행된 숱한 잔학 행위들과 정책에 관한 질문들은 무시됐다. 그리고 이 사건 조사는 채 1년도 안 돼 종결됐다. 그들이 내린 결론은 두 탐험 당사자가 수다니트 에그soudanite aiguë, 즉 더위로 인한 정신병으로 고통을 받았다는 것이다. 결국 불레-샤느완 탐험은 대다수 프랑스인들의 뇌리에서 잊혀졌고 외부 세계에서도 거의 언급되지 않고 있지만 사헬 지역에서는 그 기억이 생생하게 살아 있다.

이 시기에 영국이라고 성인군자처럼 자비로웠던 것은 아니다. 영국 또한 이집트, 수단, 영국령 소말릴란드(Somaliland, 소말리아를 포함한 동아프리카 해안 지역)에서 힘을 굳히거나 세력을 넓혀가고 있었다. 이탈리아는 리비아 대부분을 차지했고 스페인은 오늘날 서사하라 지역인 스페인령 사하라에 자리 잡았다. 이 새로운 구도는 교역로에도 영향을 미쳤는데 가끔 유럽 열강들이 내륙 시장을 개척하려고 할 때는 그 길들이 와해되기도 했다. 초기 기차역과 선로들이 해안 지역을 시작으로 속속 개통되자 일부 전통적인 교역로는 쇠퇴하게 됐고 옛길에 의지해 살아가던 사람들의 수입도 덩달아 줄어들었다.

302

수십 년 동안 지도에 표시돼 오던 서구 열강의 세력권은 주로 행정 구역처럼 관리되다가 나중에는 사실상의 국경선이 되었다. 1950년대와 1960년대에 탈식민지화를 거친 지역들은 국제적으로 인정받는 국가가 되었다. 1964년에 아프리카연합의 전신인 아프리카통일기구의 회원국 수장들은 지역의 안정을 이루기 위해서라도 서구 열강이 임의대로 지도에 표시한 기존의 국경선을 고수하는 게 낫다는 데 마지못해 합의했다. 만약 식민지 이전의 종족 간 유대 관계를 기반으로 영토를 교환하는 협상을 하다가는 자칫 대륙 전체에 분쟁을 일으킬 수 있기 때문이다. 에리트레아가 에티오피아로부터 독립하고, 남수단이 수단으로부터 독립한 뒤에 수정된 사항을 제외하면 이 합의는 대부분 지켜지고 있다. 그런데 전자의 경우는 아주 오랫동안 지속된 분쟁 이후에 이루어졌지만, 후자의 경우는 새로 탄생한 국가 내에서 끔찍한 내전을 불러왔고 그 불안은 지금도 가라앉지 않고 있다.

현상 유지든 재협상이든 위험은 수반된다. 일례로 1960년대에 나이지리아 정권은 나라를 단결시키겠다는 의지가 지나치게 강한 나머지 이보족이 지배하던 석유 자원이 풍부한 비아프라 지역(1967년 나이지리아로부터 분리, 독립했지만 1970년에 다시 나이지리아로 편입됐다)과 전쟁을 일으켰다. 이 시도는 성공을 거뒀지만 대신 1백만 명의 목숨을 대가로 치렀다. 지금까지도 많은 이보족은 그들만의 나라를 꿈꾸고 있다. 대륙 전체를 보면 이와 비슷한 사례들은 한둘이 아니다.

오늘날의 사헬에서도 이런 사례가 존재한다. 국경을 지도 위에 표시할 때는 잘 지켜지는 것처럼 보였겠지만 기후변화, 지하디스트, 지역 내 식민지 이전의 분열주의 등이 결합하여 〈갈등의 시대〉를 만들면서 이 지역은 새로운 도전을 받고 있다.

국제 테러 단체의 지원을 받는 반군 세력

—

그 가장 적절한 예가 말리일 것이다. 말리의 국경은 1960년에 프랑스령 서아프리카에서 떨어져 나와 훗날 부르키나파소가 되는 오트볼타 국경과 거의 동시에 형성되었다. 그런데 말리 사람들은 특히 광물이 대규모로 매장돼 있을 것으로 추정된 동부 지역의 경계를 인정하지 않았다. 그리하여 1974년에 전쟁이 벌어졌고 1982년에도 다시 벌어졌다. 그러자 국제사법재판소가 중재에 나서서 그 지역을 둘로 나눴다. 양측 모두 이미 떠나버린 식민 세력이 남긴 구조적 문제로 고통받고 있는 것이다. 그들에게는 국호도, 국기도, 정부 같은 조직도 있지만 현대화된 기반시설이 없었다. 또한 숙련된 기술자들과 의사, 경제 전문가들이 태부족했고, 정부 내 많은 정치인들은 현존하는 부족 구조로 다시 후퇴해서 자신들이 속한 집단에만 유리한 정책을 펼쳤다.

말리에는 지리적으로, 문화적으로 구분되는 두 개의 지역이 있는데 대체로 나이저강을 중심으로 나뉜 남쪽 지역과 북쪽 지역이 그에 해당한다. 개략적으로 말하면, 북쪽이 훨씬 건조한데 특히 사하라 사막이 시작되는 지점과 근접한 지역이 그렇다. 그곳은 북아프리카 베르베르족의 한 분파인 투아레그족과 전통적으로 알제리, 니제르, 모리타니와 연계된 유목민들이 지배하는 땅이다. 가장 큰 도시는 가오와 팀북투인데 두 곳 모두 나이저 강가에 있다. 유럽으로 가는 물자들이 점점 더 해상 항로로 갈아타면서 지난 2백 년 동안 두 도시 모두 경제 사정이나 삶의 질이 하락해 가고 있는 실정이다. 또 여기에는 정치적인 영향력도 크게 작용하고 있다. 이 지역은 말리의 수도인 바마코와 남쪽에 있는 부르키나파소, 코트디부아르, 기니와 연관 있는 밤바라족 여러 분파의 거주지가 있는 곳이기도 하다.

독립을 이룬 지 수십 년이 지났지만 말리의 많은 엘리트들은 여전히 타인other을 우리us로 받아들이길 꺼린다. 일례로 말리의 바마코에 새 정권이 들어서면 우선적으로 하는 일 중 하나가 식민지라는 족쇄를 벗어던지는 것보다는, 호전적이며 인종차별적이고 퇴보적이라 여겨지는 훨씬 흰 피부를 가진 북쪽의 투아레그족 분파들을 탄압하기 위해 오히려 프랑스 식민지 시절의 분열 정책과 규범을 계승하는 것이었다. 그런데 유목민이 다수를 차지하는 투아레그족은 자신들이 인정하지 않는 나라로 일거에 내던져진 것에 분개하고 있다. 북쪽에서 오는 전사들을 두려워했던 남쪽의 정착민들에게 이제는 오히려 지배당하는 신세가 되어버렸기 때문이다. 말리가 독립을 이룬 지 2년이 지난 1960년에 투아레그족은 처음으로 봉기했다. 이후 주기적으로 폭력사태가 벌어졌고 어떤 면에서 현재 상황은 그 연장이라 할 수 있다. 이제 투아레그족 운동은 아자와드라 부르는 독립국가를 창설하자는 데까지 이르렀다.

모든 면에서 간극을 메우려고 노력하는 사람들이 있기는 했다. 그러는 가운데 투아레그족 출신 총리가 나오기도 했다. 그런데도 북부 지방에 대한 중앙 정부의 예산 투입은 남부에 비해 현저히 적은 것이 사실이다. 정부가 나를 도와주지 않는다고 느낄 때 다음과 같은 의문이 떠오르는 건 당연하다. "대체 누굴 위한 정부란 말인가?"

2012년 아자와드민족해방운동이라는 단체 소속의 투아레그족 전사들이 말리를 상대로 반정부 투쟁을 개시했다. 이 운동은 이 지역 전체에 커다란 반향을 불러일으켰다. 투아레그족의 봉기는 이전에도 있었지만 이번에는 달랐다. 이제 그들은 국제 테러 단체들의 지원을 받는다. 알카에다와 연계된 무장 테러 단체인 안사르 다인과 알제리 중심의 서아프리카통일지하드운동과 손을 잡은 것이다. 이 단체 모두 이슬람 마그레브 알카에다(AQIM, 2007년 알제리에서 결성된 알카에다 조직)와 연계되어 있다. 1990년대의 알제리 내전과 2011년에 발발한 리비아 내전 덕분에 그들은 그 어느 때보다 잘 무장돼 있었다.

2002년에 알제리 내전이 종식되자 이슬람 극단주의자들 중 일부가 군부 독재 정권을 신권 정부 체제로 대체할 길을 모색하면서 말리 북부에 자리를 잡았다. 그리고 마약 밀매와 납치 등으로 자금을 불리고 있는 또 다른 단체와 손을 잡으면서 지역 내 반란 세력으로 올라설 기회를 잡았는데 이것이 바로 이슬람 마그레브 알카에다의 시초였다. 또 금세기 초반 10년 동안 말리 출신 투아레그족 수천 명이 리비아군에 자원했다. 석유로 쌓은 부를 이용해서 이 지역을 지배하려는 야심을 키우던 리비아의 카다피 대령은 말리에서 발생한 집단 간의 분열을 은근히 반기고 있었다. 그 분열로 말리가 쇠약해지면 그 지역을 자신들이 장악할 가능성이 높아질 테니 말이다. 투아레그족 입장에서도 그다지 충성을 바치고 싶지 않은 조국인데 자신들을 돕지도 않는다면 다른 곳으로부터 도움을 기대할 수밖에 없었을 것이다. 말리 정부가 투아레그족의 리비아군 자원에 대해 비판을 하자 그것을 무마하기 위해 카다피는 자금을 대서 말리에 텔레비전 방송망과 사원들을 건설해 주었다. 그러다 2011년에 카다피 정권이 붕괴하자 그의 투아레그족 용병들은 이슬람 부대에서 약탈한 중화기들을 지닌 채 귀환했다. 그로부터 채 1년도 못 돼 말리는 혼돈에 휩싸인다. 접경지대에서 폭력을 동반한 소요사태도 빈번했다.

말리는 이미 자국 내 많은 지역에 대한 통제력이 약해진 세계 최빈국 가운데 하나다. 이런 상황에서는 잘 조직되고 의욕 충만한 전사들의 파도를 물리칠 준비가 됐을 리 없다. 돌아온 전사들은 팀북투를 비롯한 북부 도시들을 습격해서 프랑스 땅보다 넓은 영토를 장악했다.

333명의 성인들의 도시이자 성지 순례와 교육의 도시로 알려진 팀북투를 장악한 이슬람주의자들은 주민들이 이제껏 겪어보지 못한 엄격한 이슬람법을 강요했다. 여자들은 온몸을 가리도록 했고 이를 어길 시에는 태형에 처해졌다. 흡연은 금지됐고, 음악가들의 악기는 부서졌고, 오래된 전통 건축물들도 파괴됐다. 심지어 15세기에 지어진 시디 야흐야 모스크의 정문도 떼어내 버렸다. 세상이 끝날 때까지 그 문은 닫혀 있을 거라는 전설이 반이슬람적인 우상 숭배라고 주장하면서 말이다. 전사들은 이맘(이슬람의 지도자)인 알파 압둘라히에게 수리비를 주겠다고 했다. 그는 이 상황을 이렇게 증언했다. "나는 그 돈을 받는 것을 거부했다. 저들이 한 짓은 돌이킬 수 없기 때문이다."

1천 킬로미터 남쪽에 있는 수도 바마코에서 말리 정부는 나라의 문화유산을 파괴하는 이 같은 행위를 강력히 규탄하는 입장문을 발표했지만 사실상 아무것도 할 수 없을 정도로 무력했다. 정부군에서 탈영병이 속출했고 정부 기관들은 해체된 것이나 다름없었다.

그러다 2013년 1월 초순, 투아레그족과 지하디스트 군대가 군사적 및 이념적으로 지나치게 욕심을 부리다 제 꾀에 넘어가는 일이 생겼다. AQIM과 연계한 단체들의 야전 사령관들과 투아레그족 부대는 상부의 충고를 무시하고 남쪽으로 진격했다. 때로는 지역 전사들보다 행동의 결과를 보다 폭넓게 볼 줄 아는 외국 출신 상급 지휘관들은 이것이 주요 외부 세력을 자극할 가능성이 있다고 우려했다. 특히 프랑스 말이다.

하지만 투아레그족은 주로 엄격한 이슬람의 해석을 명분으로 싸우는 지하디스트들이어서 알카에다와는 달리 세계 지배보다 지역 정치를 우선시하는 입장을 보였다. 이 지역에서 활동하는 한 서방 정보원은 지역의 많은 전사들이 외부 세력이 이끄는 단체들에 가입하고 있는 현상을 두고 이렇게 말한다.

"칼리프 국가와 알카에다, ISIS 등을 동일시하는 것은 핵심을 잘못 짚은 것입니다. 이 사람들도 이슬람교도인 건 맞습니다. 그래요. 하지만 대다수가 꼭 칼리프 국가 수립을 위해 싸우는 건 아닙니다. 그들의 불만이 ISIS의 출현보다 먼저였어요. 그들은 지역이나 지역 사안들에 훨씬 더 밀착돼 있습니다."

그러므로 대체로 알카에다가 장기적인 목표를 갖고 있다고는 하지만 당장 수도에서 싸우지 못해 안달인 사람들을 저지하기는 힘들었다. 나이저강을 건너 바마코까지 간 그들은 결국 루비콘강을 건넌 것이나 다름없었다. 그리고 몇 달 지나지 않아 그들은 훨씬 강한 세력에게 도전을 받는 한편 그들이 통치하려고 한 지역 주민들의 지지도 거의 받지 못하게 되었다. 이슬람법의 극단적인 부분을 지나치게 밀어붙이는 바람에 많은 주민들이 그들에게서 등을 돌린 것이다.

코로나 팬데믹에도 내전은 계속된다
—

어쩌면 현지 지하디스트들은 프랑스 정부가 유럽의 문턱에 ISIS 같은 국가가 설립되는 것을 절대로 용인하지 않을 거라는 걸 짐작하지 못했던 것 같다. 그 지역을 주도하는 해외 세력으로서 안전과 이주민,

원자력을 포함한 경제적 이해관계가 위협받는다면 프랑스로서도 마냥 지켜볼 수만은 없을 것이다. 금세기 들어 프랑스는 10여 건의 테러 공격으로 고통을 받았는데 범인들 가운데 다수는 이중 시민권을 가지고 과거 식민지에서 프랑스로 쉽게 들어올 수 있는 사람들이었다. 2000년 이후 프랑스에서는 테러로 3백 명 이상이 목숨을 잃었고 부상자만 해도 수백 명이 넘는다. 이런 상황에서 지하디스트들이 바마코로 접근하자 곧바로 프랑스 전투기들이 출격했고 특수부대도 신속하게 움직였다. 식민지 역사도 부분적으로 이 결정에 영향을 미치긴 했지만 무엇보다 이러한 행동을 끌어낸 것은 최근의 현안이었다.

프랑스는 사헬 지역 국가들이 그들이 직면하고 있는 무수히 많은 위협을 스스로 물리칠 능력이 안 된다는 것을 알고 있다. 그들에게 맡겨두면 말리와 부르키나파소는 이내 무너질 것이고, 그 지역은 거대한 무정부 진공상태가 돼서 알카에다가 그 자리를 차지해 세를 키워나갈 가능성이 높다. 사헬 지역 국가들에만 해도 수천 명에 달하는 프랑스 국적자들이 있다. 이 중에는 니제르라는 나라도 포함되어 있는데 이 나라는 프랑스 원자력 산업에 연료를 제공해서 프랑스 가정에 전기를 밝혀주는 우라늄 광산을 보유하고 있다.

프랑스의 공습이 시작되자 지하디스트들은 북쪽으로 퇴각했고 프랑스 특수부대가 그들을 추격했다. 뒤이어 말리 정부의 요청으로 작전명 서발Serval이 개시됐다. 이 작전명은 사바나 지역에 사는 아프리카 살쾡이의 이름에서 따온 것이다. 국제적 승인과 말리군의 지원을 받는 2천5백 명의 프랑스 부대원들이 현장에 도착했다. 그들은 단시간 내에 반군을 진압했지만 반군 병사들은 죽거나 흩어져 버린 것이지 괴멸된 것은 아니었다.

머지않아 여러 무장단체들이 다시 조직돼서 슬그머니 고개를 내밀었다. 향후 닥칠 일의 징후가 나타난 것은 2013년 5월, 이웃한 니제르에서였다. 〈피로써 서명한 이들〉이라는 이름을 내건 새로운 단체와 관련된 테러 공격이 발생한 것이다. 이들을 이끈 자는 AQIM 지휘관 출신인 모크타르 벨모크타르였다. 나중에 그는 자기 휘하의 그룹과 또 다른 그룹을 합쳐서 알무라비툰이라는 단체를 결성한다. 누가 봐도 이들의 목표는 "나일강에서 대서양에 이르는 지역에서 비이슬람교도를 쫓아내고" 그 바쁜 와중에 "이슬람과 이슬람교도에 대항하는 시온주의 운동과도 맞서 싸우는 것"이었다.

2014년 무렵까지 대략 4천5백 명의 프랑스군이 서발 작전에 동원됐다. 이 작전은 나중에 사하라 모래지역의 초승달 모양의 둔덕을 뜻하는 바르칸 작전으로 그 이름이 변경된다. 바르칸은 장기적인 군사 개입을 목표로 구상되었으며 작전 지역도 말리는 물론 부르키나파소, 차드, 모리타니, 니제르까지 확대된다. 사헬 G5를 구성하고 있는 이 나라들은 5천 명의 부대원과 경찰, 헌병대와 국경 순찰대를 제공해서 모두가 공감하는 지역적 위협에 공동으로 대처했다. 하지만 무려 5백만 평방킬로미터까지 뻗어 있는 이 넓은 지역에서 G5 국가들과 프랑스군이 긴밀한 네트워크를 구축한다고 해서 확산일로에 있는 반정부 폭력사태를 막기에는 역부족이었다.

2014년 무렵부터 반군은 말리 북부에서 작전을 재개했고 2015년경에는 중부 지역까지 전선을 확대했다. 그 이듬해가 되자 그들은 니제르 서부와 부르키나파소까지 활동 반경을 넓혔다. 2018년에는 부르키나파소의 동부를 근거지로 해서 북아프리카와 아프리카의 뿔(에티오피아, 소말리아, 지부티가 자리 잡고 있는 아프리카 북동부 지역)의 지하디스트 단체들과도 접촉을 늘리는 가운데 나이지리아의 보코하람(2002년 결성된 나이지리아의 이슬람 극단주의 테러 조직)과도 연계하기에 이른다. 그러자 이들이 베냉, 코트디부아르, 토고와 가나 등 서아프리카 국가들에까지 손을 뻗칠지 모른다는 두려움이 일었다. 그러던 중 2019년에 프랑스 관광객 2명이 부르키나파소와 국경을 맞대고 있는 베냉 지역에서 납치됐다. 이 사건은 지하디스트들의 지리적 역량이 차츰 올라오고 있음을 보여준 것이었다.

반군 무장세력은 현지 군대나 외국 군대와 직접적으로 얽히지 않는 편을 선호했다. 그래서 그들은 전장을 양보하는 대신 IED(급조 사제 폭발물) 사용 등을 포함한 소위 치고 빠지기 식의 고전적인 게릴라 수법을 즐겨 쓴다. 그리고 임무를 완수하면 드넓은 무정부 지역이나 지역 주민들 틈으로 숨어버린다. 말리에서 활동 중인 한 보안 전문가는 이렇게 말한다.

"반군 민병대는 일시적으로 지역을 장악할 수 있습니다. 예를 들어 그들은 어떤 지역에 병력을 증강해서 투입합니다. 그러니까 한 12시간 정도 말이죠. 그렇게 해서 정부군의 전초기지를 파괴한 뒤 다시 감쪽같이 사라져버리는 거죠."

2019년 12월에 최악의 사태가 발생했다. 니제르에 있는 군기지에 대한 공격으로 71명의 군인이 사망했다. 이듬해인 2020년 1월에는 또다시 89명이 사망했고 3월 말, 그러니까 세계의 관심이 온통 코로나 팬데믹에 쏠려 있을 때 보코하람이 차드호 부근에 있는 차드군 야영지에 매복 공격을 가했다. 7시간의 전투 끝에 보코하람은 적어도 92명의 중무장한 정부군을 사살했다. 이는 차드군이 당한 가장 처참한 패배였다. 여기서 어떻게 나라가 단결해야 하는가라는 질문이 제

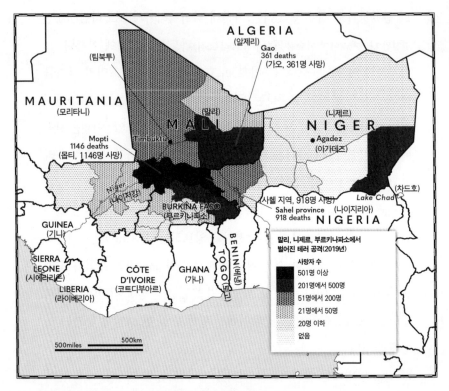

최근 들어 사헬 지역에서 테러 공격들이 가파르게 증가하고 있다.

기된다. 1천6백만 명에 달하는 인구는 거의 2백여 개의 부족 집단으로 나뉜 채 영국보다 넓은 땅덩어리에 흩어져 살고 있다. 자국의 군대조차 지키지 못하는 정부가 일반 국민을 신경 쓸 수 있겠는가.

이 지역 전역에서 군인과 민간인을 대상으로 한 공격들이 2019년 내내 발생했는데도 대부분은 사람들의 관심을 끌지 못했다. 이러한 상황에 자극받은 마크롱 프랑스 대통령은 2020년 1월에 개최된 회담에서 국제적 관심을 호소했다. 사헬 지역의 남쪽 국가들이 붕괴돼서 수백만 명의 난민들이 유럽으로 몰려오는 것을 막으려면 이 지역이 EU의 새로운 방어 전략에 포함돼야 한다는 것이 그의 입장이었다. 프랑스군은 이미 40명 이상의 인명 손실을 입었으니 다른 유럽 국가들이 개입할 때가 되었다는 것이다.

하지만 마크롱은 큰 지원을 얻지 못했다. 먼저 영국은 이라크에서 당한 경험으로 기진맥진한 데다 시리아 문제로도 바빴다. 특히 독일을 포함한 여타의 유럽 국가들은 수십 년 이래 무력 사용을 꺼려왔다. 영국은 이미 수십 명의 인원과 헬리콥터 3대를 파견해서 프랑스군 수송을 돕고 있었다. 덴마크는 항공기 몇 대와 병력 70명을, 그리고 체코 정부도 60명의 인원을 지원했다. 또 에스토니아도 약 50명의 병력으로 구성된 자국의 정찰대대 소속 기계화 보병 한 소대를 배치해 두고 있었다.

결국 마크롱은 장갑차 1백 대에 6백 명의 군인을 추가로 투입해 프랑스군 병력 수준을 5천1백 명까지 끌어올릴 수밖에 없었다. 그러자 이미 유엔의 지휘하에 자국군 부대를 그 지역에 주둔시키고 있던 스웨덴이 헬리콥터를 포함한 신속 대응군과 150명의 특수부대원을 보내기로 약속했다. 프랑스와 더불어 유럽의 주요 군사 국가인 영국도 적지 않은 병력 증강을 약속했다. 영국은 250명의 장거리 정찰 임무단을 파견해서 대다수 군대가 들어가지 못하는 말리의 여러 지역에까지 진입해 그곳에서 수집한 정보를 유엔 임무단으로 보내기로 했다. 이는 다른 말로 하면 다른 정부들이 자국의 부대를 보내기 꺼리는 곳으로 간다는 얘기다. 이는 보리스 존슨 영국 총리가 내린 고도로 위험한 결정이었다. 유엔 임무단, 즉 말리 주둔 다차원통합안정화임무단(MINUSMA)은 2013년에 시행되었는데 2백 명의 평화 유지군이 목숨을 잃은 전 세계에서 사상률이 가장 높은 임무였다.

마크롱 대통령은 알제리를 설득해서 이 전쟁터에 잘 조직된 그 나라 민중 국민군대를 투입해 주기를 간절히 원하고 있지만, 식민지 역사를 감안하건대 알제리가 자국의 부대가 실질적으로 프랑스의 명령을 받는 상황을 달가워할 리가 없다. 알제리는 개입을 하더라도 그들의 부대는 아프리카연합의 산하 단체 아래 있어야 한다고 주장한다. 게다가 그들은 자칫 벌집을 건드리지나 않을까 하는 걱정도 한다. 투아레그 민병대의 독립국인 아자와드에 알제리의 영토 일부가 포함되기 때문이다.

강대국의 눈치와 부족 갈등 사이에서

—

현재도 현지 및 외국을 망라해서 군대를 비롯한 각종 조직들이 이 지역의 안정을 위해 고군분투하고 있다. 군사적으로뿐만 아니라 일련의 세력들이 이 지역 안정을 위한 절박한 투쟁에 참여하고 있다. 2017년에 프랑스, 독일, EU, 유엔개발계획, 세계은행, 아프리카개발은행이 주축이 돼 사헬연맹이 결성됐는데 이후 영국, 이탈리아, 스페인 등도 가세했다. 2018년에 사헬연맹은 일자리 창출과 인프라 개발 프로젝트에 60억 유로 이상을 투입하기로 결의했다. 사우디아라비아와 아랍에미리트도 지역 개발 계획에 자금을 투입했다. 여기에는 이 지역에서 교역과 영향력을 확대하려는 노력을 기울이고 있는 라이벌 이란을 견제하기 위한 의도도 얼마간 있을 것이다. 또 미국도 온전히 지켜지고 있지는 않지만 어쨌거나 국방 예산의 지원을 늘리겠다는 약속을 했다.

국제 사회는 사헬 각 지역에서 프로젝트를 벌이고 있는데 그 가운데서 특히 MINUSMA, 말리 주재 유럽연합기술지원단, 그리고 사헬 G5 등의 활약이 두드러진다. 하지만 이런 일에 도사린 위험성을 독일 외교부 산하 시민위기방지위원회 위원장 하이케 틸레는 지적하고 있다. 그는 협력도 중요하지만 "그 활동들에 대한 엑셀 보고서만 주고받는 것"에 그치면 안 된다고 강조한다.

게다가 현지 주민들의 꾸준한 지지를 얻는 것도 중요하다. 사헬 G5 지도자들은 위에서 언급한 여타 활동들을 신식민주의 계획으로 보고 못마땅해 하는 분파들이 있다는 것을 알고 있다. 2020년 마크롱 주재 정상회담이 열리기 직전에 말리인 수백 명은 바마코에서 반프랑스 시위를 벌이면서 프랑스 국기를 불태우기도 했다. 마크롱은 지역 지도자들이 이 행위를 제대로 질책하지 않는 것 같다고 분명하게 밝혔다.

사실 사헬 국가들의 입장도 난처하다. 책임을 지는 자세뿐 아니라 강대국의 의견을 무시하지 않는 모습도 자주 보여줘야 하기 때문이다. 게다가 부족들 간 해묵은 긴장도 다뤄야 한다. 한 예로 말리에서 자체 방어를 위한 민병대 조직이 밤바라와 도곤 공동체에서 결성됐다. 그들은 정부가 반군 세력으로부터 자신들을 지켜줄 능력도, 의사도 없다고 느꼈던 것이다. 하지만 나중에 오히려 그들은 다른 집단을 목표로 삼았다. 그리고 일부 나라들에서는 정부 보안군이 특정 부족의 민간인들을 대량 학살한다는 비난이 일었다. 말리와 니제르 같은 나라들에서 대개 군대는 북쪽의 사막 지역이 아니라 남쪽의 사바나 지역 출신들이 장악하고 있다.

대테러 작전의 대부분은 프랑스와 미국이 담당하고 있다. 프랑스는 주로 말리와 사헬 서부 지역을, 미국은 차드 호수 연안에 힘을 집중하고 있지만 합동 작전을 수행하거나 정보를 공유하기도 한다. 미국 정계와 군부는 이 지역을 국가 안보와 보다 넓은 전략적 틀에서 바라보고 있다. 이 지역에 대한 미국의 개입을 지지하는 측은 실패한 그곳 국가들이 미국의 이해관계를 공격하는 온상이 되는 것을 막아야 할 필요가 있다고 주장한다. 이 입장을 확대해 보면 미국이 손을 떼기 무섭게 중국이 그 지역에 영향력을 뻗칠 것이며, 대규모 이주민과 난민이 유럽으로 유입되면서 불안을 조성하고 있는 상황에서 미국은 유럽의 동맹들을 지원하는 모습을 보여줄 필요가 있다는 것이다. 반면 반대편의 주장은 이렇다. 한정된 예산에서 미 국방부는 태평양 지역에 힘을 쏟아야 하며, 유럽이야말로 자신들과 가까이 있는 이 지역에 신경을 써야 한다는 것이다.

작전이 벌어지는 무대의 엄청난 크기와 드문드문 퍼져 있는 거주지들 탓에 이 지역은 사실상 대규모 순찰대는 물론이고 부대들을 일거에 투입하기도 어렵다. 그래서 프랑스와 미국은 드론을 투입하거나 특수부대 작전을 광범위하게 펼치고, 지역의 현지 부대들과 공동으로 반군 단체들의 활동을 저지하고, 국경을 넘어 무기를 들여오는 것을 막는 작전 등을 펼치고 있다.

미국은 니제르의 아가데즈에 드론 기지를 설치했다. 기존에 미군은 부르키나파소 국경과도 가까운 니제르의 수도 니아메에 주둔하고 있는 프랑스군과 비행장을 나눠 쓰고 있었다. 하지만 반군 민병대가 이용하는 경로에서 확산되는 폭력 상황이 기존의 드론으로 커버할 수 있는 범위를 넘어설 정도로 확대됐다. 그래서 미군은 아가데즈에 MQ-9 리퍼 드론을 새로 배치했다. 이 드론의 활동 범위는 1,850킬로미터로, 니제르 북동부에 있는 디르쿠 기지와 공조해서 서부 말리부

터 차드를 넘어 리비아까지, 아래로는 나이지리아 국경까지 아우를
수 있다고 한다.

가장 가난한 나라의
가장 가난한 지역에서 벌어지고 있는 저항 운동
—

니제르는 미국은 물론 프랑스에게도 핵심적인 전략적 가치가 된다.
사헬 중심부에 떡하니 들어앉아 있는 이 나라는 문제 많고 탈 많은 북
아프리카 국가들과 나이지리아의 보코하람뿐 아니라 접경한 7개 나
라에 흩어져 있는 여러 이슬람 무장단체들을 감시할 수 있는 능력을
제공하고 있다. 이웃들로 인해 고통받을 정도의 폭력에서는 벗어난
상태인 니제르는 모든 사헬 국가들 가운데서 그 위험을 가장 뼈저리
게 자각하고 있는 것처럼 보인다. 니제르는 이슬람주의자들의 테러
에 시달리고 있는 나이지리아, 부르키나파소, 말리, 알제리, 리비아,
차드에 에워싸여 있다. 이들 나라는 앞서 언급했던 수세기 전부터 이
용하던 교역로가 통과하는 지역인데 그 중 하나가 아가데즈를 남북
으로 관통하는 길이고, 또 하나는 니제르-알제리 국경을 따라 난 길
이다. 지난 십여 년 동안 수십만 명이 절박한 심정으로 건넜을 이 길
이 현재는 밀수꾼들의 통로가 되고 있다.

니제르는 서구 세력을 반겼으며 사헬 G5 가운데 지역 협력 활동을
가장 활발히 펼치고 있는 나라라 할 수 있다. 또한 군대와 경찰에 적
절히 예산을 사용하고 있으며 한정적이나마 소수 민족 문제를 진지
하게 다루는 데도 자원을 쏟고 있다. 이들 가운데 풀라니족이 있다.

유독 풀라니족의 많은 수가 반정부 활동에 가담하고 있는 상황에서 이들의 역사와 인구 구조를 이해하는 것이야말로 현안을 제대로 이해하는 데 중요한 열쇠가 된다. 그들의 역사, 지리적 분포, 문화적 관습은 현재의 위기에 중대한 영향을 미치고 있다. 풀라니족도 나라가 없는 민족이다. 적어도 2천3백만 명 정도가 사헬, 서아프리카, 그리고 저 멀리 남쪽의 중앙아프리카공화국에까지 흩어져 살고 있다. 나이지리아에는 그 나라 인구의 9퍼센트에 달하는 대략 1천7백만 명이, 말리에는 전 인구의 16퍼센트에 달하는 3백만 명이, 니제르에는 7.6퍼센트에 달하는 160만 명이, 부르키나파소에는 6.3퍼센트에 달하는 120만 명이, 차드에는 4퍼센트에 달하는 60만 명의 풀라니족이 거주하고 있다.

부족 대다수가 유목생활을 했지만 오래전에는 풀라니 제국들이 존재했다. 이들은 늘 이 지역을 자신들이 호령하는 하나의 전체로 보았지 이곳에서 저곳으로 이동할 때마다 종잇조각을 보여줘야 하는 나뉘진 국가들로 보지 않았다. 자신들이 이 지역을 지배했다는 사실은 그들의 집단기억 속에 깊이 각인돼 있다. 게다가 그들이 세운 마시나 제국(Macina Empire, 1818-1862년)은 영광스러운 황금시대를 구가한 것으로 알려졌다.

마시나 제국은 오늘날의 말리 일부 지역에 본거지를 두고 동과 서로 수백 킬로미터를 뻗어나갔다. 수도는 아랍어로 〈신을 찬미하라〉라는 뜻의 함둘라히였고 엄격한 수니파 이슬람 신앙을 강조하는 지도자들은 춤과 음악, 흡연, 알코올을 금했다. 이들은 이슬람을 받아들인 최초의 아프리카인들 가운데 하나였다. 함둘라히 한 곳에만도 팀북투 같은 지역 전초기지들보다 수천 명은 많은 1만여 명의 전사들이 배치됐다.

  마시나 제국이 건국되기 전에 풀라니족은 다른 제국들의 속국으로 지냈는데 이들은 이 사실을 절대 잊지 않는다. 하지만 반대로 다른 정착민 공동체들의 집단기억 속에서 풀라니족은 매우 호전적인 사람들로, 힘이 있을 때 다른 이들을 노예로 부렸다는 사실로 각인돼 있다. 실상 이것은 맞는 얘기다. 비이슬람교도 주민들 사이에서는 특히나 그렇다. 현재 사헬 전역에 드리워진 긴장의 역사는 부분적으로는 당시로 거슬러 올라가 볼 수 있다. 따라서 풀라니족에게서 지하디즘이 부상하는 현상을 그들의 제국을 다시 세우고 기독교도들을 강제로 개종시키려는 의도로 보는 사람들이 많다.

  이 두려움은 여러 방식으로 강화되고 있다. 2012년 말리에서는 프랑스가 주도하던 공세가 수그러들자 마시나해방전선이라는 단체가 등장했다. 말리의 한 도시 이름을 딴 이 단체의 수장은 50대의 종교 교사인 아마두 쿠파였다. 젊은 시절에 파키스탄 이슬람 성직자들과 접촉한 뒤로 그는 보수적인 종교적 입장을 지지하게 되었다. 하지만 그가 지하디스트 타크피리(수니파 극단주의) 이념에 완전히 빠지게 된 것은 카타르와 아프가니스탄을 방문하고 나서였다. 타크피리는 수니파 이외의 무슬림은 진정한 이슬람 교리를 믿는 자들이 아니기 때문에 그들은 더 이상 무슬림이라고 할 수 없다고 선언한다. 지하디스트 관점에서 보면 이 논리는 다른 무슬림들은 죽여도 된다는 뜻이기도 하다. 이러한 생각은 중동의 수니파 무슬림들 사이에 단단히 자리 잡고 있다. 그들은 스스로를 살라피스트Salafist, 즉 〈가장 순수한 이슬람 해석을 따르는 신자〉들로 여긴다. 하지만 최근까지도 보다 현대화된 수피즘 전통에 익숙한 대다수 아프리카 무슬림들에게 이런 생각은 낯선 타국의 개념이나 마찬가지였다.

AQIM에게 아마두 쿠파는 굴러들어온 호박이나 다름없었을 것이다. 프랑스가 개입한 뒤 작성된 자료들에 따르면, AQIM의 지도부는 일부 산하 단체들에게 알카에다와 연계된 꼬리표를 숨기면서 대신 국내파 운동처럼 보이게 하라는 지시를 내렸다고 한다. 풀라니족이야말로 이런 의도에 딱 들어맞았다. 이들에게는 애초부터 고향땅이라는 민족적 명분이 존재하고 있었다. 또한 이들은 지리적으로 넓게 분포하고 있어서 사헬 전 지역에서 전선을 형성할 수 있었다. 마시나 해방전선은 주로 말리와 그 국경 지역에 제한된 세력으로 보이지만 마을을 습격하거나 주민들과 말리 정부군을 학살하는 등 숱한 잔학 행위를 저질렀다. 그들은 22명이 숨진 바마코의 래디슨 블루 호텔 습격과 종교 시설 방화 등을 자행하면서 자신들을 지지하면 말리의 지배에서 해방될 것이라고 천명하는 등 테러 행위를 정당화하는 일종의 해방 카드놀이를 하고 있었다. 이들의 목표는 말리 중부를 광범위하게 장악해서 마시나이슬람공화국을 세우는 것으로 보인다. 2018년 말, 말리 당국은 프랑스군 공습으로 아마두 쿠파가 사망했다고 발표했다. 그런데 이듬해인 2019년 3월, 쿠파는 한 영상에 등장해서 자신이 죽었다는 보도는 극히 과장된 것이라고 말했다.

약해빠진 국가와 불의에 대한 인식이 풀라니족 주민들을 무장단체에 가담케 했다. 2012년 반군 무장세력은 팀북투와 다른 지역을 점령했던 짧은 기간에 많은 주민들을 험하게 다루었을 것이다. 하지만 정부 관리들이 복귀했다고 해서 법치가 제대로 자리 잡은 건 아니었다. 공무원들의 갈취가 다시 시작됐고 군대가 돌아오면서 일부 지역에서는 집단적 징벌이 자행됐다. 이러한 배경 속에서 전 세계에서 가장 가난한 나라의, 그것도 가장 가난한 지역에서 쿠파와 휘하의 상급 지휘관들이 추진하려는 일은 땅 짚고 헤엄치기처럼 보인다. 마시나해방전선은 그들 식의 정의인 종교 교육을 무상으로 제공하고 뇌물 수수를 근절하며, 자살 폭탄 테러범이 되겠다는 지원자들에게는 1천 달러를 주겠다고 제안했다.

기후변화, 사막화, 폭력의 악순환
—

최근 들어 갈등 양상은 풀라니족 거주 국경지대를 넘어 부르키나파소, 니제르, 나이지리아 일부 등 사헬의 다른 지역에까지 퍼져나가는 추세다. 폭력사태가 벌어질 때마다 따라다니는 주제들이 있다. 일단 가뭄으로 땅이 말라서 소나 양을 치기 어려워지면 유목민들은 새로운 도시나 시골을 찾아 들어온다. 여기서 그들은 〈외부인〉으로 취급받고 그 지역 농민들과 이해가 충돌하면서 여기저기서 폭력사태가 발생한다. 이러한 사태를 유발하는 주요 요인 가운데 하나가 기후변화다. 테러와 마찬가지로 기후변화 또한 국경을 따지지 않기 때문이다.

우리는 수천 년에 걸친 기후변화로 어떻게 한 지역이 형성됐는지, 때로는 얼마나 극적으로 변했는지를 보아왔다. 그런데 대략 1950년대부터 여기에 인간이라는 요소가 끼어든다. 인구 증가에 발맞춰 땔감 수요도 증가해서 이 땅의 초목이 사라져 갔다. 게다가 동시에 증가한 가축들이 그만큼 많은 풀을 먹어 치운다는 의미이기도 했다. 이 상황은 토양 침식과 사막화로 이어졌다. 그 결과 척박해진 표층은 점점 바람의 침식 피해를 입어서 드넓은 곳에서 모래폭풍을 일으킨다. 표층의 부족으로 여름 기온이 섭씨 38도 이상 올라가게 되면서 대규모 곡물 재배도 거의 불가능하게 했다.

이런 조건에서 또다시 가뭄이 찾아오는 것은 아예 재앙이나 다름없다. 20세기 후반에 전 세계 어디서도 이런 최악의 경험을 한 곳은 없었다. 1968년 무렵부터 흉작이 들어서 엄청나게 넓은 지역에서 곡물이라고는 아예 찾아보기 힘들 정도가 되었다. 1972년에는 사실상 비다운 비가 거의 내리지 않았다. 1973년 말쯤에는 사하라 사막이 사헬의 1백 킬로미터 지점까지 내려오면서 수많은 소들은 물론 10만여 명의 인구가 기아로 목숨을 잃었을 것으로 추정된다. 그 와중에 1980년대 중반에 또다시 가뭄이 찾아왔다. 또 한번 기근과 사하라 사막의 확장이 이뤄졌다. 차드호 또한 이 재앙을 피하지 못했다. 20세기 후반의 40년 동안 이 호수의 물이 90퍼센트나 줄면서 엄청난 물고기들과 일자리가 사라졌고, 이 호수의 물에 의지하고 살던 차드와 그 인근 나라 수백만 명의 수입도 줄어들었다. 유엔식량농업기구에 따르면 이 지역 전체에서 3천만 명이 식량 불안 상황에, 1천만 명가량이 기아의 위험에 처해 있다고 한다.

대다수 기후학자는 산업혁명 이후 지구의 평균 온도가 섭씨 1.1도 정도 올랐다는 데 동의한다. 그런데 사헬 지역의 평균 상승분은 이보다 50퍼센트 더 높다. 과학자들마다 예전보다 강수량이 많은지 적은지에 대해서는 의견이 분분하지만 강우 패턴이 변했다는 데는 의견이 일치한다. 여기에 또 하나의 문제가 있다. 비가 오더라도 거세게 퍼붓는다면 가뜩이나 얇아진 표층의 흙은 거의 쓸려나갈 것이다. 게다가 지구온난화 때문에 땅 위의 물은 한층 빨리 증발해 버릴 것이다.

이것이 GDP의 40퍼센트를 농업에 의존하고 있는 지역에서 펼쳐지고 있는 그림이다. 유엔식량농업기구에 따르면 그 땅마저도 이미 80퍼센트가 손상되었다고 한다. 이러한 추정에 더해 기온은 더 올라갈 것으로 예상되니 보다 과감한 조치가 요구되고 있는 실정이다.

이 지역의 17개국 모임은 향후 10년 동안 기후변화에 대응해서 4천억 달러를 투입할 계획을 세우고 있다. 하지만 이 자금의 대부분은 해외 원조에서 나온다. 게다가 선진국들이 직면하고 있는 자국의 경제적 어려움을 감안하면 과연 얼마나 많은 액수가 실현될지는 의문이다. 이 지역에서는 또 그레이트 그린 월Great Green Wall이라는 대규모 나무 심기 프로젝트도 진행되고 있다. 2007년부터 시작된 이 작업은 사헬 지역을 따라 길이 8천 킬로미터 너비 16킬로미터의 녹색 장벽을 만드는 것을 목표로 하고 있다. 아프리카연합이 선봉에 서고 유엔과 세계은행, EU가 자금을 대는 이 프로젝트에는 서쪽의 세네갈부터 동쪽의 지부티 같은 나라도 참여하고 있다.

그런데 이 프로젝트는 이내 난관에 부딪혔다. 모든 자금이 마련된 것도 아니었고 장벽 대부분이 사람이 살지 않는 땅에 세워지게 고안되다 보니 그 주변의 묘목들을 누가 돌보겠는가. 결국 식재된 나무 대다수가 죽고 말았다. 하지만 이 계획에서 진전을 이룬 부분도 있다. 즉 더 큰 문제는 사하라 사막이 남쪽으로 내려가는 게 아니라 사헬 지역에서 수십 년간 땅을 잘못 사용하고 있다는 점이 부각된 것이다. 따라서 지금은 이 지역 전체를 푸르게 하는 쪽으로 진행 중이다. 돈이 덜 들면서 효율적인 빗물 저장 방식을 이용해서 풀을 자라게 하고 다시 묘목을 심는 것으로 거둔 일부 성공들로 인해 이 계획에 대한 반대 목소리를 잠재우고 있다.

물론 문제가 다 해결된 것은 아니다. 사료가 없어서 가축들이 죽어나가는 상황에서 유목민들은 언제까지고 목초와 나무들이 자라기만을 기다릴 수는 없다. 또 곳곳에서 사막화와 폭력의 악순환도 재발하고 있다.

시간은 그 누구의 편도 아니다. 아프리카는 지구상에서 가장 빠른 인구 통계학적 변화가 진행되는 곳이다. 지금부터 2050년까지 이 대륙의 인구는 12억 명에서 24억 명으로 곱절이 늘 것으로 예상되고 있다. 사헬이라고 다르지 않다. 사헬 일부 지역에서 이 현상은 더욱 두드러지는데, 일례로 니제르의 경우 그 기간에 2,330만 명인 인구가 6,550만 명까지 늘 것으로 예상된다.

교육은 출산율을 줄이는 데 도움을 주겠지만 비용이 많이 드는 데다 남아 선호사상이 여전히 굳게 자리 잡고 있는 곳들이 많다. 많은 여성들은 피임에 대한 지식이 부족하거나 아예 접근조차 어렵고 여전히 대다수 여성을 대상으로 하는 할례가 행해지고 있다. 보건과 성교육이 상황을 변화시킬 수는 있겠지만 한정된 정부 예산으로는 그 수요를 감당키 어렵다. 그렇다 하더라도 주변에 돈이 아예 없는 건 아니다. 선진국들만큼 대규모는 아니겠지만 보다 공평하고 투명하게 분배될 수는 있다.

풍부한 천연자원, 테러리스트들의 돈줄

—

지구상에서 가장 가난한 지역이 알고 보면 천연자원 측면에서는 엄청난 부자다. 니제르에는 우라늄과 원유와 인산염이, 모리타니에는 철광석과 구리가, 차드에는 석유와 우라늄이, 부르키나파소와 말리에는 금광이 있다. 하지만 그 나라 모두에는 통치 구조와 부정부패, 불투명한 자금 운용, 산업의 경제적 모델에 대한 우려 또한 있다. 대다수 사헬 국가들은 원자재를 스스로 가공하지 않기 때문에 나라의 수입은 주로 자국에 들어와 있는 다국적 광산 기업들에 부과하는 세금으로 충당한다. 그런데 여기서 문제가 발생한다. 흔히 다국적 기업들을 유치하는 것은 세금 우대 조치 때문일 텐데 결과적으로 이 조치는 정부 곳간에 큰 수입을 가져다주지 못하고 있다.

니제르는 세계 4위의 우라늄 생산국이지만 정부는 프랑스 국영기업인 아레바와 불평등한 계약에 매여 있다. 아레바는 계열사인 소메르와 코미낙을 통해 알제리 국경에 인접한 아를리트에 광산 두 곳을 소유하고 있다. 몇몇 NGO 단체들이 입수한 보고서에 따르면, 니제르 정부는 원래 맺었던 계약에서 아레바 측에 관세 및 소득세를 통 크게 낮춰주기로 했다고 한다. 이에 2014년에 니제르 정부는 재협상을 시도했다. 그러자 아레바는 니제르가 새로 내세운 조건이 이로울 게 없다고 판단, 기존의 조건을 유지하지 않으면 광산을 폐쇄하겠다고 으름장을 놓았다. 그래도 결국 새로운 합의에 이르긴 했지만 새 계약 조건도 여전히 프랑스 기업 측에 유리한 것으로 NGO들은 보고 있다. 《더 타임스》의 기자 대니 포트슨은 아를리트를 방문하고 이런 기사를 썼다.

"서구에서라면 각종 허가서와 증서들만으로도 족히 책꽂이 한 칸은 채울 것이다. 하지만 니제르에서는 누군가에게 삽 한 자루와 일당 2달만 주면 우라늄을 파낼 수 있다."

광산들은 일자리와 더불어 각종 문제들도 가지고 왔다. 아가데즈 지역에 있는 아를리트는 니제르의 5백만 마리의 소들 대부분이 길러

지고 있는 곳이기도 하다. 그런데 대형 차량 통행이 증가하고 유독성 폐기물들이 마구 버려지는 탓에 전통적인 목초지를 따라 이동하는 일이 어려워졌다는 불만이 나온다. 이 도시는 사하라의 가장자리에 있다. 나는 세계에서 가장 유명한 이 사막에 가본 적이 있는데 태곳적의 바람이 만들어 놓은 모래언덕들이 시선이 닿을 수 있는 곳까지 펼쳐져 있음을 상상하게끔 자극하는 곳이다. 사막은 단순하지만 장엄하고 고요한 아름다움을 품고 있었다. 특히 새벽과 황혼 무렵이면 더욱 그랬다. 그리고 바로 그곳에 아를리트가 있다.

인구 12만 명의 이 도시는 낡아빠진 집들과 판잣집들이 뒤섞여 있는 더럽고 지저분하며 무척이나 가난한 곳이다. 깨끗한 상수도가 드문 형편임에도 근처 광산들은 하루에도 수백만 리터씩 물을 쓰고 있다. 모래폭풍이라도 불어오면 주변 광산들로부터 먼지와 잔해들이 도시 안으로 날아온다. 그러나 이 산업이야말로 아를리트에서 가장 큰 고용주이다 보니 건강에 대한 우려에도 불구하고 일자리가 우선시될 수밖에 없다. 그린피스나 여러 단체들이 수행한 연구에 따르면 이 지역에 방사능 먼지가 퍼지면서 높은 수준의 방사능 수치와 연관된 질병도 늘고 있다고 한다. 아레바는 이 주장을 부정하면서 그것은 허위 정보에 기초한 것이라고 말하고 있다. 도시의 병원들은 아레바가 소유하고 있고 주민들은 직원이 아니더라도 무료로 진료를 받을 수 있다. 병원 직원들도 아레바에 고용돼 있는데 병원 측 고위 관리자는 광산의 방사능과 관련된 발병 사례는 없다고 말한다. 프랑스 정부는 광물 채취에 관한 협상을 할 때 아프리카 국가들을 돕는 것을 목표로 1천만 달러의 자금을 기부했던 사례를 강조한다.

이 두 광산 가운데 한 곳이 앞서 언급한 2013년의 테러 공격의 목표가 되었다. 그러자 보안조치가 강화됐다. 아직도 위험에 노출돼 있는 광산들이 있지만 적어도 정부 통제 밑에 있는 지역의 광산들은 얼마간 방어 태세가 수립돼 있다. 그런데 부르키나파소의 금광은 늘 이런 사례에 해당되는 것은 아니다.

2009년에 금은 면화를 누르고 부르키나파소의 가장 주요한 수출품목이 되었다. 덕분에 이 나라는 아프리카에서 4번째로 큰 금속 생산국이 되었고 이 점이 이슬람 무장단체들의 관심을 끌었다. 광산은 테러리스트들에게는 보물섬이나 다름없다. 그곳에는 폭약과 기폭 장치도 있는 데다가 두려워서 또는 설득을 당해서 무장단체에 합류할 노동력도 있다. 게다가 광석을 제련해서 밀수하고 거기서 얻어지는 현금도 사용할 수 있다.

이 지역에는 불법 금광들도 많이 있다. 정부는 불법이라며 금지하고 있지만 부르키나파소 같은 가난한 나라에서 이 황금의 유혹은 외면하기엔 너무 강하다. 허가받지 못한 불법 광산들이 코끼리 보호구역으로 지정된 지역 안에서 운영되고 있다. 중앙 정부가 무능한 데다 단속할 지역이 너무 넓다 보니 이 지역에만 2천 개가 넘는 불법 광산이 있는 것으로 파악된다.

광산 노동자들 또한 범죄와 지하디스트의 표적이 되고 있다. 강도와 납치도 다반사로 행해진다. 아예 지하디스트들이 광산 운영권을 빼앗아 버린 경우도 있다. 이 사건은 2018년 파마에서 발생했다. 사륜구동 픽업트럭을 탄 지하디스트 무리가 느닷없이 광산에 들이닥쳤다. 그들은 자신들이 광산을 접수할 것이며 채굴은 지속될 것이지만 여기에 세금을 매길 것이라고 했다. 이런 상황에선 딱히 선택할 수 있는 게 없다. 오래된 속담처럼 인생에는 피할 수 없는 게 두 가지 있다.

바로 죽음과 세금이라는.

　이런 사례들이 수백 건은 될 테니 모두 합하면 꽤 큰 액수가 될 것이다. 2018년에 부르키나파소 정부 관리들이 지하디스트들이 운영하는 24곳의 광산을 방문했다. 정부는 매년 채굴된 금의 가치가 3천4백만 달러 정도일 것으로 추정하고 있다. 적은 비율만 점검했지만 이 광산들에서 거둬들인 세금만으로도 지하디스트들은 충분히 다량의 무기를 구입하고 조직원을 모집할 수 있을 것이다. 이슬람에서는 부당한 이익을 취하는 것은 하람(haram, 아랍어로 종교적 혹은 윤리적 금기 사항을 의미) 또는 불법으로 간주되기 때문에 일부 단체들은 이 돈을 자카트(zakat, 이슬람법에서의 종교세 및 구빈세를 의미) 혹은 자선이나 광산들을 보호하기 위해 쓰는 척한다.

　허가를 받았든 받지 않았든 2012년에 부르키나파소를 비롯한 말리, 니제르에 걸친 거대한 금맥이 발견되고 나서 금 채굴 산업은 호황을 누리고 있다. 2019년에 국제위기그룹은 "이 세 나라에서 영세한 금광과 직접적으로 관련된 사람들만 2백만 명이 넘는다."라고 추정했다. "그 중 1백만 명은 부르키나파소에, 70만 명은 말리에, 30만 명은 니제르에 분포하고 있다. 간접적으로 고용된 인원까지 합하면 그 수는 3배 이상이 될 것이다."라고 했다.

　안정된 산업 국가라면 당연히 당국이 산업을 관리하고 보다 많은 수입이 정부의 재정에 편입될 것이다. 하지만 사헬 지역 나라들은 너무 많은 전선에서 감당키 어려운 문제들과 씨름하고 있다. 그러다 보니 불법적인 산업을 통제할 수도 없을뿐더러 부패한 관리들이 허술한 국경을 넘거나 공항 밖으로 막대한 양의 금을 빼내 밀수하는 데 조력하고 있는 양상이다. 정부는 국가에 도전만 하지 않는다면 지역 무장단체들이 광산을 장악하고 비공식적인 경찰력이 되는 것을 아예 용인해 준다. 하지만 뇌물 수수죄, 고문에 의한 자백과 투옥들이 일상적으로 벌어지고 있다.

중국, 사헬에 견고한 대국을 건설하다
—

상황을 더 꼬이게 하는 또 다른 자원은 희토류다. 희토류는 지표면 밑에 있는 17개의 원소를 총칭하는데, 탁월한 내열성과 자성 및 인광성이라는 특징을 지니고 있는 이 광물을 찾아내서 채취하는 것은 쉽지 않다. 그 광물은 네오디뮴이나 이테르븀 등 우리 대다수에게는 낯선 이름들을 갖고 있지만 우리 모두는 이것들이 들어간 장치를 사용하고 있다. 노트북 하드 드라이브나 레이저뿐 아니라 휴대전화, 평면 TV 스크린, 야간 투시경, 미사일 등 세계 모든 강국의 기술과 방위 산업의 핵심 부품에서 이것들이 사용되지 않은 예가 없다.

아직은 사헬에 이 광물들이 풍부하게 매장돼 있다고 알려져 있지는 않지만 그 가능성은 충분하다고 보고 있다. 니제르와 차드는 희토류를 추출할 수 있는 우라늄을 보유하고 있으며, 말리에 풍부한 리튬은 희토류는 아니지만 하이브리드차와 전기차 그리고 무선 전동기구 등의 배터리에 들어가기 때문에 현대 기술에서 없어선 안 될 중요한 가치를 갖는다. 말리는 전자제품에 들어가는 망간과 보크사이트의 보고이기도 하다. 아프리카는 대체로 전 세계 카보나타이트 암석의 절반 이상을 보유하고 있는 것으로 알려졌는데 이는 희토류를 찾는 이라면 가장 먼저 주목해야 할 암석층이기 때문에 확실히 이 지역에 새로운 부의 원천이 될 수 있다.

그것들이 어디서 발견되든지 간에 그곳은 자원을 둘러싼 지리상의 싸움에서 최전선이 될 것이다. 중국은 희토류 매장량 대부분을 자신들이 통제하려 할 것이며 다른 측은 그 통제력을 차단할 궁리를 할 것이다. 중국은 전 세계 희토류 매장량의 30퍼센트가량을 차지하고 있으면서도 해외에서 계속 희토류를 사들이는 중이다. 중국은 다른 어느 나라보다 많은 희토류 가공시설을 보유하고 있으며 다른 나라들에 희토류를 이용한 생산품을 팔고 있다. 반면 가공시설이 충분치 않은 미국은 중국의 공급에 의존하고 있다. 미국도 그러고 싶지는 않다. 특히 2019년에 무역전쟁으로 양국이 으르렁거릴 때 중국이 미국에 공급할 희토류를 줄일 수 있다고 협박한 뒤로는 더욱 그렇다. 만약 예측대로 중국 내 희토류 수요를 국내 공급만으로는 감당해 내지 못하게 된다면 중국은 희토류를 더 많이 사들이고 더 적게 팔려고 할 것이다. 중국의 희토류를 수입하는 나라 가운데에는 첨단무기 제조를 이것에 의존하고 있는 미국이 있다.

물론 이런 가능성이 현재 아프리카에서 중국이 주요 선수가 된 유일한 요인은 아니다. 수십 년 동안 중국이 추구해온 이른바 힘을 숨기고 때를 기다리는 정책은 이곳에서는 견고한 대국을 건설하는 방향으로 이동했다. 사헬 지역에 자신들의 군사력을 증강하는 것도 이 과정의 일환이다. 2015년에 중국은 인민해방군과 기타 보안군의 해외 파병을 허용하는 법안을 통과시켰다. 이후 중국 특수부대가 말리에서 유엔의 평화 유지 작전에 참여했다. 한편 베이징 정부는 부르키나파소를 회유해서 대만을 국가로 인정하는 것을 중단하게 했다. 그리고 이제는 부르키나파소의 수도인 와가두구와 군사 관계를 확대하고 있다. 또 2017년에는 지부티에 최초로 해외 해군기지를 개항했다.

이러한 행보는 일대일로를 표방한 중국의 경제 정책과 딱 들어맞는다. 이는 전 세계 무역망을 연계하거나 업데이트해서 상품들이 원활하게 중국으로 드나들게 보장하는 것이다. 아프리카에서 이 정책은 주로 사헬 아래 지역에서 진행되고 있지만 지부티 해군기지는 상업적인 문제 못지않은 중요한 가치가 있다. 중국은 지부티에서 에티오피아까지 이어지는 전기철도 건설에 자금을 댔다. 또 중국 기업들은 기니와 세네갈의 항만들과 말리의 내륙 지역을 연결하는 철도를 개설하느라 바쁘다. 이 현장에는 수십만 명의 중국인 노동자들이 일하고 있는 것으로 알려져 있다.

사헬 지역에서 반중국 정서가 일고 있음을 보여주는 사례들도 꽤 많다. 그 중에는 중국 기업들이 현지 지역민들보다 중국인 노동자들을 우선적으로 고용하고 중국계 보안 기업들이 현지 주민들을 함부로 다룬다는 불만이 있다. 《월 스트리트 저널》의 데이비드 페이스 기자는 중국의 국영기업들이 "재정적 투명성이나 환경오염, 인권 문제 같은 것들을 하찮게 여기며", "베이징 정부의 접근법은 아프리카 경제에 활력을 불어넣었다……. 하지만 동시에 세계에서 가장 억압적인 정권들을 공고히 하는 데에도 기여했다."라고 주장한다. 그의 분석은 옳다. 그러나 서구 국가들의 행적을 보고서도 그런 비판을 떳떳이 할 수 있을까. 비록 최근 들어 투명성과 환경오염 문제에 보다 많은 관심을 기울이고 있다고 해도 말이다.

만약 사헬 지역에 희토류가 매장되어 있다는 것이 확인되면 이것은 저주가 될까 축복이 될까? 현재까지의 사례로는 그리 낙관만 할 수는 없다. 콩고민주공화국의 풍부한 자원들인 구리, 다이아몬드, 아연, 콜탄은 오히려 이 나라에 빈곤과 전쟁을 가져다주었다. 그리고 우리는 금광산업이 말리와 부르키나파소에서 어떻게 부패와 폭력을 불러일으켰는지도 목격했다.

발을 빼고 싶은 미국, 발을 넣을 기회만 기다리는 중국과 러시아

—

효율적인 통치 구조와 안보, 외부 세계의 도움이 없다면 사헬은 산적한 문제들을 해결할 수 있을 것 같지 않다. 식민주의에 이은 탈식민지 경제와 정부 기관의 부패는 국내외 극단주의자들로 하여금 이 지역에 만연한 실정, 빈곤, 사회적 균열의 틈을 파고들게 했다. 아프가니스탄에서 탈레반은 자신들과 대결하는 외국군에 대해 이렇게 말했다. "당신들은 시계를 가지고 있지만, 우리는 시간을 가지고 있다." 실제로 일이 그렇게 되어버렸다. 그들은 외국인들이 지쳐 떨어져 나갈 때까지 기다렸고 결국 대다수 외국인들은 집으로 돌아갔다. 그렇다면 외부 세력은 사헬에 과연 얼마나 많은 시간을, 피를, 재원을 쏟아부을 준비가 되어 있는 것일까?

일단 미국은 발을 빼고 싶어 한다. 이는 프랑스군 장교들과 외교관들을 잠 못 이루게 할 것이다. 미국은 프랑스가 따라 하기 쉽지 않은 수준의 병참과 감시, 정찰 및 정보를 제공하고 있다. 프랑스는 워싱턴에 프랑스군이 중동과 아프리카의 뿔 지역에서 미군을 지원하고 있음을 조용히 상기시키려 한다. 하지만 누구나 알고 있듯이 현재 미국의 뇌리를 사로잡고 있는 관심사는 국지적인 힘겨루기에서 소방관으로 보이고 싶은 게 아니라 패권 경쟁에 몰두하는 것이다. 이미 이곳에서 수행한 작전에서 특수부대원을 잃은 미국으로서는 더 큰 위험을 감수하는 일에 구미가 당길 리 없다.

만약 미국이 병력을 줄인다면 프랑스와 다른 유럽 국가들은 어려운 선택을 해야 할 처지에 놓인다. 병력을 증강하든가, 현 수준을 고수하든가, 아니면 아예 본국으로 돌아가든가. 문제는 이것들이 하나같이 빈약한 선택지라는 것이다. 떠나자니 이곳에서 혼란이 벌어질 것은 불을 보듯 뻔하다. 이 지역 정부들이 반란 세력들을 산산조각내고 나라를 하나로 뭉치게 할 수단을 가졌다고 보는 전문가들은 거의 없다. 또 만약 정부가 붕괴된다면 통제되지 않는 곳들은 지방 또는 국제 테러 조직의 지배를 받는 일종의 영지가 될 것이다. 이렇게 되면 폭력사태가 폭발적으로 증가해서 그 충격파는 남쪽의 중앙아프리카와 북쪽의 북아프리카는 물론 유럽으로까지 번져 적어도 수십만 명의 사람들에게 영향을 미칠 것이다. 또 다른 선택은 현 수준의 지원을 유지하는 것이다. 이것도 미국의 지원이 없다면 싸움터를 내주고 물러서야 할 위험이 높다. 그리고 마지막 옵션, 즉 병력을 강화하는 것은 금전적인 측면과 사상자 측면에서 비용의 증가를 의미한다.

사헬의 G5 국가들은 프랑스군과 다른 외국 군대가 그대로 머물러 있어 주기를 바란다. 폭력사태가 자기들 쪽으로 번지는 것을 바라지 않는 서아프리카 해안 국가들도 같은 입장이다. 일례로 코트디부아르는 부분적으로 관광산업에 의존하고 있는 비교적 견실한 경제를 이끌고 있다는 점에서 테러 단체들의 솔깃한 목표물이 되고 있다. 2016년에 코트디부아르의 그랑바상 휴양지에서 16명이 총에 맞아 사망한 사건이 벌어졌는데 이 사건의 배후에 AQIM이 있다고 알려졌다.

만약 지하디스트들이 이곳으로 대거 몰려든다면 관광객들은 여기를 떠나 다른 곳에서 휴가를 보낼 것이며, 이곳에 체류하고 있는 수천 명에 달하는 프랑스인 노동자들도 떠날 수밖에 없다.

폭력상황이 해안 국가들에까지 번지는 것에 프랑스는 물론 다른 유럽 국가들의 대응도 필요하다. 만약 이들이 손을 뗀다면 사헬 국가들은 어쩔 수 없이 다른 쪽으로부터 도움을 얻고픈 유혹을 받을 것이다. 중국과 러시아는 일찌감치 그 기회가 오기만을 엿보고 있다. 말리와 차드 같은 나라들은 이념적으로 유럽이나 미국과 결혼한 사이는 아니다. 냉전시대에 대다수 아프리카 국가들은 독립을 쟁취하기 위해 애를 쓰느라 도움만 된다면 어느 편과도 손을 잡으려 했다. 만약 이들이 이제 서방 국가들의 군사적 및 경제적 지원이 고갈됐다고 믿는다면 그 진공상태가 발생할 때까지 손놓고 기다리지만은 않을 것이다. 이 점은 경제, 외교, 군사적인 측면에서 할 수 있는 한 서구의 힘에 도전할 기회만을 노리는 베이징이나 모스크바도 마찬가지다. 지난 수년 동안 우리는 러시아가 중동 지역에서 영향력을 다시 확보하기 위해 시리아의 혼란을 어떻게 이용했는지 보아왔다. 요컨대 푸틴 대통령이 〈유럽의 소심함〉과 〈미국의 무관심〉을 이용하는 것을 말이다. 사헬 같은 유동적인 지역이야말로 새로운 기회를 제공할 수 있을 것이다. 사우디아라비아와 다른 걸프 국가들은 여전히 주머니가 넉넉해 자금 부족을 채워줄 수 있다. 하지만 그들의 군대는 홍해를 건너와서 프랑스와 미국의 화력을 대체할 만한 입장은 아니다.

지역적 차원에서 유럽 세력, 특히 스페인, 이탈리아, 프랑스는 사헬 지역 사태로 그들의 국내 정치가 영향을 받을 수 있음을 알고 있다. 1백만 명에 이르는 난민과 이주민이 유럽으로 몰려왔던 2015년 이후에 이들 나라에서는 정치적 대립이 심화되었고 극단주의 성향의 정치 세력 목소리가 더욱 커지는 것이 목격되었다.

이러한 상황에 대한 대응이 무엇이든, 갈등을 격화시키는 기본적인 문제들과 씨름할 의사가 없는 측은 실패할 수밖에 없다. "이 분쟁에는 군사적 해결 방안이 없다."라는 말은 대개는 상투적인 문구에 불과하다. 분쟁에 군사적 방안이 먹히는 경우도 적지 않기 때문이다. 러시아군이 베를린 코앞에 다가왔을 때 스탈린이 히틀러에게 전화를 걸어서 "아돌프, 이 분쟁에는 군사적 해결 방안이란 건 없다네."라고 말하지 않았다. 그런데 사헬에서는 이 말이 사실이다. 여기서는 이른바 미국의 두더지 잡기 개념이 적용된다. 만약 한 나라에서 어떤 반정부 단체를 누르면 또 다른 나라에서 튀어나온다. 비록 안정적인 나라라도 이웃 국경이 허술하면 언제든지 위협받을 수 있다.

지금까지 사헬 지역의 정부들은 능력이 안 되었거나 또는 자비심 부족으로 부족들 간에 전면적이고 공평한 협상을 통해서 국민들의 불만을 잠재우려는 의지조차 보이지 않았다. 이런 형편에서는 정부 내에 만연한 부정부패를 감안해 보면 외국 군대가 아무리 많이 들어와도 주변 상황을 바꿔서 안정적인 국가를 세울 가능성은 희박해 보인다. 정부의 엘리트와 기업들은 자신들의 이권과 권력에만 신경을 쓰고 자신들이 속한 부족이 이득을 취하는 데에만 정신이 팔려 있다. 민족성이라는 지리가 국경선보다 훨씬 강하게 작용하는 것이다.

말리에서 이따금 중첩되기도 하는 지하디스트들과 투아레그족 반군은 그들의 정부가 국민들의 기대를 저버렸다고 하면서 진정한 독립이나 이슬람 국가만이 문제를 해결할 수 있다고 주장한다. 그러면서 외국 세력을 믿어서는 안 된다고 경고한다. 또 AQIM은 프랑스가 그 어떤 목표도 이루지 못하게 자신들이 훼방을 놓고 있다고 주장한다. 틀린 말은 아니다.

프랑스로서는 이길 수도 없고 빠져나올 수조차 없는 갈등의 덫에 발목을 잡힌 게 아닌지 우려하고 있다. 여차하면 〈끝나지 않는 전쟁〉이 될 수 있기 때문이다. 영국과 다른 국가들도 좀 더 많이 관여해야 할 순간이 올지도 모른다고 걱정하고 있다. 그동안 대서양에서 홍해에 이르는 수천 킬로미터에 걸친 국가의 주민들은 폭력의 파도가 밀어닥치는 것을 지켜보거나 실제로 겪고 있다.

그 갈등이 국경 지역을 넘어 유혈사태로 번지면 그들 자신도 피를 흘리고 모두가 그 안에 매몰돼 버린다. 외국 세력이든 지역 세력이든 그곳에 주둔하고 있는 한 그 충돌 상황에서 빠져나오기 어려워진다. 이런 상황에서 지하디스트들은 국가를 무너뜨리려고 무력을 행사할 것이다. 대화 또한 큰 의미를 갖지 못하고 있는 게 현실이다. 지난 수년간 사헬에서는 많은 것들이 변했다. 그럼에도 이곳은 여전히 타협이 어려운 곳으로 남아 있다.

8

에티오피아,
그래도 지리는 에티오피아 편이다

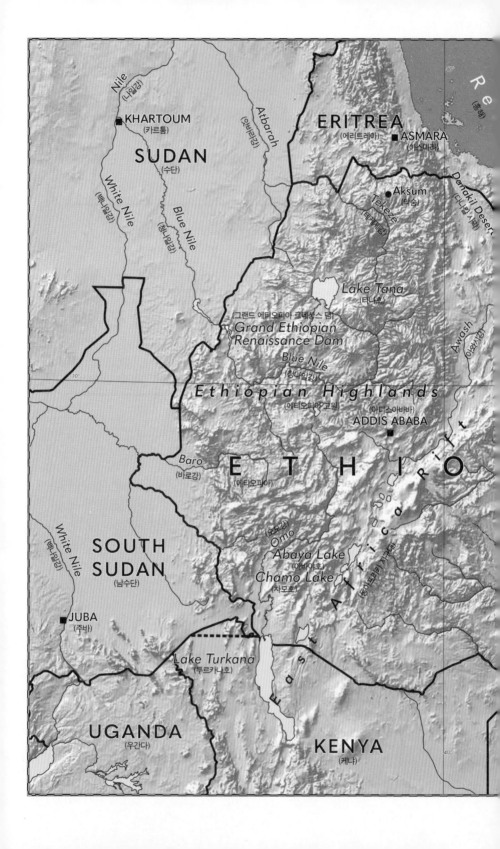

"루시는 당신이 고향에 온 걸 환영합니다."
– 에티오피아 국립 박물관 포스터

　많은 것들이 에티오피아에서 왔다. 일례로 우리 인간들도 그곳에서 왔다. 아주 먼 옛날 에티오피아의 아와시 계곡에는 인간과 비슷한 유인원인 호미닌(hominin, 분류학상 인간의 조상으로 분류되는 종족)이 살고 있었다. 그녀는 두 다리로 걸을 수도 있었고 나무도 탈 줄 알았다. 그러던 어느 날 그녀는 나무에서 떨어지면서 죽음에 이르게 되었다. 그 후로 대략 320만 년이 지난 1974년에 그녀의 후손 가운데 하나일 인류학자 도널드 요한슨이 우연히 그녀의 뼈를 발견한다. 그리고 후속 연구를 통해 이 장소가 바로 우리 모두가 시작된 곳일 수 있다는 주장을 내놓았다. 우리의 조상인 그녀는 〈루시〉라는 이름을 얻었다. 그날 밤 요한슨의 야영지에서 비틀스의 「루시 인 더 스카이 위드 다이아몬즈Lucy in the Sky with Diamonds」라는 노래가 흘러나왔기 때문이다. 어쨌거나 AL 288-1이라는 학술적인 명칭보다는 루시가 훨씬 상상력을 자극하는 이름인 것은 분명하다.

에티오피아 국립 박물관의 포스터에는 "루시는 여러분이 고향에 온 걸 환영합니다Lucy Welcomes You Home."라는 문구가 적혀 있다. 〈기원의 땅Land of Origins〉을 국가의 관광 슬로건으로 내건 나라에 게 어울리는 영리한 마케팅 방식이 아닐 수 없다. 이는 지도 위에 여러 가지로 자리매김하는 이 나라가 많은 방문객을 불러모으는 데 도움을 주고 있다. 이 나라의 GDP에서 관광업이 차지하는 비중은 거의 10퍼센트에 이른다. 환상적인 풍광을 자랑하는 고산지대, 열대 밀림, 불타는 듯 뜨거운 사막, 단단한 암석을 깎아 만든 1천 년 된 교회를 포함한 9곳의 세계 문화유산, 그리고 숨을 멎게 하는 웅장한 폭포를 찾아 떠나는 모험을 위해 해마다 1백만 명에 가까운 사람들이 이 나라를 찾아온다.

물은 힘을 주고
협곡과 폭포는 발전을 가로막고

—

에티오피아의 지정학적 위치와 그 중요도를 규정하는 것은 바로 물이다. 이 나라의 강점이 담수(염분이 없는 보통의 물)라면, 해수는 이 나라의 약점이다. 에티오피아에는 12개의 커다란 호수가 있고 9개의 큰 강이 있다. 덕분에 이웃 나라들 대부분에 물을 공급하고 있다 보니 에티오피아는 그들에 대해 큰 정치적 영향력을 쥐고 있는 셈이다. 반면 이 나라에 부족한 것은 해안과, 직접적으로 해상에 접근할 수 있는 능력이다. 그렇지만 담수 덕분에 중동에 대한 영향력과 홍해에 대한 접근성을 키워가면서 에티오피아는 아프리카의 뿔 지역에서 핵심 세력으로 부상하고 있다. 아프리카의 뿔 또한 내전, 국경 분쟁, 극단주의, 해적 등 전 세계에서 벌어지는 각종 갈등의 영향을 가장 많이 받는 지역 중 하나다. 하지만 이런 문제에도 불구하고 이 지역은 군사 및 경제 전략 못지않게 교역에서 잠재적인 이익을 바라보는 터키, 중국, 걸프 국가들을 비롯한 미국의 관심까지 불러들이고 있다. 따라서 아프리카의 급수탑으로서 에티오피아가 기술과 자원을 현명하게 사용할 수 있다면 그 개혁은 이 나라뿐 아니라 이 지역 모두에게 행운의 여신이 될 수 있다.

물 다음으로 에티오피아를 규정하는 가장 중요한 지리적 요소를 들라면 바로 이 나라를 통과하는 동아프리카 지구대(East African Rift Valley, 아프리카 동부를 남북으로 달리는 폭 35-60킬로미터에 달하는 대단층 함몰지대)일 것이다. 그것이 만들어낸 산맥과 계곡들이 에티오피아를 길게 갈라놓고 있어서, 이 나라의 지도자들은 통합을 위해 상징적이든 말 그대로든 그 사이를 잇는 다리를 놓으려고 애써왔다. 이곳은 이른바 대지구대(Great Rift Valley, 서아시아에서 동부 아프리카까지 6천 킬로미터 이상 남북으로 가로지른 장대한 단층 함몰지대)라고 불리는 곳의 일부인데 우주비행사들도 우주에서 볼 수 있는 가장 인상적인 물리적 실체라고 말할 정도다. 이곳의 계곡들은 너비가 평균 50킬로미터에 이른다. 시리아에서 시작해서 남쪽인 모잠비크까지 장장 6천4백 킬로미터나 뻗어 있는 이 지구대는 에티오피아 중심부를 지나면서 이 나라의 고지대를 양쪽으로 갈라놓는다. 그리고 그 사이의 계곡들을 점령하고 있는 호수들이 사람들의 이동이나 소통을 어렵게 한다.

위에서 내려다보면 이 나라 한복판에 있는 지구대를 기준으로 산악지대가 많은 고지대가 양쪽으로 갈리면서 흡사 사람의 폐를 연상시키는 광경을 만든다. 그 가운데 더욱 우세한 쪽은 왼쪽 또는 서쪽 폐다. 그들이 실제로 에티오피아 사람들이 숨을 쉬고 살아가게 해준다. 인구가 가장 밀집된 이곳은 농업의 중심지이기도 하다. 이 나라에서 외화를 가장 많이 벌어들이는 커피 농장들 대다수도 이 지역에 자리 잡고 있다. 숲이 울창한 산지에서 강물이 솟아나고 그 물은 고지대를 빙빙 돌며 폭포가 되어 비옥한 평야로 흘러내린다. 그런데 이런 가파른 협곡과 폭포들 때문에 장거리 운항이 어렵다. 이는 이 나라 발전을 가로막는 또 다른 풍경이다. 핵심부인 고지대에는 수도 아디스아바바가 있는데 주변을 에워싸고 있는 낮은 완충지대가 더해지면서 외부 세력의 침공과 점령을 어렵게 만든다.

서부 고지대에는 해발 4,533미터에 달하는 산맥이 버티고 있다. 또 청나일강을 포함한 3개의 강 발원지가 이 나라에 있는데 이 강들은 북서쪽의 수단과 서쪽의 남수단으로 향하는 저지대로 흘러들어 간다. 정남쪽에는 케냐가 있다. 지구대 반대편에는 동부 고지대가 매우 가파르게 낮아지다가 소말리아와 국경을 접하고 있는 동쪽으로 점차 가까워지면서 수백 킬로미터를 완만하게 흘러간다. 에티오피아와 북동쪽의 아덴만 사이에 있는 소말리아는 에티오피아가 국경을 맞대고 있는 6개 나라들 가운데 가장 불안정한 이웃이라 할 수 있다. 근 30년을 내전에 시달린 이 나라는 에티오피아와 1천6백 킬로미터에 달하는 가장 긴 국경을 맞대고 있다. 북쪽에는 에리트레아와 지부티가 버티고 있는 바람에 에티오피아가 홍해로 직접 진출하기가 쉽지 않다. 에리트레아 쪽 국경 지역에는 지리상으로 에티오피아에서 가장 낮은 지대인 다나킬 대평원이 자리 잡고 있다. 해수면보다 100미터 이상 낮은 곳에 위치한 이 광활한 황무지는 기온이 섭씨 51.6도까지 올라가는 등 지구상에서 가장 뜨거운 지역이기도 하다. 이곳 지표면 가까운 곳에는 마그마가 흐르고 있고 활화산인 에르타 알레에는 용암 호수가 자리 잡고 있다. 이런 상황이다 보니 이 지역을 가끔 〈지옥으로 가는 관문〉이라고 부르는 것도 이해가 간다.

식민 지배를 받은 적 없는 이질적인 공동체들의 나라

—

에티오피아는 드넓은 아프리카의 뿔 지역에서 일찌감치 군사강국으로 자리매김하고 있다. 1억 1천만 명이 넘는 이 나라 인구는 2030년에는 1억 3천만 명까지 증가할 것으로 예상된다. 아프리카에서 두 번째로 인구가 많은 나라이자 이 지역에서 가장 정착 인구가 많은 나라이기도 하다. 케냐에는 거의 5천2백만 명, 우간다에는 4천5백만 명, 수단에는 4천3백만 명, 소말리아에는 1천5백만 명, 남수단에는 1천1백만 명, 에리트레아에는 3백만 명, 그리고 지부티에는 1백만 명이 거주하고 있다. 이들 나라 인구를 모두 합치면 아프리카 인구의 5분의 1을 차지한다. 따라서 이 지역에서 패권을 잡는다면 아프리카 정치 테이블에서 상석에 앉을 수 있다.

에티오피아는 지구상에서 가장 문제가 많은 지역 중 한 곳에, 그것도 그 한복판에 위치하고 있다. 금세기에 수단, 남수단, 소말리아, 에티오피아, 에리트레아는 모두 내전을 겪었다. 케냐는 대규모 민족 분쟁과 더불어 소말리아에 근거지를 둔 알샤바브(소말리아의 극단주의 테러 조직)가 자행하는 테러 공격에까지 시달리고 있다. 그나마 지부티 정도가 이 끔찍한 공포에서 벗어났다고 할 수 있지만, 위에서 언급한

344

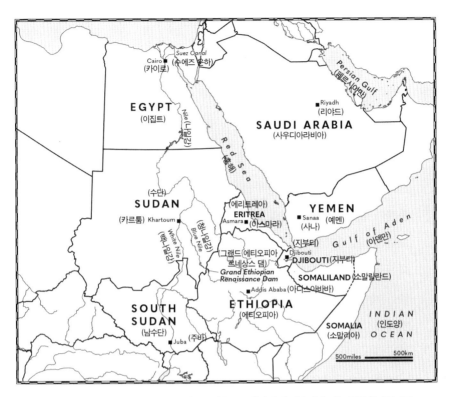

아프리카의 뿔은 아프리카 북동부 나라들을 아우르는 한편 홍해 맞은편에 있는 중동 국가들과도 긴밀하게 연결돼 있다.

나라 모두가 그렇듯이, 이 나라 또한 분쟁 지역에서 탈출한 난민 유입 문제를 처리해야 할 입장에 처해 있다. 이 문제는 결과적으로 사실상 항만 도시국가인 지부티에서 부족 간 긴장감을 더욱 고조시켰다. 다른 국가들끼리의 관계도 껄끄럽긴 마찬가지다. 예컨대 소말리아와 케냐는 참치 어족이 풍부한 데다 천연가스와 원유가 매장돼 있는 걸로 추정되는 10만 평방킬로미터를 두고 해양 분쟁을 벌이고 있다. 그리고 아프리카의 뿔 지역과 중동 국가들 간에는 오래된 문화유산과 교역로가 연계된 장구한 역사가 있다. 홍해 양쪽을 지리적 전체로 조망해 보면 그럴 법도 하다는 생각이 든다.

이웃 나라들이 경제 계획을 세우고 분쟁 해결을 위해 노력하는 데 있어 에티오피아가 도울 수 있다면 지역 안정의 구심점이 될 수 있다. 하지만 이를 위해선 무엇보다 강력한 국경과 국내의 안정이 필요하다. 문제는 그 어느 것도 갖고 있지 않다는 것이다. 2020년부터 2021년에는 에티오피아 정부와 북부의 티그레이 지역 간에 본격적인 분쟁이 벌어져서 금방이라도 전면적인 내전으로 격화될 위험이 도사리고 있다. 에티오피아 정부는 소말리아와의 국경지대에서 알샤바브의 공격을 막기 위해 정찰 임무를 수행하던 수백 명의 노련한 부대원들을 빼내 티그레이 쪽 전선에 증강 배치했다. 이 분쟁 또한 티그레이 지역에서 탈출한 수만 명의 난민이 수단으로 몰려가게 하는 원인이 되었다.

지역 강국이라고는 해도 에티오피아에 산적한 문제는 한둘이 아니다. 사실 에티오피아는 에너지와 식량을 자급자족할 만큼 잠재력이 높은 나라다. 농업은 에티오피아 GDP의 거의 절반을 차지한다. 하지만 주기적으로 가뭄에 시달리고, 삼림의 남벌, 과도한 방목, 군사 독재, 빈약한 인프라 등이 이 나라의 발전을 가로막고 있다. 게다가 운항에 적합한 강이 바로강 하나뿐이라는 점도 국내 교역을 어렵게 하는 요인이 된다. 1984년부터 이듬해까지 에티오피아를 휩쓴 무시무시한 기근은 상황이 얼마나 나빠질 수 있는지를 보여주었을 뿐만 아니라 아직도 이 나라를 보는 외부인의 시각에 영향을 미치고 있다. 풍부한 수자원과 비옥한 땅, 대규모 가축을 보유하고 있는 이 나라에는 현재도 수백만 명이 인도적 지원을 기다리고 있는 상황이다.

하지만 사정은 변하고 있다. 우선 청나일강, 아와시강, 오모강, 셰벨리강을 비롯한 여러 강에 댐과 발전소를 건설해서 수력 발전에 사용하는 유량을 점점 늘려가고 있다. 청나일강에 건설한 그랜드 에티오피아 르네상스 댐(이 댐에 관해서는 나중에 더 설명하기로 한다.)까지 가세하면 이 나라 에너지 수요를 거의 충족시킬 수 있을 뿐 아니라 이웃나라들에도 전력을 판매할 수 있을 것으로 기대된다. 이렇게 되면 시골 주민들이 나무와 숯을 땔감으로 써서 삼림을 황폐화시키고 토양의 침식을 유발하는 일도 줄어들 것이다.

이 기술은 에티오피아의 부를 좀 더 평등하게 분배하고 역사를 얼룩지게 한 지역 갈등도 극복하게 해줄 거라는 기대감을 낳고 있다. 많은 아프리카 국가들이 유럽의 식민 세력이 지도 위에 인위적으로 그어놓은 경계선 안에 갇힌 부족 공동체들 간의 긴장 관계를 해결해야하는 과제를 안고 있다. 에티오피아가 식민 지배를 받은 적이 없다는 사실은 유명하지만 자체 제국을 건설하면서 이 나라도 그 경계들로인해 벌어지는 비슷한 문제들을 겪고 있다. 에티오피아에는 9개의 주요 부족이 있다. 또 9개의 행정 구역과 2곳의 자치 도시가 있는데 핵심은 이 모든 게 부족에 근거해서 짜여졌다는 점이다. 이 나라에서 통용되는 언어만 해도 80가지가 넘는데 정부는 대체로 4개의 주요 언어군에서 파생된 이 언어들 모두를 인정하고 있다. 오로모족은 이 나라인구의 35퍼센트를 차지하는 가장 큰 부족이고 그 뒤를 잇는 암하라족이 27퍼센트, 이어 소말리족과 티그레이족이 각각 6퍼센트 정도를차지하고 있다.

정부가 지정한 공용어인 암하라어는 연방이 정한 선들을 넘어 서로소통하게 하면서 지방 정부와 수도를 묶어주는 역할을 한다. 그렇지

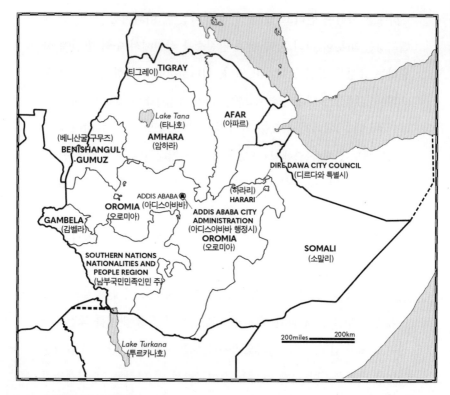

에티오피아의 행정 구역

만 국경지대에 살고 있는 많은 주민들은 오히려 국경 너머에 있는 이웃들과 혈연 및 언어적 유대 관계를 공유하고 있는 경우가 더 많다. 일례로 같은 이름을 가진 동부 행정 구역에 사는 인구의 6퍼센트를 차지하는 소말리족은 자신들의 나라인 에티오피아 북단의 티그레이족보다 국경 너머에 있는 소말리아 사람들과 훨씬 공통점이 많다. 중앙의 지형과 함께 이러한 다양성은 이질적인 공동체들을 하나로 묶으려는 에티오피아 정부의 노력을 항상 어렵게 만들었다.

현대 에티오피아의 탄생,
독보적인 세력으로 떠오르다

—

에티오피아에는 모두가 공유하는 유산이자 국민 통합의 근거로 이용되는 특별한 이야기 하나가 전해져 온다. 홍해를 넘나든 이 문화 교류의 역사는 에티오피아에 대대로 전승되는 민담을 만들었다. 그것은 바로 시바 여왕과 이스라엘 솔로몬 왕의 이야기다. 에티오피아에서 마케다로 알려진 시바 여왕은 이 나라 건국 신화에서 어머니의 형상으로 그려지고 있다.

털 많은 다리와 유리 천장 등 굳이 자세히 살펴볼 필요가 없는 일화들까지 이 이야기에는 여러 버전이 있다. 14세기에 지어진 에티오피아의 역사서인 『케브라 나가스트(*Kebra Nagast*, 왕들의 영광)』를 보면 시바 여왕은 솔로몬 왕의 지혜에 매료된 나머지 그를 만나러 이스라엘로 가기로 했다. 여왕을 만난 솔로몬 왕은 그녀에게 반했고 마지막 날 밤에 그녀를 꾀어서 자신의 침상으로 이끈다. 그 결과는 아들의 탄생이었다! 메넬리크라는 이름으로 불린 그 아들은 훗날 에티오피아의 솔로몬 왕조와 유대 기독교 전통의 시조가 되었다. 여러 해가 흐른 뒤 메넬리크는 아버지 솔로몬 왕을 만나러 예루살렘에 갔다가 기념품 하나를 가지고 돌아온다. 그것은 바로 오래전에 모세가 만들었다는 십계명 석판이 들어 있는 언약궤였다. 이 이야기가 믿을 만하다면 이 엄청난 보물은 현재 악숨(에티오피아에 있는 고대 도시 유적지) 바로 위에 있는 시온의 성모 마리아 교회에 모셔져 있다고 한다. 슬쩍 볼 수도 있겠지만 잘못하면 궤를 지키고 있는 처녀 수도승에게 죽임을 당할 수도 있다. 그 궤의 존재나 진위여부를 밝히려는 어떠한 시도도 행해지지 않고 있는 것은 이 때문인지도 모르겠다.

메넬리크의 뒤를 이어 1970년대까지 내려온 이 왕조의 권좌는 예루살렘에서 보낸 그 하룻밤의 직계 후손이라고 스스로 주장하는 하일레 셀라시에까지 이어졌다.

에티오피아의 실제 역사는 기원전 200년경부터 시작된다. 홍해 연안에서 160킬로미터 정도 안쪽으로 들어간 티그레이 북부 고원지대에 작은 도시왕국이 세워졌다. 수도인 악숨을 거점으로 이 왕국은 사방으로 세력을 넓혀가다가 서기 100년 무렵 홍해 지역에서 지배적인 상업 세력이 되었고 이후 수세기 동안 이 지위를 놓치지 않았다. 가장 세력이 강했던 악숨 제국 시대(100-940년)에 에티오피아의 영토는 이집트 남쪽부터 홍해를 거쳐 예멘까지 이르렀다. 이 나라는 해상 교역로를 수호할 수 있는 강력한 해군과 육군을 보유했고 이 힘을 바탕으로 아프리카의 뿔을 호령했다.

서기 300년 무렵에 들어온 기독교는 빠르게 뿌리를 내렸다. 451년, 에티오피아 교회는 이집트의 콥트파 교회 전통을 따르기로 하면서 로마와 콘스탄티노플의 주교들과도 관계를 끊었다. 20세기 중반에 기독교와의 관계가 재개될 때까지 이런 상황이 지속됐다.

전통에 따르면 에티오피아와 이슬람과의 관계는 이 종교가 탄생한 시대까지 거슬러 올라가는데 이것은 아프리카의 뿔과 중동 지역과의 관계를 말해 주는 또 다른 사례이기도 하다. 서기 615년 이슬람교 창시자 무함마드는 메카에서 박해를 받던 초창기에 자신을 추종하는 무리들에게 에티오피아 왕의 궁전으로 피신하라는 조언을 했다. 에티오피아 변방에 자리 잡은 이 이슬람 공동체들은 홍해를 따라가는 교역로의 도움을 받아 개종과 정착을 하면서 성장해 갔다. 13세기에 이르자 이슬람 지도자들이 내륙까지 세력을 뻗치기 시작하면서 기독교도 통치자들과 자주 충돌을 빚었다. 이어 오스만 제국이 들어왔다. 1500년 무렵 오스만 세력은 교회와 수도원을 파괴하면서 중부 고원 지대까지 진출했다. 그러다가 포르투갈인들이 에티오피아 군대에 무기를 제공하고 훈련을 시키면서 오스만도 점점 밀리게 된다.

현재 에티오피아 인구의 3분의 1을 차지하는 무슬림 인구는 주로 외딴 지역, 특히 동부 저지대에 거주하고 있다. 그런데 이 나라의 많은 곳에서는 일종의 지역 집중 현상이 존재한다. 두 주요 종교 간의 관계는 대체로 평화롭지만 최근 들어 중동에서 확산되는 이슬람 원리주의가 에티오피아의 무슬림들에게도 영향을 미치고 있다. 이들이 기존의 수피즘 전통에 의문을 가지면서 보다 급진적인 사고를 받아들이자 긴장감 또한 높아지고 있다. 고지대에 주로 거주하는 기독교도들은 이 나라를 〈이슬람이라는 바닷속에 떠 있는 기독교 섬〉으로 여기는 경향이 있다.

현대 에티오피아가 탄생한 것은 1855년이었다. 국왕 테오드로스 2세는 여러 왕국을 강제로 통합해서 현대 국가로 만들려고 했다. 재편성된 군대는 신식 무기로 무장했고 유럽에서 들어온 기술자들이 상업에 활력을 불어넣을 신기술을 전수했다. 이후 에티오피아는 두 제국의 군대를 물리쳤는데 그들은 자신들의 능력으로는 벅찬 적수를 건드렸다는 것을 이내 깨달았다. 그 중 한 제국인 이집트군은 1874년부터 2년 동안 지속된 이집트-에티오피아 전쟁에서 두 번에 걸쳐 큰 패배를 당했다. 1896년에는 이탈리아가 6천 명의 인명 손실을 입는 처참한 패배를 당했다. 그 때문에 이탈리아는 에리트레아를 점령하고 있으면서도 에티오피아에 대한 계획을 포기할 수밖에 없었다.

상대적으로 조용한 시기를 보내는 동안 에티오피아는 수도를 아디스아바바로 옮기며 현재와 같은 크기로 확장했다. 1900년대 초반에는 많은 강에 다리를 놓고 아디스아바바와 지부티 항구, 이어 프랑스 식민지인 홍해 지역과 철도를 연결하는 등 부족한 인프라를 보완하는 일에 힘썼다. 하지만 이것들은 비교적 작은 발걸음에 불과해서 에티오피아는 여전히 찢어지게 가난한 상태에 머물러 있었다. 사실 1920년대에 수도의 인구가 10만 명을 훌쩍 넘어선 에티오피아는 유럽 식민지가 다수를 차지하는 이 지역 내에서 독보적인 세력으로 떠오르고 있었다. 그런데도 여전히 서로 경쟁하는 유럽인들로부터 압박을 받고 있었다. 훗날 냉전시대에 접어들자 그 압박은 훨씬 머나먼 싸움터에서 왔다.

1930년에 라스 타파리는 하일레 셀라시에 1세, 삼위일체의 황제, 에티오피아 제국의 육군 원수 및 공군 원수 그리고 해군 제독이 된다. 이런저런 거창한 타이틀의 무게가 짓누르긴 했어도 그의 집권 동안 에티오피아는 상당한 발전을 이루었다. 셀라시에는 키가 150센티미터를 겨우 넘었다고 하지만 아프리카 정치인들 가운데 그 누구보다 우뚝 섰을 뿐 아니라 에티오피아의 역사와 지리를 잘 활용해 세계에서 자국의 이익을 얻기 위한 길을 걸을 만큼 현명했다. 그는 경제의 현대화를 몸소 감독했고 외국 기업들이 에티오피아 국내 기업들과 확실하게 협력할 수 있도록 했다. 또한 제2차 세계대전 이후의 유엔과 비슷한 기구인 국제연맹에 가입하는 괄목할 만한 외교 성과를 거두기도 했다. 국제연맹 가입 조건 가운데 하나는 당시까지도 에티오피아에서 횡행하던 노예제도 폐지였다. 1920년대와 1930년대에도 에티오피아에는 적어도 2백만 명의 노예들이 있었던 것으로 추산되는데 그는 노예제를 폐지하는 등 근대화 정책에도 앞장섰다.

에티오피아의 자립과 경제 성장을 본 이탈리아는 또다시 이 나라에 눈독을 들인다. 이탈리아는 전쟁을 정당화하는 선전 수단으로 에티오피아의 노예제 관행을 들었다. 무솔리니의 이탈리아가 아프리카의 뿔 지역에서 제국의 일부로 삼으려고 했던 곳이 바로 에티오피아였다. 이곳에서라면 프랑스나 영국과 부딪히지 않고도 목적을 이룰 수 있을 것 같았다. 그리하여 1935년 10월, 에티오피아를 침공한 이탈리아는 이듬해 5월 수도 아디스아바바를 점령했다. 셀라시에 황제는 런던으로 피신했다. 무솔리니의 장군들은 상대를 야만인이라고 표현했지만 독가스는 한쪽만이 사용했고, 그것은 에티오피아가 아니었다.

비록 전투에서는 패했을지라도 에티오피아는 1941년까지 끈질기게 저항했다. 그리고 그 지역의 도움을 받은 영국군이 이탈리아군을 무찌른 뒤 하일레 셀라시에 황제를 복권시켰다.

1945년, 황제는 미국 대통령 프랭클린 D. 루스벨트를 설득해서 당시 이탈리아 식민지에서 해방된 에리트레아가 독립국가로 자립하기 어려우니 자신들의 정부 아래로 들어오게 하려고 했다. 그의 본심은 이를 통해 해양으로 직접 접근하는 길을 확보하려는 것이었다. 이것은 1952년이 되어서야 유엔의 승인을 받게 된다. 물론 동시에 미국이 냉전에 대비해 에리트레아의 수도인 아스마라에 비밀 정보 수집 기관을 설치하고 해안 지역에 해군기지를 세운 것도 놀랄 일은 아니다. 그리하여 에티오피아는 이 지역에서 소련을 견제하려는 미국 측의 핵심 역할을 하기에 이르렀고 이에 대한 보답으로 워싱턴 정부는 이 나라의 인프라와 군사 원조에 통 큰 투자를 하게 된다.

한 번도 식민 통치를 받은 적 없는 아프리카의 리더로서 셀라시에는 대륙 전역에 본격적인 영향력을 행사하면서 1963년에 아디스아바바에 본부를 둔 아프리카통일기구(아프리카 38개 독립국가들이 결성한 국제기구)의 주요 설계자 중 한 사람으로 참여했다. 이 기구는 2002년에 아프리카연합으로 발전하지만 본부는 여전히 아디스아바바에 있다. 그런데 역사는 에티오피아를 식민주의에 맞서는 저항의 상징으로 만들었지만, 현실의 에티오피아는 여전히 가난하고 발전이 더딘 조각난 나라로 남아 있었다.

쿠데타, 공포정치, 전쟁!
그래도 변화의 바람은 분다
—

1960년에 일어난 쿠데타 시도에도 불구하고 셀라시에는 살아남았지만 이 사건은 그의 독재 통치와 종족 분열을 에워싼 긴장을 부각시켰다. 영국으로부터 막 독립한 소말리아는 에티오피아 내 소말리 주 오가덴 지역 부족들에게 중앙 정부에 맞서 일어서게 하는 자극제가 됐다. 소말리아가 오가덴을 돕기 위해 나서자 에티오피아군은 신속하게 두 세력을 진압했지만 이 일을 계기로 소말리아가 소련 진영으로 들어가게 되면서 결과적으로 두 나라는 냉전의 양대 강국으로부터 이용당하거나 두 강대국을 이용하는 처지에 놓이게 됐다. 1960년대에 들어서자 당시 에티오피아 치하에 있던 에리트레아에서도 봉기가 일어났다. 이는 애초에 학교에서 암하라어를 강제로 쓰게 하는 데에 반발해서 일어난 소요사태가 급속도로 독립운동으로까지 확대된 것이다.

1974년 9월, 이번에는 군대와 경찰 및 국민방위군조정위원회의 주도로 군사 쿠데타가 발생했다. 쿠데타를 이끈 인물은 멩기스투 하일레 마리암 소령이었다. 군인들이 첫 번째로 들이닥친 곳은 황궁이었다. 거기서 그들은 당시 82세가 된 셀라시에 황제와 맞닥뜨렸다. 황제는 혼미한 상태에서 사태의 심각성을 온전히 깨닫지 못한 듯 보였다. 그는 〈신이 선택한 자〉를 거칠게 다루는 무례함에 분노해서 군인들을 향해 고함을 질렀다. 하지만 군인들은 황제를 폭스바겐 뒷좌석에 구겨 넣다시피 해서 황궁을 나섰다. 거리를 지나가는 동안 〈유다지파의 사자를 제압한 황제 폐하〉라는 명칭으로도 불렸던 남자는 이제 "도둑놈!"이라는 군중의 야유를 받았다.

1년 뒤 황제는 세상을 떴다. 공식적인 사인은 전립선 수술 후유증으로 인한 심부전이었다. 그러나 여기서 믿을 수 있는 것은 그가 죽었다는 사실뿐이다. 그 뒤 수년 동안 한 장교가 베개로 황제를 질식시켰다는 소문이 나돌았다. 그러다가 쿠데타가 발발한 지 30년이 넘은 2006년 대량 학살 혐의로 쿠데타의 주역들이 기소되고 법원 심리가 열렸을 때 황제가 침대에서 목이 졸려 사망한 증거가 제시됐다. 황제의 시신은 재판에 훨씬 앞서 그가 죽은 지 15년이 넘은 1991년에 황궁 정원의 화장실 밑에 수직으로 묻힌 채로 발견됐다. 이후 그는 아디스아바바의 성삼위일체 대성당에 안장되었다.

1977년 스스로 중령으로 진급한 멩기스투 소령은 마르크스 레닌주의 정권을 세웠다. 동시에 다년간에 걸쳐 그릇된 경제 관리와 테러 작전을 지휘했다. 이런 형태의 정부들이 오랫동안 저질러온 전통대로 이 정부도 자신들에게 부를 재분배했는데 그러면서 어차피 이전 정권이 훔친 재산이기 때문에 그 재산을 다시 훔쳐도 된다는 논리를 내세웠다. 멩기스투가 집권하던 17년 동안 무려 10만 명이 피의 공포정치로 희생되었고 수천 명 이상이 수감되고 고문을 당했다. 미국과의 관계는 깨지고 에티오피아가 다시 소련과 친해지게 되면서 소련제 무기와 군사 고문단이 들어왔다. 게다가 소말리아와의 분쟁이 재발하자 모스크바 정부는 소말리아의 수도 모가디슈로 가던 지원의 방향을 틀어서 쿠바 병력 수천 명이 들어오기 쉽게 해주었다. 덕분에 에티오피아는 또다시 승리했다.

정부는 마르크스주의 경제 정책에 따라 생산 수단을 국유화했고, 자급자족 생활을 이어가던 농민들에게는 여분의 작물을 재배하게 해서 도시와 군대를 먹여 살리기 위해 시세보다 낮은 가격으로 판매하도록 강요했다. 대다수 농민들은 자신들에게 돌아오는 것은 거의 없는 만큼 이 정책은 재앙이라고 생각했다. 1980년대 초반에는 저지대에 심각한 가뭄이 들어서 기근도 찾아왔다. 20세기 최악의 재앙으로 기록되는 이 사태로 집계된 사망자만 해도 대략 1백만 명에 달했다. 그즈음 에리트레아 독립 세력이 에티오피아군에게 점점 더 우위를 점하게 되면서 국민들의 불만은 더욱 팽배해졌다.

1980년대 말에 이르자 에리트레아군은 거듭 승리를 거두다가 아예 에티오피아 정부로부터 자치권을 요구하는 티그레이 지역 민병대와 손을 잡는 상황에까지 이르렀다. 하지만 미하일 고르바초프가 수장으로 있는 모스크바의 군사 원조는 현저히 줄어든 상태였고 쿠바군도 귀환하는 중이었다. 소련의 고르바초프는 글라스노스트(개방)와 페레스트로이카(개혁) 개념을 멩기스투에게 설명했다. 그런데 개방된 정치경제 체제는 러시아어만큼이나 그에겐 낯선 말이었다. 또한 냉전의 종식은 소련에 의존하던 나라의 지도자들에게는 게임 종료를 의미했다. 1991년 5월 결국 멩기스투는 챙길 수 있는 한 최대로 챙겨

짐바브웨로 도피했다.

새로 들어선 정부를 티그레이족 출신의 멜레스 제나위가 이끌게 되자 이제껏 주도권을 잡고 있던 암하라족은 불안해졌다. 제나위 정권 아래에서 개정된 헌법은 부족에 따라 나뉘어진 지방 정부에게 권한을 위임하는 연방국을 지향했다. 비록 현실에서는 중앙 정부가 되도록 많은 통제권을 고수했어도 말이다. 어쨌거나 각 지역에게는 독립을 도모할 권한이 주어졌고 그 결과 1993년에 에리트레아가 독립된 국가로서 합법적으로 인정받기에 이른다. 하지만 그 한 번의 서명으로 에티오피아는 홍해 연안의 해안선 전체를 잃었고 세계에서 가장 인구가 많은 내륙국이 되고 말았다.

이러한 정치적 변화에도 불구하고 지역 내 긴장은 완전히 해소된 것이 아니어서 다시 한번 에리트레아와 전쟁을 벌이게 된다. 1993년에 새 국가로 인정은 했지만 국경 문제가 개운하게 해결되지 않은 상태에서 1998년에 바드메라는 분쟁 지역 마을에서 벌어진 일련의 사태들이 결국 전면적인 전쟁으로 격화된 것이다. 2년여에 걸친 전쟁 동안 양측은 수만 명의 인명 피해를 입었고 결국 어느 쪽도 영토를 잃거나 얻지 못한 채 싸움은 막을 내렸다. 하지만 평화조약은 충분히 이행되지 않았고 유엔이 감시하는 완충지역이 양측을 갈라놓았다. 게다가 에티오피아는 소말리아 내전에 영향을 미치려고 후미로 부대를 들여보내기도 했다. 2000년대에 들어서 에티오피아의 경제는 비교적 견실하게 성장하고 있었지만 국내에서의 탄압은 멈추지 않은 가운데 수천 명의 활동가들과 언론인들이 대개는 말도 안 되는 죄목으로 투옥됐다.

2018년은 큰 변화가 목격된 해였다. 42세의 퇴역 중령 아비 아머드 알리가 등장하면서 총리로 선출됐다. 아비의 등장이 새로웠던 것은 무엇보다 그가 오로미아 지역 출신이라는 점 때문이다. 그의 아버지는 오로모 무슬림이었으며 어머니는 암하라 정교회 신자였다. 가장 큰 부족이었음에도 그동안 오로모족에서 지도자가 나온 적은 없었다. 이것은 단순한 변화 이상이었다.

그의 재임 첫 6개월 동안 눈이 핑핑 돌 만큼 엄청난 변화의 바람이 몰아쳤다. 언론인과 반대파까지 포함된 정치범 수천 명이 풀려났다. 아비 총리는 여기서 멈추지 않았다. 이전까지 반복적으로 남성 24명과 여성 4명으로 구성하던 내각을 이번에는 20명 가운데 10명을 여성으로 채웠다. 이른바 양성 친화적 내각의 출발이라는 점에서 이 또한 또 다른 처음이었다. 총리는 에티오피아 소말리 지역에서 싸우고 있는 무장단체와도 평화협정을 맺었고 부족에 기반을 둔 국민연립정부를 해산시킨 뒤 그 대부분을 단일 국민정당에 합병시켰다. 그러나 이 조치는 이듬해에 발발한 티그레이족과의 내전에 불씨를 제공했다. 대다수 티그레이 출신 엘리트들이 새 정부의 정책에 동조하지 않았던 것이다.

한편 가장 놀라운 변화가 너무도 일찍 찾아와서 안팎에서 탄성이 일었다. 총리는 집권한 지 몇 주 만에 그 자신도 싸웠던 에리트레아와의 2년에 걸친 전쟁을 종식시킨 2000년의 합의를 존중하겠다는 발표를 했다. 그로부터 한 달 뒤 에리트레아 수도로 날아간 총리는 아스마라 국제 공항 활주로에서 이사이아스 아페웨르키 에리트레아 대통령과 포옹했다. 이어 두 나라 간에 평화조약이 체결됐다. 20년에 걸친 전시 상태가 공식적으로 종식되면서 무역과 외교에서 평화와 협력의 새 시대가 열리는 순간이었다. 이 노력으로 그는 이 나라 최초로 노벨 평화상을 수상하기에 이른다. 그렇지만 두 나라 사이의 진정한 화해는 아직도 진행 중으로 남아 있다.

아직도 끝나지 않은
피를 부르는 종족 간 분쟁
—

에티오피아 국경 안에서 평화를 확보하는 것은 훨씬 더 어려운 것으로 증명되었다. 그곳에는 적이 한둘이 아니어서 숙청당한 것에 분노하는 측이 있는가 하면 정치를 통해 사리사욕을 채우려는 측도 있었다. 가장 위험한 것은 총리가 진정한 다원주의 국가로 변화시키고 싶었던 이 나라를 지배하려고 노리는 강한 민족주의 세력이 여전히 존재한다는 점이다. 새 정부가 들어서고 초기 몇 주 동안 연방의 9개 접경지역에서 부족들 간에 충돌이 빚어졌다. 몇 달 만에 수백 명이 목숨을 잃었고 거의 3백만 명의 사람들이 고향을 등지고 떠났다.

아비 총리는 군부 내에 있던 이전 정권의 친위대를 축출했는데 그 대다수가 이 나라를 지배했던 티그레이족 출신이었다. 그때 많은 비판론자들은 전 정부의 억압적이고 권위적인 조직을 섣불리 들어내는 것은 긴장을 촉발시키고 에티오피아의 영토 보전을 위협할 수 있다고 주장했다. 게다가 느슨해진 언론 통제를 틈타 소셜 미디어와 라디오 등에서 서로 다른 부족 집단에 대한 편견을 표출하는 경우도 부쩍 늘었다. 에티오피아 연방은 유고슬라비아가 걸었던 길을 이내 따를 것이며 피를 부르는 인종청소로 치달을 것이라는 경고가 수도 없이 나왔다. 티그레이 지역에서 전쟁을 불러온 부족들 간의 증오 분출은 그 우려를 더욱 증폭시켰다.

아비 총리는 에티오피아를 수세기 동안 괴롭혀온 이 문제를 해결함으로써 이와 같은 가능성을 차단하려고 애썼다. 이 나라의 권력은 대개 특정 부족이 독점해 왔고 나머지는 의사결정 과정에서 배제되곤 했다. 그러니 중앙 정부의 강한 리더십은 신뢰를 받지 못했고 강력한 지방들은 정부에게 두려운 존재가 되었다. 총리는 자신의 개혁을 통해 모두가 혜택을 받을 수 있을 거라면서 다른 세력 기반들을 안심시키려 했다. 그래서 그들에게 정치 과정에 참여하도록 촉구했다. 집권 1년 전에 한 연설에서 그는 이렇게 말했다.

"우리에게는 단 하나의 선택지밖에 없는데 그것은 바로 하나로 합치는 것입니다……. 나머지 선택지란 서로 죽이는 것입니다."

에티오피아가 국경 내의 이질적인 지역들을 통제하기 위해선 늘 일정한 수준의 힘이 필요했다. 그러기 위해서는 먼저 다양한 부족 집단들에게 〈에티오피아 국민〉이라는 인식을 심어주고, 군대에 입대하는 이들에겐 〈조국〉을 지킨다는 확실한 동기를 부여해 주어야 한다. 이렇게 되면 지방 공동체들이 국경을 넘어 적대적인 세력을 지원하는 일도 줄 것이다. 이를테면 소말리아의 유혹을 받게 될 수도 있는 소말리족 같은 경우 말이다.

사람들이 먼저 에티오피아인이라고 느끼고 그 다음으로 부족 정체성을 느낄 수 있는 환경을 조성하기 위해 국가는 〈에티오피아니즘(에티오피아 민족주의)〉 또는 〈에티오피아다움〉으로 알려진 정책을 제시했다. 즉 모든 에티오피아인에게 공통된 정체성이 있다는 메시지를 부여하는 것이다. 또한 종교 지도자들은 인류의 통합을 강조하면서 기독교와 이슬람교의 가치를 공유하자고 설득했다. 그런데도 에티오피아니즘과 지역 자치 세력 간에 해묵은 긴장은 완전히 해소되지 않고 있다. 나라를 부족 집단들로 분리하는 것은 서로에 대한 의심과 상대방에게 갖는 두려움을 은근히 부각시켜서 국가를 쇠약하게 만든다. 하지만 또 분리를 용인해 주지 않으면 자치권을 위해 이들이 국가에 대항해 반란을 일으키는 것을 피하기 어렵다. 이 때문에 국가는 또 쇠약해진다. 이 악순환의 고리를 끊기 위해서는 섬세한 균형과 부의 공정한 분배가 필요하다.

이런 온갖 차이들에도 불구하고 에티오피아 정신이 아예 부재한 것만은 아니다. 침략자들에 대한 저항이라든가, 나일강의 그랜드 에티오피아 르네상스 댐 건설, 그리고 세계적인 운동선수인 하일레 게브르 셀라시에(베를린 마라톤 금메달리스트), 티루네시 디바바(세계선수권 장거리 육상 금메달리스트), 티키 겔라나(런던 올림픽 여자 마라톤 금메달리스트) 등에게 전 국민이 한목소리로 응원의 소리를 전한다. 물론 이 힘은 시간과 장소에 따라 부침을 겪고 언제라도 산산이 부서질 수 있는 위험이 상존한다. 2020년 6월 29일 월요일 저녁에 일어난 한 사건이 이러한 현실을 적나라하게 보여준다.

그날 에티오피아에서 가장 유명한 싱어송라이터이자 인권운동가인 34세 하찰루 훈데사는 아디스아바바 교외에 주차한 자신의 자동차에서 내리고 있었다. 그때 한 남자가 다가와서 그의 가슴에 총을 한 방 쐈다. 그는 병원으로 실려간 지 얼마 안 돼 사망했다. 그리고 이 사건의 여파로 며칠 안에 수백 명이 목숨을 잃는다.

훈데사는 이 나라에서 가장 규모가 큰 부족인 오로모족 출신의 이른바 슈퍼스타였다. 때로 〈밀려난 다수〉로 언급되기도 하는 이 부족에게 그는 상징과도 같은 존재였다. 그는 에티오피아라는 나라에서 오로모족이 당하는 정치적, 경제적 차별 감정을 노래하고 발언하는 사람이었다. 그의 이런 성향은 다른 집단은 차치하고라도 동족인 오로모족 지도자들이 제대로 싸우지 않는 것을 대놓고 비판함으로써 동족 내에서도 적을 만들었다. 총격이 있고 나서 몇 시간 지나지 않아 비난이 들끓는 가운데 오로모족 사이에서 복수의 다짐들이 난무했고 지배층인 암하라족 공동체에서도 오로모족을 공격하겠다는 경고가 흘러나왔다. 정부는 인터넷을 끊고 항의 시위와 폭동을 막으려고 했다.

목요일, 시신이 안치된 관을 아디스아바바에서 그의 고향인 오로미아 주에서 서쪽으로 1백 킬로미터 떨어진 암보까지 운구하는 장면이 중계됐다. 그런데 그를 아디스아바바에 매장해야 한다고 주장하는 오로모족 사람들이 길을 막아섰다. 그들은 아디스아바바를 그들의 수도로 여긴다. 이는 1세기 이상 다투고 있는 정서적인 사안이었다. 험악한 분위기에서 영구차는 왔던 길로 돌아갔고 결국 시신은 헬리콥터로 암보까지 운반됐다. 그러자 폭력을 동반한 소요사태가 벌어지면서 수십 명이 보안대의 발포로 목숨을 잃었다. 이후 폭력사태는 더욱 격화됐다.

살육은 암하라족과 오로모족 경계를 따라가면서 벌어졌다. 그런데 여기서 종교적 정체성이 한몫한다. 암하라족은 주로 기독교도이지만 오로모족 대다수는 무슬림이다. 오로모족 청년들이 마체테(날이 넓고 무거운 칼)와 단검 등을 들고 암하라족과 기독교를 믿는 이웃인 오로모족을 향해 덤벼들었다. 그들은 이런 구호를 외쳤다. "이 땅은 오로모의 땅이다." 심지어 주민들의 이름과 그가 속한 부족의 목록까지 갖고 있는 이들도 있었다. 찌르고, 때리고, 목을 베는 행위가 이어졌고,

많은 건물이 파괴됐다. 가장 큰 피해를 입은 도시는 여러 부족이 함께 어울려 살았던, 암하라족이 소수파로 있는 오로미아 주의 샤샤마네였다. 이곳에서 가장 유명한 레스토랑의 매니저였던 무니르 아흐메드는 오로모족 소유가 아닌 사업장을 겨냥한 폭도들의 공격으로 자신의 직장이 파괴되는 장면을 목격했다. "우리는 울면서 제발 멈추라고 그들에게 애원했습니다." 그의 증언이다. "그들에게 우리는 그저 적일 뿐이었습니다." 그의 직원들은 결국 그 도시를 떠났다.

7월 초순에 벌어진 이 끔찍한 사태는 부패의 깊이뿐 아니라 에티오피아가 직면하고 있는 정치적, 문화적, 경제적 도전을 여실히 보여주었다. 오로모족은 가장 인구가 많은 부족인데도 권력에서 소외되어온 것에 줄곧 불만을 품고 있었다. 반면 암하라족은 이 나라 역사에서 가장 오랫동안 지배권을 행사해온 기억을 버리지 못하고 있었다. 또 티그레이족은 인구의 6퍼센트에 불과하지만 얼마 전까지만 해도 자신들이 정권을 잡았던 그 시대로 어떻게 하면 회귀할 수 있을지 궁리하고 있었다. 그 외 구라게족, 아파르족, 사다마족을 비롯한 소수 부족들은 보다 큰 부족 집단에게 지배를 당할까 늘 전전긍긍하고 있다.

학습된 중립성을 유지하며 강대국의 눈치를 보는

—

에티오피아가 직면한 우선적인 과제는 내부 경계선을 평화롭게 유지하고 외부 국경을 안정적으로 관리해서 경제를 발전시키는 데에 안전한 환경을 조성하는 것이다. 그런데 1993년 이후 들어선 모든 정권은 하나같이 동일한 지리적 문제에서 자유롭지 못했다. 바로 〈해양으로의 접근〉이 힘들다는 것이다. 현대 에티오피아는 악숨 제국 시대로 돌아가겠다는 계획은 없다 해도 살아남고 번영을 이루려면 확실하고 믿을 만한 교역로를 확보해야 한다. 왜냐하면 에티오피아 수출입 상품의 대부분이 이웃 나라의 영토를 통과하고 있기 때문이다.

가장 중요한 교역로는 비좁은 바브엘만데브 해협을 포함하고 10개국의 해안을 따라 흐르는 연안 무역 병목지대인 홍해를 경유하는 것이다. 에티오피아 수출과 수입의 대략 90퍼센트가 바다를 통해 이뤄지는데 화물 대부분이 지부티의 심해항을 통과한다. 그런데 2019년에 벌어진 한 사건은 단일 교역 노선에 의존할 때 발생할 수 있는 위험에 대해 상기시켰다. 당시 시위대가 지부티와 에티오피아 간 고속도로를 봉쇄해 버리자 수도 아디스아바바에서 사용할 연료가 아예 바닥날 위기에 처했다. 이러한 취약성을 보강하기 위해 에티오피아는 지부티 항구의 지분을 매입했으며 소말리아 베르베라항의 지분 19퍼센트도 획득했고, 수단의 포트수단과 케냐의 라무항 지분도 확보하는 등 여러 방안을 강구해 오고 있다. 또 에리트레아의 항구로 가는 도로들도 다시 개통시키고 있다.

그런데 지부티를 비롯한 아프리카의 뿔 연안 지역 전체가 지정학적 싸움터가 되다 보니 이 때문에라도 에티오피아 정부는 강대국의 눈치를 보지 않을 수 없는 처지가 되고 말았다.

중국은 여기서도 주전 선수로 뛰고 있다. 에티오피아 수입의 대략 33퍼센트와 수출의 8퍼센트가 중국과 이뤄지고 있다. 중국은 또 에티오피아의 대규모 인프라 건설 사업에도 자금을 대고 있다. 게다가 백년도 넘어 황폐해진 지부티와 아디스아바바를 연결하는 철도를 대체하는 장장 725킬로미터에 달하는 전기철도도 일찌감치 깔아주었다.

중국 정부가 지부티에 군사기지를 확보한 일이 세간의 이목을 끌기도 했는데 사실 중국은 홍해 연안이라는 격전지에 관여한 여러 나라 중 한 곳일 뿐이다. 미국, 중국, 일본, 프랑스, 이탈리아까지 이곳에 부대를 파견하고 있을 뿐 아니라 러시아, 카타르, 아랍에미리트, 터키 등 이곳에 진출하기 위해 관심을 갖고 있는 나라들도 지분을 확보하면서 항구 쟁탈전에 가세하고 있다.

2015년 사우디아라비아와 아랍에미리트가 예멘 내전에 개입했을 당시 아랍에미리트는 에리트레아의 아사브 항구 일부를 임차해서 홍해를 건너 공격을 개시할 공군기지로 탈바꿈시켰다. 또 아사브와 아디스아바바를 잇는 송유관 건설에도 관여했다. 이처럼 아랍에미리트는 아프리카의 뿔 지역에 정치적 영향력을 확대하는 것뿐 아니라 자국의 연료와 플라스틱, 그리고 축산물까지 판매하기 위해 아프리카라는 성장하는 소비 시장에 투자하고 그 시장을 활용하려고 했다. 하지만 중동 지역 국가들에게 홍해와 아프리카의 뿔 지역은 분란을 일으키고 더 먼 곳의 경쟁자들까지 불러들이는 지역 분쟁지의 일부이기도 하다.

2017년에 사우디아라비아와 아랍에미리트는 테러를 지원하고 지역의 안정을 해친다는 이유로 카타르와 관계 단절을 선언했다. 그러자 두 나라의 오랜 라이벌인 터키가 카타르 편을 들고 나섰고, 이어 터키와 아랍에미리트, 터키와 이집트 간 분쟁으로 격화되면서 홍해 전체로 긴장감이 확산되었다. 터키의 에르도안 정부 내 매파는 아랍에미리트가 2013년에 이집트에서 무슬림형제단의 모르시 대통령(에르도안의 동맹)을 겨냥해 일어난 쿠데타에 자금을 댔으며, 심지어 2016년에 에르도안 정권에 대항해 일어난 터키의 쿠데타도 지원했을 거라고 믿고 있었다.

아랍에미리트는 소말리아 정부와 좋은 관계를 유지하고 있었는데 소말리아가 카타르와 터키랑 손을 잡자 그 나라에 지원하던 자금을 소말릴란드 자치 지역과 푼틀란드로 돌려서 그곳에 군사기지 한 곳과 항만 두 곳을 건설했다. 아프리카에서 가장 긴 소말리아 해안에 출현해서 이득을 본 나라들은 이외에도 더 있다. 터키는 걸프 국가들이 관심을 갖기 수년 전부터 이곳에 투자를 해왔던 터라 이제는 소말리아 정부 권한 밑에 있는 모든 주요 공항 및 항만에 대한 지배 지분을 보유하고 있는 상황이다. 터키가 모가디슈에 대규모 군사기지를 추가로 설치하자 이것을 과거 오스만 제국의 영토 부활을 꿈꾸려는 시도 중 하나라고 보는 아랍 국가들의 불안감이 높아졌다. 터키 정부는 그것을 부인하면서 자국의 행위는 정당한 청구이며 자신들은 진취적이며 인도주의적인 대외정책을 지향하고 있다고 주장했다. 그러나 아랍 세계는 그렇게 보지 않는다. 터키와 아랍 국가들 간에 고조된 긴장은 자칫 아프리카의 뿔 지역을 넘어설 수도 있다.

지리상으로 볼 때 에티오피아는 위에서 언급한 카타르-터키 대 사우디아라비아-아랍에미리트 간의 충돌지점 일부에 들어간다. 하지만 에티오피아는 이제껏 중립을 지키려고 부단히 노력해 왔다. 대신 이 지역의 모든 세력과 힘을 합치려고 노력하면서 그들 중 어느 누구에게도 의존하는 모습으로 비치지 않도록 신경 쓰고 있다.

사우디아라비아와 아랍에미리트는 에티오피아의 에너지 산업, 관광업, 제조업에 투자하고 있다. 또한 자국의 식량 안정도 도모할 겸 이 나라의 농업에 대한 투자금도 늘렸다. 터키도 걸프 국가들 때문에 에리트레아와 관계가 틀어지고 난 뒤로는 에티오피아에 부쩍 공을 들이고 있다. 에티오피아의 학습된 중립성은 터키가 이 나라에서 상당히 큰 경제적 비중을 차지하게 해주었다. 터키는 소프트파워를 앞세워 학교와 이슬람 사원을 열심히 지어주면서 경제적 보폭을 늘리고 있다. 그리하여 현재 터키는 중국에 이어 에티오피아에 두 번째로 많이 투자하는 나라가 됐다. 이것은 터키 정부가 2005년부터 실시하고 있는 "아프리카로 향하기" 정책의 일환이기도 하다. 이는 주로 경제 전략에 치중되긴 하지만 에티오피아에게도 잠재적인 외교적 이득이 따라오는 일이기도 하다. 그도 그럴 것이 에티오피아와 터키 모두 현재 이집트와 매우 냉랭한 관계에 있기 때문이다. 에티오피아가 이집트 정부와 큰 논쟁을 벌이는 상황에서 자신들을 지지해줄 동맹이 필요할 때 이집트에 대한 불신을 공유하는 터키는 에티오피아에게 상당히 유리한 지원군이 될 수 있다. 그 큰 논쟁거리는 바로 에티오피아의 회심의 건설 프로젝트인 〈그랜드 에티오피아 르네상스 댐〉이 유발한 것이기도 하다. 이것은 아프리카에서 가장 규모가 큰 수력 발전용 댐이다.

에티오피아에게는 권력을, 이집트에게는 불안을

청나일강은 수단의 수도인 카르툼에 도달해서 백나일강과 합쳐져 비로소 나일강이 되어 이집트로 흘러간다. 그랜드 에티오피아 르네상스 댐과 저수지는 수단과의 국경에서 몇 킬로미터 떨어지지 않은 곳에서 시작된다. 2020년대의 어느 시점에 이르면 이 저수지는 가득 찰 것으로 예상된다. 그러면 에티오피아 고원지대까지 250킬로미터를 되돌아가서 그 지역의 수원이 될 것이다. 그런데 2020년 여름, 그러니까 댐 건설이 시작되고 9년이 지난 시점에서 동아프리카 지구대 위에서 찍은 위성사진을 보면 에티오피아와 이집트 정부 사이에 협의가 없었음에도 댐 뒤편의 저수지 수위가 조금씩 상승하고 있는 것을 알 수 있었다. 에티오피아는 나라 전체에 전기를 공급할 목적으로 발전기를 테스트할 수 있는 지점까지 수위를 끌어올리기 위해 우기를 이용하고 있었다.

그런데 이집트에게 그 댐의 건설은 사실상 생존이 걸린 문제다. 이는 곧 한 나라가 지리의 감옥에 갇히는 극명한 사례이기도 하다. 나일강은 이집트와 그 국민들에게는 생명줄이나 다름없다. 나일강이 없으면 이집트도 없다. 청나일강에서 시작된 나일강의 85퍼센트가 이집트로 흘러들어 오는데 에티오피아가 여기에 손을 대려는 것이다. 물론 그 흐름을 완전히 끊어 버리겠다는 것은 아니고, 단지 그렇게 할 수 있는 힘을 갖겠다는 것이지만.

양측이 이 문제를 두고 흥분하는 것은 충분히 이해하고도 남는다. 이집트는 국토 대부분이 사막이고 1억 4백만 명에 달하는 인구의 95퍼센트가 나일강 기슭과 삼각주 지역에 모여 살고 있다. 이집트 정부가 두려워하는 것은 그 물의 10퍼센트만 막아도 몇 년 안에 농부 5백만 명이 일자리를 잃고, 농업 생산물의 절반이 줄어들며, 이슬람주의자들의 반란과 싸우고 있는 이 나라가 머지않아 혼란의 수렁으로 빠질 거라는 점이다. 대체로 유량이 일정했던 북부 삼각주 지역은 그렇잖아도 지중해의 바닷물이 유입되고 있는 상황이라 머지않아 더 많은 염분의 피해를 입을 수도 있다. 이집트 정부의 입장에서 이 논쟁의 시작점은 식민지 시대에 맺었던 합의들과 1929년에 영국과 맺은 앵글로-이집트 조약이었다. 여기서 이집트는 영국으로부터 물의 연간 할당량에 더해 강을 따라 댐을 지으려는 상류 쪽 국가의 시도를 거부할 수 있는 권한을 추가로 얻은 바 있다.

그러나 에티오피아 입장은 다르다. 자신들이 서명하지도 않은 조약에 얽매일 이유가 없으며 상류 쪽 국가만의 지리적 특성이 있다는 것이다. 이 프로젝트는 수년 동안 에티오피아의 국민적 자부심의 원천이 되어 왔으며 그 나라 미래의 중심에 있다. 이 댐에서는 엄청난 양의 전력이 생산될 것인데 에티오피아는 그 여분을 수단에 공급할 예정이다. 에티오피아 정부의 입장은 분명하다. 너무 많은 상류 지역들이 강우에만 의존하는 소위 하늘바라기 농사를 짓다 보니 주기적으로 찾아오는 가뭄에 수백만 명의 에티오피아인들이 걸핏하면 식량 부족에 시달린다는 것이다. 이런 상황에서는 이집트의 입장을 들어 보고 말 것도 없었다. 무엇보다 에티오피아는 이집트를 거대한 노예 시장이자 노예 무역을 지원했던 식민 세력으로 간주하고 있으며, 자신들을 호시탐탐 침공하려고 했고, 이제는 빈곤에서 탈출해 보려는 자신들의 발목을 잡으려는 세력으로 보고 있다.

이집트의 시시 대통령은 가능한 모든 수단을 동원해서 자신들의 이익을 지키겠노라고 공언했다. 이것은 투쟁을 부추기는 말이었고 많은 분석가들로 하여금 물 전쟁이 발발할 것이라는 전망을 내놓게 했다. 사실 이 같은 가능성이 대두된 것은 50년도 훨씬 더 되었다. 일찍이 1970년에 에티오피아 정부는 나일강에 댐을 건설했을 때의 여파를 연구하기 위해 미국 회사와 접촉한 적이 있다. 그러자 당시 이집트 대통령이었던 안와르 사다트는 노발대발하면서 전쟁도 불사하겠노라고 위협했다.

그런데도 이집트의 군사 행동을 제약하는 것들이 많다. 여기서 또다시 지리가 에티오피아에게 미소를 짓는다. 에티오피아는 내륙국이기 때문에 이집트 지상군은 수단을 통하거나, 아니면 홍해로 내려가서 에리트레아를 통해 들어와야 한다. 최근에 전투 경험이 없는 것은 신경 쓰지 않는다고 해도 어떤 군대라 해도 구미가 당길 만한 선택지가 없다. 게다가 이집트 군대의 역사는 썩 긍정적으로 봐주기가 어렵다. 1874년부터 2년 동안 이집트가 에티오피아를 상대로 벌인 처참한 침공 시도는 식민주의를 몰아낼 만큼 강한 힘을 가진 나라를 상대할 때 따르는 위험을 새삼 상기시켜 주었다. 1960년대에는 이집트군 7만 명이 예멘 내전에 참전하기 위해 홍해를 건넜지만 6만 명만이 집으로 돌아갈 수 있었다.

댐을 상공에서 폭격하는 안도 고려되었지만 이 계획은 폐기된 것으로 보인다. 만약 댐이 파괴돼서 저수지가 붕괴되면 여기서 쏟아져 나온 물이 수단을 집어삼켜서 국제 분쟁을 초래할 위험이 있기 때문이다. 게다가 이집트의 F-16기와 라파엘 전투기는 두터운 저수지 벽을 에워싸고 있는 이스라엘제 최신 미사일 방어 시스템에서 살아남는다고 해도 귀환할 연료를 재급유할 능력이 없다고 알려져 있다. 에티오피아 군대는 이집트군만큼 막강한 화력을 자랑하지는 않지만 그래도 프랑스, 러시아, 이스라엘, 미국 등에서 무기를 사들여 무장한 상태다. 또 전투 경험이 풍부한 부대를 보유하고 있어서 홈그라운드에서는 이들이 투입될 것이다. 사실 에티오피아가 가지고 있는 동맹이라고는 이 나라의 지리밖에 없다고 할 수 있지만 이만한 친구가 또 없다. 이집트의 시시 대통령은 승부사 기질이 큰 것 같지는 않다. 그의 편에서 보면 전쟁을 벌이는 것은 단순히 싸움에 지는 것에 그치지 않고 권력을 잃고 나아가 자신의 목숨마저 잃게 될 위험이 크다.

또 다른 구속은 외교에 있다. 사우디아라비아와 아랍에미리트는 에티오피아, 이집트 양측에 꽤 많은 투자를 하고 있어서 두 나라 간의 분쟁으로 그 가치가 손상되는 것을 보고 싶어 하지 않는다. 또 댐 건설을 지원하고 있는 중국의 입장도 마찬가지다. 베이징 정부는 에티오피아에 쓸 수 있는 지렛대를 가지고 있다. 중국은 양심적인 정부와 관계를 맺는다거나 원조와 교역에 적합한 조건을 따지지는 않는 편이다. 다만 안정에는 신경을 쓰기 때문에 양측에 자제를 촉구하는 것이다. 에티오피아는 하류 지역에 충격을 주지 않는 방식으로 댐을 사용할 것이라며 이집트 정부를 안심시키려고 하고, 이집트는 농작물의 일부를 물 의존도가 낮은 작물로 변경시키려고 천천히 노력 중이다.

수단과 남수단 정부는 이 사태를 신중하게 지켜보는 중이다. 하지만 이집트보다 걱정은 덜한다. 에티오피아가 물이 계속 흐르도록 보장할 것이며 이웃 나라들에 여분의 전기도 공급하겠다고 약속했기 때문이다. 대신 에티오피아는 수단과 남수단의 석유를 괜찮은 조건으로 수입할 수 있다. 〈파란 황금〉을 〈검은 황금〉으로 바꾸는 것은 에티오피아의 빈약한 석유 산업을 보충해줄 것이다.

나일강 수계에 의존하고 있는 모든 나라에게 물은 국가 안보가 걸린 문제다. 우간다, 부룬디, 콩고, 이집트, 케냐, 에티오피아, 에리트레아, 르완다, 남수단, 수단, 탄자니아는 하나같이 그들의 국경을 통과하는 강의 흐름을 예의주시하고 있다. 그러나 이집트만큼 불안한 나라도 없고, 에티오피아만큼 덜 불안한 나라도 없다. 이집트는 발군의 나일강 권력자로서 한 세기를 풍미한 뒤에도 여전히 그 생각을 버리지 못하고 있지만 시대는 변했다. 그리스 역사가 헤로도토스는 이집트를 〈나일강의 선물〉이라고 했다. 하지만 정작 나일강이 주는 것을 그랜드 에티오피아 르네상스 댐이 빼앗아가 버릴 수도 있다.

에티오피아에게 이 댐은 수세기 동안 지속된 빈곤과 부족 간 분쟁의 악순환을 끊게 할 특별한 기회를 제공하고 있다. 기술 발전은 에티오피아로 하여금 지리라는 감옥의 철창을 구부려서 열어젖히게 한다. 다른 많은 아프리카 국가들처럼 이 나라도 비교적 짧은 강들에만 배를 띄울 수 있다. 앞서 말했듯 이 나라의 강들은 고지대에서 너무도 급격하게 떨어지는 바람에 배를 띄울 수 없어 교역에 이용하기엔 한계가 있다. 물은 이제껏 에티오피아에게 일정 수준의 정치력을 가져다 주었지만 이제는 에너지 측면에서 권력이 되고 있다.

현명하게 사용된다면 공평하고, 싸고, 풍부한 전기는 수천만 사람들의 삶을 변화시킬 수 있으며 그 결과로 그들 사이에 드리워진 긴장도 걷어낼 수 있다. 효율적인 통치와 함께한다면 안정된 국가뿐 아니라 벌써부터 현실이 돼가고 있는 가능성 또한 에티오피아에게 가져다줄 것이다. 그것은 바로 지역 패권이다.

에티오피아의 앞길에는 여전히 많은 도전이 놓여 있다. 기후변화는 저지대에 더욱 빈번하게 가뭄을 가져오고 삼림 벌채는 토양의 침식과 사막화를 유발한다. 또 여전히 남수단과 소말리아, 에리트레아로부터 수십만 명이나 되는 난민을 받아들이고 있고 국내에서 거처를 잃은 사람들까지 더하면 그 숫자는 백만 명을 훌쩍 넘긴다. 아프리카의 뿔 지역은 극단주의 단체와 해적들의 본거지가 된 지 오래인데 가까운 미래에 이 상황이 바뀔 것 같지는 않다.

이러한 문제들에 대처하기 위해 필요한 것이 〈안정〉이지만 이것이야말로 모두에게 가장 큰 도전이자 과제가 될 것이다. 에티오피아에는 이런 말이 전해진다. "거미가 함께 줄을 짜면 사자도 묶어버릴 수 있다." 이 속담이 비단 정치적 맥락에서 나온 것은 아닐 테지만 정치에도 적용된다. 정계와 재계가 경제를 성공적으로 운용하고 정치인들이 나라를 하나로 묶기 위해 함께 노력한다면 〈아프리카의 성공 스토리〉는 실현 가능한 선택지가 될 수 있다. 만약 그렇게 하지 못한다면? 그 줄도 버텨내기 어려울 것이다.

9

스페인,
지리의 방해가
아직도 끝나지 않았다

Bay of Bis
(비스케이만)
A Coruña
(라 코루냐)
Cantabrian Mountains
(칸타브리아 산맥)
ATLANTIC OCEAN
(대서양)
Meseta
(메세타 센트럴)
Duero
(두에로강)
Central System
(센트럴 산맥)
MADRID
(마드리드)
PORTUGAL
(포르투갈)
Tajo(타호강)
Toledo
(톨레도)
SPAI
(스페인)
Central
Lisbon
(리스본)
Guadiana
(과디아나강)
Sierra Morena
(시에라모레나 산맥)
Guadalquivir
(과달키비르강)
Seville
(세비야)
Baetic Sy
(베틱 산계)
Granada
(그라나다)
Malaga
(말라가)
Cádiz
(카디스)
Gibraltar (UK) (지브롤터, 영국령)
Strait of Gibraltar
(지브롤터 해협)
Ceuta (Spain)(세우타, 스페인령)
100miles
100km
(모로코) MOROCCO
Me
10°
40°

y

o

FRANCE
(프랑스)

P y r e n e e s
(피레네산맥)

ANDORRA (안도라)

Ebro
(에브로강)

Iberian System
(이베리아 산계)

N

●**Barcelona**
(바르셀로나)

B a l e a r i c I s l a n d s
(발레아레스 제도)

Menorca
(메노르카) 40°

●**Valencia**
(발렌시아)

Palma
(팔마)

Mallorca
(마요르카)

Ibiza
(이비사)

m

M E D I T E R R A N E A N
(지중해)

S E A

0°

Canary Islands
(카나리아 제도)

A T L A N T I C   O C E A N
(대서양)

La Palma
(라 팔마)

Lanzarote
(란사로테)

La Gomera
(라 고메라)

●**Santa Cruz**
(산타 크루즈)

Tenerife
(테네리페)

Fuerteventura
(푸에르테벤투라)

El Hierro
(엘 이에로)

Gran Canaria
(그란 카나리아)

(Spain)
리야, 스페인령)

(주 지도와 같은 크기, 실제 위치는 아프리카 북서 해안)

"스페인에서는 자연과 인간이 대결하고 있다."
- 거트루드 스타인(미국의 시인 겸 소설가)

좁고 먼지가 풀풀 이는 스페인 산악지대의 구불구불한 길을 운전하는 것은 꽤 즐겁다. 그 즐거움 가운데 하나를 꼽는다면 모퉁이를 도는 순간 거대한 암석 위에 떡하니 서 있는 난공불락의 웅장한 요새와 마주치는 것이다. 그 중에는 다 무너져 내려 폐허가 된 것들도 있지만 멋지게 보존된 것들도 있다. 이 모든 것들이 스페인의 지리와 역사를 이해하는 열쇠가 된다.

중세 초기에는 이 위풍당당한 구조물들이 메세타(Meseta, 스페인 중부의 대규모 평원지대)라는 광대한 지역의 모습을 특징지었다. 이 지역이 스페인어로 성을 뜻하는 카스티요castillo에서 나온 카스티야Castile, 즉 〈성들의 땅〉이라 불리게 된 것도 이런 이유에서다.

스페인이라는 나라 전체를 두고 봐도 이는 적절한 이름이라 하겠다. 스페인은 한마디로 거대한 요새다. 지중해와 대서양에서 시작하는 좁은 해안 평야는 이내 거대한 산맥과 맞닥뜨린다. 그리고 중부 지역 전체는 높은 고지대와 깊은 골짜기들로 이뤄진 고원지대다. 이렇게 메세타는 스페인을 유럽 국가들 가운데 가장 산지가 많은 곳으로 만들고 있다.

메세타의 한복판에 마드리드가 있다. 16세기에 마드리드가 수도로 선택된 것도 스페인의 한복판에 있다는 이유에서였다. 이론적으로 보면 이것은 마드리드와 잠재적인 경쟁 세력 간의 거리를 좁히면서 나라 전체에 보다 더 중앙 집권적인 통제력을 행사할 수 있다는 것을 의미했다. 그런데도 이 나라의 산악지형과 면적(영국보다 2배나 큰!)은 늘 교역과 강력한 정치적 통치력을 행사하는 데 걸림돌이 되었으며, 각 지역마다 자신들만의 독특한 문화적 및 언어적 정체성을 그대로 간직할 수 있게 한 요인이 되었다. 이런 상이함이 낳은 복잡다단함과 열정은 아직도 스페인의 국가國歌에 가사가 없다는 데서도 여실히 드러난다. 무슨 내용을 넣어야 할지 서로 동의하지 못하고 있기 때문이다. 이러한 차이들은 현대에 들어서도 마드리드로부터 벗어나기 위해 폭력을 행사하려는 최북단의 바스크 극단주의자들이 저지르는 테러를 수반한 분리 독립운동부터 동일한 목표를 갖고 있는 카탈루냐의 정치 운동에 이르기까지 여러 형태로 남아 있다. 마드리드 정부의 노골적인 통치와 탄압은 이제 과거의 일이 되었지만 지방에서는 폭력적인 지역 민족주의의 유령이 여전히 배회하고 있다.

유럽인들은 흔히 국가와 국민의 정체성은 당연히 정해져 있다고 생각한다. 민족국가라는 개념이 유럽에서 자라났다는 것도 그 이유가 된다. 또한 유럽인들은 자유민주주의를 당연한 규범으로 생각한다. 하지만 역사를 돌이켜보거나 지구 전체를 둘러보면 그 규범과는 한참 거리가 있고, 또 그 경계 안에 여러 민족과 종족이 살고 있는 나라에

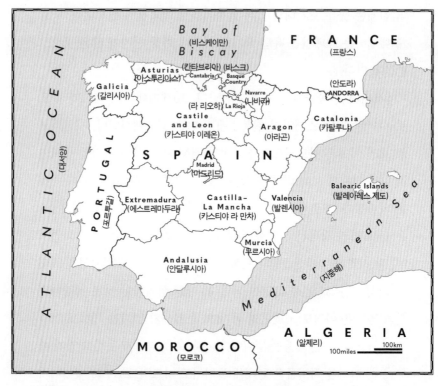

Bay of
(비스케이만)
Biscay

F R A N C E
(프랑스)

ATLANTIC OCEAN
(대서양)

Galicia
(갈리시아)

Asturias
(아스투리아스)
Cantabria
(칸타브리아)

Basque
Country
(바스크)

(안도라)
ANDORRA

La Rioja
(라 리오하)

Navarre
(나바라)

Castile
and Leon
(카스티야 이레온)

Aragon
(아라곤)

Catalonia
(카탈루냐)

P O R T U G A L
(포르투갈)

S P A I N

Madrid
(마드리드)

Extremadura
(에스트레마두라)

Castilla-
La Mancha
(카스티야 라 만차)

Valencia
(발렌시아)

Balearic Islands
(발레아레스 제도)

Murcia
(무르시아)

Andalusia
(안달루시아)

Mediterranean Sea
(지중해)

A L G E R I A
(알제리)

MOROCCO
(모로코)

100miles   100km

스페인의 각 지역은 늘 각자 고유한 강력한 정체성을 지켜왔다. 특히 카탈루냐, 바스크, 갈리시아 지역이 그렇다.

서는 〈국가의 정체성〉이라는 것도 깨지기 쉬운 개념이 되기도 한다.

1500년대에 국가의 틀을 갖춰가기 시작한 스페인은 유럽에서 가장 오래된 국가 중 하나이면서도 중앙 권력 주변에 있는 지역들을 하나로 합치려고 힘겹게 씨름하고 있는 나라이기도 하다. 스페인은 EU, 즉 유럽연합의 열성적인 회원국이지만 연합이라는 사실 자체가 기존 민족국가들의 힘을 약화시키고 지역의 분리주의를 부추긴다는 점에서 카탈루냐에서 보듯 지역 민족주의자들은 스페인을 넘어 EU 속으로 확산될 미래를 내다보고 있다. 스페인의 민주주의는 아직은 완전히 성숙된 단계에 이르렀다고 볼 수 없다. 그래도 민주주의를 떠받드는 근간은 단단해 보이고 가까운 시일 내에 이를 위협할 요소들도 없어 보인다. 그럼에도 이 나라에는 역사가 질긴 반민주적 긴장감이 존재하고 있어서 조건만 갖춰지면 언제라도 되돌아갈 수 있다. 이 모든 문제는 이 나라의 지리와 역사 속에 그 근거를 두고 있다.

부의 창출도, 교역도, 정치적 통합도 방해한 지리
—

스페인은 대다수 서유럽 국가들에 비해 인구밀도가 훨씬 낮다. 마드리드를 제외하면 대부분의 대도시는 해안선을 따라 형성돼 있다. 바르셀로나, 발렌시아, 빌바오가 그 좋은 예다. 메세타 같은 내륙 지역은 종종 〈텅 빈 스페인〉이라고 부르기도 한다. 20세기에 들어서면서 내륙의 시골에서 해안의 도시로 향하는 이주가 가속화됐기 때문이다. 사실 스페인의 인구는 수세기 동안 오르락내리락해 왔다. 이는 그만큼 스페인의 역사가 폭발력과 폭력성이 강하다는 방증이기도 하다. 현재의 인구는 약 4천7백만 명을 기록하고 있지만 향후 40년 내에 5백만 명 정도가 줄어들 것이라는 예상이 있다.

스페인은 러시아, 우크라이나, 국경을 맞대고 있는 프랑스에 이어 유럽에서 4번째로 국토 면적이 넓은 나라다. 프랑스 이외에도 지브롤터(영국령), 안도라(Andorra, 스페인과 프랑스 국경 사이에 위치한 작은 내륙국), 포르투갈과도 국경을 맞대고 있다. 특히 포르투갈은 EU 내에서 누구의 간섭도 받지 않는 가장 긴 국경을 가지고 있다. 그런데 훨씬 덜 알려져 있지만 스페인과 인접한 나라가 또 있으니 바로 모로코다. 스페인령 고립영토(본국에서 떨어져서 다른 나라의 영토에 둘러싸인 곳)인 세우타와 멜리야가 그 안에 있기 때문이다. 스페인 본토 쪽에서 보면 세우타는 지브롤터 해협에서 겨우 13킬로미터 떨어진 북아프리카 해안가에 있다. 또 지중해에는 모두 151개의 섬으로 이루어진 스페인령의 발레아레스 제도가 있다. 이 제도는 유럽에서 가장 넓은 군도를 이루고 있지만 정작 사람이 거주하는 섬은 마요르카, 메노르카, 이비사, 포르멘테라, 카브레라 등 5곳뿐이다. 남쪽으로 가면 북서아프리카 해안으로부터 110킬로미터 정도 떨어져 있는 또 하나의 스페인령인 카나리아 제도가 나타난다. 하지만 본토로부터 따지면 대서양에서 1천6백 킬로미터나 떨어져 있는 셈이다. 카나리아 제도에는 테네리페와 그란카나리아를 포함해서 비교적 널리 알려진 큰 섬들이 8개 있다.

이 모든 것들이 합쳐져 스페인으로 하여금 방어적 측면에서 군사적 이점을 얻을 수 있게 해준 것은 물론 지중해를 드나들 수 있는 권한과, 군사 및 교역 관계를 유지할 수 있는 항구와 기지에 덧붙여, 유럽에서 가장 강한 군대 중 하나를 가질 수 있게끔 했고, 이어 제국까지 건설할 수 있게 해주었다. 하지만 스페인이 최전성기를 구가하던 시대에도 이 나라의 지리는 부의 창출과 정치적 통합을 방해하고 있었다.

프랑스와 스페인의 국경을 이루는 피레네 산맥은 외부의 침입자에게는 장벽이 되지만 교역 측면에서는 원활한 흐름을 방해하는 걸림돌이 된다. 또한 산악지대에 가까이 붙어 있는 좁은 평야는 농업이 발전하는 데 공간적인 제약이 된다. 물론 스페인은 그나마 가지고 있는 것을 잘 활용해서 올리브, 오렌지, 와인 산지로 유명세를 떨치고 있기는 하다.

메세타 지역 평야에서는 많은 식량을 생산하고 있지만 또다시 여기서도 산맥이 나와서 나라 주변과 항구들로 가는 이동을 막고 있다.

프랑스나 독일과는 달리, 스페인에는 넓은 평야지대를 따라 끊기지 않고 흐르는 큰 강이 없다. 대다수 강은 길이가 짧고 수량이 적은데 여름이면 아예 물이 말라 버리는 곳들도 있다. 최근 들어서도 몹시 심한 가뭄으로 작물이 말라 죽고 지역 전체에 제한 급수가 시행되는 일도 종종 발생하고 있다. 스페인에는 이런 시기를 두고 전해오는 씁쓸한 속담이 있다. "나무도 개를 뒤쫓는다." 이는 얼마나 물이 절실했는지를 보여주는 말이다.

스페인의 주요 다섯 개 강 중 네 개가 대서양으로 흐르고 에브로강만 지중해로 흘러든다. 대다수 강들은 배를 띄우기 어려워서 내륙으로 들어가는 지름길로 이용하지 못하다 보니 물자를 실어 나르거나 전쟁 중 군대를 이동시키는 데도 별반 쓸모가 없다. 유일하게 운항이 가능한 내륙의 하천은 과달키비르강이다. 이것은 이 강이 지나는 세비야가 스페인에서 유일하게 해양을 운항하는 선박들이 오갈 수 있는 내륙 항구라는 얘기다. 이를 보면 이 도시가 왜 이따금 스페인 최대 도시가 되곤 했는지 이해가 될 것이다. 또 8세기에 스페인에 진출한 무어인(이베리아 반도를 정복한 아랍계 이슬람교도의 명칭)들이 칼리프 왕국을 세운 후 8백 년 동안 머무르면서 북쪽의 코르도바와 함께 세비야를 권력의 거점으로 삼은 이유도 알 수 있을 것이다. 그래도 제한적이기는 해도 이 나라의 강들은 농경지에 물을 대는 데 없어서는 안 될 존재이며 현대에 들어서는 수력 발전의 원천이 되고 있다. 그런데 스페인은 대체로 건조한 나라라서 최악의 경우 사막화 위험마저 안고 있다. 이 나라 남부 산악지대는 반도의 동과 서를 가로질러 내달리면서 대서양의 습한 공기를 가로막는 거대한 장벽이 되고 있다. 그로 인해 북쪽의 갈리시아와 칸타브리아 산맥은 그 이득을 누리지만 메세타 평야지대에는 약간의 비만 내리게 할 뿐이어서 물에 대한 압박을 주고 있다. 지중해 연안에서는 다공성 암반지역 주변으로 과도하게 지하수를 끌어올린 탓에 바닷물이 스며들어 그곳 땅의 염도를 높여 놓았다. 이것은 때때로 지역 간 물에 대한 골치 아픈 협상으로 이어지기도 한다. 많은 나라가 이웃 나라들과 물 배분 문제로 다투고 있지만 스페인은 국내에서도 이런 일이 종종 벌어진다.

　산맥과 강들이 물자와 사람의 이동을 어렵게 한 탓에 스페인은 강력한 중앙 집권 국가로 가는 데 많은 어려움을 겪었다. 물론 이 때문에 각 지역의 정체성과 언어가 고스란히 보존될 수는 있었다. 스페인 정부는 이러한 지리상의 장벽을 철도와 도로망으로 극복하려고 애써 왔다. 1848년에 바르셀로나 항만 지역과 마타로를 잇는 길이 29킬로미터의 철도 구간이 스페인에서 처음으로 개통되었다. 이후 마드리드를 중심으로 거의 모든 노선이 속속 개통되면서 위와 비슷한 방식으로 퍼져나갔다. 현대의 도로 시스템은 20세기 후반 들어서야 제대로 연결이 되었다. 1969년에는 다시 바르셀로나와 마타로를 연결하는 최초의 단거리 고속도로가 개통됐다. 그런데 중앙 정부가 〈스페인적인 것〉을 만들어 내려고 하자 카탈루냐, 바스크, 갈리시아를 비롯한 지방 주민들은 자신들만의 유산을 지키겠노라 결심했다. 이번에도 지리가 그들을 분리시키는 데 일익을 담당했다. 일례로 안달루시아와 메세타를 가르는 장장 485킬로미터의 시에라모레나 산맥을 관통하는 천연도로는 아찔하게 절벽이 펼쳐진 데스페냐페로스강의 협곡이 유일하다.

이베리아 반도를 장악한 무슬림,
그들을 다시 물리친 그리스도교 세력

유럽의 남서쪽이라는 스페인의 위치는 고대부터 카르타고와 로마, 즉 북아프리카와 유럽 양쪽에서 사람들을 불러들였다. 히스파니아(고대 로마제국 시대의 이베리아 반도를 일컫는 말)는 6백여 년 동안 로마제국의 지배를 받았다. 로마 시민들을 위해서 이곳에 소수의 정착지만 건설했는데도 로마는 이 나라의 건축, 종교, 언어 등에 두고두고 남을 영향을 끼쳤다. 그렇게 로마인들은 이베리아 반도 전체를 아우르는 문화가 생성되는 데 큰 기초를 닦았다. 정작 로마인의 언어인 라틴어는 쇠락했지만 라틴어로부터 카스티아어, 카탈루냐어, 갈리시아어, 포르투갈어 등이 파생되기도 했다.

그리고 서고트족이 왔다! 북쪽에서 온 이 게르만계 침입자들은 스페인 역사에서 수세기를 차지했음에도 로마인들과는 달리 일단 점령한 뒤에는 아무것도 남기지 않았다. 710년 서고트의 왕 위티자가 죽자 히스파니아는 서로 경쟁하는 세력들로 분열된다. 이것이야말로 재앙의 일반적인 수순인데 특히 한쪽이 외국 군대를 불러들인다면 더 그렇다. 분열된 집은 다시 서기 어렵다. 서고트라는 집은 너무도 약해져서 거의 하룻밤 만에 지붕이 내려앉아 버렸다. 현재까지도 그 내막이 확실히 밝혀지지는 않았지만 위티자 가문이 북아프리카의 이슬람군에게 적수인 로데리크 왕을 물리쳐 달라고 손을 내밀었던 것으로 보인다. 그에 대한 상대측 대답은 이것이었다.

"좋은 나라잖아. 그럼 우리가 먹지 뭐!"

서기 711년 5월, 타리크 이븐 지야드(스페인을 정복한 이슬람군의 지휘관)가 7천 명의 병력을 이끌고 지브롤터에 상륙했다. 이어 7월 중순경 그는 로데리크의 군대를 패퇴시킨 뒤 그를 죽일 기회를 잡았다. 그 여세를 몰아 계속해서 북쪽으로 진격해 수도인 톨레도를 점령했다. 이어 1만 8천 명의 병력을 보강해 몇 년 내에 무슬림들이 이베리아 반도 전체를 장악하게 되면서 알 안달루스Al Andalus라 이름 붙였다.

그들은 피레네 북부를 지속적으로 공략했다. 그리고 마침내 많은 역사가들이 유럽에서 그리스도교가 살아남을 수 있게 된 계기로 보는 투르 전투가 벌어졌다. 732년, 북쪽의 루아르강으로 진격하고 있던 대규모 이슬람 군대는 프랑크 왕국의 궁재(서양 중세시대 최고의 궁정직) 샤를 마르텔과 맞닥뜨린다. 불리한 전세에도 불구하고 프랑크 왕국이 결국 승리를 거둔다. 마르텔은 무슬림들을 이베리아 반도에 묶어둬야지 만약 그들이 반도를 넘어 더 위로 올라온다면 그리스도교의 유럽은 패망할 것으로 생각했다. 이 전투가 벌어지고 거의 천 년이 지난 후 영국의 위대한 역사학자인 에드워드 기번 또한 이 생각이 옳았음을 인정했다.

"유럽의 라인강은 나일강이나 유프라테스강에 비해 통과하기 어려운 편은 아니다. 따라서 아랍의 함대는 굳이 해전을 치르지 않고도 템스강 초입에 도달할 수도 있었다."

만약 마르텔이 패했다면 샤를마뉴(마르텔의 손자) 대제도 없었을 것이다. 그는 현재 카탈루냐 일부인 피레네 산맥 남쪽에 완충지대를 만들었다. 이곳은 훗날 이베리아 레콩키스타Reconquista[7] 프로젝트의 동

---

7 8세기부터 15세기에 걸쳐 스페인의 그리스도교 왕국들이 무슬림이 지배하고 있던 스페인 땅을 되찾기 위해 벌인 일련의 전투로, 국토 회복 운동 혹은 재정복 운동이라 불리기도 한다.

쪽 측면을 차지할 만큼 커진다. 투르 전투 이후 무슬림들은 점점 밀려 나기 시작하더니 756년부터 1031년까지 이베리아 반도의 3분의 2 정도만을 차지한 채 안달루시아 우마야드 왕국을 세우고 머물렀다.

이 왕국의 수도인 코르도바만큼 경쟁자의 방해를 받지 않고 독자적인 문명을 펼치기에 완벽한 장소는 없었다. 곳곳에 도서관들이 세워졌고 문학, 과학, 건축이 꽃을 피웠다. 무슬림 학자들은 각종 지식을 서유럽으로 들여와서 문화를 부흥시켰다. 그래서인지 스페인어에는 유독 아랍어의 흔적이 많이 남아 있다. 라틴어를 제외하고 스페인어에 아랍어만큼 많은 영향을 준 언어도 없다. 이를테면 지브롤터라는 명칭도 타리크 이븐 지야드에서 따온 것이다. 그가 상륙한 지점은 자발 타리크(타리크의 산)로 명명됐다.

1031년에 무너진 칼리프 왕국은 소규모 왕국들로 산산조각이 났다. 그리스도교 수장들은 지금이야말로 한때 자신들의 것이었던 이곳을 이슬람의 통치로부터 해방시킬 기회라고 여겼다. 1060년대에 교황 알렉산데르 2세는 이 싸움에 가담하는 이들에게는 죄를 사해주겠노라고 제안했다. 그리하여 1085년, 그리스도교 군대는 메세타 중심부로 가는 요충지가 되는 톨레도를 탈환했다. 이는 군사적 결과로나 스페인과 유럽의 발전 측면에서나 참으로 중요한 순간이었다.

1212년 그들의 군대는 데스페냐페로스강 고개도 뚫었다. 1250년 무렵에는 이베리아 반도 대부분이 그리스도교 세력 휘하로 들어갔다. 단 남쪽에 있는 그라나다 왕국만은 예외였다. 대세를 일찌감치 간파한 그라나다는 카스티야에 공물을 바치기로 결정하면서 이후 250년 동안을 무사히 버텨냈다. 어쨌든 250년이라는 세월은 장엄한 알함브라를 비롯한 많은 궁전들을 건설할 만큼 충분한 시간이었다.

사실 레콩키스타, 즉 재정복 과정을 일종의 통일 프로젝트로 생각하기가 쉽다. 하지만 스페인의 지리 때문에라도 북부의 그리스도교 왕국들은 각자 독자적으로 행동하곤 했다. 북동쪽에서는 아라곤이 특정 영토를 차지하기 위해 공세를 펼쳤고, 북서쪽에서는 갈리시아가 다시 힘을 모아서 차후의 원정을 준비하고 있었다. 남쪽으로 내려가는 재정복 운동은 하나의 물결처럼 진행되었다기보다는 조각조각 형태로 진행되었다. 이것은 현대 스페인이 처음부터 〈조각난 상태〉로 시작됐고 여전히 그 상태로 남아 있게 한 요인이 된다.

유대인과 무슬림에 대한 탄압

—

시간을 빨리 감아서 1469년으로 가보자. 우리는 그해에 무슬림 통치의 종말이 시작되는 것을 볼 수 있다. 카스티야 왕국의 이사벨라 공주가 아라곤 왕국의 페르디난도 왕자와 결혼을 한다. 아라곤과 카스티야 왕관이 하나로 합쳐진 것이다. 지리상으로 볼 때 이 사건은 스페인 북동부와 서부가 하나로 통합됐다는 의미를 갖는다. 사실 이는 경제적으로는 큰 효과가 없는, 어디까지나 정치에만 제한된 연합이었던 데다 여전히 자치권을 행사하는 지역들이 있었지만, 현대 스페인을 탄생시키는 전기가 되는 획기적인 사건인 것만은 분명하다. 이후 20년에 걸쳐 엄청난 대약진이 일어나기 때문이다.

1482년, 가톨릭 군주로 알려진 이 부부는 향후 10년 동안 이어질 그라나다에 대한 공격을 개시한다. 1492년 마침내 그라나다가 항복을 선언하고 카스티야에 합병된다. 이는 이베리아 반도에서 8백 년에 걸친 무슬림 통치가 막을 내리는 순간이었다. 무슬림들은 새로운 길을 열었고 찬란한 문명의 빛을 밝혔다. 그 시대의 기준으로만 보면 그들의 무자비함이 다른 문화권에 비해 특별히 심한 것도 아니었다. 그들은 지식을 발전시켰고 그 시기치고는 비교적 통 크게 종교적 자유도 허용한 편이었다. 대신 그리스도교도와 유대인은 제약을 받으면서 비무슬림의 의무인 지즈야라는 일종의 인두세를 납부해야 했다. 또 신앙을 나타내는 표식을 착용하고 이런저런 수모를 당하긴 했어도 개종을 강요당하거나 죽임을 당하지도, 강제로 정해진 구역에 모여 살지도 않았다.

다른 한편으로 이사벨라와 페르디난도 부부는 스페인을 가톨릭이라는 단일 종교 아래 통합하기 위한 노력으로 일찌감치 교회로부터 이단 심판권을 넘겨받았다. 재정복 사업이 끝나자 무슬림과 유대인은 양자택일의 갈림길에 서게 되었다. 개종하느냐, 아니면 추방당하거나 죽느냐.

유대인들이 이베리아 반도에 터를 잡은 지 1천 년이 되어가던 1492년 3월, 그들은 금, 돈, 말 또는 어떠한 무기도 없이 4개월 이내에 이곳을 떠나라는 명령을 받는다. 이 시기에 추방된 인원들에 대해서는 역사가들마다 이견이 분분하지만 대략 4만 명의 유대인들이 짐을 싼 것으로 추정된다. 이후 스페인에 유대인들이 많이 있어 본 적은 한 번도 없었다. 이 추방 정책이 공식적으로 폐지된 것은 1968년에 이르러서였다.

1502년 다시금 무슬림들에게 관심이 집중된다. 많은 사람들이 개종을 했음에도 비밀리에 이슬람을 믿는 사람들이 있었다. 개종자들은 〈작은 무어인들〉로 불리면서 내부의 적이라는 의심을 견뎌냈지만

1609년에 이르자 이들 또한 추방당하는 신세가 된다. 수십만 명이 강제로 쫓겨났는데 이 사태로 인구의 3분의 1을 잃은 발렌시아 왕국은 이후 한 세대 동안 농업이 황폐화되는 처지에 놓이게 된다.

그러나 어쩌겠는가. 스페인의 반유대주의 문화를 뿌리 뽑는 것이 얼마나 어려운지는 여론조사에서도 드러난다. 이런 정서는 스페인 사람들이 얼마나 공격적인 뜻인지도 의식하지 못한 채 무심코 사용하고 있는 일부 단어들에서도 드러난다. 이를테면 후디아다judiada라는 단어는 지저분한 술수나 잔인한 행동을 뜻한다. 또 레온이라는 도시에는 〈유대인을 죽이라〉라는 뜻을 지닌 마타르 후디오스matar judíos라는 음료가 있는데 오늘날에도 고난주간에 마신다고 한다. 카스티리요 마타후디오스(Castrillo Matajudios, 유대인 살해 캠프)라는 마을이 그 이름을 바꾼 것은 2014년의 일이다. 그 몇 년 전에 나는 업무차 이스라엘로 갈 준비를 하고 있었다. 우리집 위층에는 스페인 북부에서 온 늘 따뜻한 미소를 머금은 60대 여성이 살고 있었다. 그런 그녀가 걱정스러운 표정으로 나를 한구석으로 끌고 가더니 상기된 표정으로 이렇게 말했다. "팀, 유대인들을 조심해야 해요!"

실제로 많은 유럽 국가들이 현재 쓰고 있는 단어들을 현대적 정서에 맞추어 재검토하고 있다. 하지만 스페인은 대다수 나라들에 비해 훨씬 공격적인 단어들을 아직도 쓰고 있는 것 같다. 에스트레마두라 지방에서는 바예 데 마타모로스Vallé de Matamoros, 즉 〈무어인 살해 계곡〉이라는 마을이 있다. 흔한 경우는 아니라 해도 마타모로스라는 성씨도 있다. 이단 심판의 시대부터 프랑코 시대의 종말까지 수세기 동안 스페인이 통일된 국가로서 스스로를 정의하려고 노력했던 방식 중 하나는 바로 처음부터 가톨릭 국가라는 것, 진정한 신앙의 수호자가 되는 것이었다. 따라서 유대인과 무슬림 같은 소수 집단은 〈다름〉의 표본이 될 때만 이용 가치가 있었다.

스페인의 군주들은 자신들에게는 가능한 한 많은 사람을 개종시킬 종교적 책무가 있다고 믿었다. 비단 스페인 내부뿐 아니라 그 바깥까지도. 이 시나리오 안으로 당당하게 들어온 이가 있었으니, 바로 40세의 이탈리아 출신 모험가 크리스토포로 콜롬보(Cristoforo Colombo, 이후 콜럼버스로 칭한다)였다. 그는 인도로 가는 보다 빠른 해상 항로를 찾기 위한 탐험을 위해 수년 동안 이사벨라와 페르디난도에게 투자를 조르고 있었다. 결국 그들은 콜럼버스가 히스파니올라(서인도제도의 섬)로 갈 만한 자금을 제시했고 그곳에서 소량의 금을 발견한 콜럼버스는 이사벨라 여왕에게 보낸 편지에서 엄청난 금광을 발견한 것처럼 부풀렸다. 궁정의 반응은 이랬다. "황금? 황금이라고 했소? 그럼 더 큰 배가 있어야겠군." 나중에 라틴 아메리카에서 큰 보물을 발견한다면 스페인은 세계 최고의 강국이 될 수 있을 테니 말이다.

당연히 다른 세력들도 이 사업에 뛰어들고 싶어 했다. 1493년에 포르투갈은 콜럼버스가 우연히 발견한 땅을 두고 전쟁도 불사하겠다며 위협하고 나섰다. 라틴 아메리카 사람들에게는 아니었지만 이 두 나라한테 다행이었던 것은, 당시 교황 알렉산데르 6세가 자신은 대서양의 북쪽에서 남쪽으로 내려오는 가상의 선을 그릴 전지전능한 권한을 가지고 있다고 믿은 것이다. 그 선을 기준으로 서쪽에서 발견되는 모든 땅은 스페인 것이며, 동쪽에서 발견되는 모든 땅은 포르투갈 것으로, 이에 이의를 제기하는 이는 누구라도 교회로부터 파문을 당할 것이라고 엄포를 놓았다. 그렇게 하여 두 나라 간 평화는 유지됐다. 토르데시야스 조약이라 부르는 이 조약대로 정복한 땅에서는 전쟁만 벌어지지 않았지 정작 수세기에 걸친 약탈, 노예제, 역병 창궐 등과 같은 온갖 일들이 벌어졌다.

유럽 최강국에서 종이호랑이로 전락
—

이제 유대인들은 떠났고, 무슬림들은 떠나는 중이었고, 이사벨라와 페르디난도도 떠났다. 1516년 페르디난도 국왕까지 세상을 떠날 무렵 스페인은 대략 1500년부터 1681년에 이르는 황금기로 들어서고 있었다. 그즈음 남아메리카의 금광과 은광에서 쏟아져 들어오는 막대한 양의 부가 국민들의 삶의 질을 향상시켜 주었고, 덕분에 군사력도 확충되었고 건축, 문학, 회화 분야에서는 눈부신 걸작들이 탄생했다.

하지만 스페인의 각 지역들은 여전히 상이한 정체성을 유지한 채 각자의 방식대로 정치 및 경제를 독자적으로 발전시켜 가고 있었다. 이 나라의 지리가 잉태한 이 같은 국내 문제들, 발전을 가로막는 균열들은 1만 킬로미터 떨어진 대서양에서 스페인 왕국으로 들어오는 금은보화의 물결로도 해결할 수 없었다.

스페인은 국부의 상당 부분을 유럽 내 분쟁에 쓰고 있었다. 이 말은 곧 사업 전체에 자금을 댈 통로인 대서양을 지킬 해군력을 위해서는 그만큼 덜 썼다는 얘기이기도 하다. 1600년대 중반에 이르자 스페인은 해상 항로 지배권을 잃어가고 있었다. 카리브해에 머물던 스페인 상선들은 태평양에 면한 중앙아메리카 항구에서 운송되어온 중국 상품들을 배로 실어 나르곤 했다. 또 금과 은을 가득 싣고 해군 범선의 호위를 받는 선박들에 합류해서 쿠바 방면으로 가 스페인으로 향했다. 하지만 카리브해의 해적들은 그 배들을 어떻게 공략할지 알아냈다. 유럽에서 가장 힘이 센 나라가 종이호랑이가 되었다는 소문이 점점 퍼져나갔기 때문이다. 영국의 엘리자베스 1세 여왕이 키우는, 이른바 〈바다의 개〉라고 불리는 군인이자 탐험가인 월터 롤리와 프랜시스 드레이크는 약탈과 살인의 기회를 결코 놓칠 사람들이 아니었다. 그들은 그 열정을 나눈 것에 그치지 않고 스페인에게 돌아갈 수입의 흐름까지 약화시켜 놓았다.

1588년, 보다 못한 스페인의 펠리페 2세는 기발한 계획을 구상했다. 하지만 바람이 어느 방향으로 부는지를 알지 못했던 탓에 그 계획은 실패로 돌아가고 만다. 그의 회심의 계획은 영국해협으로 전함 130척을 투입해서 영국 함대를 박살내어 스페인과 싸우는 네덜란드를 지원하고 스페인의 보물을 축내는 그들의 힘을 끝장내 버리겠다는 것이었다. 덤으로 영국을 침공해서 프로테스탄트 여왕을 끌어내린 뒤 돌아와서는 네덜란드의 반란도 진압할 수 있을 터였다. 그때까지만 해도 스페인은 더 육중한 선박과 강력한 화력을 보유하고 있었다. 그런데 무엇이, 그것 말고 무엇이 잘못된 것이었을까?

이 계획을 위해서는 무엇보다 드넓은 해양을 경험해본 함대 사령관이 필요했다. 그러나 겨우 4개월 전에 임명되고 나서야 함대를 이끌고 바다에 나간 메디나 시도니아는 왕에게 이렇게 보고했다. "물에 떠본 사소한 경험으로 알게 된 사실은 제가 이내 뱃멀미를 한다는 것입니다." 고갈돼 가고 있는 자금 또한 스페인 해군의 상황을 어렵게 했다. 그들이 프랑스 칼레에 도착했을 때 시도니아는 피신할 수 있는 수심 깊은 항구도 없는 상태에서 필수 장비를 기다리는 처지가 되었다. 영국군은 이 기회를 놓치지 않았다.

이어지는 전투들에서 스페인 함대는 심각한 손실을 입으면서 전열이 완전히 흐트러졌다. 그들은 재정비를 위해 북해 쪽으로 항해했다. 사실 그때 임무를 포기하고 귀향했어야 했다. 하지만 스페인의 사령관은 이렇게 말했다. "라 지오그라피아 만다La geographia manda." 즉 "지리가 모든 것을 통제한다."라고. 그런데 그 지리는 그들 편이 아니었다.

스페인 해군은 남쪽으로 돌아와야 했는데 이번에는 바람이 엉뚱한 방향으로 불었다. 게다가 영국 해군은 스페인 군대와 그들이 돌아가야 할 항로 사이에 떡하니 버티고 있었다. 스페인 해군은 하는 수 없이 더 북쪽을 향해 올라갔다. 그런데 그들이 북스코틀랜드 끝단을 돌 무렵 흔치 않게 북대서양에서 부는 폭풍우에 함대가 휩쓸려 버린 것이다. 매서운 추위 속에서 많은 배들이 아일랜드 해안의 바위들에 부딪혀 좌초되고 말았다. 남은 배들까지 모두 귀환한 10월에 항구에 댄 배는 고작 60여 척에 불과했다. 이로써 거의 1만 5천여 명의 수군들과 함께 세계 최강의 해군력이라던 스페인의 명성 또한 사라지게 되었다. 이제 새로운 시대가 열리고 있었고 힘의 균형 또한 이동하고 있었다.

내부 분열과 갈등이 성장의 발목을 잡다
—

패권국가라는 지위를 포기할 준비가 돼 있지 않았던 스페인은 영토를 지키려고 네덜란드와 벌이고 있는 전쟁에서조차 제대로 성과를 내지 못하고 있었다. 이 시기 여러 해 동안 스페인의 왕권은 심지어 자기 나라조차 제대로 지배하지 못했다.

1630년대에 바스크 지방에서 일어난 반란은 마드리드 왕실이 전쟁 자금을 마련하는 과정에서 촉발됐다. 마드리드는 빌바오의 방직공장에 세금을 부과했고 대형 소금가게들을 징발했다. 그런데 이 일은 왕실의 뜻대로 진행되지 않았다. 반란은 3년 동안이나 지속됐고 진압을 위해 군대가 투입되기까지 했다. 바스크인들은 이 일을 두고두고 잊지 않고 있다.

1640년에는 카탈루냐 차례였다. 스페인은 프랑스에 대한 군사 작전을 카탈루냐에서 개시했는데 여기에는 카탈루냐도 전쟁에 동참할 수밖에 없게 하려는 의도도 깔려 있었다. 논리적으로 카탈루냐인들이 자신들의 조국을 위해 싸운다면 그들은 스페인 군대에 지원해야 한다. 그런데 중앙 정부를 열렬히 지지하지는 않는다고 알려진 카탈루냐인들은 이 생각을 따르지 않았다.

오히려 카탈루냐 지도자들은 국경을 넘어온 프랑스 측에 합류했다. 그 둘은 힘을 합쳐 스페인군을 무찔렀다. 그런데 1648년에 프랑스 군대가 철수하고 1652년에 심한 기근이 들자 마드리드는 카탈루냐에 식량 공급을 끊으면서 다시금 지배권을 획득했다.

카탈루냐인들은 이 충돌을 두고 소작농들을 기리는 뜻에서 〈수확하는 사람들의 전쟁〉이라고 부른다. 1994년에 공식적으로 채택된 카탈루냐 국가의 제목도 「수확하는 사람들」이다. 이 노래의 기원은 1640년의 프랑스 원정 시절로 거슬러 올라간다. 그리고 1899년에 만들어진 다음과 같은 가사는 오늘날에도 카스티야 사람들의 신경을 곤두세우게 한다.

승리의 카탈루냐는

다시금 부유하고 풍족해지리라.

그토록 우쭐대며 거만한 자들을 몰아내자.

합창: 그대의 낫으로 내려쳐라!

......

우리의 상징을 보고

적들이 두려움에 떨게 하라.

시간이 우리에게 사슬을 끊으라고 명할 때

우리가 밀의 황금빛 귀를 자르듯이.

경제적으로나 인구적인 면에서도 스페인의 명성은 쇠락하고 있었다. 동시에 불안정과 폭력에 신음하고 있었다. 1600년에 850만 명이었던 이 나라 인구는 한 세기 만에 660만 명으로 줄어들었다. 매년 평균 1만 명의 군인들이 사망한 데다 식민지로 이주한 또 다른 5천 명까지 더해진 탓이다. 극도의 빈곤과 되풀이되는 역병은 성장으로 가는 발목을 붙잡았다. 1700년대로 접어들어도 스페인은 여전히 전 세계에 넓은 영토를 보유하고 있는 대국이었지만, 원래 갖고 있던 것을 지키기에도 벅찬 데다가 숱한 전쟁을 치르면서 유럽 내에서도 많은 영토를 잃어가고 있는 상태였다. 이런 상황에서 나폴리, 시칠리아, 밀라노, 그리고 1704년에는 지브롤터까지 영국에 빼앗겼다.

갈등이 한 세기를 괴롭혔다. 스페인은 원래 프랑스와 싸우다가 나중에는 한편이 되는데 1805년에 트라팔가에서 두 나라의 연합 함대는 영국 해군에게 패하게 된다. 그런데 그로부터 2년 뒤 3만 명의 프랑스 군대가 국경을 넘어 이베리아 반도로 진격해 들어오면서 이른 바 독립전쟁이 발발한다. 게릴라guerrilla라는 단어는 실상 이 전쟁에서 나온 말로, 스페인어에서 전쟁을 뜻하는 게라guerra에서 파생된 것이다. 이 말은 당시 프랑스군에게 큰 피해를 입힌 스페인의 비정규군 무리를 지칭하면서 쓰이기 시작했다.

한편 라틴 아메리카의 스페인 식민지에서는 본국이 과연 그들에 대해 어떤 적법성을 가지고 있는 건지 의문을 제기하기 시작했다. 북쪽과 남쪽 곳곳에서 시몬 볼리바르와 호세 데 산 마르틴이 이끄는 봉기가 일어났다. 거점지역을 장악한 뒤 그들은 중앙으로 향하면서 중부 태평양 연안지대로 모여들었다. 볼리바르는 상페루(Upper Peru, 지금의 볼리비아)에서 왕당파 저항 세력의 잔당을 소탕했다. 그리하여 이 지역은 볼리바르를 기리는 뜻에서 볼리비아라는 이름이 붙여졌다. 멕시코에서도 비슷한 길을 걷게 되면서 1826년 라틴 아메리카는 스페인의 지배에서 벗어나기에 이른다.

하지만 정작 스페인은 폭력에서 해방되지 못하고 있었다. 도시 대 시골, 자유주의자 대 전통주의자, 지역 대 지역, 스페인 사람 대 스페인 사람의 대결로 이어지는 1800년대가 지나갔다. 이 나라에서 벌어진 내전은 정치 시스템에 군대가 스며드는 계기를 만들었다. 굳건하게 위치를 고수한 가톨릭은 교회 권력을 축소하려는 자유주의자들과 맞붙었다. 이런저런 다양한 반란과 쿠데타 시도들, 심지어 전면전에 이르기까지, 어느 쪽이라 할 것도 없이 모두가 20세기로 밀려들어 오는 쓰디쓴 잔혹 행위들을 지속적으로 저질렀다.

19세기 후반 들어 영국, 독일, 프랑스가 눈부신 발전을 이루는 것을 본 스페인도 산업혁명을 따라가 보려고 했다. 하지만 이 세 경쟁국들은 하나같이 스페인보다는 훨씬 큰 단결력을 키워간 나라들이었다. 스페인으로서는 발전이 더딘 철도와 도로망으로 경제를 하나로 묶으려다 보니 여전히 북쪽에 있는 나라들의 뒤를 쫓아가기도 벅찬 형편이었다. 국론은 분열돼 있고 국가보다는 자신이 속한 지역에 더 충성하는 사람들이 많았다. 이런 가운데 1898년 푸에르토리코, 쿠바, 필리핀까지 잃음으로써 그나마 남아 있던 옛 제국의 잔재마저 떨어져 나갔다. 비록 오스만 제국에게 유럽의 병자라는 별명이 붙긴 했지만 스페인이라고 아주 건강한 상태는 아니었다. 스페인이 더 이상 강대국이 아니라면 각 지역들이 〈스페인이라는 정체성〉으로 묶여야 할 이유도 그만큼 줄어들 터였다.

프랑코,
내전과 공포와 굶주림을 불러오다
—

제1차 세계대전에서 멀찍이 물러서 있으려는 노력에도 불구하고 유럽 전역에서 부상하는 파시즘과 공산주의의 대두를 점점 더 실감케 하는 좌우의 대결에서 스페인이라고 영향을 받지 않을 수 없었다. 그 시대야말로 민주주의로 이행해갈 기회였건만 스페인의 토대는 허약하기 짝이 없었다. 그러다 1923년에 스페인 내에서 군사 쿠데타가 발발했고 독재자 프리모 데 리베라가 정권을 잡았다. 그가 권력을 쥐고 있었던 기간은 6년에 불과했다. 이후 1931년에 치러진 선거에서는 공화주의자들이 승리했고 새 정부는 스페인을 공화국으로 선포했다. 그들은 군대의 고위 장교들을 축출하고, 교회의 특권을 배격했으며,

광대한 사유지들을 국유화하고, 산업 노동자들에게 크게 상승한 급여를 지급하는 등 그 땅에서 가장 강력한 4개의 세력, 즉 교회, 군부, 상류 지주 계층, 경영주들과 확실하게 대척점에 섰다.

그러자 채 1년도 되지 않아 또 다른 정변이 시도된다. 이 쿠데타는 실패로 돌아갔지만 여기서 야기된 혼란으로 스페인은 1933년에 다시 선거를 치를 수밖에 없게 된다. 이 선거로 들어선 우파 정권은 카탈루냐에게 더 많은 자유를 부여하는 조치가 포함돼 있던 전 정부의 정책들을 전면적으로 뒤집는 일에 즉각 착수했다. 1936년 일련의 파업 사태와 인정사정없는 탄압, 그리고 만신창이가 된 경제 상황 속에서 또다시 선거가 치러졌다. 이번에는 통합 인민전선의 형태로 참여한 좌파가 다시 권력을 잡았지만 서로 다른 파벌들이 극단을 향해 치닫는 가운데 스페인은 결국 내전의 나락으로 떨어지고 만다.

1936년 7월 12일, 골수 공화주의자이자 인민전선 정부의 준군대 격인 무장 경비대의 수장인 호세 카스티요가 암살당했다. 이내 똑같이 폭력적인 방식으로 복수극이 벌어졌다. 같은 날 밤, 경찰들과 무장한 좌파 무리가 우파 정치인인 호세 칼보 소텔로의 집을 급습했다. 경찰차로 호송되는 와중에 그는 등과 목에 총을 맞고 사망했다.

소텔로의 장례식에 참석한 수천 명의 우파 지지자들이 도시 중심부까지 행진하는 중에 경비대 부대원들과 맞닥뜨렸다. 이 과정에서 항의하는 시위자들 몇몇이 총을 맞고 사망했다. 우파는 소텔로에 대한 살인을 궁극적으로 격렬한 복수극으로 받아들였다. 장례식이 있은 지 사흘 후에 군부 내에서 봉기가 일어났다. 모로코에 있는 스페인령 멜리야에 주둔하고 있는 부대가 장군 네 명의 지휘 아래 반란을 일으킨 것이다. 그 안에 프란시스코 프랑코 장군도 끼어 있었다. 바야흐로 스페인 내전의 방아쇠가 당겨진 것이다.

그 뒤 2년 동안 충돌은 극도로 격화됐다. 히틀러와 무솔리니가 반란군에게 훈련된 군대를 지원해줌에 따라 소련이 인민전선의 정부군 측에게 무력 지원을 시도했음에도 프랑코의 반군 세력이 저항 세력을 뭉개버리는 것은 시간문제였다.

1938년에서 이듬해로 이어지는 겨울 동안 공화파는 극도로 피폐한 상태에 놓이게 됐다. 봉쇄로 인해 부대원들의 식량은 물론 점령 지역에서 프랑코 군대의 잔인한 탄압을 피해온 3백만 명의 난민들을 위한 생필품도 바닥이 났다. 1939년 1월, 바르셀로나를 떠난 50만 명의 시민과 병사들은 엄동설한 속에서 프랑스 국경 쪽으로 향했다. 뒷날 라 레티라다(La Retirada, 후퇴)로 알려진 이 사태에서 이탈리아와 독일 전투기들의 폭격을 무릅쓰고 160킬로미터를 걸어가야 했던 이들도 있었다.

결국 프랑코 군대가 바르셀로나로 들어왔다. 그해 2월 말, 영국과 프랑스는 프랑코를 새 정부 수반으로 인정했다. 3월에는 20만 명의 군인들이 마드리드에 무혈 입성했다. 길가에 도열해서 그들의 승리를 축하한 많은 시민들이 있었는가 하면, 피하기 어려운 프랑코의 복수에 불안해하며 불면의 밤을 보내야 했던 또 다른 많은 이들도 있었다.

4월, 프랑코는 무조건적인 항복을 받아낸다. 당시 사망자 숫자에 대한 의견은 연구자들마다 다르지만 50만 명에서 굶주림과 질병으로 죽은 사람들까지 포함해 1백만 명에 이를 것으로 보는 이들도 있다. 양측에 의해 처형당한 사람들만 수만 명에 이르고, 내전이 종식된 뒤에도 삶의 전 영역을 내리눌렀던 프랑코의 파시즘적 통치로 인해 수천 명 이상의 공화주의자들이 목숨을 잃었다. 내전 초기에 프랑코 측의 장군이던 에밀리오 몰라는 이런 말을 했다.

"공포를 퍼뜨리는 것이 필요하다. 우리는 우리와 생각이 다른 이들을 일말의 가책 없이 즉시 처단함으로써 지배자라는 인상을 심어줘야 한다."

이후 엘 카우디요El Caudillo, 즉 지도자로 알려진 프랑코 장군을 향한 개인 숭배가 나타나기 시작했다. 공화주의자들이 입법했던 자유주의 성향의 법률들은 줄줄이 폐기됐다. 대신 새로운 법들이 연이어 발표되는데 그 가운데는 여자가 대학에서 가르치는 것을 금지하는 것은 물론 법관으로 봉직할 수도 없고, 심지어 재판에서 증언하는 것조차 허용하지 않는다는 것도 있었다. 교회는 국가를 구할 인물로 프랑코를 보내준 것이 신의 섭리라는 개념에 굳이 이의를 제기하지 않았으며, 군사 정부는 국가는 통합된 단일 실체라는 생각을 크게 선전했다. 실상 이 말에는 바스크나 카탈루냐 같은 지역의 정체성을 눌러야 한다는 의미가 담겨 있다. 이후 이들 지역의 언어들은 공적인 영역에서 사용이 금지되었다. "스페인 사람이면 스페인어를 사용하라!"라는 정부의 구호가 이 조치를 뒷받침했다. 카탈루냐어와 바스크어는 집에서만 사용하는 등 사적인 영역으로 숨어들어 갔지만 그들의 음절 하나하나에는 마드리드 정부에 대한 강한 부인이 담겨 있었다.

프랑코는 1975년까지 스페인을 통치했다. 그는 〈하나의 스페인〉을 만들고 싶었지만 많은 전임자들이 그랬던 것처럼 그토록 오랫동안 지역 언어들과 정체성을 살아남게 한 그 지리를 이길 수 없었다. 그가 맞닥뜨린 견고한 요새들 가운데는 캄프 누, 즉 FC 바르셀로나의 홈구장도 있다. 프랑코는 레알 마드리드를 응원하는 것으로 알려졌지만 열광적인 팬까지는 아니고 단지 그 구단을 스페인식 성공의 상징으로 부각시키고 싶어 했다. 프랑코가 독립을 바라는 지역의 축구단인 FC 바르셀로나를 키워줄 리는 만무했다. 그래서 정권은 FC 바르셀로나의 명칭을 카스티야어로 바꾸거나 클럽의 배지를 바꾸게 했다. 그렇게 해야 그 위에 그려진 카탈루냐 깃발이 스페인 국기와 비슷하게 보일 테니 말이다. 하지만 그렇게 한다고 팬들의 마음까지 바꿀 수는 없었다. 수천 명의 FC 바르셀로나 팬들은 카탈루냐어로 응원가를 불렀다. 그렇다고 경찰로서도 그들 모두를 체포할 수는 없는 노릇이었다. 1950년대에 그들의 구장이 캄프 누로 바뀌었다고 해서 전통마저 사라진 것은 아니었다. 바스크 지방에서는 아틀레틱 빌바오(정식 명식은 아틀레틱 클루브)의 서포터들이 비슷한 방식으로 마드리드에 대한 입장을 표출했다. 양측 도시들에서는 여전히 많은 이들이 이렇게 하고 있다.

카탈루냐의 민속춤인 사르다나 또한 금지되었다. 이 춤은 사람들이 손에 손을 잡고 둥그렇게 원을 만들면서 넓게 퍼졌다 좁혀졌다 하는 동작을 반복한다. 카탈루냐에서는 언제든 반항을 표출할 장소와 시간만 있으면 이 춤을 추었다. 원이야말로 단합을 상징하지 않는가.

보다 직접적인 방식으로 반대를 표명하는 이들도 있었다. 1940년대에 프랑코 휘하의 민병대는 사실상 게릴라들이었지만 폭도라고 불리는 전사들의 공격에 시달렸다. 그들의 활동 영역은 주로 프랑스와의 접경지대였지만 일부는 산악지대에서 활동했고 스페인 내부로 깊숙이 들어와서 이따금 도시에서 모습을 드러내기도 했다. 하지만 정권의 지배력을 심각하게 위협하는 수준까지는 이르지 못했다. 세부적인 내용은 많지 않지만 연구에 따르면 양측의 대립으로 수천 명의 게릴라와 정부 측 민병대 수백 명이 목숨을 잃었다고 한다. 최후의 반란군은 1965년에 갈리시아에서 총에 맞고 사망한 호세 카스트로 베이가라는 게릴라로 알려져 있다.

국영 언론은 이런 종류의 사건들에 대해서는 하나같이 입을 다물었고 그러다 보니 이 상황을 제대로 알고 있는 국민도 드물었다. 그들은 내전으로 망가져서 1900년대 수준으로 퇴보한 경제에서 간신히 연명해 가고 있었다. 프랑코는 일명 자급 경제로 알려진 경제 체제를 도입했다. 자급자족, 국가의 가격 통제, 외국과의 무역 제한 등을 골자로 한 이 정책은 엄청난 파괴적인 효과를 몰고 왔다. 결국 1940년대는 〈굶주림의 해〉로 알려지게 되었다.

사방에서 따돌림받는 홀로 남은 파시즘의 나라
—

이런 상황에서도 프랑코는 돈줄을 찾아냈고 강제로 수천 개의 벙커를 설치하게 해서 프랑스 쪽 국경을 강화하는 이른바 피레네 라인을 구축했다. 길고 폭력적인 과거의 경험을 통해 외부의 침략자들이 산악지대 양쪽의 낮은 통로를 통해서 바스크 지역과 카탈루냐 지역으로 들어온다는 것을 알고 있었기 때문이다. 이 시기에 지어진 많은 벙커들이 지금도 발견되고 있다. 버려지고 잡초만 무성한 상태로 말이다. 이것들은 프랑코 시대에 자진해서 택한 스페인의 고립을 부분적으로 상기시키는 물리적 흔적들이다. 프랑코 정권은 외국의 영향으로 스페인의 순수성과 힘이 약화되고 있다고 느꼈다. 스페인 고위 장성 가운데 한 사람이 이런 말을 한 적도 있다.

"스페인은 유럽이 아니다. 이제껏 유럽인 적도 없었지만 말이다."

프랑코에게도 친구들은 있었다. 문제는 그들의 이름이 아돌프 히틀러와 베니토 무솔리니라는 것이지만. 제2차 세계대전에서 히틀러의 독일과 무솔리니의 이탈리아가 패망하자 프랑코의 스페인만 파시즘이라는 늪에 빠져 홀로 허우적대는 신세가 되었다. 서구 열강은 동부 전선에서 나치와 함께 협력하도록 병력 5만 명을 보낸 이 사내를 무시했다. 종전 후 스페인은 따돌림을 받는 나라가 되었다. 유엔은 물론 마셜 플랜, 나토에게까지도.

프랑코는 때를 기다렸다. 그는 영국이 지브롤터의 소유권 때문에라도 이베리아 반도의 안정을 희망하고 있으며 폭력적으로 정권이 전복되는 것을 지지할 리 없다는 것을 알고 있었다. 하지만 보다 중요한 것은 냉전으로 인해 서구 열강에게 강요된 현실 정치가 스페인에게 유리하게 바뀔 수 있다는 점이었다. 당시 유럽이 새롭게 마주한 위협은 파시즘이 아니었다. 바로 소련의 공산주의였다.

특히 미국은 소련이 서유럽을 침공할 때 스탈린의 부대 일부가 남서쪽인 스페인까지 진격할 수 있음을 우려했다. 미국은 자국의 전략적 깊이의 측면에서 스페인을 바라보았다. 즉 소련의 붉은 군대를 라인강에서 저지하지 못했을 때 방어선을 구축하고 뒤로 물러날 수 있는 공간으로서 말이다. 1947년에 미국합동전쟁계획위원회가 수행한 연구에서는 소련이 서유럽 공격을 개시한다면 3개월 이내에 피레네 산맥에 도달할 수 있을 것으로 보았다. 그리고 20일이 걸려 산맥을 넘고 대서양 연안을 따라 리스본으로, 지중해 연안을 따라 바르셀로나로 진격할 수 있다. 거기서부터 소련은 40일 내에 지브롤터에 도달해서 지중해와 대서양의 접근권을 장악할 수 있을 것이다. 그런 배경에서 열린 잠정 협상에서 스페인은 미군에게 전략적 기지 사용권을 부여할 가능성을 열어두었다. 그 협상이 조인될 때까지 수년이 걸렸지만 1951년 미국의 트루먼 대통령은 스페인에 대한 정책이 바뀔 것임을 분명히 하면서 미군에게 이렇게 말했다.

"나는 프랑코를 좋아하지도 않고, 앞으로도 그럴 생각이 없지만, 내 개인적인 감정이 당신들 군인들의 신념을 무시하게 하지는 않을 것이다."

2년 뒤 마드리드 조약이 맺어졌다. 스페인은 향후 20년간 20억 달러의 군사 및 경제 원조를 받는 대신 미군에게 육군과 공군, 해군기지들을 허용한다는 내용이었다. 프랑스는 이에 반대하는 입장이었다. 만에 하나 전쟁이 벌어졌을 때 미군이 프랑스의 방위를 포기할지 모른다는 것이다. 어쨌거나 이 시나리오에서 민주주의 유럽의 최후의 보루는 파시스트의 나라 스페인이 되는 셈이었다.

트루먼이 프랑코를 만날 일은 없었다. 이 명예 아닌 명예는 후임자인 드와이트 D. 아이젠하워에게 주어졌다. 1959년, 그는 처음으로 스페인을 방문한 현직 미국 대통령이 되었다. 프랑코가 히틀러와 나란히 걸으면서 나치 의장대에게 파시스트식 경례를 하는 장면이 찍힌 지 채 20년도 안 된 시점이었다. 이제 프랑코는 미국 대통령과 함께 스페인 군악대가 연주하는 「텍사스의 노란 장미The Yellow Rose of Texas」가 울려 퍼지는 가운데 마드리드 거리를 행진했다. 민주적인 스페인을 갈망하는 사회 각계각층에게는 쓰라린 일격이 아닐 수 없었다.

하지만 국민들의 생활은 조금 나아졌다. 미국과의 합의를 따르려면 스페인은 무역 규제를 좀 더 느슨하게 풀고 외국인 투자도 허용해야 했다. 자급 경제를 슬그머니 포기하자 인플레이션이 유발되긴 했지만, 어쨌거나 1960년대의 스페인은 경기가 살아나서 국민들은 너도 나도 세탁기와 텔레비전 같은 서유럽에서 표준이 된 상품들을 사들이기 시작했다.

1960년대에 이르자 스페인의 독재자는 자신의 사후를 바라보기 시작했다. 일흔여섯이 되던 1969년, 건강이 쇠락해진 상태에서 프랑코는 자신의 뒤를 이을 국가의 수장이자 국왕으로 후안 카를로스 왕자를 지명하는 법안에 서명했다. 프랑코는 카를로스 왕자가 기존의 정치 구조를 따르리라 믿었다. 정권은 왕자가 그들의 꼭두각시가 될 것임을 의심치 않았으며, 대중 또한 그가 자신들의 삶을 바꿀 의지나 능력이 있을 거라 기대하지도 않았다. 그러나 그 모든 게 잘못된 믿음이었다는 것을 그는 증명했다.

새 국왕의 등장

—

1975년 11월, 36년에 걸친 전체주의 통치를 뒤에 남겨둔 채 82세의 나이로 프란시스코 프랑코는 세상을 떴다. 군부는 자신들이 킹 메이커로서 국가를 계속 통치하려 했지 새 국왕이 나라를 재건하는 자가 될 거라는 건 미처 계산하지 못했다.

스페인 국회의장인 알레한드로 로드리게스 데 발카르셀은 이렇게 말했다. "단지 의례적으로 계승하는 것이 프랑코의 뒤를 잇는 왕자에게 주어진 과제였다."라고. 그러나 신임 국왕은 기존의 국정 기조를 송두리째 뒤집는 연설을 한다.

"스페인은 유럽의 일부가 되어야 합니다. 스페인 국민은 유럽인이기도 합니다."

직접적으로 명시된 것은 아니었지만 정치적으로나 지리적으로 유럽의 일부가 되려면 스페인은 먼저 민주주의 국가가 되어야만 했다.

후안 카를로스 국왕은 아슬아슬한 줄타기를 감수하고서라도 기존의 정치 체제를 해체할 생각이었다. 그는 스페인의 모든 분파들을 향해 발언을 해야 한다는 점도 알고 있었다. 그는 일찌감치 〈모든 스페인 사람들의 왕〉이 될 거라고 말했다. 이는 어찌 보면 수세기 동안 하나의 국민으로 만들려는 과업이 실패했음을 암묵적으로 인정하는 것이기도 했다. 카를로스 국왕의 다음 행보는 카탈루냐와 갈리시아를 방문해서 그들의 독자성을 인정하는 연설을 하는 것이었다. 그리고 프랑코의 출신지인 갈리시아에서 국왕은 스페인어보다 포르투갈어에 더 가까운 갈리시아어로 짤막하게 연설까지 했다. 그는 "갈리시아 만세!Viva Galicia!"라는 말로 끝을 맺었다. 바야흐로 새로운 시대가 찾아온 것이다.

정당들이 다시 살아났고 언론에 채웠던 족쇄도 풀렸다. 당연히 개혁을 방해하려는 구체제 옹호자들의 움직임도 있었다. 그러자 또다시 정변이 발발해서 유혈참극이 벌어질지 모른다는 두려움이 일었다. 그런데도 국왕은 민주주의로 향하는 길을 꿋꿋이 걸었다. 1976년에 드디어 국민투표가 시행됐다. 77.7퍼센트의 투표율에 97.4퍼센트라는 압도적인 수가 입헌 군주제로 가는 개혁안에 찬성했다. 게다가 공산주의자들까지 포함된 모든 정당들이 합법화됐다. 프랑코 잔당들이 가장 두려워하는 것이 바로 공산주의자들이었는데 말이다.

이듬해에는 총선이 치러졌다. 1936년 이후 처음으로 시행되는 민주적인 선거였다. 총 350석 가운데 165석을 얻은 중도 우파 정당이 승리해서 정권을 창출했다. 이어 사민당이 118석을 얻었고 공산당은 20석을 얻어 세 번째로 많은 의석을 가진 정당이 되었다. 승자만큼이나 관심을 끈 것은 패자였다. 전 프랑코주의자들이 창당한 AP 당은 16석을 얻는 것에 그쳤다. 그 가운데 마누엘 프라가는 우익을 단일한 정치 세력으로 모으려고 애를 썼지만, 정작 프랑코의 딸이 사냥 여행 중에 엉덩이에 총을 맞은 사고가 당시 대중의 이목을 가장 많이 끈 사건이 되어버렸다. 중요한 것은 어느 쪽이 됐든 압도적으로 많은 스페인 국민들이 단호하게 프랑코주의를 거부했다는 점이다.

그런데도 프랑코주의는 쉽게 수그러들지 않았다. 1981년, 테헤로 중령이 이끄는 2백 명의 민병대 부대원들이 의사당 건물로 난입해서 쿠데타를 시도했다. 과장된 콧수염과 요란스럽게 총을 흔들어대는 모습 때문에 테헤로는 우스꽝스러운 악인으로 비쳤을 법하다. 그때 그는 부총리 메야도 장군과 바닥에서 몸싸움을 벌이다가 68세 된 장군이 엎드리기를 강하게 거부하자 포기하고 말았다. 하지만 이것은 아주 심각한 사태를 불러왔다. 쿠데타에서 유일하게 군 출신 주동자 가운데 하나였던 테헤로가 이때 공중으로 총을 발사하자 부대원들 몇 명이 그를 따라 기관단총을 발사했다. 그는 들고 있던 무기를 잠자코 엎드려 있던 아돌포 수아레스 총리를 향해 겨누었다. 그런데 이 모든 장면이 텔레비전으로 생중계되고 있었다.

새벽 1시, 후안 카를로스 국왕이 군복 차림으로 텔레비전 화면에 나타났다. 국왕은 이렇게 말했다. "항구적인 국가 통합의 상징으로서, 국왕은 어떤 형태로든 민주적인 절차를 강제적으로 방해하려는 자들의 행위나 태도를 용인할 수 없습니다." 이 한마디에 상황은 종료됐다. 쿠데타 세력에 대한 체포가 이내 진행됐고 낙담한 테헤로는 한낮에 의사당을 나와 구금됐다. 그와 함께했던 주동자들은 30년형을 받았다. 스페인의 민주주의가 뿌리를 내릴 만한 시간이었다.

1981년에 들어선 사회당 정권은 처음으로 프랑코 정권 출신이 한 명도 포함되지 않은 최초의 정부로 기록된다. 이듬해인 1982년에 스페인은 나토에 가입했고, 1986년에는 EU 회원국이 되었으며, 1999년에는 유로화를 채택했다. 국토를 17개(현재는 19개)의 행정 구역으로 나눈 신헌법은 이 나라의 역사적, 지리적 차이를 인정했다. 그렇다고 해묵은 긴장이 완전히 해소된 것은 아니다. 현재 그 긴장감은 갈리시아, 카탈루냐, 바스크 지역의 경우엔 꽤 심각한 편이고, 안달루시아는 상대적으로 덜한 편이라 할 수 있다.

독재정권에서 자치나 독립을 추구하는 지역에 대한 대응은 대개 노골적인 탄압이었지만 국민의 의지를 중시하는 민주주의 체제에서는 훨씬 복잡한 문제가 아닐 수 없다. EU에 가입하는 것은 스페인의 상대적으로 후진적이며 권위적인 지역주의에 대한 해답으로 간주됐다. 오래전 1910년에 철학자 호세 오르테가 이 가세트는 이런 글을 쓴 적이 있다.

"스페인은 문제 덩어리이고 유럽이 그 해결책이다."

어쩌면 그럴 것이다. 많은 스페인 사람들은 EU로부터 경제적 이득을 얻는 것뿐 아니라 좋은 정부에 대한 요구 때문에라도 일정 수준의 주권을 포기하는 것에는 불만이 없었다. EU 안에서 스페인 사람들은 루마니아인들 다음으로 자기네 정부를 못 믿는다는 조사가 있다. 그러나 EU라는 존재와 그 회원국 자격은 스페인의 여러 지역에게 스페인이 아니라 〈유럽〉이 되는 길을 열어주었다. 이는 영국이나 벨기에, 이탈리아 외에 다른 나라들에도 해당될 것이다.

중앙 정부와 지방 정부의 극심한 대립

—

최근 들어 바스크 지역에서 마드리드 정부의 통치에 반발하는 가장 큰 폭력사태가 발생했다. 이곳은 1512년에 스페인과 프랑스가 갈라졌을 때 생긴 7개의 전통적인 지역들로 이뤄졌다. 스페인 쪽은 북아일랜드의 절반 크기로 인구 약 220만 명이 살고 있다. 피레네 산맥 서쪽에서 비스케이만 쪽으로 미끄러져 내려가는 것으로 시작해서 해안을 따라 176킬로미터를 가면 인구 대부분이 거주하는 중공업 지대가 나온다. 이 지역의 안쪽은 주로 산악지형인데 이는 인근 지역과 현저한 차이를 보이는 민족들 사이에서는 흔히 볼 수 있는 풍경이다. 이런 풍경은 에브로강 남쪽까지 이어진다. 지리적 영역은 두 개 주에 걸쳐 있지만 많은 바스크인들은 바스크를 에우스칼 에리아Euskal Herria라고 부르면서 하나의 나라로 여긴다. 이들 인구의 4분의 1이 쓰는 언어인 에우스카라어는 나머지 유럽이 쓰는 인도–유럽 어족보다 오래된 언어로서 그 어떤 언어와도 관련이 없다고 한다. 이 언어의 뿌리는 여전히 미스터리인데 어쨌거나 이 지역에서 라틴어나 아랍어, 스페인어까지도 밀어낼 정도로 막강한 것은 사실이다.

이러한 민족의식은 늘 일정한 자치권이나 완전한 분리를 요구하는 쪽으로 향해 왔다. 가장 최근의 형태는 1959년에 창설된 ETA일 것이다. ETA는 〈바스크 조국과 자유Euzkadi ta Askatasuna〉의 머리글자이다. 프랑코 시대에는 에우스카라어로 공공연하게 말하는 것만으로도 투옥당할 만큼 금기시되었다. 출생과 결혼 증명서에 적힌 바스크식 이름도 주민증에서 지워지고 스페인어로 대체되었다. 프랑코 정권은 바스크 영토의 자율권도 박탈했다. 그런데 ETA는 단순히 그 지위를 되찾기 위해 만들어진 것만은 아니었다. 그들의 목표는 스페인과 프랑스 국경 양쪽에 걸쳐 있는 바스크 국가를 세우는 것이었다.

1968년에 한 경관을 살해한 것을 필두로 이 단체는 경찰, 법관, 평범한 시민들까지 대상으로 한 일련의 총격 사건과 폭탄 테러를 저질렀다. 그로 인해 850명 이상이 목숨을 잃었다. 정부는 하부 조직을 색출하는 것으로 대응했지만 독재정권이 몰락한 뒤에도 국가 기관 구성원을 대상으로 한 수백 건의 폭력사태가 수년간 이어지면서 안팎의 비난을 샀다.

1989년 ETA가 바르셀로나의 한 슈퍼마켓에서 저지른 폭탄 테러로 아이 포함 21명이 사망하는 사건이 벌어졌다. 지난 40년간 그들이 벌인 살인과 난동 가운데 최악의 사건이었다. 그런데 그 무엇보다 이 조직 스스로가 큰 피해를 입게 되는 잔혹 행위는 미겔 앙헬 블랑코라는 바스크 지방의회 의원을 살해한 사건이었다. 1997년 ETA는 29세의 그 의원을 납치한 뒤 스페인 전역에 수감돼 있는 ETA 조직원들을 48시간 이내에 바스크 지역 교도소로 이감하라는 요구를 했다. 이 사건은 온 나라를 충격에 빠뜨렸다. 시민들은 중앙 정부가 그들의 요구를 들어줄 리 없다는 것을 알고 있었다. 그리하여 6백여만 명이 거리로 쏟아져 나와 ETA가 억류하고 있는 블랑코 의원을 석방하라고 요구했다. 그러나 납치된 지 이틀 후에 그는 한 숲속으로 옮겨져서 강제로 무릎이 꿇린 상태에서 뒷머리에 총을 맞았다.

이것은 너무 나간 것이었다. 심지어 바스크의 열렬한 독립 지지자들이 보기에도 그랬다. ETA를 지지하던 대중들도 등을 돌리기 시작했다. 1978년에 스페인 헌법은 이 지역의 자치권을 인정했고 대다수 주민들이 만족할 만한 수준의 자치 경찰과 조세 및 언론을 관리할 권리도 부여했다. 수차례에 걸친 휴전 협상이 불발되다가 2011년 ETA는 결국 폭력의 완전한 중단에 합의했고 2018년 해체를 선언했다. 그래도 바스크인들은 여전히 다른 정체성을 간직하고 있다. 최근 실시된 모든 여론조사에서 바스크인들은 현대 스페인이라는 국가에서 자신들은 자치 국가로 존속할 수 있다고 믿는 의견이 지배적인 것으로 나타났다. 바스크 국민당 당수인 안도니 오르투자르는 이런 상황을 산뜻하게 표현했다. 《파이낸셜 타임스》와의 인터뷰에서 그는 이런 말을 했다.

"평범한 바스크 사람이 살면서 스페인이라는 국가를 접할 일은 딱 세 번 있습니다. 운전면허증, 여권, 연금 받을 때. 나머지는 우리 바스크 기관들이 제공합니다."

카탈루냐 사람들은 이보다 훨씬 많은 것을 요구한다. 바로 전면적인 독립이다. 그러나 1981년의 쿠데타 시도 이래 그들의 싸움은 가장 큰 위기를 불러왔다. 17세기 이후 마드리드에서 벗어나려는 시도들이 숱하게 있었지만 프랑코 사후에 카탈루냐 또한 상당한 수준의 자치권을 얻은 것을 볼 때 근래에 나오는 요구에 많은 이들은 놀라움을 금치 못하고 있다.

카탈루냐는 이 나라에서 가장 부유한 지역이다. 이 점이 최근 격변 사태에서 핵심 역할을 하는 요인이기도 하다. 카탈루냐의 면적은 바스크보다 4배는 넓은 벨기에와 비슷하며, 750만 명의 인구 대부분은 카탈루냐어를 쓴다. 스페인의 북동쪽 끝단에 삼각형 모양으로 위치해 있는 이 지역의 형상은 동쪽으로는 지중해가, 북쪽으로는 피레네 산맥이 만들어 주고 있다. 또 서쪽에는 에브로강이 아라곤과 경계를 마주하고 있고, 남쪽으로는 발렌시아와 맞닿아 있다. 바스크인들과 마찬가지로 카탈루냐 또한 인구 대다수가 해안 근처에 살고 있다.

카탈루냐(바르셀로나도 이 지역에 포함)는 방직업으로 부를 쌓아왔지만 현재는 중공업과 관광업 등으로 경제를 다변화시켜 가고 있다. 금세기에 들어서면서 이곳의 독립 지지자들은 카탈루냐가 스페인한테 받는 것 이상으로 스페인의 금고에 더 많이 기여하고 있다는 말을 서슴지 않고 하고 있다. 하지만 입금과 출금이라는 체계가 그리 간단하지도 않거니와 그 수익률 또한 여러 방식으로 얘기될 수 있다. 어쨌거나 스페인 총인구의 16퍼센트만 차지하는 카탈루냐에서 이 나라 국민총생산의 20퍼센트와 수출의 4분의 1을 담당하고 있다는 점은 무시할 수 없는 현실이다.

이러한 상황에서 2008년 경제 위기가 닥쳤을 때 분리 독립을 내세우는 측에서는 중앙 정부가 카탈루냐의 세금을 불공정하게 쓴다는 해묵은 불만을 부추겼다. 그러다 2014년에 비공식적으로 독립에 대한 찬반투표가 행해졌고 이어 2017년에도 실시된 투표를 카탈루냐 의회는 승인했지만 스페인 대법원은 인정하지 않았다. 두 투표 모두 카탈루냐 독립에 손을 들어줬지만 투표율은 높지 않았다. 그러나 비교적 최근인 2017년까지 투표에 이르렀다는 것은 바르셀로나와 마드리드 간의 쓰디쓴 불신의 골이 얼마나 깊은지를 드러낸 셈이다. 이 투표 며칠 전에 스페인 경찰은 한 창고에 보관돼 있던 수백만 장의 투표용지를 압수하고 관리자들을 체포한 뒤 카탈루냐 경찰의 통제권을 접수했다. 그러자 투표 당일에 소요사태가 벌어졌고 경찰은 곤봉을 쓰면서 투표장으로 들어가려는 사람들을 막았다. 42퍼센트의 투표율에 찬성을 던진 표가 90퍼센트라는데 이를 증명할 길이 없다는 데서 혼란이 야기되었다. 다만 분명한 것은 독립에 반대하는 대다수 카탈루냐 사람들은 이 투표에 참여하지 않았다는 것이다.

상황이 이러한데도 카탈루냐 의회는 독립을 선언했고 그 결과 마드리드 정부는 카탈루냐 내각을 불신임하고 자치를 연기하는 한편 스페인 헌법 155조를 적용해서 카탈루냐에 대한 직접적인 통제권을 행사했다. 결국 카탈루냐 지도자들 일부는 수감되었고 일부는 해외로 도피했다.

스페인은 가만히 앉아서 카탈루냐를 잃을 생각이 없다. 이런 입장에는 여러 이유가 있다. 국가의 위신과 경제 문제도 있지만 때로 사람들이 간과하는 것이 바로 지리적 문제다. 스페인 역사를 돌이켜보면 북쪽의 침략자들은 대개 피레네 산맥 양측에 좁게 펼쳐진 나지막한 땅을 통해 이 나라로 진입했다. 그곳이 바로 북서부의 바스크 땅과 북동부의 카탈루냐 땅이다. 북쪽에서 스페인이 펼칠 수 있는 가장 효과적인 방어는 이 통로를 봉쇄하는 것이다. 그러므로 이 지역을 장악하고 있는 카탈루냐나 바스크가 분리 독립해 버린다면 스페인에게는 끔찍한 저주가 될 것이다. 이 두 지역이 스페인 중앙 정부에 적대 세력이 된다면 악몽이나 다름없다. 현재는 피레네 산맥을 관통하는 터널이 뚫려 있지만 군사적으로 보면 이 터널도 쉽게 봉쇄될 수 있다. 이 통로는 유럽의 나머지 지역에서 스페인의 주요 지상 보급로로 연결되고, 카탈루냐와 바스크 두 지역은 바르셀로나와 빌바오를 포함한 스페인 주요 항구의 본거지가 되기도 한다.

카탈루냐 독립을 바라보는 EU의 딜레마

—

분리 독립 세력과 기나긴 싸움을 벌이고 있는 스페인의 최근 사례에 다른 나라들도 예의주시하며 주목하고 있다. 만약 독립한 카탈루냐가 EU로부터 배척당한다면 중국과 러시아가 필시 카탈루냐와 새로운 우호 관계를 맺고 영향력을 행사하러 나설 것이다. 러시아는 그리스에 발판을 마련하려고 20여 년 동안 공을 들여왔다. 그런데 지중해 서쪽에서도 발판을 마련할 수 있다면 이보다 더 좋은 일이 어디 있겠는가. 하지만 스페인으로서는 구매력을 앞세워 바르셀로나 항구로 밀고 들어와 일대일로의 일환으로 투자와 교역을 제안하는 베이징 측의 이야기가 훨씬 솔깃할 수 있다. 중국은 EU의 경제적 영향력과 개별 무역 거래에 반대하는 규정에 따라 EU 권역에서는 거의 차단된 상태라 할 수 있는데, 이를 피해 유럽에서도 비유럽 성향의 나라들 문을 두드리고 있는데 특히 세르비아 같은 발칸 지역에서 영향력을 행사하려 하고 있다. 코로나19 사태 속에서 세르비아 정치인들은 EU가 자신들을 제대로 도와주지 못했다고 공공연하게 불만을 표하면서 중국 정부의 노력을 칭송했다. 만약 카탈루냐가 하나의 독립된 국가가 된다면 스페인은 카탈루냐의 EU 가입에 거부권을 행사할 것이며 그러면 중국의 전략이 먹혀들 여지가 생길 수 있다.

이것이 EU가 카탈루냐의 자결권에 미온적인 태도를 보이는 부분적인 이유가 된다. 스페인 경찰이 카탈루냐의 독립을 지지하는 투표자들을 투표장에서 거리로 내몬 장면은 눈살을 찌푸리게 할 만했지만 스페인 중앙 정부는 카탈루냐가 일방적으로 투표를 결정할 권리는 없다는 주장을 한다. 브뤼셀의 EU 본부는 이에 대해 확실한 입장을 밝히는 것을 삼갔다. 투표 다음날 EU가 낸 성명은 흡사 스페인 정부에서 작성한 것 같았다.

"스페인 헌법에 따르면 어제 행해진 투표는 합법이 아니다……. 이것은 스페인의 국내 문제이며 스페인의 헌정 질서에 따라 처리해야 할 것이다……. 지금은 분열과 균열이 아니라 통합과 안정이 필요한 때이다."

EU와 회원국의 지도자들에게도 카탈루냐 문제는 피하고 싶은 문제일 것이다. 카탈루냐가 독립을 하게 되면 코르시카, 스코틀랜드, 플랑드르, 시칠리아, 바이에른 등 유럽 각국의 독립운동을 연쇄적으로 부추길 위험이 있다. 유럽에서 벌어지는 모든 분리주의 운동은 카탈루냐의 사례에서 교훈을 얻으려 할 것이다. 그런데 여기에 역설이 있다. EU라는 프로젝트를 진정으로 믿는 이들은 여전히 더 밀접한 결합을 추구하면서 궁극적으로 단일 화폐와 단일 재정 정책을 기반으로 하는 단일한 실체로 EU를 발전시키고 싶어 한다. 그와 동시에 EU 본부는 화합 정책을 통해 250개 이상의 지역으로 나누어진 EU에게 강력한 지방 거버넌스를 권장하고 있기도 하다. 하지만 이렇게 하다가는 분리주의를 부추겨서 나라가 해체될 위험이 있다. 게다가 이 분리된 지역들이 EU로 다시 들어올지도 미지수다.

이와는 반대로 카탈루냐의 독립이 성사되었을 때 EU는 중국의 침투를 막기 위해서라도 카탈루냐에게 EU 회원국 자격을 허용하고 싶은 유혹을 느낄 것이다. 이 결정은 다른 지역의 독립주의자들을 자극할 위험이 있다. 따라서 EU는 초조해질 것이다. 만약 카탈루냐를 받아들이지 않는다면 EU에 대한 대안으로 유럽자유무역연합(EFTA, 서유럽 국가 중 EU에 가입하지 않은 스위스, 노르웨이, 아이슬란드, 리히텐슈타인

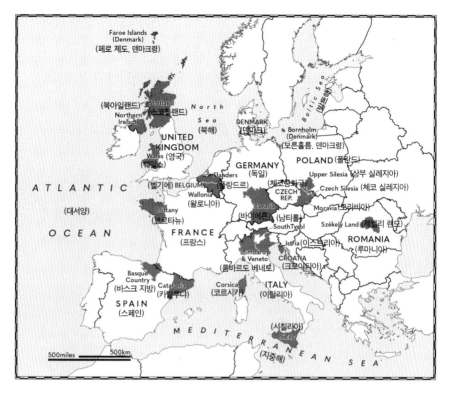

EU 내에서는 여러 분리주의 운동이 벌어지고 있다. 카탈루냐의 독립이 성공한다면 다른 지역들의 독립운동을 부추길 수도 있다.

등 4개국으로 구성된 연합체)이 뜰 수 있다. 이런 조짐은 이미 영국에서 보이고 있다.

  카탈루냐가 홀로 EFTA 회원국이 된다면야 EU로서는 크게 걱정할 일이 아니겠지만 영국이 영향력을 행사하는 EFTA라면 사정이 달라진다. 향후에 영국이 EFTA에 합류한다면 카탈루냐까지 합세한 훨씬 강력한 기구로 성장할 수 있다. 이것은 다른 국가들로 하여금 EU를 나와 EFTA에 가입하고픈 유혹을 불러일으킬 수 있다. 이 일이 성사되면 EFTA가 실제로 무소불위가 될 수 있으므로 EFTA의 일부 나라들이 영국의 가입 여부에 촉각을 곤두세우고 있다. EU는 이 시나리오를 염두에 두고 적절하게 행동해야 할 것이다. 따라서 우선적으로는 스페인의 영토 보전을 지지하지만, 만약 이 일이 실패로 돌아갔을 때는 중국을 견제하고 더 강력한 EFTA가 되는 것을 막아야 하는 선택지를 계속 열어두어야 한다.

카탈루냐 문제에 있어 영국은 곤란한 처지에 있다. 포클랜드 제도와 지브롤터에 대한 입장 때문에라도 카탈루냐의 자결권을 인정해야 하면서도 동시에 스코틀랜드 독립에 반대하는 입장에서는 카탈루냐의 독립을 마냥 지지할 수도 없는 노릇이기 때문이다. 영국은 국민투표 이후에 스페인을 지지하고 있지만 현재로선 두 의자 사이에 엉거주춤하게 엉덩이를 걸치고 있는 형국이라 할 수 있다.

넓디넓은 해상의 방어를 위해

—

18세기 초반에 영국한테 지브롤터를 빼앗긴 스페인은 줄곧 그곳을 돌려받고 싶어 한다. 스페인에게는 지브롤터야말로 대서양으로 드나들 수 있게 해주는 최고의 부동산이기 때문이다. 아닌 게 아니라 영국 해군도 몇 세기 동안 이곳을 매우 유용하게 사용해 왔다. 영국은 지브롤터 주민들의 의견을 따를 것이라고 공공연하게 말한다. 2002년에 지브롤터 주민들을 대상으로 스페인 영토로 돌아가고 싶은지를 묻는 조사를 실시한 적이 있는데 99퍼센트가 "됐네요(No, thank you)."라고 대답했다.

만약 지브롤터가 스페인에 귀속된다면 이곳은 현대 스페인 방위의 핵심을 차지하게 될 것이다. 스페인은 5천 킬로미터가 넘는 해안선을 방어해야 하고 수입품의 5분의 4를 바다를 통해 들어온다. 또 EU에서 가장 큰 선박들을 갖고 있는데 그 중 일부는 인도양까지 진출한다. 또 앞서 언급했듯이 실제로 60개가 넘는 섬들이 본토로부터 아주 멀리 떨어져 있다. 이 모든 것을 지키려면 대규모 해군이 필요하고 그 대규모 해군에게는 항구가 필요하다.

그나마 다행이라면 스페인에는 심해항을 비롯한 항구들이 꽤 많이 있다는 것이다. 갈리시아 북서부 끝단 라 코루냐와 엘페롤 같은 항구들은 대서양을 바라보고 있으면서 프랑스와 영국해협에 접근할 수 있게 해준다. 지중해의 주요 기지는 카르타헤나의 남동쪽에 있다. 수상선 못지않게 잠수함들의 기지이기도 한 이곳에는 해양감시및작전본부의 지휘부가 있다. 여기서는 지중해와 대서양, 카나리아 제도까지 감시하면서 그 정보를 마드리드에 있는 거대한 작전용 벙커로 보낸다. 남쪽에 있는 카디스는 내륙으로 80여 킬로미터 들어간 과달키비르강 상류 연안의 심해항인 세비야를 지키고 있다. 모로코 해안에 있는 스페인령 세우타와 멜리야 두 곳에는 수천 명의 병력과 제한적이지만 해군 군수 장비도 배치돼 있다.

모로코와 지브롤터 사이의 지역은 사람은 물론이고 마약 밀매의 교차로이기도 하다. 많은 사람과 마약이 지브롤터 해협을 건너 스페인을 통해 유럽으로 들어가다 보니 이곳은 세계에서 두 번째로 분주한 항로가 되고 말았다. 이곳이 아프리카와 접한 EU 국경인 것을 알고 있는 수천 명의 이주민들과 난민들은 해마다 모로코와 스페인 사이의 담장을 넘으려는 시도를 한다. 그런데 리비아에서 이탈리아로 들어오는 사람보다 짧은 거리임에도 이 길을 통해 유럽으로 건너가는 사람이 훨씬 적다. 그 이유는 리비아는 실패한 국가이고 모로코 정부는 스페인과 협력하는 행정 기능을 갖추고 있기 때문이다. 스페인과 모로코 모두 사헬이 처한 상황을 잘 알고 있고, 만약 사헬 지역 국가들이 분열될 경우 모로코도 불안해져서 세우타와 멜리야는 물론 스페인 본토까지 연쇄적으로 영향을 받을 수 있음을 우려한다. 이런 이유로 스페인은 말리를 비롯한 여러 사헬 지역에서 정부군을 훈련시키는 일에 관여하고 있다.

또 다른 주요 해군기지는 카나리아 제도에 있다. 이곳에는 육군과 공군 시설도 있다. 기니만을 마주하고 있는 이곳은 스페인에게는 주요 교역로일 뿐 아니라 해저 통신선이 지나가는 무시할 수 없는 경제적 이해관계가 걸린 곳이다.

교역로는 물론 화물선과 어선들의 방어를 위해 스페인 해군은 130여 척의 함선과 2만 명의 병력을 보유하고 있으며 유사시에는 11만 5천 명의 해병대원도 동원할 수 있다. 이들은 스페인 육군과 공군은 물론 미군과 나토의 지원도 받고 있다. 미군은 지브롤터에 인접한 로타 해군기지와 세비야 남쪽 50킬로미터에 위치한 모론 공군기지 등 기지 두 곳을 운영하고 있다. 스페인은 또 EU가 아프리카의 뿔 지역에서 벌이는 해적 퇴치 임무인 아탈란타 작전에도 참여하고 있다. 영국이 EU에서 탈퇴하자 이 임무의 작전권이 스페인과 미국이 사용하고 있는 로타 해군기지로 이양됐기 때문이다.

이제껏 저지른 여러 실수와 문제점을 안고 있음에도 오늘날 스페인은 성공 스토리를 쓰고 있다. 이 나라는 2008-2009년의 경제 위기에서도 살아남아 유럽의 경제 강국 중 하나라는 지위를 되찾았다. 또 훌륭한 인프라를 보유하고 있으며 유럽에서도 최고의 기대수명을 가진 사람들이 활동하는 활기찬 도시들을 보유하고 있다.

다른 경쟁국들과 마찬가지로 스페인 또한 기후변화나 인구 이동, 각종 경제적 문제, 그리고 분열된 정치와도 힘겹게 씨름하고 있는 것이 사실이다. 그렇지만 스페인은 이를 감당할 만한 위치에 있다. 석탄은 고갈됐고 석유나 천연가스도 풍족한 적이 없었던 나라지만, 현재 필요한 에너지의 6분의 1을 수력 발전으로 충당하고 있으며 태양광 발전량도 풍부한 편이다. 스페인은 유럽에서 특히 태양광과 풍력이라는 재생 에너지를 선도하는 나라 가운데 하나가 되고 있다.

이 나라는 계속해서 외부의 압력에 직면하겠지만 가장 큰 도전은 뭐니 뭐니 해도 내부, 즉 지리에 근거한 것이다. 1500년대에 하나로 합쳐졌던 이 왕국은 가까운 미래를 위해 여러 지방 정부가 모인 하나의 민족국가와 거기서 야기되는 긴장감을 균형 있게 유지해야 한다. 그러나 이 모든 것들에도 불구하고 프랑코 시대에 흔히 들었던 "스페인은 유럽이 아니고 유럽이었던 적도 없다."라는 정서가 이 나라에서 덜 타당하게 여겨진 적은 한 번도 없었다.

10

우주,
또 다른 아프가니스탄이나
이라크가 될 수도 있다

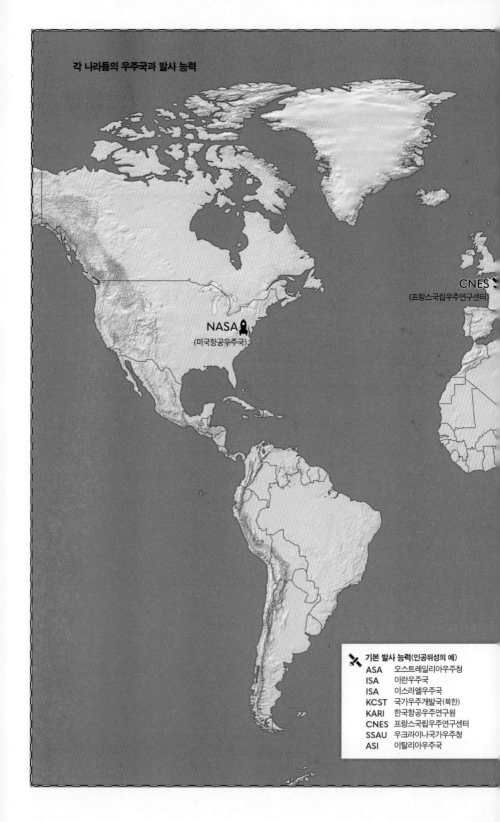

각 나라들의 우주국과 발사 능력

CNES
(프랑스국립우주연구센터)

NASA
(미국항공우주국)

기본 발사 능력(인공위성의 예)
ASA   오스트레일리아우주청
ISA   이란우주국
ISA   이스라엘우주국
KCST   국가우주개발국(북한)
KARI   한국항공우주연구원
CNES   프랑스국립우주연구센터
SSAU   우크라이나국가우주청
ASI   이탈리아우주국

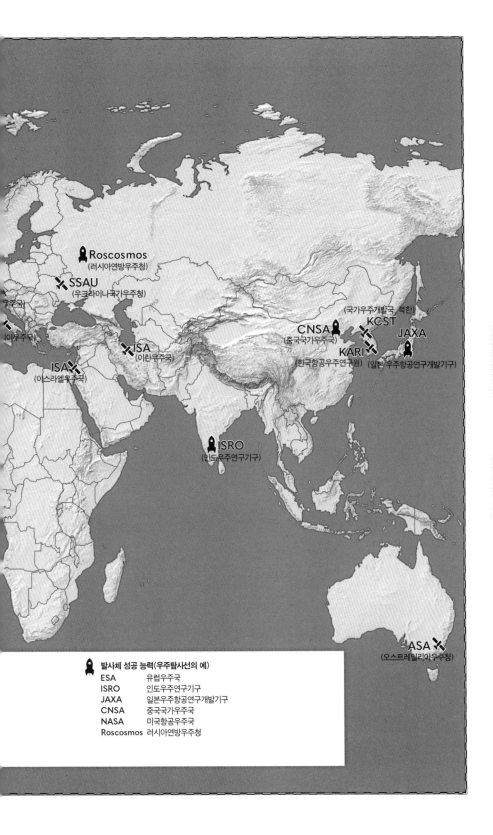

Roscosmos
(러시아연방우주청)

SSAU
(우크라이나국가우주청)

우주국)

아우주국)

ISA
(이란우주국)

ISA
(이스라엘우주국)

(국가우주개발국, 북한)
KCST

CNSA
(중국국가우주국)

KARI
(한국항공우주연구원)

JAXA
(일본 우주항공연구개발기구)

ISRO
(인도우주연구기구)

ASA
(오스트레일리아우주청)

발사체 성공 능력(우주탐사선의 예)
ESA   유럽우주국
ISRO   인도우주연구기구
JAXA   일본우주항공연구개발기구
CNSA   중국국가우주국
NASA   미국항공우주국
Roscosmos 러시아연방우주청

"일단 당신이 지구 궤도에 들어서면 당신은 어느 곳이든 반쯤은 가게 된다."
– 로버트 A. 하인라인(공상과학 소설가)

만약 당신이 달에 식민지를 세운다면 당신은 식민주의자일까? 러시아와 중국은 그렇게 생각하는 모양이다. 사실 그 말도 일리가 있긴 하다.

우리가 지구의 대기권을 뚫고 나가서 무한대 속으로 1밀리미터쯤 파고 들어갈 수 있게 된 뒤로 우주 공간은 정치적 각축장이 되었다. 이 이슈의 중심에는 달이나 화성 같은 물리적 영토를 주장하는 것만 있는 게 아니다. 그보다는 앞선 세기에서 보아왔듯 그곳으로 가는 데 필요한 연료 보급소와 병목지점들 또한 주요 이슈다. 만약 그것들의 사용에 관한 규칙과 우리가 도달할 영토를 관리할 법적인 틀을 합의하지 못한다면 지구 위에서 인류의 역사 내내 벌였던 꼭 그대로의 싸움으로 귀결될지도 모른다.

한데 어찌하랴, 우리가 그들을 위해 경쟁하게 될 것이라고 별에 적혀 있는 것처럼 보인다. 현재 〈우주 레이스〉는 한층 가열되고 있다.

그냥 홀로 가버릴까, 아니면 적어도 우리가 저들(우주)을 제압하는 것이 확실한 선에서 동맹들과 함께 갈까. 미국, 일본, 아랍에미리트, 이탈리아, 영국, 캐나다, 룩셈부르크, 오스트레일리아는 2020년 10월 아르테미스 협정(Artemis Accords, 2024년까지 달에 유인 우주선을 착륙시키고 2028년에는 달 남극 부근에 기지를 건설하는 것을 목표로 하는 협정)에 서명한 첫 번째 우주 탐사국이었다. 달 탐사와 자원의 추출을 관장하는 이 협정에 서명한 국가들은 협정의 효력이 지속되는 한에서 2024년까지 달에 최초로 여성을 착륙시키거나 13번째 인간을 착륙시키는 활동 등에 대한 정보를 공유해야 한다. 그것은 2028년까지 채굴을 위해 달에 기지를 설치하려는 인류가 딛는 거대한 발걸음으로 계획된 것이다. 그 기지는 완성되면 태양계를 넘어 인류의 확장을 가능케 하는 발사대가 될 수 있을 것이다.

그런데 러시아나 중국은 이 협정에 서명하지 않았다. 두 나라 모두 이 계획에는 미적지근한 입장을 보인다. 사실 그들은 참여하고 싶다고 해도 배제됐을 것이다. 러시아는 국제 우주 정거장에서 NASA와 파트너를 이룰 뻔했다. 그런데 최근 창설된 미 우주군 측에서 러시아가 위험하고도 일반적이지 않은 교란행위로 미국의 정찰 위성을 추적했다는 이유로 비난한 뒤 러시아는 이 계획에서 배제됐다. 또 중국이 이 협정의 당사자가 되지 못한 것은 미국 의회 차원에서 NASA와 중국이 협력하는 것을 금지했기 때문이다. 사실 러시아와 중국 모두 달 기지 설치에 대한 나름의 계획을 세워두고 있다. 그렇다고는 해도 자국이 관여하지 못하는 규칙을 경쟁국들이 세우도록 내버려두지는 않을 것이다.

모두가 동의하지 않은 상황에서 밀어붙이는 것을 두고 러시아 항공

우주국 국장인 드미트리 로고진은 "달을 또 다른 아프가니스탄이나 이라크로 만들 수 있다."라고 비유한다. 이 말은 한 번 겨뤄보자는 뜻이다.

우주가 전쟁터가 되는 걸 막으려면 국가 간 경쟁을 평화로운 협력으로 이행시키는 발상이 필요하다. 인류는 우주 탐사라는 역사책의 첫 페이지를 이미 쓰기 시작했다. 여기에는 경쟁은 물론 협력의 사례도 들어 있다.

미국과 소련의 달 탐사 경쟁

—

우주 경쟁에는 늘 군사적인 측면이 있었다. 그 개척자 중 한 사람인 로켓 공학자 베르너 폰 브라운은 우주 비행에 너무도 집착한 나머지 1930년대에 나치 독일에 협력하기까지 했다. 제1차 세계대전 이후에 조인된 베르사유 조약은 독일의 재무장을 금지했지만 로켓에 대한 언급은 일절 없었다. 나치는 폰 브라운의 연구를 지원했고 그 결과물인 V-2 로켓이 제2차 세계대전 동안 런던에 투하됐다. 1944년에 최초로 우주 공간에 쏜 발사체가 된 V-2는 수직 이륙 후 고도 176킬로미터까지 날아올랐다. 종전 후 폰 브라운과 120명의 과학자들은 문제의 V-2와 함께 미국으로 옮겨가서 미국의 우주 프로젝트를 착수했다. 그로부터 24년 뒤, 그는 케네디 우주센터에서 최초의 달 착륙선인 아폴로 11호가 발사되는 장면을 지켜보고 있었다.

러시아인들 또한 분주하게 움직이고 있었다. 그들은 이따금 이 경주에서 앞서가기도 했다. 20세기 초반, 독학자이자 은둔형 과학자로 알려진 콘스탄틴 치올코프스키는 우주 비행에 관한 이론을 연구하고 있었다. 그는 우주 공간에 도달하기 위한 중력권 탈출 속도는 초속 8킬로미터가 돼야 하며 액체 연료와 다단계 로켓을 사용하면 가능하리라는 가설을 처음으로 세웠다. 또한 그는 우주 정거장과 에어록, 산소 시스템의 청사진을 설계하기도 했다. 그의 논문들 다수가 비행기가 최초 비행을 하기도 전에 출판됐다. 그가 우주 여행의 아버지라 불리는 이유도 부분적으로는 여기에 있다. 1911년에 한 편지에서 그는 이렇게 썼다. "지구는 인간의 요람이다. 하지만 언제까지 요람에서만 살 수는 없다." 사람들은 달의 뒷면에 있는 분화구에 특별히 그의 이름을 붙여서 그를 기억하려고 한다.

소련인들은 치올코프스키의 연구를 기반으로 작업했다. 1957년 소련은 처음으로 대기권을 벗어난 대륙간탄도미사일을 발사했고 스푸트니크 위성을 쏘아 올렸다. 같은 해 스푸트니크 2호가 발사됐다. 이번엔 개까지 싣고서 말이다! 유리 가가린(러시아 출신의 세계 최초 우주비행사)과 닐 암스트롱을 마르코 폴로나 이븐 바투타 또는 콜럼버스 같은 위대한 탐험가의 반열에 올리는 것은 마땅하지만 역사상 처음으로 동물을 우주 궤도로 올려보낸 일은 생각해볼 문제다. 라이카는 얌전한 강아지였는데 우주에서 임무 직전에 짖어대는 소리를 대중이 라디오를 통해 들은 뒤로 바커(멍멍이)라는 별명을 얻었다. 센서 장치에 묶여서 작은 우주복에 갇힌 라이카는 지구 궤도를 적어도 한 바퀴 돈 뒤 더위와 스트레스에 굴복하고 말았다. 당시 소련에서 널리 읽힌 어린이 책에서는 라이카의 이야기가 해피엔딩으로 그려졌다. 실제로는 스푸트니크 2호를 탄 라이카가 죽음을 통해 인간이 우주에서 생존할 수 있음을 증명하는 데 기여한 셈이다.

몇 달 뒤 미국도 위성 발사로 응대하지만 소련은 다시 돌아왔다. 1961년 4월 12일 소련 우주비행사 유리 가가린이 처음으로 지구라는 속박에서 벗어나서 시인 존 길레스피 마기가 "비할 바 없이 드높은 우주의 신성함"이라고 묘사한 가장 높은 단계로 진입했다. 그것은 인류 역사에서 그야말로 경이로운 순간이었다. 미국의 닐 암스트롱이 달 위를 걸은 것에 비견할 만한 사건이지만 정작 소련 밖에서 가가린은 뒤로 밀린다. 동시대인 가운데 미하일 칼라시니코프(자동소총 AK-47을 개발한 러시아의 무기 설계자)라는 이름이 더 많이 알려진 것을 보면 인간 본성의 쓸쓸한 단면을 떠올릴 수밖에 없게 된다.

미국은 다시 응답한다. 가가린의 성공이 있은 지 딱 6주 뒤에 케네디 대통령은 이렇게 천명한다.

"미국은 이번 10년이 끝나기 전에 인간이 달에 착륙하고 안전하게 지구로 귀환하는 목표를 달성하는 데 최선을 다할 것이다."

미국이 이 목표를 이룬 것은 5개월이 지나서였다. 이 유인 달 탐사 임무에서 우주비행사 윌리엄 앤더스는 달의 주변을 돌면서 경외심마저 들게 하는 장엄한 지구돋이 장면을 찍었다. 지구가 떠오르는 것 같은 모습과 달의 표면이 찍힌 이 사진은 유사 이래 인류가 찍은 가장 유명한 사진으로 환경 운동에도 지대한 영향을 미쳤다. 우주 공간에서 미 우주비행사들은 성경의 창세기 구절을 읽었다. "태초에 하나님이 천지를 창조하시니라." 이것은 인류가 얼마나 멀리서 왔고 얼마나 멀리 갈 수 있는지에 대한 경이로운 감정의 표현이자 시대정신을 담은 행동이었다.

그 이듬해인 1969년 7월 20일, 마침내 달 표면에 발을 디딘 닐 암스트롱은 인간이 달에 머물면서 가장 길게 말한 시간으로 알려진 8초

분량의 문장을 말했다. "이것은 한 명의 인간에게는 작은 발걸음이지만 인류에게는 거대한 도약이다." 그날 이후 12명의 미국 우주비행사들이 달 위를 걸었다. 그렇지만 지금까지 그 범위는 작은 마을 한 개 정도에 불과해서 인류가 우주 탐험을 했다고 주장하기에는 좀 미약하다. 고작 뉴멕시코 주의 로스웰에 착륙해 놓고는 지구를 탐험해 봤다고 주장하는 외계인과 별반 다를 바 없다.

그럼에도 이것으로 미국은 지정학적 패권에 대한 결정적인 냉전 성명을 발표한 셈이었다. 그들이 달 표면에 꽂은 성조기는 지구와 우주라는 무한대를 배경으로 세운 것이다. 그렇게 경쟁에서 이긴 다음 미국은 이내 흥미를 잃어버렸다.

우주 탐사라는 사업은 무엇보다 돈이 많이 든다. 결국 미국은 달 착륙 장비를 챙겨서 집으로 돌아갔다. 몇 개의 깃발과 발자국, 96개 정도의 쓰레기 상자를 남겨둔 채 말이다. 이제 그들은 돈이 덜 드는 것으로 눈높이를 낮추기로 했다. 그것은 바로 실험을 수행할 우주 정거장과 그 건설을 용이하게 만들기 위해 궤도에 위성을 안착시키는 스페이스 셔틀(우주 왕복선) 사업이다. 닉슨 대통령은 마지막 아폴로 계획 3개를 폐지했고 NASA는 목표를 수정했다. 그들은 아폴로 계획 시절의 남은 조각들을 그러모아 만든 2층짜리 실험실을 궤도에 쏘아 올렸다. 이 스카이랩(Skylab, NASA의 유인 우주 실험실)은 세인의 관심을 끄는 데는 실패했지만 각종 실험을 수행하고 인간이 우주 공간에서 오랜 기간 머무를 수 있음을 증명함으로써 인간의 지식을 향상시키는 데에 기여했다.

환상적인 전망을 자랑하는 우주의 집,
국제 우주 정거장 건설

—

다음 사건은 1975년에 이뤄진 소련의 소유스(구소련 시절 개발된 이래 시
리즈로 제작되는 러시아의 유·무인 우주선) 모듈과 미국의 아폴로 우주선의
상징적인 도킹이었다. 이것은 냉전기에 양대 강국 간의 긴장 완화를
보여주는 획기적 사건이기도 했다. 두 우주선은 1천 킬로미터쯤 떨어
져 있을 때부터 도킹을 준비하기 시작했다. 2시간 뒤 토머스 P. 스태
포드는 아폴로호의 엔진을 가속시켜 1초간 소유스호와 나란히 섰다.
그때 그는 "바로 지금 작은 점 같은" 러시아 우주선을 볼 수 있었다
고 보고했다. 두 우주선 사이가 2백 킬로미터로 좁혀지자 소유스호는
레이더를 켰고 아폴로호도 자동 추적 장치를 켰다. 35킬로미터가 남
았을 때는 궤도를 조정하기 위해 두 번에 걸쳐 엔진의 추진력을 높였
다. 이어 스태포드는 아폴로호의 속도를 조금씩 줄였고 마침내 그들
은 만났다. "컨택트!" 스태포드가 외쳤다. 소유스호의 알렉세이 레오
노프도 화답했다. "컨택트!" 에어록이 열렸고 레오노프와 스태포드
는 악수를 했다. 콘스탄틴 치올코프스키가 이론을 세운 지 60여 년이
지난 시점에서 두 강대국이 그것을 현실로 만든 것이다.

  이 사건은 언론의 헤드라인을 장식하면서 우주에서 각국의 협력이
이뤄질 수 있다는 가능성을 부각시켰다. 많은 국가들이 이미 다국적
위성통신 기구인 인말새트(Inmarsat, 국제해사위성기구)와 인텔샛(Intelsat,
국제통신위성기구)을 설립하는 협정을 체결했다. 이들 나라는 기후변화
와 관련한 정보를 나누고 오염이 심한 지역을 찾는 일에도 협력했다.
실제로 남극 지역의 오존층에 구멍이 뚫린 것을 발견하고 확인한 것

도 이 위성기술 덕분이었다. 이것은 인류가 최고 수준으로 합동 작업을 펼칠 때 상시적으로 얻을 수 있는 이익이다. 소유스-아폴로의 도킹은 인류가 힘을 합쳤을 때 무엇을 할 수 있는지를 시각적으로 뚜렷하게 보여준 것이다. 또한 그것은 국제 우주 정거장의 건설로 이어지게 하는 떠다니는 징검돌이었다.

1998년 11월, 러시아가 국제 우주 정거장의 첫 번째 조각을 쏘아 올렸다. 2주 뒤에 미국의 유인 우주 왕복선 엔데버호가 두 번째 조각을 싣고 발사됐다. 두 번째 조각은 첫 번째 조각에 연결됐다. 이 작업은 흡사 우주 공간에서 모형 장난감 세트를 조립하는 것과 같았다. 단지 로켓 과학을 사용한다는 것이 다를 뿐이다. 그로부터 2년 내에 최초의 우주 거주자들이 입주할 만한 공간이 만들어졌다. 그리고 2011년 이 작업이 완성됐을 때 침실 5개가 있는 집 정도의 규모가 만들어졌다. 환상적인 전망을 자랑하지만 운행 노선은 제한된 집이지만 말이다.

국제 우주 정거장은 밤에도 육안으로 볼 수 있을 만큼 규모가 크다. 길이가 109미터에 너비가 75미터로 축구 경기장만한 크기의 이 구조물에는 3개의 실험실과 6명의 우주비행사를 위한 생활공간이 있다. 사실 약간 답답할 수도 있을 이 공간에서 미국의 우주비행사 페기 윗슨은 665일이라는 시간을 보내면서 우주에서 최장 시간을 머문 기록을 세웠다. 그녀는 우주 정거장에서 제한된 안락함을 누렸던 19개국 출신의 240명 이상의 남녀 비행사들 가운데 한 명이었다. 이곳에서는 수면 중 몸이 떠다니는 것을 방지하기 위해 침대를 벽에 고정시켰고 수분 회수 시스템을 돌렸다. 수분 회수 시스템이라는 경이로운 첨단기술은 향후 수십 년 이내 인간이 다른 행성으로 장거리 여행을 시작할 때 요긴하게 쓰일 것이다. 이는 우주 정거장 내에서 비행사의 호흡이든, 땀이든, 소변이든, 수분의 약 93퍼센트를 회수해서 증류 및 가공한 뒤에 처리된 폐수와 섞은 다음 식수와 씻는 물로 다시 돌아오게 하는 것이다. 이 과정은 반복된다. 이 시스템은 재공급에 의존해야 하는 우주 정거장에서 물의 수요를 현저히 줄일 것이다. 그런데 이 기술은 장거리 여행에서 요긴하긴 하지만 재활용률이 감소한다는 것은 더 많은 연구가 필요하다는 것을 의미한다.

국제 우주 정거장 내에서 또는 그것을 위해서 수행한 연구는 로켓 과학이 인류에게 혜택을 가져다줄 수 있는 수십 가지 사례들을 제공하고 있다. 요컨대 수분 회수 시스템을 위해 개발된 기술은 역으로 지구에서 깨끗한 식수가 부족한 지역의 정수 시스템을 개발하는 데 이용되고 있다. 또 우주 정거장의 미세 중력 환경은 의료 처치에서 사용될 인간 단백질의 복잡한 결정 구조를 배양하는 데 최적의 환경이다. 그리고 로봇팔 기술은 지구에서 외과 수술을 비롯한 여러 분야에 도입되고 있다. 국제 우주 정거장은 우리가 집에서 멀리 떨어진 곳으로 가서 지어야 할 많은 것들 가운데 하나로 마치 물에 떠 있는 수련잎 같은 것이다. 여기서 배운 것들이 우리 여행의 일부가 된다.

"6백만 달러가 하늘에서 떨어지고 있습니다."
—

이제 우주 여행은 더 이상 강대국만의 전유물이 아니게 됐다. 지구 밖으로 나가는 데 점점 돈이 덜 들게 되면서 민간 기업들도 접근할 수 있게 된 것이다. 그런 이유로 우리는 달의 자원을 두고 벌이는 경쟁을 예상해볼 수 있다. 일례로 페이팔의 공동 창업자이자 테슬라의 실세인 일론 머스크는 그의 생전에 (아마도 10년 안에는 가능할지도) 인류가 화성에 발을 딛게 하리라는 목표에 광적일 정도로 매달리고 있다. 그가 세운 회사인 스페이스 X는 수년간 국제 우주 정거장에 화물을 실어 나르고 있으며 2020년에는 두 명의 NASA 소속 비행사들을 싣고 가기도 했다. 머스크는 재활용 로켓을 이용해서 비용을 줄일 수 있는 방법을 찾아냈다. 그는 이렇게 말한다. "6백만 달러가 하늘에서 떨어지고 있습니다. 우리는 그것을 붙잡아야 하지 않겠어요?" 머스크는 이 분야에서 민간 기업이 정부보다 앞서가면서 NASA와도 협력할 수 있음을 보여주는 본보기다. 사실 상업적인 조직과 국가가 연결된 사례는 꽤 오래전에도 있었다. 우선 떠오르는 것이 16세기부터 줄곧 대영 제국과 교역 이익을 함께해온 동인도회사다. 이 회사는 영국이 통치하는 일부 지역에서 마치 정부 기관처럼 행세하기도 했다.

머스크가 상업적인 우주 기업을 이끌고 있다면, 아마존의 창업자 제프 베이조스는 자신의 블루 오리진 컴퍼니를 통해 머스크의 뒤를 쫓고 있다. 이 회사가 내세우는 비전은 수백만 명이 우주에서 살고 일할 수 있는 미래다. "우리의 손자들과 그 손자들을 위해, 그리고 우리 고향인 지구를 보존하기 위해, 우리는 무한한 자원과 에너지를 찾아 우주로 떠나야 합니다." 여기서 핵심 용어는 〈무한〉이다. 나중에 보게 되겠지만 우리는 달에서 인간의 손을 타지 않은 광물, 이를테면 티타늄을 비롯한 값진 광물들을 발견할 기대를 하고 있다. 이렇게 되면 지구에서의 수요를 충족시키는 것은 물론 더 많은 우주 정거장과 달 기지들도 원 없이 건설할 수 있을 것이다.

국가 차원에서는 2020년 12월에 중국의 우주선이 달의 반대편에 착륙해서 그곳에 중국의 국기인 오성홍기를 꽂고 암석들을 파기 시작한 일이 있다. 하지만 민간 기업의 측면으로만 보자면 그 길을 선도하고 있는 것은 주로 미국 기업들이다.

더 확대해 보면 우리는 이미 화성, 금성, 목성으로 무인 우주선을 보내는 임무를 개시했다. 심지어 토성의 위성인 타이탄에 착륙선을 보냈고 명왕성은 근접 비행을 하기도 했다. 우리는 길을 떠났다. 하지만 미래로 거슬러 올라가 보기 전에 일단 지구로 돌아와 보자.

점점 힘을 잃어가는 우주조약과 달조약
—

아르테미스 협정은 우주 개발 과정에서 유발되는 법적, 정치적, 군사적 어려움을 보여주는 사례다. 아르테미스 협정에 관해 러시아와 중국이 특히 우려하고 있는 조항은 달에서 한 나라가 작업하고 있는 지역을 보호하기 위해 서명국들이 안전지대를 건설할 수 있도록 허용한 부분이다. 각 나라는 해가 되는 개입을 방지하기 위해 그 지대를 존중하도록 권고받는다. 이는 곧 러시아 우주선이 그 지대에 착륙하는 것은 물론 일본이나 미국 기지 곁에 무언가를 차리는 것, 또 새로 도착한 나라들이 드릴을 작동하는 등의 시나리오 자체를 차단한다는 얘기다. 그렇다면 일본이나 미국이 적용받아야 하는 법은 무엇이며 이에 대해 그들은 무엇을 해야 할까?

그들이 1967년에 만들어져 이미 구닥다리가 돼버린, 대중에게는 우주조약(Outer Space Treaty, 달 및 천체를 포함한 외기권의 개발과 사용을 규제하는 국제 조약)으로 알려진 그 조항으로 돌아가기에는 무리가 있었

436

다. 이 조약은 우주 공간의 이용을 통제하는 대다수 규범들의 근간이 되어 왔다. 이 조약에서는 "우주 공간은 주권 주장, 그 사용이나 점령 또는 다른 수단에 의한 것일지라도 한 국가가 전용할 수 있는 대상이 아니다."라고 명시하고 있다. 이런 관점에서 보면 안전지대란 한 국가가 뻔뻔스럽게 전용하는 부지로 인식되며, 그런 지역들이 더 많아지고 더 넓어질수록 달은 그만큼 더 붐비게 된다는 것이다. 특히 달의 자원을 두고 벌이는 민간 기업들의 경쟁은 점점 더 치열해질 것이다.

우주조약은 달을 오직 평화적인 목적으로만 이용해야 한다고 말한다. 물론 그 평화적이라는 것의 세부 사항을 정확하게 규정하고 있지는 않다. 그리고 달에 관한 몇몇 사실들을 적용해 보면 방어용 무기는 공격용이 아니라 어디까지나 평화를 위해서라고 주장하기만도 쉽지 않을 것 같다.

현재의 기술 발전 수준을 감안해 보면 이 조약은 다시 쓰여야 할 필요가 있다. "달의 개발은 모든 나라에게 이익과 혜택이 돌아가는 측면에서 진행되어야 하며 모든 인류의 영역이 되어야 한다."라는 정신과 약속은 지키면서 말이다. 하지만 현재도 지구가 어디서 끝나고 우주는 어디서 시작되는지조차 합의하지 못하고 있는 실정이다.

우리의 대기권은 느닷없이 사라지는 게 아니라 지상 수백 킬로미터부터 조금씩 옅어져 간다. NASA를 비롯한 미국의 여러 단체가 정의한 우주는 해발 80킬로미터 지점부터라는 게 일반적이다. 반면 스위스에 본부를 두고 우주 비행 기록들을 심사, 공인하는 기구인 국제항공연맹은 해발 100킬로미터부터 우주로 본다. 이 밖에도 다른 정의들이 있지만 어떤 것도 정확한 기준을 집어내지는 못하고 있다. 국제적으로 인정받는 정의가 굳이 필요치 않다면서 아예 그 어떤 기준도 인정하지 않고 있는 나라들도 있다. 100년 전이라면 그러한 입장이 받아들여졌을지 몰라도 지금은 아니다. 일례로 A라는 나라가 100킬로미터 상공을 우주로 정의했다고 치자. 그런데 B라는 나라는 80킬로미터부터 우주라고 말한다. 이때 A가 B 나라 상공 90킬로미터로 위성을 쏘아 올렸다면 A 나라의 위성은 격추될 수 있다.

그나마 다행인 것은 이런 안건들을 다루기 위한 유엔우주업무사무소가 있다는 점이다. 비엔나에 자리 잡은 이 기구 산하에는 외기권의 평화적이용에관한위원회COPUOS가 설치돼 있어서 유엔총회의 제4위원회에 보고를 하면 여기서 우주 공간을 평화적으로 이용하는 국제협력에 관한 연례 결의안을 채택한다. 그래서 우리 모두는 편안히 잠을 이룰 수 있는 것이다.

그런데도 미세한 흠이 있다. 그 한 예인 1979년의 달조약(Moon Treaty, 달 탐사 및 이용은 모든 국가의 이익을 위해 수행되어야 하며 달의 천연자원을 인류의 공동 유산으로 규정하는 조약)을 살펴보자. COPUOS가 우주조약에 근거해서 작성한 이 조약은 유엔총회에서 채택됐다. 그런데 이를 비준한 나라들은 몇몇 나라에 그쳤고 소련이나 미국, 중국까지도 이에 서명하거나 비준하지 않았다. 한 나라가 조약에 서명한다는 것은 잠정적으로 그것을 지지할 것이라는 신호다. 또 비준한다는 것은 그 합의에 법적으로 구속된다는 뜻이다. 우주 여행에 나서는 대다수 나라가 달조약에 서명하지 않은 것을 감안하건대 그것은 아무것도 쓰이지 않은 한낱 종잇조각이나 다름없다.

이런 달조약이지만 그래도 긍정적인 부분이 있다. 만약 이 협정이 전폭적인 지지를 받게 되면 천체에 관련해서 국가적 전용에 대해서만 언급했던 우주조약의 허술한 부분을 보완할 수 있을 거라는 점이다. 우주조약에서는 국가나 기관만 언급했지 개인에 관해서는 아무런 언급이 없었다. 하지만 달조약에서는 달과 그 천연자원들이 어떠한 조직이나 개인의 소유가 될 수 없다고 명시하면서 그 감독이나 관리를 선언하고 있다. 그런데 달조약이 비준될 때까지 우주조약이 폐기된 것은 아니었기 때문에 데니스 호프라는 한 미국인은 그 상황에서 빈틈을 찾아냈다. 1980년 그는 유엔을 상대로 달 소유권을 주장했다. 그런데 유엔이 반응을 안 보이자 암묵적인 동의로 받아들인 그는 달의 토지를 1에이커당 25달러에 팔기 시작했다. 이 돈을 내면 멋진 달 소유권 증명서를 받게 된다. 호프는 자기가 판매한 달 토지만 해도 6억 1,100만 에이커에 달한다고 주장한다. 만약 당신이 다른 이유보다 신기한 선물이라는 이유로 이것을 샀다면 어쨌거나 호프가 이긴 것이다. 그렇다면 나도 당신에게 교각 한 개를 팔아야겠다.

우주조약은 인간의 우주 탐사 능력이 제한되어 있고 우주를 지구의 정치가 적용되지 않는 특색 없는 빈 공간으로 생각할 때 설계된 것이다. 미국과 소련의 우주 경쟁을 촉발한 것은 냉전이 한몫했다는 말도 틀린 건 아니지만 그 경쟁은 위신에 관한 문제였다. 즉 어떤 체제가 우월한지를 증명할 수 있는가라는 위신 말이다. 그 뒤로 기술이 발전하고 새로운 사고방식이 부상하면서 새로운 우주 정치학의 모델도 등장했다.

저궤도, 우주전쟁의 출발점

—

강대국들이 상업적, 군사적 우위를 점하기 위해 우주 공간을 점할 것이라는 가정을 내세운 입장이 있다. 이것이 바로 우주 공간의 현실 정치인, 이른바 〈우주 정치학〉이다. 여기서 보는 우주는 특색 없는 단순한 공간이 아니다. 우주 정치학 이론가인 에브렛 돌먼 교수의 말을 빌리면 우주를 "중력의 산과 골짜기를 담은 풍요로운 풍경, 자원과 에너지가 넘치는 바다와 강"이라는 이해에서 출발해야 한다는 것이다.

돌먼 교수는 20세기의 위대한 지정학자인 해퍼드 매킨더와 알프레드 마한의 영향을 받았다. 그 두 사람은 신기술이 지리적 현실과 영토에 영향을 주는 방식을 기반으로 전략적 사고를 해온 사람들이다. 지정학을 공부하는 학생들은 역사를 통해 교역의 통로를 지배한 자들이 어떻게 핵심 역할을 해왔는지 익히 봐왔다. 우주 정치학도 동일한 방식으로 접근하지만, 단 그것을 우주에 적용해서 장소, 거리, 연료 공급 문제를 포함한 여러 학문 분야를 들여다본다.

군사 우주 전략가들은 이 이슈 한복판에 있는 지형을 4개의 범주로 구분하려 한다. 저마다 자체적인 표현을 쓰고 있지만 대체로 돌먼이 나눈 범주가 유용하게 쓰이고 있다. 먼저 지구를 뜻하는 테라Terra가 있다. 지구와 그에 가까운 영공, 비행체가 연료를 재공급받지 않고 지구 주위의 궤도로 들어갈 수 있는 한계까지를 말한다. 그 위에 지구우주Earth Space가 있다. 이 공간은 최저 지구궤도에서 지구 자전과 궤를 같이하는 지구정지궤도까지를 지칭한다. 그 위로 달의 궤도를 말하는 달우주Lunar Space가 있다. 여기서부터 우리는 태양계로 들어간다. 태양계 내의 모든 것은 달궤도 너머에 있다.

향후 몇십 년 내에 미래의 우주 탐사에서 가장 중요한 곳은 바로 지구우주, 특히 저궤도다. 통신위성과 군사 분야로 확대돼 가고 있는 우리의 위성들이 자리 잡은 곳도 여기다. 이 벨트를 통제하는 나라들이

지구 주변 궤도들의 범주(크기는 잴 수 없음)

야말로 지구 표면 전체에서 거대한 군사적 이점을 얻어갈 것이다. 돌
먼은 해퍼드 매킨더가 1904년에 발표해서 유명해진 태초의 지배에
관한 지정학 이론인 심장부heartland 이론을 상기시키는 말을 만들었
다. "유라시아를 지배하는 자가 심장부를 호령하리라."라는 말의 돌
먼식 버전은 바로 다음과 같다.

"저궤도를 지배하는 자가 지구 근처 우주를 호령한다. 지구 근처
우주를 통제하는 자가 테라를 지배한다. 테라를 지배하는 자가 인류
의 운명을 결정짓는다."

이전 시대에 테라의 지배는 지상군과 해군을 전략적 위치에 배치해

해상 항로와 지브롤터나 말라카 해협 같은 요충지의 출입을 빈틈없이 지키는 것에 달려 있었다. 여기에 20세기에 들어서면서 공군력이 추가되었다. 그러다 21세기에 들어서면서 한 나라가 경쟁국은 물론 우방국들에게도 뒤처지지 않기 위해서는 저궤도에 자리를 잡고 자산을 배치하는 것이 필수적이 되었다.

저궤도는 우주선이 달 너머로 갈 때 연료를 재급유할 수 있는 곳이기도 하다. 지구에서 화성까지는 달보다 수백만 마일이 더 먼데 지구 중력의 경계를 벗어나려면 엄청난 노력이 요구되기 때문에 저궤도에서 화성으로 가는 것보다 지구 표면에서 달로 가는 것이 훨씬 많은 에너지가 소요된다. 그런데 어떤 강대국이 이 통로를 전면적으로 통제할 수 있다면 이 나라는 일종의 문지기가 되는 것이며, 이 안에서 경쟁국들이 연료를 재충전하는 것을 막는 것은 물론 더 멀리 나가는 능력도 방해할 수 있을 것이다.

여기서 다시 유용한 비유를 제공하는 지구 위의 상황들이 있다. 현재 한 흑해 국가의 군함이 지중해를 통해 대서양으로 진출하려고 보스포루스 해협을 통과하고 싶다면 터키의 허락을 받아야 한다. 만약 긴장감이 고조된다면 그 허가는 반려될 것이다. 따라서 저궤도의 통제 또한 동일한 권력이 될 수 있다. 의미 있는 조약들, 그러니까 소위 우주 정글에 대한 법칙이 없다면 말이다.

게다가 상업적인 고려도 무시할 수 없다. 만약 엄청나게 커다란 패널로 태양광을 모아 발전을 위해 지구로 보낼 수 있을 만한 기술이 개발된다면 이 기술을 저궤도에 적용해볼 수 있을 것이다. 이 공간은 장거리 여행을 위한 주유소이기도 한 만큼 혹시 채굴 목적으로 운석에 접근하고자 하는 측은 문지기 국가에 소정의 통행료를 지불해야 할 수도 있다.

우주 공간의 지리에 대해 우리가 더 많이 배우면 배울수록 우주 항해 지도는 더욱더 업데이트돼야 할 것이며 이에 따라 경쟁할 범위도 그만큼 넓어질 것이다. 일례로 밴앨런복사대는 지구에서 대략 5만 8천 킬로미터까지의 공간으로 지구의 자기장이 고에너지 입자들을 가둬두고 있는 곳이다. 이곳은 방사능 농도가 너무 높아 대원들이 타고 있는 우주선이라면 조심하는 게 좋다. 그곳에서 너무 오랜 시간을 보내다가는 우주선의 전자 장비들뿐 아니라 대원들에게도 해가 갈 것이다. 또한 우주선들이 더 먼 곳으로 진입하기 위해 지구의 중력을 이용해 가속할 때 따라갈 수 있는 특별한 경로가 있는 곳도 이곳이다. 한편 지구 가까이에는 5개의 칭동점들이 있다. 그곳은 지구와 달의 중력 효과가 서로의 힘을 상쇄해서 그곳에 정박한 물체들이 연료를 쓰지 않고도 제위치에 머무를 수 있는 곳이다. 경쟁은 이 지점들에서 벌어질 것이다. 그 가운데 특히 두 곳은 위성들이 있는 벨트를 내려다볼 수 있는 조망권을 제공할 수 있다. 또 하나는 달의 뒤편에 있는 L2로 알려진 곳이다. 중국이 기지 건설을 고려하고 있는 그 어두운 쪽에서 무슨 일이 벌어지고 있는지 보려고 일찌감치 그곳에 위성을 올려둔 것도 순전한 우연은 아니다.

이것들이야말로 우리가 앞으로 더욱 익숙해질 지리적 현실의 유형이다. 우주 정치학이 무르익어 가면서 우리는 강대국들이 우주전쟁을 염두에 두고 국방 예산을 편성한다는 말을 더 자주 듣게 될 것이다. 만약 각국이 우주 공간의 군사화를 제한하는 조약들을 존중하지 않는다면 저궤도는 먼저 그 벨트 내의 경쟁자들, 이어 그 아래를 겨냥하는 군사 무기들의 싸움터가 될 수 있다.

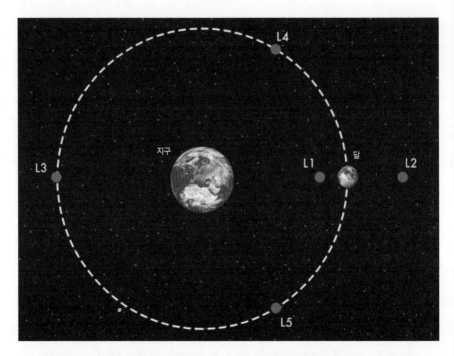

지구-달 시스템에서 칭동점(L1 - L5)은 위성을 배치하는 중요한 지점들이라 국가 간 경쟁을 유발할 수 있다.

우주 공간의 군사화

—

2019년에 미국이 우주군Space Force을 창설함에 따라 러시아와 중국도 군 조직에 변화를 꾀하고 있다. 한편에서는 이 행위가 우주조약을 위반한다는 우려가 일었다. 하지만 그 조약은 핵미사일 같은 대량살상 무기를 "궤도나 천체에 설치하거나 어떤 다른 식으로라도 놓아두면 안 된다."는 내용만 명시하고 있을 뿐이다. 현재에는 레이저를 탑재한 위성을 두는 것을 막을 어떠한 국제법도 부재한 실정이다. 일단한 나라가 시작하면 다른 나라가, 이어 또 다른 나라가 뒤따르는 것을 우리는 역사라는 장에서 익히 보아왔다.

미국 국방부가 "우주는 전쟁터다!"라는 모토를 내세우는 이유도 여기에 있다. 20세기에는 핵전쟁 발발이 우리의 삶을 파괴할 위협이었다면, 이제는 〈우주의 군사화〉가 비슷한 위험을 초래할 것으로 보인다. 우주에서의 전쟁은 지구를 뒤흔들 수 있다.

그래서 미국이 만든 것이 이른바 우주군이다. 우주군의 창설을 두고 도널드 트럼프 전 미국 대통령은 이렇게 말했다. "우주에서 미국의 우위는 절대적으로 필요하다……. 우주군은 공격을 단념시키고 궁극의 고지대를 통제하는 데 도움을 줄 것이다." 중국과 러시아는 물론이고 비교적 힘이 약한 국가들이라고 해서 우주를 보는 시각이 다르지는 않다. 하지만 우주 탐사와 그에 수반된 군사적 차원 양쪽에서 최첨단에 있는 것은 역시 이 빅3 국가(미국, 중국, 러시아)다.

이제 이들 세 나라는 〈전 영역에서 우세〉라는 군사 개념에 우주를 포함시키고 있다. 저궤도부터 달까지, 궁극적으로는 그 너머까지 말이다. 1980년대에 미국은 전략방위구상을 통해 이러한 이득을 얻기 위한 초기의 제한적인 시도를 했다. 다시 말해 핵공격으로부터 미국을 방어하기 위한 미사일 방어 시스템 개발을 시도한 것이다. 미국이 검토했던 옵션들 가운데 하나가 우주를 기반으로 한 무기의 범주를 다양화하는 것이었다. 여기에 스타워즈라는 이름을 붙인 것도 우주 군사화의 전조였다.

이제는 음속보다 20배 이상 빨리 날아가는 극초음속 미사일 개발이 이 분야에서 초미의 관심사가 되고 있다. 기존의 대륙간탄도미사일과는 달리 극초음속 미사일은 포물선을 그리며 비행하지 않고 방향과 고도도 변환할 수 있다. 이것이 발사되면 목표가 된 나라는 이 미사일의 타격지점을 계산할 수도 없으니 요격 미사일의 좌표도 찍을 수 없다. 사실 미사일로 미사일을 맞추는 것은 쉽지 않다. 게다가 극초음속 미사일은 이것을 한층 더 어렵게 만든다. 이 도전에 맞서기 위해 우주 공간에 대對극초음속 미사일 방어 레이저 시스템을 설치해서 아래쪽을 향해 쏠 수 있는 가능성을 검토하는 나라들이 있다. 만약 이 장치가 설치된다면 그 레이저 시스템을 타격할 수 있는 또 다른 장치들이 이어 개발될 것이며 그것들에 대항하는 방어 시스템 또한 연쇄적으로 등장할 것이다. 여기에 또다시 기타 등등이 더해지고. 어쨌거나 우리는 이미 우주 군비 경쟁에 뛰어든 셈이다.

각국의 인공위성을 파괴하는 킬러 위성까지 개발

—

우리가 공상과학 소설을 계속해서 현실화시키는 한 상황은 점점 더 복잡해질 것이다. 그 한 예가 2020년 7월에 발생한 사건이다. 러시아의 코스모스 2542 군사 위성이 미국 위성인 USA 245를 스토킹하던 중 상당히 가까운 거리라 할 수 있는 150킬로미터 이내까지 접근했다. 그리고 나서 그 안에 있던 미니 위성인 코스모스 2543을 발사했다. 미군은 이것을 러시아 인형이라 부르곤 한다. 이 아기 코스모스는 러시아의 세 번째 위성을 향해 이동하기 전에 미국의 위성을 그림자처럼 따라다니며 미행하기도 했다. 그런데 그것이 마치 시속 7백 킬로미터로 움직이는 고속 발사체를 발사한 것처럼 보였던 것이다. 크렘린궁은 이에 대해 단지 위성의 상태를 점검한 것뿐이라고 밝혔지만 영국과 미국 국방부 모두 이것이 무기 실험의 형식을 띠고 있다고 믿고 있다.

물론 미국 또한 다른 나라 위성들을 감시하면서 자국의 우주 무기들을 살피고 있다. 하지만 관행을 벗어난 행동, 즉 우주 공간에서 실제로 위성을 발사했다고 믿는 미국은 러시아의 행동에 분개했다. 여기서 또다시 법률상의 문제가 제기된다. 비준된 법안에 이를 다루는 규약이나 합의가 명시돼 있지 않기 때문이다. 하지만 위성에 대한 위협은 모름지기 국가라면 심각하게 받아들여야 할 사안이다.

이제 인공위성은 더 이상 전화나 TV 방송을 중계하는 데만 필요한 것이 아니다. 위성은 일상생활뿐 아니라 현대전에서도 필수적인 존재가 되어버렸다. 위성을 떨어뜨리거나 방해하면 자동차의 GPS 시스템이 먹통이 되고 신용카드가 작동되지 않을 수 있다. 무슨 일이 벌어졌는지 알아보려고 텔레비전을 켜도 깜깜한 화면만 나온다. 며칠 지나면 슈퍼마켓의 배달 시스템까지 혼란에 빠지게 된다. GPS가 없다면 선박과 비행기들이 제 길을 찾는 데 고생하는 것은 차치하고 최악의 시나리오는 전력망이 다운되는 것이다. 일기예보를 듣는 것 같은 일은 아예 포기하는 게 좋다.

군사적인 차원에서 모든 선진국은 정보와 감시 활동을 위성에 의지하고 있다. 어떤 나라의 군사 위성이 타격을 입는다면 그 나라의 최고 사령부는 그 즉시 그것을 지상 공격의 전조로 받아들일 수밖에 없다. 이 경우 핵공격 조기 경보 시스템도 망가질 수 있어서 차라리 먼저 공격을 감행하자는 결정을 촉발시킬 수 있다. 비록 기존 방식의 싸움이 남아 있더라도 상대편은 적을 정밀 타격하고 눈에 띄지 않게 군사력을 이동시키는 데 유리할 것이다. 암호화된 통신을 보내는 상대 국가의 능력이 제약을 받게 될 테니 말이다.

이것은 매우 현실적인 위협이다. 이미 러시아, 중국, 미국, 인도, 이스라엘 등은 위성들만 콕 집어 파괴하는 특수한 우주 무기인 킬러 위성 시스템을 개발해 오고 있다. 또 레이저를 쏘아서 위성을 떨어뜨리는 기술, 위성을 교란시켜서 통신을 방해하거나 화학물질을 분사하는 기술, 아예 위성을 들이받는 기술까지도 개발되고 있다. 그런데 누가, 어디서, 얼마나 가까이 접근할 수 있는지, 또 어떤 활동이 허용되는지에 대한 규정이 없다 보니 훈련이나 운항 오류조차 임박한 공격으로 오인할 위험성이 점점 더 커지고 있다.

미국 정부는 록히드 마틴 사와 함께 스페이스 펜스Space Fence 계획을 추진하고 있다. 이것은 지상에 설치된 레이더로 위성과 그 궤도 내 잔해들을 추적하는 일종의 감시 시스템이다. 현재 미 국방부는 대략 2만 개 이상을 추적할 수 있다고 한다. 그들은 이 능력을 10만 개까지 늘리고 위성을 표적으로 발사되는 레이저의 출처도 정확히 밝혀낼 수 있을 것으로 내다보고 있다.

지구우주에서 벌어지는 갈등이 불러온 또 다른 문제가 있다. 바로 궤도 주위를 돌고 있는 엄청난 양의 우주 쓰레기들이다. 이 잔해들이 궤도 내로 돌진해서 각국의 위성 기반시설을 파괴하거나 지구 경제를 초토화시킬 수도 있다. 현재 수명이 다한 3천 개의 위성과 적어도 10센티미터에서 그보다 더 작은 것들이 포함된 3만 4천여 점의 우주 쓰레기들이 지구 궤도를 돌고 있다. 이 문제를 공론화하려는 나라들이 있다. 혹시 여러분은 일본에 갔을 때 뭔가가 없다는 것을 깨달은 적이 있는가. 바로 쓰레기다. 일본의 스카이 퍼펙트 코퍼레이션이라는 회사와 일본 정부는 레이저를 사용해서 우주 잔해를 제거할 수 있는 위성 제작 사업을 하고 있다. 잔해를 지구 대기권으로 밀어 넣으면 대기권에 진입하는 순간 타버린다는 원리다. 엄청난 양의 우주 쓰레기를 생산하는 영국도 비슷한 방법을 찾고 있다.

미래의 우주는 어떤 모습일까

어쩌면 우주에서의 전쟁은 결코 현실이 되지 않을 수도 있다. 하지만 이러한 계획들은 지구에서와 마찬가지로 〈일어나지 않을 것〉이 아니라 〈만약에〉를 위한 것이다.

상황이 이런 식으로 흘러가게 내버려둘 수는 없다. 비록 국가 차원의 극심한 경쟁으로 점철된 과거가 있다 해도 협력이라는 본보기들도 많았다. 20세기는 분쟁 못지않게 국제주의와 다국적 기구 또한 꽃을 피운 시대였다. 심지어 냉전기간에도 분쟁을 피하기 위한 제도가 고안되기도 했다. 이를테면 모스크바와 워싱턴의 어느 한쪽이 발사를 명령한 것으로 의심됐을 때 양국 정상들이 즉시 대화를 나눌 수 있는 핫라인을 개설한 것 같은 경우다. 두 강대국의 정상들은 핵전쟁이 발발하면 모두가 패자가 될 거라는 사실을 직시하고 있었다. 우주전쟁 또한 같은 시각에서 바라볼 수 있다. 여기에도 한 국가가 유리한 고점을 점하기 위해 제한적인 공격을 감행할 위험이 상존하고 있다. 하지만 각국은 상호확증파괴(쌍방의 핵균형으로 상호 공격 억지력을 유지하는 핵전력)에 기초한 전쟁 억제에 초점을 맞출 가능성이 높다. 이 독트린은 냉전기 때처럼 논리적으로는 미친 짓으로 보일 수도 있겠지만 어쨌든 당시에도 지켜졌고 미래에도 적용될 수 있을 것이다. 냉전의 틀 안에서 다양하고 제한적인 전쟁을 치렀던 것처럼, 우리의 생존 전체를 위험에 빠뜨릴 행동으로까지는 가지 않을 제한된 형태의 전쟁을 우주 공간에서 볼 수 있게 될지 모른다. 그러므로 표준 운영 절차를 달성하는 데 필요한 외교 채널들만이 신뢰를 구축하고 긴장을 완화시킬 수 있다.

어쩌면 우리의 지도자들이 옷을 차려입고 여행길에 나서야 할 수도 있다. NASA 소속 우주비행사인 카렌 나이버그는 "만약 내가 모든 지구인이 지구 한 바퀴를 돌게 할 수 있다면 세상은 좀 더 다르게 흘러갔을 텐데."라고 말한 적이 있다. 그녀는 환경주의 차원에서 얘기했지만 이는 실질적으로 더 나은 외교 협력을 위한 호소이기도 하다.

만약 모든 나라가 미국의 국가우주정책의 정신에 부응해서 "우주 공간의 자유를 지키기 위해 서로 협조함으로써 인류의 안녕을 증진시키려는 헌신"에 공감한다면 현재 우리가 향하고 있는 것과는 매우 다른 미래를 꿈꿔볼 수도 있다. 그 미래에서는 우주굴기를 실현하고 있는 중국과 협력하려는 NASA의 방침에 미 의회도 반감을 줄일 것이다. 일본과 대한민국 또한 서로의 차이점을 극복하고 협력적인 관계를 다지면서 미국, 중국, 인도 및 다른 나라들과 손을 잡고 각자 모은 자원을 공동 관리하면서 전문가들이 기여할 수 있는 지구 차원의 계획을 수립할 수 있을 것이다.

10년 이내에 국제 우주 정거장은 〈인터내셔널 머스크 스페이스텔International Musk Spacetel〉로 탈바꿈한다. 객실 20개를 갖춘 별 10억 개짜리 호텔 말이다. 고객들은 우주 관광을 하고 최상의 냉동 식품을 맛본다. 일주일에 1천만 달러가 드는 이 여행 상품에는 자유 우주 유영과 50킬로미터 떨어진 다국적 실험실인 월드 스페이스 랩까지의 가벼운 소풍도 포함된다. 그곳에서는 2028년경에 알츠하이머병의 치료법을 찾아낼 수도 있다. 신생 달 기지와의 영상 통화도 가능해진다. 그러나 단 12명이 근무하고 있기에 당신의 전화가 아무리 중요하더라도 늘 연결이 가능한 것은 아니다. 여전히 변치 않는 것들도 있는 법이니까.

그로부터 20년이 더 지나면 우주선은 저궤도에서 연료를 재급유하고 광대한 우주를 가로지르는 장거리 여행을 떠날 준비를 한다. 달에 내린 이들은 다국적 기지의 관문을 확장하는 데 쓰거나 화성으로 가기 위해 방문한 비행체에 장착할 거대한 태양광 패널들을 3D 프린터로 찍어낸다. 6개월이나 걸리는 여행에 툴툴대는 승무원들도 있겠지만 예전에는 영국에서 미국까지 배로 가는 데 2달이 걸렸다는 사실을 새삼 상기하면서 자신들이 9천만 킬로미터를 왔다는 사실도 떠올릴 것이다. 이륙하고 나서도 여전히 불만인 그들은 달의 반대편에 있는 중국과 아랍에미리트 우주 정거장들을 지나친다. 또 보다 깊은 우주 공간 속으로 들어가서 실험을 수행하도록 설계된 로봇들이 타고 있는 우주선들도 지나친다. 그리고 집에 점점 가까워지면서 이제는 더 이상 희토류라고 할 수 없을 엄청난 양의 광물을 채취할 수 있는 거대한 운석들을 채굴한다. 예전에 귀하게 여기던 금속이 12퍼센트나 함유된 거대한 마이다스 운석이 발견된 뒤로 금값은 붕괴되고 말았다.

2060년경이 되면, 화성에서는 100개의 유능한 다국적 팀들이 진지하게 화성의 테라포밍(terra forming, 행성을 개조하여 인간의 생존이 가능할 수 있게끔 지구화하는 과정) 작업을 수행한다. 그보다 앞선 2054년으로 돌아가 보면 과학자들이 마침내 지구의 온실가스를 방출하는 공식을 알아낸다. 작업의 핵심은 온실가스를 지구에 남은 대량의 프레온 가스와 결합시키고 가둬둔 태양의 열기로 연쇄반응을 일으켜서 화성의 대기를 변화시키는 것이다. 2075년쯤에 이 계획이 완성되면 우주복을 입지 않고도 화성 표면을 걸어 다닐 수 있을 것이다.

여기까지는 이론상으로 우리 이해의 테두리 안에 있다. 하지만 우리가 멀리 가면 갈수록 그만큼 공상과학 소설에 더 가까워진다. 2080년이 되면 더 먼 우주로의 여행을 위한 추진력을 얻기 위해 우주선 뒤편에서 핵폭탄을 투하하는 낡아빠진 아이디어는 마침내 대체되기에 이른다. 이제는 안전한 거리를 두고 소형 수소 폭탄을 우주선 앞에서 터뜨리는 것이다. 그러면 중력파가 발생해서 일시적으로 공간이 뒤틀리게 되고 순간적으로 기체의 추진력을 폭발시켜서 수십만 킬로미터를 가속하게 할 수 있다. 하지만 아직까지는 이 기술을 완성한 단계는 아니어서 승무원들은 2년 안에 명왕성까지는 갈 수 있지만 태양에서 가장 가까운 항성인 프록시마 켄타우리까지는 아직 2만 년을 더 가야 한다. 어쨌거나 승무원이 꽁꽁 어는 것은 걱정하지 않아도 되지만 로봇과 AI가 보살피는 배아 육성 계획은 무의미해질 것이다. 어느 경우라도 행성 윤리 위원회가 폐기시킬 것이기 때문이다.

우주는 무한하다. 더불어 그 가능성 또한 무한하다. 공상과학 소설이 그토록 재미있는 것도 이런 이유에서다. 가까운 미래에 우리는 현재의 지식에 구속돼 있으면서도 그 지식으로 인해 자유로워질 수 있을 것이다. 자유롭게 된다는 것은 우리가 다른 별에 도달할 수 있다는 의미다. 비록 현재까지의 역사에서는 불가능했던 일이지만. 그리고 구속돼 있다는 것은 우리의 지식으로는 광대한 우주 전체를 아우를 수 없을 뿐 아니라 자연법의 구속을 받을 수밖에 없다는 뜻이기도 하다.

우리가 빛의 속도로 이동하거나(어쩌면 영영 어려울지도) 적어도 그와 비슷한 속도로 움직일 수 있다면 우리 인간은 태양계를 넘어서려고 애쓸 것이다. 실제로 우리가 보고 있는 모든 것이 너무 먼 곳에 있기 때문이다. 프록시마 켄타우리가 발사한 빛이 우리에게 도달하는 데는 4.25년이 걸린다. 다시 말해 40조 킬로미터 정도 떨어져 있다는 얘기다.

우리가 지금 이 순간 밤하늘에서 보는 안드로메다 별자리는 적어도 250만 년 전의 모습이다. 이 어마어마한 거리 때문에 광속의 10분의 1 속도로 추진력을 얻는 데도 적어도 수십 년은 걸릴 것이기 때문에 우주 깊은 곳으로 여행하는 문제는 공상과학 소설가나 선구적인 이론가들 그리고 미래 세대의 몫으로 남겨질 것이다.

더 빠른 속도를 이루기 위한 여러 다른 이론들이 있다. 그 가운데는 컴퓨터 칩 크기의 작은 무인 우주 탐사선을 쏘아 보내는 것도 있다. 그것은 지구에서 발사된 레이저로 추진을 해서 운항을 이어갈 수 있다. 민간 기업인 스타쇼트는 이미 이 프로젝트를 진행하고 있다. 현재로는 수만 년이 걸릴 시간을 20년으로 단축해서 프록시마 켄타우리 근처에 있을지 모를 지구와 환경이 비슷한 행성으로 무인 우주 탐사선을 보내는 계획이다. 이 계획을 실현하는 데 도사린 많은 걸림돌 가운데 하나가 강력한 레이저인데 문제는 현재까지 이것을 만들지 못하고 있다는 것이다. 설사 그것을 만들었거나 여러 대를 결합한다고 해도 순간적인 짧은 폭발력을 위해서는 100기가와트의 에너지가 필요한데 이것은 어림잡아도 100여 개의 핵발전소를 돌려야 하는 양이다.

과학자들은 이에 대해 이론적으로는 문제가 없다고 말한다. 하기야 17세기의 위대한 천문학자인 요하네스 케플러도 이런 얘기를 한 적이 있다. 그는 동료인 천재 과학자 갈릴레오 갈릴레이에게 보낸 편지에서 이렇게 썼다.

"하늘의 바람을 잘 탈 수 있도록 만들어진 배나 돛이 있다면 저 광활함 속으로 들어가는 모험을 시도하는 이들도 있을 텐데."

내가 문제라고 보는 것은 그 레이저가 컴퓨터 칩을 잘못 맞춰서 40만 킬로미터 바깥에 있는 외계인의 우주선을 맞추는 경우다. 채식주의자가 아닌 걸로 밝혀진 그 우주선의 탑승자들은 이렇게 말할지 모른다. "멋진 행성인데? 우리가 가져야겠군!" 우주의 크기를 생각하면 이런 사고가 벌어질 가능성은 크지 않지만 다시 한번 우주의 크기와 그 안에 있는 수많은 행성을 생각하면 우리와 같은 지적 생명체가 있을 가능성도 그만큼 커진다. 과학도 그렇게 말하고 있다. 심지어 이런 추정을 내놓는 수학자들도 있다. 지구와 환경이 비슷한 행성들이 지구의 모든 모래사장의 모래알들보다 더 많이 있을 거라고!

이와 같은 주장은 케플러 망원경처럼 위성에 설치된 망원경으로 훨씬 더 선명하게 볼 수 있는 데서 얻은 최신 정보에 기초하고 있다. 여기서 얻은 추론으로는 태양에서 세 번째 떨어져 있는 암석인 이 지구가 지적 생명체가 있는 유일한 행성일 가능성은 수조 분의 일이라고 한다.

어째서 ET가 아직 전화를 걸어오지 않는지 의아하다면 이런 확률을 감안해서 CNET 테크 사이트의 에릭 맥의 비유를 보기 바란다. 이제까지 내가 본 것 중에서 가장 탁월한 비유다. 즉 전 세계 해변의 모든 모래 알갱이들을 한 해변에 모아 놓았다고 상상해 보자. 그런데 각 알갱이(행성)는 가장 가까운 알갱이(이웃 행성)와 수조 킬로미터는 떨어져 있다. 천체물리학자 닐 디그래스 타이슨이 말한 것처럼 우주란 이런 것이다. 그는 현재 우리의 탐사 범위를 이렇게 비유한다.

"우주에 다른 생명체가 없다고 주장하는 것은 컵으로 물을 떠서 그 컵을 들여다보면서 바다에 고래가 없다고 하는 것과 같다."

만약 거기에 누군가가 있다면 우리는 일찌감치 그들에게 줄 선물을 마련해 두었다고 말하고 싶다. 바로 파이오니어 금속판Pioneer Plaque이다. 가로 15.24센티미터, 세로 22.86센티미터의 이 금속판은 1972년에 발사된 파이오니어 10호 탐사선에 탑재되었다. 이 탐사선의 동력원이 마지막으로 소진됐다고 들었던 게 2003년 1월이었다. 하지만 그 우주선은 무한대 속으로 들어갔다. 이 금속판 위에는 인간 남녀의 모습과 지도가 새겨져 있다. 그것은 사실상 이렇게 말하고 있는 것이다. "우리 여기 있어요!"

파이오니어 금속판을 처음 고안한 사람은 위대한 천문학자인 칼 세이건과 프랭크 드레이크였다. 그들은 다음을 전제로 해서 이 일을 시작했다. 즉 외계의 지적 생명체에 성대나 귀가 있을지 없을지는 모르지만 적어도 과학을 지배하는 본연의 원리는 같을 것이다. 그리하여 이 금속판에는 각자 다른 에너지 상태를 가진 수소원자 2개가 새겨져 있다. 하나가 어떤 상태에서 다른 상태로 변할 때 전자기 복사가 측정 가능한 파장과 시간 주기로 방출되기 때문이다. 여기에는 남자와 여자의 모습도 그려져 있다. 남자는 팔을 들고 지구에서 환영을 뜻하는 의미로 사용되는 손바닥을 활짝 펼치고 있는 모습이다. 하지만 우리 모두가 익히 알고 있는 이 상징이 은하계에서는 공격의 상징으로 받아들여질지도 모른다. 그림의 중심에는 태양과 연결된 방사형의 선들이 그려져 있고 그 아래에는 우리 태양계 행성들이 그려져 있다. 각기 다른 길이의 선들은 펄서(규칙적인 전파를 발사하는 중성자별)로 연결된다. 펄서는 특정한 속력으로 회전하는데 그 주기를 계산하면 이 지도가 만들어진 시기는 물론이고 삼각 측량을 통해 태양과 지구에 이르기까지의 거리도 알아낼 수 있다.

이 지도의 유효 기간은 길어봤자 수백만 년 정도일 것이다. 전적으로 특별할 것 없는 태양과 전적으로 특별할 것 없는 태양계가 똑같이 특별할 것 없는 은하수를 몇 번 돌고 나면 별자리들의 위치도 바뀔 것이다. 그러므로 파이오니어 금속판과 ET는 서두르는 게 나을 것이다.

우주는 특정 국가의 소유물이 아니다
—

우주 탐사가 아직은 걸음마 단계에 있다 보니 우리로서는 어느 방향으로 발을 딛고 싶은지 결정할 필요가 있다. 각 국가들은 상호 인정한 영토에 주권을 행사하는 시스템의 실패한 역사를 지겹도록 보여준 우주판 베스트팔렌 개념을 따를 것인가, 아니면 우리의 보편적 인간성과 우주 여행에 도사린 도전을 인정하고 지구라는 집을 벗어나 저 멀리 모험을 감행하는 하나의 국민처럼 행동하는 단계로 나아갈 것인가?

지금까지 우리는 조금은 더 친숙한 패턴을 따랐다. 땅과 바다의 위대한 발견들은 대부분 비슷한 결말을 맞았다. 경쟁, 힘겨루기, 승자가 규칙을 정하고 선을 긋는 것 말이다. 이 장면을 우주로 옮긴다면, 이제껏 우리가 아는 지식으로는 현재는 쫓겨날 소유주가 없고 위험을 부담하면서 모험을 감행하고 투자하는 측은 이익을 낼 수 있어야 한다. 하지만 그런 주장을 펼칠 수는 있겠지만 이제는 지구에서의 모든 분쟁과 부당함에도 불구하고 전 지구적 차원에서 우리 모두가 서로에 대한 책임을 폭넓게 받아들여야 할 시점에 도달했다. 바로 기후변화가 그것을 보여주고 있지 않은가. 비록 우주에서 무한정으로 풍부한 에너지와 자원을 찾아낸 강대국들이 그것을 지구로 가져올 수 있다 해도 그것을 나누는 것은 우리의 공통된 관심사다. 전 세계인의 생활수준을 높이는 동시에 탄소 배출을 줄이는 것은 우리 모두에게 이득이 된다. 이곳에 남아 있는 자원은 유한하고 그것을 차지하려는 경쟁이 분쟁을 촉발하고 있지만 우리 위, 저 높은 곳에는 3554 아문이라는 소행성이 있다. 그곳에 있는 것으로 추정되는 니켈, 코발트, 철광석과 여러 광물의 가격만 해도 20조 달러, 즉 미국 GDP(2018년 기준)에 맞먹는 양이라고 한다. 이것은 우리가 나눌 수 있을 엄청나게 많은 것 가운데 하나다.

자신들의 우주선이 그런 보물섬에 착륙할 수도 있는데 그 나라나 회사가 손을 뗄 거라고 믿는 것은 순진하다. 하지만 우리는 우주 탐사 국가들이 서로 협력하고, 지식과 이익을 나누고, 자신들이 얻은 이익 일부를 다른 모두에게 넘겨준다는 구속력 있는 협정을 성문화하는 작업을 해야 한다. 그 한 예가 될 수 있는 것이 저궤도에 설치하는 거대한 태양 에너지 반사 장치다. 이것은 밤중에도 태양광 발전소 쪽으로 태양 에너지를 튕겨내서 24시간 가동할 수 있게 한다. 반사 장치를 만드는 예산의 일정 부분은 개발도상국이 태양광에서 무료로 전력을 얻을 수 있도록 책정되게끔 합의할 수 있을 것이다. 이렇듯 숱한 상상들만큼이나 실현 가능한 상상 속의 아이디어들도 많이 있다. 공상과학물 저자인 아서 C. 클라크는 이렇게 말한 적이 있다. 모든 혁신적인 생각들은 그 비판자들의 관점에서 규정되는 세 가지 국면을 통과해야 한다고. 첫째, 결코 실현되지 못할 것이다. 그냥 허구다. 둘째, 실현될 수도 있겠지만 그래봐야 별반 소득이 없다. 셋째, 내가 그건 좋은 생각이라고 내내 말해 오지 않았던가.

아직 발견되지 않은 소행성들이나 다른 목표물을 발견하고 추적하는 데 협력하는 것은 우리 모두의 관심사다. 특히 1908년에 시베리아 숲의 수백 평방킬로미터를 초토화시켰던 퉁구스카 운석처럼 우리에게 위협이 될 수 있는 소행성이나 다른 물체들을 발견하고 추적하는 데 협력이 필요하다. 동일한 궤도에 그보다 훨씬 더 큰 물체들이 있을 수 있다. 공룡들은 그것들이 다가오는 것을 알지 못했겠지만 우리는 알 수 있다. 그리고 우리는 이에 대해 무언가를 해볼 수 있다.

우주에서의 협력이 꼭 지구상에서 국가들 간의 적대감을 종식시키는 것은 아니다. 미국 우주비행사들이 러시아 우주선에 있는 국제 우주 정거장을 탈 수 있었지만 그렇다고 양국 사이의 긴장이 부활하고 고조되는 것을 막지는 못했다. 하지만 수십 년 전 양국 사이에 전쟁의 위협이 그 어느 때보다 고조되었을 때 기술 협력은 긴장 완화로 이어지는 계기가 되었고 결과적으로 1975년의 소유스-아폴로의 도킹을 이뤄냈다.

양 진영의 우주비행사들이 함께 그랬던 것처럼, 우주 공간에서 〈창백한 푸른 점(pale-blue dot, 우리 지구)〉을 돌아보는 것이야말로 태초부터 우리를 감염시켜 〈우리〉와 〈그들〉로 갈라놓게 한 바이러스를 이겨내는 길이다. 우주는 그 무한대 속으로 우리 인간의 정신이 뻗어나갈 기회를 주고 있다. 인간은 늘 위를 바라보았고 깜깜한 밤하늘의 아득히 먼 곳을 바라보면서 꿈을 꾸어왔다. 실제로 우리는 높은 곳에 도달하기도 했다. 그리고 그보다 훨씬 더 높이 가야 하는 것이 우리의 운명이다. 서로 힘을 합친다면 훨씬 빨리 도달할 수 있다. 우주에는 한계가 없으니까.

감사의 말

　이 책을 위해 전문 지식과 함께 수많은 지원을 제공해 주신 모든 분께 감사드립니다. 앨리슨 허드슨 박사님, 미나 알 오라비, 앤 마리 슬라이치 박사님, 사잔 고헬 박사님, 데이비드 웨이웰, 요안니스 미칼레토스, 존 손더스, 사라 윌리엄스, 리암 모리시, 제이슨 웹스터 등 도움을 주신 많은 분들께도 감사의 마음을 전합니다. 또한 여러 대사관과 군 조직이 제공해 주신 정보에 대해서도 깊은 감사를 표하며, 정치적 민감성 때문에 드러나는 것을 원치 않은 많은 분들께도 같은 마음을 전합니다. 그리고 엘리엇 앤 톰슨의 훌륭한 팀인 제니 콘델, 피파 크레인, 마리안 손달, 론 포사이스에게도 고마운 마음을 표하고 싶습니다.

참고문헌

1. 오스트레일리아

Attard, Bernard, 'The Economic History of Australia from 1788: An Introduction', EH.Net Encyclopedia, March 2006 https://eh.net/encyclopedia/the-economic-history-of-australia-from-1788-an-introduction/

'Border Lengths – States and Territories', Geoscience Australia, Australian Government https://www.ga.gov.au/scientific-topics/national-location-information/dimensions/border-lengths

Christie, N. J., '"Pioneering for a Civilized World": Griffith Taylor and the Ecology of Geography', *Scientia Canadensis*, 17 (1–2), (1993) pp. 103–154 https://www.erudit.org/fr/revues/scientia/1993-v17-n1-2-scientia3119/800366ar.pdf

Curtin, John, 'The Task Ahead', *Herald* (Melbourne), 27 December 1941 http://john.curtin.edu.au/pmportal/text/00468.html

'Edward Hammond Hargraves', *Evening News*, 31 October 1891 https://trove.nla.gov.au/newspaper/article/111989656?searchTerm=Edward%20Hargraves&searchLimits=

Elkner, Cate, 'Immigration and Ethnicity: Overview', Electronic Encyclopedia of gold in Australia https://www.egold.net.au/biogs/EG00006b.htm

'Geographic Distribution of the Population', Australian Bureau of Statistics, 24 May 2012 https://www.abs.gov.au/ausstats/abs@.nsf/Lookup/by%20Subject/1301.0~2012~Main%20Features~Geographic%20distribution%20of%20the%20population~49

Hughes, Robert, *The Fatal Shore* (London: Collins Harvill, 1987)

Macfarlane, Ingereth (ed.), 'Aboriginal History', vol. 26 (2002) https://press-files.anu.edu.au/downloads/press/p73361/pdf/book.pdf

'Confluence of the Two Seas', speech by Prime Minister Shinzo Abe at the Parliament of the Republic of India, Ministry of Foreign Affairs of Japan, 22 August 2007 https://www.mofa.go.jp/region/asia-paci/pmv0708/speech-2.html

Rudd, Kevin, 'The Complacent Country', KevinRudd.com, 4 February 2019 https://kevinrudd.com/2019/02/04/the-complacent-country/

Schleich, Dr Anne-Marie, 'New Geopolitical Developments in the South Pacific: The Cases of Australia and New Zealand', *ISPSW Strategy Series: Focus on Defense and International Security*, no. 533 (2018) https://css.ethz.ch/content/dam/ethz/special-interest/gess/cis/center-for-securities-studies/resources/docs/ISPSW-533%20Schleich.pdf

Ville, Simon, 'The Relocation of the International Market for Australian Wool', Australian Economic History Review, 45 (1), (2005), pp. 73–95

Worgan, George Bouchier, letter written to his brother Richard Worgan, 12–18 June 1788 https://www.sl.nsw.gov.au/collection-items/collection-10-george-bouchier-worgan-letter-written-his-brother-richard-worgan-12-1

2. 이란

Ansari, Ali M., Iran: A Very Short Introduction (Oxford: Oxford University Press, 2014)

Ansari, Ali M., Iran, Islam and Democracy: The Politics of Managing Change (London: Gingko Library/Chatham House, 2019)

Langton, James, 'The Day the Oil Came: Sixty Years ago, the Sea Gave Up Its Secrets and Changed Abu Dhabi Forever', *The National*, 28 March 2018 https://abudhabioil.thenational.ae

'Mapping the Global Muslim Population', Pew Research Center, 7 October 2009 https://www.pewforum.org/2009/10/07/mapping-the-globalmuslim-population/

'Saddam Hussein and His Advisers Discussing Iraq's Decision to Go To War with Iran', History and Public Policy Program Digital Archive, Conflict Records Research Center, National Defense University, 16 September 1980 https://digitalarchive.wilsoncenter.org/document/110099

'Their Last Chance?', *The Economist: Special Report*, 15 January 2004 https://www.economist.com/special-report/2004/01/15/their-lastchance

3. 사우디아라비아

Acemoglu, Daron and Robinson, James A., *The Narrow Corridor: How Nations Struggle for Liberty* (New York: Penguin Books, 2020)

Al-Rasheed, Madawi, *A History of Saudi Arabia* (Cambridge: Cambridge University Press, 2010)

'Basic Law of Governance', The Embassy of the Kingdom of Saudi Arabia, 1 March 1992 https://www.saudiembassy.net/basic-law-governance

'Diriyah: The Original Home of the Saudi State', Saudi Press Agency, 20 November 2019 https://www.spa.gov.sa/viewfullstory.php?lang=en&newsid=2001219

Husain, Ed, *The House of Islam: A Global History* (New York: Bloomsbury, 2018)

'Ikhwan', GlobalSecurity, https://www.globalsecurity.org/military/world/gulf/ikhwan. htm

'King Abdulaziz Al Saud: Founder of the Kingdom of Saudi Arabia', House of Saud, Saudi Royal Family News and Information https://houseofsaud.com/king-abdulaziz-al-saud/

'Civilian Gasoline Supply Report', Office of War Information, 13 October 1943 http:// plainshumanities.unl.edu/homefront/homefront.docs.0015

Riedel, Bruce, *Kings and Presidents: Saudi Arabia and the United States Since FDR* (Washington, DC: Brookings Institution Press, 2019)

'Saudi Arabia', US Department of State Archive https://2009-2017.state.gov/ documents/organization/171744.pdf

'Saudi Arabia: Youth Unemployment Rate from 1999 to 2020', *Statista* (2020) https:// www.statista.com/statistics/812955/youth-unemployment-rate-in-saudi-arabia/

4. 영국

Collier, Basil, *The Defence of the United Kingdom: History of the Second World War* (London: Her Majesty's Stationery Office, 1957)

Crane, Nicholas, *The Making of the British Landscape: From the Ice Age to the Present* (London: Weidenfeld & Nicolson, 2017)

Harvey, Michael, 'Perspectives on the UK's Place in the World', Chatham House: Europe Programme Paper 2011/01 (2011) https://www.chathamhouse.org/sites/ default/files/public/Research/Europe/1211pp_harvey.pdf

Lipscombe, Nick, 'Napoleon's Obsession: The Invasion of England', *British Journal for Military History*, vol. 1, no. 3 (2015)

McKirdy, Alan and Crofts, Roger, *Scotland: The Creation of Its Natural Landscape: A Landscape Fashioned by Geology* (Perth: Scottish Natural Heritage, 1999)

Parker, Joanne, *Britannia Obscura: Mapping Hidden Britain* (London: Vintage, 2015)

Simms, Brendan, *Three Victories and a Defeat: The Rise and Fall of the First British Empire, 1714–1783* (London: Allen Lane, 2007)

'The Defence Implications of Possible Scottish Independence', House of Commons Defence Committee, vol. 1, Sixth Report of Session 2013–14(2013) https:// publications.parliament.uk/pa/cm201314/cmselect/cmdfence/198/198.pdf

5. 그리스

Brunwasser, Matthew, 'The Greeks Who Worship the Ancient Gods', BBC News, 20 June 2013 https://www.bbc.co.uk/news/magazine-22972610

'Greece – Agricultural Sector', International Trade Administration: United States of America, 4 June 2019 https://www.export.gov/apex/article2?id=Greece-Agricultural-Sector

Greece Population 2020, World Population Review http://worldpopulationreview.com/countries/greece-population/

'Lausanne Peace Treaty VI. Convention Concerning the Exchange of Greek and Turkish Populations Signed at Lausanne, January 30, 1923',

Republic of Turkey: Ministry of Foreign Affairs, 30 January 1923 http://www.mfa.gov.tr/lausanne-peace-treaty-vi_-convention-concerning-the-exchange-of-greek-and-turkish-populations-signed-at-lausanne_.en.mfa

'Military Expenditure (% of GDP)', The World Bank https://data.worldbank.org/indicator/MS.MIL.XPND.GD.ZS

Sienkewicz, Thomas J., 'The Hellenic Language is Immortal: The Grandeur of the Hellenic Language', Monmouth College https://department.monm.edu/classics/Courses/GREK101-102/HellenicLanguage.Shadowed.htm

Weiner, Eric, *The Geography of Genius: A Search for the World's Most Creative Places from Ancient Athens to Silicon Valley* (New York: Simon & Schuster, 2016)

'King of Hellenes Murdered', *The Times*, 19 March 1913

6. 터키

Alkan, Can; Kavak, Pinar; Somel, Mehmet; Gokcumen, Omer; Ugurlu, Serkan; Saygi, Ceren; Dal, Elif; Bugra, Kuyas; Güngör, Tunga; Sahinalp, S. Cenk; Özören, Nesrin; Bekpen, Cemalettin, 'Whole Genome Sequencing of Turkish Genomes Reveals Functional Private Alleles and Impact of Genetic Interactions with Europe, Asia and Africa', *BMC Genomics*, vol. 15, no. 1 (2014) https://www.ncbi.nlm.nih.gov/pmc/articles/PMC4236450/

Arango, Tim, 'A Century After Armenian Genocide, Turkey's Denial Only Deepens', *The New York Times*, 16 April 2015 https://www.nytimes.com/2015/04/17/world/europe/turkeys-century-of-denial-about-anarmenian-genocide.html

Mandiraci, Berkay, 'Assessing the Fatalities in Turkey's PKK Conflict', International Crisis Group, 22 October 2019 https://www.crisisgroup.org/europe-central-asia/western-europemediterranean/turkey/assessing-fatalities-turkeys-pkk-conflict

Murinson, Alexander, 'The Strategic Depth Doctrine of Turkish Foreign Policy', Middle

Eastern Studies, vol. 42, no. 6 (2006), pp. 945–64

'Mavi Vatan' ['Blue Homeland'], Turkish Naval War College (2019) https://www.msu.
edu.tr/mavivatandanacikdenizleredergisi/mavivatan_baski.pdf

'Targeting Life in Idlib', Human Rights Watch, 15 October 2020 https://www.hrw.
org/report/2020/10/15/targeting-life-idlib/syrian-and-russian-strikes-civilian-
infrastructure

Turkish Presidency [@trpresidency], 'President Erdoğan: "Hagia Sophia's doors will
be, as is the case with all our mosques, wide open to all, whether they be foreign
or local, Muslim or non-Muslim"', 10 July 2020 https://twitter.com/trpresidency/
status/1281686820556869632/photo/1

Westermann, William Linn, 'Kurdish Independence and Russian Expansion [1946]',
Foreign Affairs, vol. 70, no. 3 (1991) https://www.foreignaffairs.com/articles/russia-
fsu/1991-06-01/kurdish-independence-and-russian-expansion-1946

7. 사헬

Bassou, Abdelhak, 'State, Borders and Territory in the Sahel: The Case of the G5
Sahel', *Policy Center for the New South*, 6 October 2017 https://www.policycenter.
ma/publications/state-borders-and-territorysahel-case-g5-sahel

Berger, Flore, 'West Africa: Shifting strategies in the Sahel', *The Africa Report*, 30
September 2019 https://www.theafricareport.com/17843/west-africa-shifting-
strategies-in-the-sahel/

'Beyond Aid: The UK's strategic engagement in Africa', Written evidence from the
Foreign and Commonwealth Office on behalf of Her Majesty's Government,
House of Commons Foreign Affairs Committee(FAC) Inquiry (2019) http://data.
parliament.uk/writtenevidence/committeeevidence.svc/evidencedocument/
foreign-affairs-committee/beyond-aid-the-uks-strategic-engagement-in-africa/
written/105575.html

Comolli, Virginia, *Boko Haram: Nigeria's Islamist Insurgency* (London: Hurst, 2015)

Cooper, Rachel, 'Natural Resources Management Strategies in the Sahel', K4D
Helpdesk Report, Institute of Development Studies, 1 October 2018 https://assets.
publishing.service.gov.uk/media/5c6acc2340f0b61a196aa83a/453_Sahel_Natural_
Resources_Management.pdf

Devermont, Judd, 'Politics at the Heart of the Crisis in the Sahel', Center for Strategic
& International Studies, 6 December 2019 https://www.csis.org/analysis/politics-
heart-crisis-sahel

Fortson, Danny, 'The Great Uranium Stampede: Everybody Wants Supplies as Nuclear
Power Comes Roaring Back', *The Sunday Times*, 7 February 2010 https://www.

thetimes.co.uk/article/the-great-uranium-stampede-c7p3m6h9xxd

'General Act of the Berlin Conference on West Africa', 26 February 1885 https:// loveman.sdsu.edu/docs/1885GeneralActBerlinConference.pdf

'Getting a Grip on Central Sahel's Gold Rush', International Crisis Group, Report no. 282/Africa, 13 November 2019 https://www.crisisgroup.org/africa/sahel/burkina-faso/282-reprendre-en-main-la-ruee-vers-lor-ausahel-central

Grove, A. T., 'Geographical Introduction to the Sahel', *The Geographical Journal*, vol. 144, no. 3 (1978), pp. 407–15

Le Roux, Pauline, 'Confronting central Mali's Extremist Threat', Africa Center for Strategic Studies, 22 February 2019 https://africacenter.org/spotlight/confronting-central-malis-extremist-threat/

Lewis, David and McNeill, Ryan, 'How Jihadists Struck Gold in Africa's Sahel', Reuters Investigates: A Special Report, 22 November 2019 https://www.reuters.com/investigates/special-report/gold-africaislamists/

Nicholson, Sharon E., 'Climate of the Sahel and West Africa', *Oxford Research Encyclopedia*, 26 September 2018 https://oxfordre.com/view/10.1093/acrefore/9780190228620.001.0001/acrefore-9780190228620-e-510

Taithe, Bertrand, *The Killer Trail: A Colonial Scandal in the Heart of Africa* (Oxford: Oxford University Press, 2009)

Watson, Abigail, 'ORG Explains #12: The UK's Pivot to the Sahel', Oxford Research Group, 27 January 2020 https://www.oxfordresearchgroup.org.uk/org-explains-the-uks-pivot-to-the-sahel

'Areva and Niger: A sustainable partnership', Areva, February 2011 https://inis.iaea.org/collection/NCLCollectionStore/_Public/50/062/50062650.pdf

8. 에티오피아

'Ethiopia Imports by Country', Trading Economics https://tradingeconomics.com/ethiopia/imports-by-country

'Ethiopia: The Criminal Code of the Federal Democratic Republic of Ethiopia', The Protection Project, Proclamation no. 414/2004 (2005) http://www.protectionproject.org/wp-content/uploads/2010/09/Ethiopia_Criminal-Code-TIP_2004.pdf

'Geopolitical Dynamics in the Horn of Africa and Mechanisms for Collaboration between NATO and IGAD Countries', Nato Strategic Direction South Hub/ Institute for Peace and Security Studies, Addis Ababa University (2019) https:// thesouthernhub.org/resources/site1/General/NSD-S%20Hub%20Publications/ Geopolitical%20Dynamics%20in%20the%20Horn%20of%20Africa%20and%20 Mechanisms%20for%20Collaboration%20between%20NATO%20and%20IGAD%20

Countries.pdf

Getachew, Samuel and York, Geoffrey, 'Ethiopia's Latest Violence Exposes Ethnic Fault Lines, Threatening the Country's Democratic Dreams', *The Globe and Mail*, 20 July 2020 https://www.theglobeandmail.com/world/article-ethiopias-latest-violence-exposes-ethnic-faultlines-threatening-the/

Kessels, Eelco; Durner, Tracey; Schwartz, Matthew, 'Violent Extremism and Instability in the Greater Horn of Africa: An Examination of Drivers and Responses', Global Center on Cooperative Security(2016) https://www.globalcenter.org/wp-content/uploads/2016/05/GCCS_VIOLENT-EXTREMISM_low_3.pdf

Selassie, Haile, *My Life and Ethiopia' Progress, 1892–1937: The Autobiography of Emperor Haile Selassie I*, translated by Edward Ullendorff (Oxford: Oxford University Press, 1976)

Verhoeven, Harry, 'Black Gold for Blue Gold? Sudan's Oil, Ethiopia's Water and Regional Integration', Chatham House: Briefing Paper (2011) https://www.chathamhouse.org/sites/default/files/19482_0611bp_verhoeven.pdf

9. 스페인

Aróstegui, Julio and Marco, Jorge, El último Frente. La Resistencia Armada Antifranquista en España, 1939–1952 (Madrid: Libros de la Catarata, 2008)

Bown, Stephen R., *1494: How a Family Feud in Medieval Spain Divided the World in Half* (New York: Thomas Dunne Books, 2012)

Gardner, David, 'Why Basques and Catalans See Independence Differently', Financial Times, 12 July 2019 https://www.ft.com/content/3ec93f84-a2a1-11e9-974c-ad1c6ab5efd1

Garr, Arnold K., *Christopher Columbus: A Latter-day Saint Perspective*, (Provo, Utah: Religious Studies Center, Brigham Young University, 1992)

Gorostiza, Santiago, '"There Are the Pyrenees!" Fortifying the Nation in Francoist Spain', *Environmental History*, vol. 23, no. 4 (2018), pp. 797–823 https://academic.oup.com/envhis/article/23/4/797/5091299

Latham, Andrew, 'Medieval Geopolitics: The Iberian Crusades', Medievalists.net https://www.medievalists.net/2019/03/iberian-crusades/

'Letters of Pope Alexander II Concerning Just Warfare Against the Forces of Muslim Iberia (1063–1064)' (2012) http://www.web.pdx.edu/~ott/hst399/Alexanderletters/index.html

Marco, Jorge, 'Rethinking the Postwar Period in Spain: Violence and Irregular Civil War, 1939–52', *Journal of Contemporary History*, vol. 55, no. 3 (2020), pp. 492–513 https://purehost.bath.ac.uk/ws/portalfiles/portal/190057157/Rethinking_the_

post_war_period.pdf

Pimenta, João; Lopes, Alexandra M.; Carracedo, Angel; Arenas, Miguel; Amorim, António; Comas, David, 'Spatially Explicit Analysis Reveals Complex Huan Genetic Gradients in the Iberian Peninsula', *Nature*, 24 May 2019 https://www.nature.com/articles/s41598-019-44121-6

'The President's News Conference', Harry S. Truman: Library & Museum, National Archives, 23 August 1945 https://www.trumanlibrary.gov/library/public-papers/107/presidents-news-conference

'Spain Population 2020', World Population review https://worldpopulationreview.com/countries/spain-population/

'Spain: Charles II', Britannica https://www.britannica.com/place/Spain/Charles-II

'Substantial Minorities in Some Countries Hold Negative Stereotypes About Jews', Pew Research Center https://www.pewforum.org/2018/05/29/nationalism-immigration-and-minorities/pf_05-29-18_religion-westerneurope-01-20/

Webster, Jason, *Violencia: A New History of Spain: Past, Present and the Future of the West* (London: Constable, 2019)

10. 우주

Havercroft, Jonathan and Duvall, Raymond, '3 – Critical Astropolitics: The Geopolitics of Space Control and the Transformation of State Sovereignty', in *Securing Outer Space: International Relations Theory and the Politics of Space*, edited by Natalie Bormann and Michael Sheehan(New York: Routledge, 2009), pp. 42–58

'Challenges to Security in Space', Defense Intelligence Agency: United States of America (2019) https://www.dia.mil/Portals/27/Documents/News/Military%20Power%20Publications/Space_Threat_V14_020119_sm.pdf

'45 years Ago: Historic Handshake in Space', NASA, 17 July 2020 https://www.nasa.gov/feature/45-years-ago-historic-handshake-in-space

'International Space Station Facts and Figures', NASA, 16 July 2020 https://www.nasa.gov/feature/facts-and-figures

Pappalardo, Joe, 'A 10-Year Odyssey: What Space Stations Will Look Like in 2030', Popular Mechanics, 10 June 2019 https://www.popularmechanics.com/space/satellites/a27886809/future-of-iss-space-station/

Rader, Andrew, *Beyond the Known: How Exploration Created the Modern World and Will Take Us to the Stars* (New York: Simon & Schuster, 2019)

Sagan, Carl, *Pale Blue Dot: A Vision of the Human Future in Space* (New York: Ballantine Books, 2011)

Slann, Phillip A., 'The Security of the European Union's Critical Outer Space

Infrastructures', Keele University (2015) https://core.ac.uk/download/pdf/43759498.
pdf

'Space Fence: How to Keep Space Safe', Lockheed Martin https://www.
lockheedmartin.com/en-us/products/space-fence.html

'The Artemis Accords: Principles for Cooperation in the Civil Exploration and Use
of the Moon, Mars, Comets, and Asteroids for Peaceful Purposes', Gov.uk
https://assets.publishing.service.gov.uk/government/uploads/system/uploads/
attachment_data/file/926741/Artemis_Accords_signed_13Oct2020__002_.pdf

옮긴이 김미선

한국외국어대학교를 졸업했으며 현재 전문 번역가로 활동 중이다. 옮긴 책으로는『체 게바라 평전』,『아랍인의 눈으로 본 십자군 전쟁』,『아이들이 너무 빨리 죽어요』,『종이괴물』,『독일의 역습』,『식물의 말들』,『공간과 장소』,『지리의 힘』등이 있다.

지리의 힘 2

1판 1쇄 펴냄 2022년 4월 10일
1판 10쇄 펴냄 2024년 5월 20일

지은이 팀 마샬
옮긴이 김미선
펴낸이 권선희
펴낸곳 사이
출판등록 제313-2004-00205호
주소 03938 서울시 마포구 월드컵로 36길 14 516호
전화 02-3143-3770
팩스 02-3143-3774
이메일 saibook@naver.com

ⓒ 사이, 2022, Printed in Seoul, Korea

ISBN 978-89-93178-98-2 03300

• 잘못된 책은 구입하신 서점에서 교환해 드립니다.